# 新中国成立初期
# 党的作风建设研究

## （1949—1950）

方涛 著

人民出版社

# 目　　录

# 引　言

　　2022年年初,中共中央办公厅印发《关于推动党史学习教育常态化长效化的意见》,明确提出要"深化党史研究,加强党史学科建设,发挥专业研究机构、研究力量作用,不断推出高质量研究成果,为推动党史学习教育常态化长效化提供有力学理支撑"①。2024年2月,中共中央发布的《党史学习教育工作条例》明确规定,要加强中共党史党建学一级学科建设,做好科学研究等工作。作为全国执政条件下党的作风建设的开篇,也是全国执政条件下党的自我革命的开篇,学界对新中国成立初期党的作风建设研究还不够,有必要进行深入和系统的研究,厘清来龙去脉,从而为新时代加强党的作风建设、推进党的自我革命提供借鉴。

　　坚持自我革命,是中国共产党百余年来不断取得胜利的宝贵历史经验,是以习近平同志为主要代表的中国共产党人对如何跳出历史周期率给出的第二个答案。这在党的二十大被写入党章。"在全党开展集中性学习教育,是我们党推进自我革命的重要途径,也是一条重要经验。"②2021年11月11日,党的十九届六中全会通过的《中共中央关于党的百年奋斗重大成就和历史经验的决议》,充分肯定新中国成立后加强党的建设取得的成就,指出,新中国成立后,党着重提出执政条件下党的建设的重大课题,从思想上组织上作风上加强党的建设,党开展整风整党,加强党内教育,增强了党的纯洁性和全党的团

-----

　　① 《中办印发关于推动党史学习教育常态化长效化的意见》,《人民日报》2022年3月22日第1版。

　　② 习近平:《在党史学习教育动员大会上的讲话》,人民出版社2021年版,第10页。

结,密切了党同人民群众的联系,积累了执政党建设的初步经验。① 习近平总书记在党的十九届六中全会第二次全体会议上的讲话也充分肯定新中国成立初期党的作风建设,强调指出,我们党之所以伟大,不在于不犯错误,而在于从不讳疾忌医,敢于直面问题,勇于自我革命。比如,我们党勇于解决党内存在的思想不纯、政治不纯、组织不纯、作风不纯等突出问题,包括建国初期的整风整党。②

然而,一说起党的作风建设,人们往往首先想到的是延安整风,却对新中国成立初期党的作风建设特别是 1950 年整风了解不多。就目前而言,党史学界尚没有相应的专著,相关的党史、新中国史著作也只是粗略介绍,一带而过。新中国成立初期(1949—1950)党的作风建设具有典型意义,开启了全国执政条件下以党内集中教育进行自我革命的历史先河。

中共党史研究,最基本的是要搞清楚史实,也就是要搞清楚来龙去脉,还原历史真相。正所谓"科学性是中共党史的基础和生命"③。同时,中共党史研究不同于一般的研究,具有鲜明的政治性,要为中国共产党治国理政和管党治党的现实服务,也就是要发挥资政育人的功能。研究新中国成立初期党的作风建设,具有如下意义:

一是还原历史。党史研究的重要任务是厘清历史,叙述事实,描述过程,还原历史的本来面貌,"写清楚历史脉络"④,这直接决定着选题的学术价值。新中国成立初期党的作风建设属于党的自身建设史的研究领域,与特定历史背景、党情国情密切相关。研究新中国成立初期党的作风建设,不仅可以弥补学界的不足,展现其历史细节和复杂面貌,还可以从党的建设层面反映新中国成立初期的历史,使作为整体的党史、新中国史呈现出丰富多彩的一面。

二是总结经验。党史研究,具有鲜明的政治性、现实性,要有社会价值。在新征程上,中国共产党仍然面临着"四大危险""四大考验",形式主义、官僚

---

① 参见《中共中央关于党的百年奋斗重大成就和历史经验的决议》,人民出版社 2021 年版,第 12 页。

② 习近平:《以史为鉴、开创未来 埋头苦干、勇毅前行》,《求是》2022 年第 1 期。

③ 郭德宏:《中共党史学的性质、体系、理论与方法》,《中国人民大学学报》2001 年第 3 期。

④ 《胡乔木传》编写组:《胡乔木谈中共党史》(修订本),人民出版社 2015 年版,第 288 页。

主义现象仍存在,党风廉政建设面临不少顽固性、多发性问题,党的自我革命永远在路上。新中国成立初期党的作风建设,是中国共产党在全国执政条件下以党内集中教育的方式整顿作风和推进从严治党、自我革命的重要实践,以此为典型案例从历史层面总结中共加强自身建设的经验,对于新的历史条件下中国共产党发扬整风精神、加强作风建设、开展党内集中教育、全面从严治党、推进党的自我革命具有现实意义。

三是发现规律。历史研究,不仅仅在于厘清史实,更重要的是把握内在逻辑。党的建设史,是从纵向的、历史的、动态的角度研究党建规律的一门学问,不同于党建原理(从横向角度研究)。① 新中国成立初期党的作风建设是执政党作风建设的开篇之作,具有典型性。以此为典型案例,可以探究当中的深层次逻辑,深刻把握马克思主义执政党建设的规律,这对于推进新时代党的建设新的伟大工程具有现实启示。

研究新中国成立初期党的作风建设,总的是以唯物史观为根本方法,坚持历史主义原则,坚持正确党史观,力求全面、客观、动态地再现。具体的研究方法如下:

一是历史学研究法。这是最主要的方法。历史学研究法,就是以史料为基础,从客观事实出发,用叙事的方法,依照时间脉络揭示发展过程。具体来讲,就是搜集和占有材料,在对材料的分析中,发现这一事件的内在联系,通过归纳、比较、综合,探究规律,还原历史。对新中国成立初期党的作风建设来讲,就是充分、全面、大量搜集各方面史料,在梳理史料基础上,坚持历史与逻辑相统一的原则,通过归纳、比较、分析、综合等,把握其历史背景、决策部署、开展过程、总结和成效等,在此基础上提炼历史经验。考虑到新中国成立初期各地情况的不同,作风建设的具体做法存在差异,特别注意运用比较方法,揭示共性与个性,更完整反映其全貌。

二是宏观研究与个案研究相结合的方法。历史是复杂的,对于新中国成立初期更是如此。从哲学角度看,历史的解释模式包括宏观解释模式(又称

---

① 高新民、张希贤主编:《中国共产党建设史》,中共中央党校出版社 2009 年版,第 4 页。

"宏大叙事"）和微观解释模式（又称"个案研究"）。① 宏大叙事，能够从宏观角度呈现大背景、大趋势、大过程，给人以整体感，却容易泛泛而谈。个案研究，关注局部，能够更深入研究历史，却容易以偏概全。考虑到新中国成立初期党的作风建设的复杂性，需要综合运用宏观、个案研究的方法，既注重宏观层面，又注重微观的典型个案，防止出现泛泛而谈或以偏概全的情况，以完整、立体、全面地呈现这一事件的具体过程。

三是多学科研究法。党史不能仅仅是狭义的党史，离不开思想史、社会变迁史、经济史等。20 世纪 90 年代以来，中共党史研究方法出现跨学科、多元化趋势，特别是随着新史学方法逐步兴起，进一步促进了党史研究的发展。随着社会科学的介入，"事件史"的研究发展为"事件路径"的研究趋向。"事件路径"，是借助事件考察结构、通过微观探讨宏观、静态与动态兼顾、分析与叙事并重的研究路径，就是在历时性的事件过程考察外，把更具稳定性的共时性社会结构纳入研究视野，透过事件深入揭示历史事实的深层真相，深入考察历史河流中的社会结构及其变迁。② 新中国成立初期党的作风建设涉及中共党史党建学、马克思主义理论、政治学、社会学、心理学等，这就需要综合运用这些学科的理论与方法，运用"事件路径"的研究范式。也就是说，在进行历史考察，把握纵向来龙去脉的基础上，结合相关理论进行分析，进而提炼出新的理论框架。如此，方能增强理论深度，把研究更深入一步，增强分析能力，透过历史的表象发现本质，找出规律，探究背后的深层机制，重点揭示中国化马克思主义党建理论的基本原理，提升研究的学理水平和学术价值。

创新是学术的生命，学术创新则是学术规范中最核心的要求。③ 对于本研究来说，创新点力求表现在以下三个方面：

第一，力求史料创新。史学研究方法，要用史料说话，从史料中得出结论。可以说，史料是否全面、是否具有新意，直接决定着研究的质量。在已有研究成果使用材料的基础上，力求最大限度使用新材料，具体如下：

---

① 张海荣：《中共党史学个案研究的若干思考》，《中共党史研究》2013 年第 5 期。
② 李里峰：《从"事件史"到"事件路径"的历史》，《历史研究》2003 年第 4 期。
③ 李振宏、刘克辉：《历史学的理论与方法》，河南大学出版社 2008 年版，第 586 页。

一是党刊党报。包括西北局党刊《党内通讯》、东北局党刊《党内工作》、西南局党刊《西南工作》、华东局党刊《斗争》、中南局党刊《中南通讯》、华南分局党刊《华南通讯》、华北局党刊《建设》、华北局政策研究室编的《研究资料》、中共察哈尔省委编的《政策研究》。这些党刊刊登了大量各地干部思想、作风建设的材料，都是一手资料。另外，还专门到国家图书馆搜集1949—1950年各省、市、地、县委的机关报纸，共47种。这些材料对于从地方层面反映新中国成立初期党的作风建设有很大帮助。

二是近年来公布的最新文献资料。2013年6月，经中共中央批准，中央档案馆、中共中央文献研究室联合编辑出版《中共中央文件选集（1949.10—1966.5）》。其中，第1至第5卷中，公布了大量涉及作风建设的文件，非常宝贵，很有价值。2014年8月，为纪念邓小平同志诞辰110周年，中央文献研究室编辑出版《邓小平文集（1949—1974）》，公布了邓小平在西南局工作期间加强作风建设的一些材料。另外，还结合《毛泽东年谱》第4卷等文献资料。

三是各地的有关文件选编。如中共浙江省委党史研究室、浙江省档案馆编的《中共浙江省委文件选编》，黑龙江省档案馆编的《中国共产党黑龙江省委员会重要文件汇编（第1册）》，中共平原省委办公厅编的《中共平原省委重要文件汇集（第二集）》，中共中央中南局办公厅编的《中共中央中南局文件辑存》等。这些资料汇编有不少反映新中国成立初期党的作风建设的材料，具有较大的参考价值。

第二，力求方法创新。改革开放以来，随着国内外学术交流的日益频繁，新史学方法开始为国内学界关注，并被逐步引入中共党史党建研究。早在20世纪90年代初，有感于党史研究面狭窄、深入不下去，有学者提出"以社会史为基础深化党史研究"。[1] 这为党史学界开阔视野、创新方法提供了重要思路。还有学者认为，深化党史研究，应在坚持唯物史观指导的同时，大胆借鉴新的研究方法，如比较史学、心理史学等。[2] 为全面、深入研究新中国成立初期党的作风建设，有必要在方法上进行创新。

---

[1] 张静如：《以社会史为基础深化党史研究》，《历史研究》1991年第1期。
[2] 郭德宏：《关于深化中共党史研究的几点思考和建议》，《中共党史研究》1997年第4期。

一是运用比较史学法(即历史比较方法)。比较史学法,就是指对历史现象在时间上进行纵向比较,或者从空间上对同一时间的历史现象进行横向比较。历史现象,单独看没有意义,或印象模糊,比较起来,意义毕出。① 比较史学之父马克·布洛赫,曾把比较史学称之为"神力的魔杖"。马克思也说过,极为相似的事变发生在不同的历史环境中引起完全不同的结果。如果把这些演变中的每一个都分别加以研究,然后加以比较,就会很容易找到理解这种现象的钥匙。② 具体来讲,研究新中国成立初期党的作风建设,就是在同一时间段,比较各地党员干部思想、作风情况,作风建设的具体做法、进展及成效,并在纵向上与中国共产党历史上作风建设的做法进行比较,在比较中找出普遍性与特殊性、共性与个性,发现规律。

二是运用宏观研究与个案研究相结合的方法。历史是复杂的、生动的。恩格斯曾经把历史结果形象地比喻为"无数个力的平行四边形",并提出著名的"历史合力论"。对于中共党史,同样也是如此。中国共产党的历史,是各种因素相互作用下塑成的。③ 在中华人民共和国成立的初期,中国共产党在全国执政受多种因素的影响,各地差异较大。如何全面、动态地呈现新中国成立初期党的作风建设,就需要综合运用宏观研究与个案研究,"既要分解,又要综合"④,发挥宏大叙事与个案研究的比较优势,既从宏观角度研究,又研究各地党组织、普通党员、民众的反映,力求从中央与地方、决策者与执行者、党组织与党员、上级与下级、领导与群众、党与社会等多层互动中呈现其全貌。

三是新政治史方法。二战结束后,政治史研究范式开始转型,政治学、人类学、社会学等多学科理论和方法开始引入,并在 20 世纪 70 年代至 80 年代出现了新政治史勃兴的局面。⑤ 在新政治史看来,政治事件只是一个切入点,在关注事件本身的同时,更要透过事件揭示背后的社会结构,因为社会结构可

---

① 杜维运:《史学方法论》,北京大学出版社 2006 年版,第 79 页。
② 卡尔·马克思:《给"祖国纪事"杂志编辑部的信》,《马克思恩格斯选集》第 3 卷,人民出版社 2012 年版,第 730 页。
③ 杨凤城:《关于中共党史研究的规范与方法》,《中国人民大学学报》2001 年第 3 期。
④ 曹树基、王奇生、黄道炫:《理论运用的限度:中共党史研究方法反思对谈》,《苏区研究》2019 年第 6 期。
⑤ 李里峰:《新政治史的视野与方法》,《福建论坛·人文社会科学版》2009 年第 6 期。

以通过各种事件动态显露。① 这一新史学研究方法与路径，影响了近年来中国史学和中共党史研究。新中国成立初期党的作风建设，属于政治史的研究领域。运用新政治史的方法，以历史政治学为视角，其置于历史之中以发现新的理论，②在叙述新中国成立初期党的作风建设基本史实的同时，注重分析、关注结构，透过历史现象看本质，运用政治学、马克思主义建党学说、社会学、心理学等学科的理论，分析其决策、进展背后的结构性因素和深层次逻辑，讲清楚为什么，做到有叙有议、史论结合，在叙事的同时，有科学的分析，讲出历史现象背后的道理，揭示这一历史个案背后所蕴含的一般模式、理论框架，力求得出具有普遍性的逻辑和规律，以增强论文的深度和价值。

第三，力求观点创新。学术创新，最终还是要体现在观点的创新上。观点创新，可以说是论文创新的点睛之笔。当然，刻意追求观点创新，追求标新立异，既无必要，也不可取。在运用新史料基础上，结合新的研究方法，力求得出一些新的观点。在对这一事件进行研究的同时，力求提炼全国执政条件下党内集中教育的行动逻辑，包括成因、运作、功能等，从而为推进新时代党的建设新的伟大工程提供借鉴。

① 李里峰：《从"事件史"到"事件路径"的历史》，《历史研究》2003 年第 4 期。
② 参见杨光斌：《历史政治学：中国政治学的范式革命》，中国人民大学出版社 2023 年版，第 263 页。

# 第一章　新中国成立初期党的
## 作风建设的背景

　　1949 年 10 月 1 日,中华人民共和国成立。对于中国共产党而言,意味着在历经 28 年浴血奋战、百折不挠的奋斗后,带领人民取得了新民主主义革命的胜利,成为领导人民掌握全国政权并长期执政的党。执政,对于中国共产党而言,一方面可以通过国家政权的力量,带领人民实现中华民族伟大复兴,努力实现自己所追求的远大理想;另一方面则要适应和过去完全不同的新形势,特别是要经受住公权力的考验,克服脱离人民群众的危险。然而,解放战争的"胜利来得太快太大,新党员新干部太多太杂,新任务太多太紧,某些政策方面的前进太快太远,来不及准备,来不及学习"①。初进入城市时,"存在浓厚的农村观点与农村工作习惯"②,"由战争到和平建设这一历史转变上,很多观点和做法未完全转变过来"③,"在忙乱中摸索前进,正在逐步总结经验、累积经验中,不可避免的会要走些弯路"④。为了完成艰巨而繁重的任务,有的党员干部在作风和思想上出现一些问题,"产生了不少违反党的政策和党的纪律的行为"⑤。

---

　　① 胡乔木:《整党问题》(一九五〇年六月在中共七届三中全会上的发言),《胡乔木文集》第 2 卷,人民出版社 2012 年版,第 3 页。
　　② 《华北局向中央的一年主要工作报告》(1949 年 12 月),《建设》1949 年第 52 期。
　　③ 《平原省委关于第三次省代表会议情况的报告》(1950 年 9 月),《中共平原省委重要文件汇集》第 2 集(1952 年 11 月)。
　　④ 《西北局关于西北区整风运动结束情况给中央的报告》(1951 年 1 月),《党内通讯》1951 年第 64 期。
　　⑤ 朱德:《加强党的纪律检查工作》(1950 年 5 月 6 日),《朱德选集》,人民出版社 1983 年版,第 281 页。

# 一、全国执政后的新考验

新中国的成立,对于中国共产党来说,意味着在全国范围内长期执政的开启。对于解放战争的迅速发展,是超出中共中央预料的。原本打算用五年时间打败国民党,结果只用了三年多时间就取得了胜利。"胜利来临之快令人目瞪口呆"[①]。胜利来得快,一则以喜,一则以忧,因为"太快对我们的困难很多,不如慢一点",慢一点"可以从从容容地准备"[②]。这可以从新中国成立初期党的组织和党员、干部队伍的情况看出。而现有研究中,鲜有成果翔实地分析新中国成立初期中共组织建设的基本现状。从逻辑上讲,作风问题发生在党员、干部这一实践主体上。实践主体情况如何,自身素质如何,直接影响着其活动、行为的具体方式和成效。因而,梳理和研究新中国成立初期中共组织建设的基本情况,特别是从党组织、党员、干部等方面具体分析,有助于厘清作风问题生成的深层原因。

## (一) 党组织情况

1949 年年底,在中共中央领导下,共有西北局、西南局、华北局、中南局、华东局、东北局 6 个中央局,华南分局、山东分局、新疆分局、内蒙古分局 4 个分局,24 个省委和 17 个区党委,134 个市委(内有 6 个中共中央直属市委),218 个地委和盟委,2142 个县委和旗委,15494 个区委,约 20 万个支部。在169019 个地方支部中,机关支部占 12.4%,学校支部占 1.83%,工厂支部占2.46%,矿山支部占 0.35%,企业支部占 0.84%,农村支部约占 79.8%,街道支部占 1.77%,其他支部占 0.55%。[③] 基层党支部的分布,基本上与党员的分布一致。

---

① ［美］R.麦克法夸尔、费正清编:《剑桥中华人民共和国史(1949—1965)》,谢亮生等译,中国社会科学出版社 1998 年版,第 69 页。
② 刘少奇:《对马列学院第一班学员的讲话》(1948 年 12 月 14 日),《刘少奇选集》上卷,人民出版社 1981 年版,第 409 页。
③ 安子文:《关于中国共产党的组织情况及发展和巩固党的组织》(1950 年 6 月 7 日),《中共党史教学参考资料》第 19 册,国防大学出版社 1986 年版,第 144 页。

部分地区和单位党的组织生活不够健全。有的党支部或支部委员会不能形成领导核心,党员不知道谁是小组长、支部书记,其至有支部三年来未开过小组会。据西南局组织部1950年5月的报告,有的党支部和小组经过两三个月的时间还没有建立起来,有的虽然建立起来,却一个多月不开会。即使开会,一般也是以行政会议代替党的会议。有不少负责干部不过组织生活,以致有的党员提出"什么时候过组织生活?支部在哪里?"等问题,而这没有被领导及时重视。党内批评与自我批评没有开展起来,不正确的思想作风没有及时反对,请示报告制度未严格执行,擅自作主。①

部分党支部和党员的作用发挥不够。在华东地区,支部与党员在各种工作中发挥好作用和坏作用的都比较少,中间者居多,如山东渤海区高清、商河两县834个支部中,能宣传党的政策,并以实际行动组织群众,推动工作的210个,占25%;个人积极生产,对党的任务亦作一般布置,但组织作用不明显者404个,占48%;立场不稳,为坏分子所利用,曾经包庇过地主富农、欺压过群众者220个,占26%。②

1950年9月29日,华南分局组织部在一份报告中指出,广东解放以来,各种工作任务繁重而紧迫,党员多能执行决议,也有不少党员干部能团结领导群众和发挥高度忘我的工作精神,但这类是党员个人起作用的较多,能发挥战斗堡垒作用的支部较少,从各地反映的不很完整材料,农村的党支部在半年来各种斗争和运动中,表现出如下的几种类型:一是部分支部能起作用。如阳江某支部积极领导群众修水利,变旱田为水田,增产三千多担;开平县某党支部讨论征粮条例,具体进行布置,结果夏征任务完成很快。二是部分支部党员作风不好,脱离了群众,如揭阳某支部下命令修堤,不与群众商量。三是一些支部个别党员能起作用,整个组织作用发挥不够,在群众中没有威信。东江还出现所谓的"四无"支部,即无学习、无工作、无会议、无联系群众。四是部分支部党员思想已开始发生变化或有了严重的变化,革命热情降低。某支部8个

① 《西南局组织部五月份给西南局并中央组织部的报告》(1950年5月31日),《西南工作》1950年第7期。
② 《关于目前华东党的组织状况及今后建党问题》(中共中央华东局组织部副部长胡立教同志一九五〇七月十一日在华东局扩大会议上的发言),《斗争》1950年第46期。

党员要求脱党。某地 42 个支部,只有 23 个较健全,有 19 个不健全;某地 19 个支部只有 4 个能起作用,东江三支部约有 20% 党员能起作用,约 60% 的个别党员有工作,多数消极,约有 25% 完全没有发挥什么作用。五是有的农村党支部形式混乱,有的地区按乡设党总支、按村设分党支部(如潮汕);有的按村设党支部,按乡设党组,再由中心党支部领导各党支部,有的设党总支领导党小组,不设党支部。北江阳山县某村只有党员 2 名却设立了 1 个党支部,仅有 9 名党员却设立了 5 个党支部。还有按村设立独立小组,根本不设党支部,如南路有 353 个独立小组。

在公开建党过程中,部分地区存在着一些问题。据西北局组织部反映,有些党员、干部对中央公开建党的方针认识不明确,以致在公开中发生许多偏向:一是有条件公开却根本不敢公开,陕西省大荔分区在试办中采取只公开一个支部书记、一部分党员或只公开一些好党员的办法。咸阳地委提出公开的三个条件,其中有一条是"应该要有相当数量的党员"。二是西安大华纱厂党公开建党方针后又"关"起门,继续老一套的地下作风。党的会议(包括讨论接收新党员在内)不邀请群众参加,致使刚得到改善的党群关系又产生了某些隔阂。和这些完全相反的是把不应该公开的东西也公开了。[①]

部分党组织忙于领导各项具体工作中,忽视党建工作。新解放区在接管、支援前线、剿匪、减租及合理负担等工作任务中,本可慎重、个别吸收一些群众中的积极分子到党内来,但在头几个月中却完全忽视这一工作。有的地区和单位把建党工作孤立进行,未能同群众运动和各项工作很好结合。西安有的学校党员忙于行政工作,顾不过来;有的地方单位党务干部在群众运动中,竟"忘记"建党,甚至有人把党的工作看成没有用处或不必要。韩城巍陌征粮时,有人提议先开支部会讨论动员,区组织科长却认为"不顶事,不如开群众大会"[②]。这些现象的发生,与全国执政条件下中共党建工作面临的新形势有关。一方面,执政党需要处理各方面事务,工作十分繁忙;另一方面,相比政务工作,党务工作显得比较虚,使得党员干部更愿意去做有实权的行政工作,而

---

① 西组部:《关中新区建党总结》(1950 年 3 月 10 日),《党内通讯》1950 年第 46 期。
② 西组部:《关中新区建党总结》(1950 年 3 月 10 日),《党内通讯》1950 年第 46 期。

忽视比较"务虚"的党务工作。

新中国成立初期,广州市个别而又慎重发展的方针没有得到很好贯彻,强调了积极发展,而没有详细分析情况、指出发展的具体目的,也没有指出发展党与当前工作关系应怎样结合;没有分析有利条件、困难条件,特别没有很好提到怎样去发展和培养更多的积极分子,从而打好发展党的基础;提出慎重的方针,但没有提到怎样才能慎重,在发展党的整个进程上,没有很具体布置,没有经常督促检查,更没有抓住典型、吸收经验、指导其他;未能及时打通干部在发展党的问题上的思想障碍;领导上曾指出着重发展产业工人,但却没有加强具体的实际领导。因此,一般支部都强调工厂环境复杂,真假积极分子难分,工人落后,又不积极去教育培养,不懂得或不重视把发展党工作与生产运动结合起来,认为行政任务繁重,没时间做建党工作。在发展党初期,曾在各单位算出并分配数字,规定时间完成任务,便容易造成"拉夫"现象,影响到整体的质量。虽注意到怎样确立哪些人作为发展对象,但只一般做到结合群众运动进行发展,而没有足够强调这一点,因此在群众运动中对怎样去发现培养积极分子注意不够,也未能深入展开对工人群众的教育。发展党的工作是等待而不是主动加紧了解和教育,是条件成熟了的才吸收入党。

从党的组织部门自身看,各级党组织部门机构设置不完备,从事组织工作的干部"新手"较多,不善于做组织工作。新中国成立初期,具体负责全党组织、干部工作的中央组织部,机构设置简单,仅有三个处,即组织处、干部处、秘书处。工作人员非常少,包括招待所、卫生所等在内,只有 180 多人。日常工作由安子文负责,而安子文既是中组部的副部长,又兼任组织处处长。① 各地的组织部门亦情况类似。以西北地区为例,地方党组织部门干部绝大部分都是新干部,其中尤以区级最严重。如陕西省大荔分区区委组织科长中,有 6 个是候补党员,很多人从未做过组织工作,业务生疏,缺乏经验,甚至连党章都不了解,很多干部对发展党员的一般常识问题模糊不清。② 在解放较早的辽宁省锦州市,党的基层组织多为新建,党总支、支部书记大都是新人,有的人受文

---

① 陈野苹、韩劲草主编:《安子文传略》,山西人民出版社 1985 年版,第 66 页。
② 西组部:《关中新区建党总结》(1950 年 3 月 10 日),《党内通讯》1950 年第 46 期。

化程度和工作经验限制,支部工作计划都不会做。

1950 年 3 月 3 日,黑河地委组织部对各县的组织部长、瑷珲县的组织干事及各组织委员进行测验。参加测验的有 17 人,内容大部分是关于业务方面的问题,另有生产政策及理论,结果及格的只有 5 人。答的最好的是瑷珲县委组织部副部长(得 75 分),最差的得 35 分。答题错误很多,如关于候补党员延长候补期的规定,有的组织部长竟答:"候补党员在候补期犯错误时,第一次延长他的候补期三分之一,第二次延长三分之二,如再不改就停止他的关系。"有的县组织部长竟把农村支部的基本任务,答为:"主要是依靠支部、领导支部和相信支部,以巩固支部为主,但不放弃发展"等。[1] 可见,负责党组织建设的部门力量比较薄弱,部分组工干部对基本业务不熟悉,尚不足以完全胜任全国执政条件下组织建设的需要。

## (二) 党员队伍情况

伴随着中国革命事业的迅速发展,中共党员人数也获得了很大发展。据统计,截止到 1949 年年底,中共党员人数从 1945 年抗战胜利时的 121 万,发展到 450 万以上,绝大部分分布在长江以北的老区半老区以及人民解放军中,少数分布在江南和西北的新区[2]。

从党员人数看,党的力量还比较弱,仅占当时全国总人口的 0.83%(1949 年年底,全国总人口数为 54167 万)。据西北局组织部 1950 年 3 月统计,西北新区中解放时间较长的陕西省大荔、渭南、三原、咸阳等 6 个分区和西安市,地下党基础较好,党员 18194 名,约占总人口(6670104 人)的千分之三不到。[3] 在解放较早的东北地区,锦州市党员干部数量从进城时 200 多名增加到 1949 年年底的 1000 多名,占全市 20 万人口的千分之五左右,远未具备管理城市的能力。时任华南分局第三书记方方于 1949 年 9 月 21 日在赣州高干会上所作报告中指出:"党的工作因过去主要搞武装,故做得最差,现只有三万多人,成

---

①　《黑河地委组织部测验组织工作业务》,《新黑河报》1950 年 3 月 26 日第 2 版。
②　安子文:《关于中国共产党的组织情况及发展和巩固党的组织》(1950 年 6 月 7 日),《中共党史教学参考资料》第 19 册,国防大学出版社 1986 年版,第 143 页。
③　《关中新区建党总结》(1950 年 3 月 10 日),《党内通讯》1950 年第 46 期。

分:知识分子与农民差不多,工人极少"①,"广东目前的党,主要在斗争中建立起来,故素质还不错,部队中平均有百分之三十是党团员,地方党员很少"②。就党员的成分、党龄、文化程度等来看,有以下几个特点。

成分上,农民占大多数。中国共产党领导的新民主主义革命,走的是农村包围城市、武装夺取政权的道路,长期在农村活动,发展党员也主要在农民中进行。据1948年统计,在1070480名地方党员中,农民成分占到近86%,工人成分仅为4%;1949年上半年,在2508620名地方党员中,农民占84%以上,工人占4.23%;1949年下半年,在3265337名地方党员中,农民占83%,工人占5.87%;若把工人、城市贫民、雇农和贫农都算作无产与半无产成分,据1949年年底的统计,在3265337名地方党员中,占总数的62%不到。新中国成立后,中国共产党注重更多在工人阶级中发展党员,因而工人比重相应有所提高。到1949年下半年,工人比重增加1.64个百分点。其中,以解放较早、工业基础较好的东北地区为例,1949年上半年工人占9%,下半年占到16.5%,增加7.5%。③ 在华东地区,1949年年底共有党员1152339名,其中农民964608名,占83.78%;工人42997名,占3.73%;如果把工人、城市贫民、雇农和贫农四种成分算作无产阶级及半无产阶级,则有党员722822名,占党员总数62.72%。④ 在新发展的党员中,农民亦占多数。比如,西南部分地区在1948年至1949年新发展的党员中,农民占80%左右。⑤

党龄上,抗战胜利后入党的占绝大多数。中共党员发展的历程,与中共领导的事业紧密联系在一起。革命战争年代,革命形势发展顺利,则党员发展快;革命遭受挫折,则党员减少,党员发展亦受影响。大革命时期,到1927年

---

① 方方:《广东情况介绍——在赣州高干会上的报告》(1949年9月21日),中共广东省委党史研究室、广东省档案馆:《方方文集》,广东人民出版社1990年版,第354页。

② 方方:《广东情况介绍——在赣州高干会上的报告》(1949年9月21日),中共广东省委党史研究室、广东省档案馆:《方方文集》,广东人民出版社1990年版,第355页。

③ 安子文:《关于中国共产党的组织情况及发展和巩固党的组织》(1950年6月7日),《中共党史教学参考资料》第19册,国防大学出版社1986年版,第143—144页。

④ 《关于目前华东党的组织状况及今后建党问题》(中共中央华东局组织部副部长胡立教同志一九五〇年七月十一日在华东局扩大会议上的发言),《斗争》1950年第46期。

⑤ 《西南局组织部关于加强党的教育整理地方党的组织的指示》(1950年6月19日),《西南工作》1950年第8期。

4月中共党员发展到57967名,大革命失败后据1927年11月统计,降低到1万多人;1934年,达到30万名;第五次反"围剿"失败后到1937年全民族抗日战争开始时降低到4万名左右;1938年开始大量发展党员,党员数量大规模增加,到抗战胜利时达121万名;抗战胜利后,随着解放战争的顺利进行,到1949年年底全国党员达450多万名。① 其中,中共七届二中全会后的一年来,党员从300多万名发展到450万名以上②,这在党的历史上是发展最多的一年。反映在党龄上,1949年年底,大革命时期及其以前的党员仅600余名,土地革命时期约3万名,全民族抗战时期约110万名,日本投降后约330万名。③ 各地党员的党龄也基本上体现这一特点。比如,华东地区大革命以前160余名,土地革命时期1600余名,以上占总数0.16%;全民族抗日战争时期约26万余名,占总数22.65%;日本投降以后88万余名,占总数76.45%。④ 在华北地区152万名党员中,大革命时期党员占0.03%,土地革命时期占0.66%,全民族抗战时期占39.31%,日本投降后解放战争时占60%。⑤ 西南地区原有地方党员3万余名中,大部分是1948年至1949年发展的新党员,川东万县和铜梁、贵州大定、川西彰明在1948年至1949年入党的一般占到80%,个别占到90%以上。⑥

文化程度上,小学及以下占绝大多数。1949年年底,在全国3263696名地方党员中,文盲半文盲占69%,小学程度占27.66%,中学程度占3.02%,大

---

① 安子文:《关于中国共产党的组织情况及发展和巩固党的组织》(1950年6月7日),《中共党史教学参考资料》第19册,国防大学出版社1986年版,第143页。

② 朱德:《加强党的纪律检查工作》(1950年5月6日),《朱德选集》,人民出版社1983年版,第281页。

③ 安子文:《关于中国共产党的组织情况及发展和巩固党的组织》(1950年6月7日),《中共党史教学参考资料》第19册,国防大学出版社1986年版,第144页。

④ 《关于目前华东党的组织状况及今后建党问题》(中共中央华东局组织部副部长胡立教同志一九五〇年七月十一日在华东局扩大会议上的发言),《斗争》1950年第46期。

⑤ 《进一步巩固华北党而斗争——纪念党的二十八周年诞辰》(1949年7月),《建设》1949年第32期。

⑥ 《西南局组织部关于加强党的教育整理地方党的组织的指示》(1950年6月19日),《西南工作》1950年第8期。

学以上的占 0.32%。① 在华东地区的 1152339 名党员中,文盲和半文盲共796052 人,占总数 69.08%;小学程度 311829 人,占 27.06%;中学程度 31589人,占 2.74%;大学程度 4299 人,占 0.37%;其他 8570 人,占 0.74%。② 在内蒙古地区,党员中有 88%为文盲半文盲③。正因如此,毛泽东说:"我们党的理论水平低"④。这从当时察哈尔省察南县委宣传部在 1950 年"七一"前后,对农村党员进行一次学习抽查测验中可以看出。这次测验,题目由县委统一命题,均是常识,由区委到各村进行测验,能写的党员则写,不能写的则口答或找人代写。据统计,两个区参加测验的 7 个村,80 个党员中仅 15 人及格。⑤

党员的大量发展,一方面为中国共产党领导革命胜利提供了组织保证,另一方面则由于党员发展中出现的问题,使得党员的质量受影响。这一点,也一再为中国共产党历史所证明。新中国成立前后,随着中国革命胜利的到来,党的组织获得迅速发展,党员数量成倍增加。仅在 1949 年一年内,即发展新党员 140 万人左右。

有的地区提出反对关门主义,结果把一些不够党员条件的人发展到党内;有的地区不考虑建党条件是否成熟,急于求成,企图迅速把党壮大起来;有的不适当地实行"自报公议党批准"⑥的建党方法;有的则提出消灭白点村的口号,追求百分之三的党员比例。⑦

1950 年 3 月,中共北京市委组织部对解放以来发展与巩固党的工作进行了总结,指出,建党基本上采取了稳步前进的方针,共发展党员 9554 人,同时

---

① 安子文:《关于中国共产党的组织情况及发展和巩固党的组织》(1950 年 6 月 7 日),《中共党史教学参考资料》第 19 册,国防大学出版社 1986 年版,第 144 页。
② 《关于目前华东党的组织状况及今后建党问题》(中共中央华东局组织部副部长胡立教同志一九五〇七月十一日在华东局扩大会议上的发言),《斗争》1950 年第 46 期。
③ 《内蒙分局整党计划草案要点》,《斗争》1950 年第 43 期。
④ 毛泽东:《在中共七届二中全会上的总结》(1949 年 3 月 13 日),《毛泽东文集》第 5 卷,人民出版社 1996 年版,第 260 页。
⑤ 《省委宣传部关于察南县委对农村党员测验的通报》(1950 年 8 月 23 日),《政策研究》1950 年第 47 期。
⑥ "自报公议党批准"是指申请入党者自己报名,由群众公议,然后再由党组织批准。
⑦ 刘少奇:《对安子文一年来党的发展工作报告的批语》(1950 年 5 月 3 日),中共中央文献研究室、中央档案馆编:《建国以来刘少奇文稿》第 2 册,中央文献出版社 2005 年版,第 128 页。

部分地区和单位在发展党员工作中发生不少偏向和缺点,主要表现如下:

一是追求数字,重量不重质。郊区在布置结合土改进行建党时提出"反对关门主义""应为广大翻身农民开门""争取在土改结束后普遍建立支部"的口号,盲目规定发展3000名新党员的目标,并要求各区提出发展数字,以致有些郊区区委提出"好人入党""入党光荣"的口号,把建党搞成了轰轰烈烈的群众运动。有的城区区委提出"质量并重","只要不是反革命便可以入党"。人民印刷厂、北京师范大学、北京辅仁大学提出"反对关门主义","大量发展党"的口号,门头沟煤矿及机器总厂具体向下布置数字。

二是吸收新党员时,只注意成分好、历史单纯、老实人,过分偏重成分和一时表现,忽略政治条件和阶级觉悟,把党员水平降低到一般群众水平。有的郊区提出党员条件为"历史清白、大公无私、工作积极、一贯劳动","只要敢于和地主斗争,便大量吸收",以致少数新发展党员阶级觉悟不够,有的根本不起作用,有的入党后不久即开始蜕化,长期不过组织生活,不愿缴纳党费,甚至要求退党。如七区某党员曾几次要求退党,并编了退党小唱。有的有特权思想,入党后耀武扬威,站在人民头上作威作福,也有少数品质恶劣、贪污腐化、违法乱纪的人混入党内。

三是审查不严,不合入党手续。郊区在吸收新党员时,一般不经区委会讨论,只由个别区委批准,并只依靠工作组的材料和意见,不指定专人进行谈话,且有采取"自报公议"方式成批入党的现象,因而审查不严,马虎了事。有的城区在训练班中启发学员报名成批入党,90人报名,批准者达60多人,其中50人无介绍人,仅由区委会盖章。石景山钢铁厂党总支批准新党员不经正式会议,而由组织委员一人决定,对吸收入党者了解不够。机器总厂吸收党员时,不经党支部党员大会讨论,仅由支委会讨论后即送党总支。有的学校对被吸收入党者情况往往只凭印象及本人口述,审查工作不够认真。①

此种偏向在其他各地亦有所表现。西北局关中新区发展党员中急于要求发展的现象普遍。郿县团委书记在一个70余人参加的群众大会上就一次发

---

① 《中共北京市委组织部关于解放以来发展与巩固党的工作总结》(1950年3月),北京市档案馆、中共北京市委党史研究室编:《北京市重要文献选编(1950)》,中国档案出版社2001年版,第151—153页。

展 28 名党员、29 名团员。澄县城关六乡发展党员时,提出"放宽尺度物色对象"。南二乡举行入党自报公议时,有 5 个女性发展对象不敢当群众面报名,一个未公开的女性党员便假报名"带头"。甚至某些党的领导机关思想上也存在类似倾向,如陕西省大荔、咸阳等地委提出定期消灭白点村或白点乡的过急要求;某些地委和西安市委在工作计划中都规定在一定时间内发展党员的数字或比例,有的从分区一直分摊到县区。① 皖北区党委组织部制定了 1949 年下半年发展十万党员的庞大计划,虽被华东局及时制止,但并未有效停止。据 1949 年 4 月统计,皖北仍发展了一倍的新党员(由 31031 人增至 61330 人)。②

在革命胜利和全国执政的条件下,入党带来的利益更多、更为直接。加之发展党员过程中,存在违反原则、手续不严、追求数量、放低标准等现象,这就将一些不够党员条件或不完全具备党员条件的人拉到党内,个别党支部为地主、富农反动分子所控制,造成了党内组织不纯的现象。③

在福建、南京等地,淮海战役前后发展了极不纯的新党员,甚至将一批军统(即国民政府军事委员会调查统计局)、中统(即国民党中央执行委员会调查统计局)、敌特等分子吸收到党内。南京不仅发现部分敌特分子混进党内,而且还发现他们入党后在积极发展党员和介绍工作。在西南地区,个别地区在解放以后才迅速发展,组织上存在着严重不纯现象,如贵州某县党的支部全是地主成分,川北两个支部中即发现土匪 50 余人。④

1950 年 3 月 10 日,西北局组织部在《关中新区建党总结》中,对组织不纯现象作了分析,将其归纳为 7 种主要类型。一是混入党内的阶级异己分子、投机分子、流氓分子等。陕西省兴平县在初步审查中清洗 30 多人;凰翔县在整理地下党支部中,也发现曾当过敌伪乡保队的,在解放军东撤时,又给敌人要粮、鞭打群众的"党员"。二是脱离自首或叛变分子,有的组织上已知道,但尚

---

① 西组部:《关中新区建党总结》(1950 年 3 月 10 日),《党内通讯》1950 年第 46 期。

② 《关于目前华东党的组织状况及今后建党问题》(中共中央华东局组织部副部长胡立教同志一九五〇七月十一日在华东局扩大会议上的发言),《斗争》1950 年第 46 期。

③ 《西南局组织部关于加强党的教育整理地方党的组织的指示》(1950 年 6 月 19 日),《西南工作》1950 年第 8 期。

④ 《西南局关于执行中央发展和巩固党的指示的指示》(1950 年 6 月 15 日),《西南工作》1950 年第 8 期。

未处理,有的未向组织坦白,又混入党内。三是未经组织允许,参加其他党派团体及封建迷信组织,如咸阳一位区委组织科长于 1949 年 3 月私自参加伪国防部特务组织。四是自称党员但未正式参加党组织,有的仅为统战关系却自以为是党员,有的是想浑水摸鱼、有意冒充。兴平县即有 70 多个非党知识分子混入党内。五是确为党员但本人坚决不承认。部分党员思想蜕化,不愿做党员;有的是组织上未讲清楚,自己不知道。六是候补党员作为联系人发展的党员,如有候补党员发展党员 40 多名。七是群众发展的党员,如兴平县非党知识分子李某 1948 年随党员去过一次边区(未工作亦未学习),回来后即发展了 4 名党员。①

### (三) 干部队伍情况

马克思主义建党学说认为,政治路线制定之后,干部是决定一切的。在领导中国革命过程中,中国共产党十分重视干部队伍建设,把干部看成是执行党的路线方针政策的决定性因素。夺取全国政权后,中国共产党成为长期执政的党,同时又成为领导国家政权的核心力量,要求中国共产党要准备好各方面的干部。能否做到这一点,关系到中国共产党能否顺利接管国民党政权、开启在全国执政的新进程。由于解放战争的迅速发展,中国共产党的干部准备工作是在十分紧张的条件下进行的。在各方面努力下,中国共产党顺利完成了夺取全国政权各方面干部的准备工作,但新中国成立初期干部队伍呈现出新干部多、干部质量偏低、构成复杂三大特点。

一是新干部多,老干部少。中国共产党领导革命的直接目标,是要夺取全国政权。但是,对于具体完成这一目标的时间,实际进展比估计得要早。于是,在为夺取政权而准备干部这一问题上显得十分仓促。中国共产党正式提出准备夺取全国政权的干部是在 1948 年 9 月,这时距离中国共产党全国执政只有 1 年多一点时间。然而,当时的中共中央仍然认为战争需要进行 5 年左右时间。因而,干部的准备工作是按照这一进程而计划的。

1948 年 9 月 8 日至 13 日,中共中央政治局会议在西柏坡召开。会议认

---

① 　西组部:《关中新区建党总结》(1950 年 3 月 10 日),《党内通讯》1950 年第 46 期。

为,需要 5 年左右根本打倒国民党,并正式明确提出要训练干部,"准备占领全国后所需要的各方面工作干部"。① 10 月 28 日,中共中央作出《关于准备五万三千个干部的决议》,对战争第三、四年内(1948 年 7 月至 1950 年 6 月)所需干部数量作了大体估计,认为中央局、区党委、地委、县委、区委等五级及大城市的各项干部,共需要准备约 53000 人左右,分配华北 17000 人,华东 15000 人,东北 15000 人,西北 3000 人,中原 3000 人。决议要求分两期完成 53000 个干部的准备工作,即到 1949 年 6 月为第一期,1949 年 12 月为第二期。决议还提出,对准备战争第五年(1950 年 7 月至 1951 年 6 月)的干部,要通过开办党校、军政学校、正规大学、中等学校、专门学校,大量吸收工人及知识分子,以大量培养、训练和提拔干部。②

战争形势的迅速发展,大大超出了 1948 年 9 月时的估计。1948 年 7 月至 12 月,解放军歼敌正规军 148 个师,"一年计划,半年超过"③。1949 年春季后,国民党只剩下一百六十几个师,且大部是新编或歼后补充的,战斗力不强。在平津、淮海、太原等战役后,国民党军事主力已被歼灭。在此形势下,中共中央判断,1949 年和 1950 年将是中国革命在全国范围内胜利的两年④,并提出年内占领湘(湖南)、鄂(湖北)、赣(江西)、苏(江苏)、皖(安徽)、浙(浙江)、闽(福建)、陕(陕西)、甘(甘肃)等九省的任务。这一判断,比此前提早了一年。

鉴于此,1949 年 2 月 3 日,中共中央发出指示,要求华东、华中调动及训练 15000 名干部的工作应立即动手,并于 2 月底在徐州集中待命;华北局所担任的 17000 名干部,亦应于 2 月底集中 8000 人于石家庄,加以训练待命,交华

① 中共中央党史和文献研究院编:《毛泽东年谱》第 3 卷,中央文献出版社 2023 年版,第 345 页。

② 《中共中央关于准备五万三千个干部的决议》(1948 年 10 月 28 日),中共中央文献研究室、中央档案馆编:《建党以来重要文献选编》第 25 册,中央文献出版社 2011 年版,第 598—601 页。

③ 《目前形势和党在一九四九年的任务》(1948 年 1 月 8 日中央政治局会议通过),中共中央文献研究室、中央档案馆编:《建党以来重要文献选编》第 26 册,中央文献出版社 2011 年版,第 23 页。

④ 《目前形势和党在一九四九年的任务》(1948 年 1 月 8 日中央政治局会议通过),中共中央文献研究室、中央档案馆编:《建党以来重要文献选编》第 26 册,中央文献出版社 2011 年版,第 24 页。

东局率领随华东野战军、中原野战军向江南前进;东北局应准备以一批城市工作干部交华东局去接收上海;东北局、华北局的干部,须于 3 月底集中,并训练完毕;中原局所担任干部须于 4 月底集中,训练完毕。① 从这一部署来看,较之 1948 年 10 月 28 日的决议,集中干部的时间提前了 4 至 10 个月。而且发出通知是在 2 月 3 日,要求华东、华中、华北承担的干部在当月月底就要抽调完毕,加以训练并集中待命。由此可看出,干部的准备工作是多么紧张。

解放战争进行得很顺利,再次打破了 1949 年 2 月的计划。1949 年 6 月 11 日,中共中央发出《关于布置抽调三万八千名干部问题的指示》。指示提出,根据年内除占领 1 月 8 日中央政治局会议规定的九省外,可能占领粤(广东)、桂(广西)、滇(云南)、川(四川)、黔(贵州)、宁(宁夏)、青(青海)等七省,共需筹派干部约 38000 人,并对七省所需干部的筹派工作作了具体布置。七省所需干部,主要通过三个途径解决:一是从已解放区域机关的老干部中抽调;二是招收工人、职员及大中学生;三是从部队抽调。中央要求所有老干部一般应着重从城市中或地委以上高级机关中征调,以免使县区干部削弱。并限于 7 月底征调齐全,分别集中在各中央局或分局进行训练,听候调用。② 从这一部署也可看出,中国共产党准备接管各地新政权的干部成分是十分复杂的,来自各个领域,而且要求在极短时间内抽调完成。

于是,新中国成立初期,各地干部的情况普遍是老干部少、新干部多,绝大多数干部都是在全国解放前后提拔的。据西北局组织部报告,西北地区老干部缺乏,新干部尚未培养起来,各地干部处于“青黄不接”状态。县级以上干部甚弱,以 1948 年建立的、西北干部条件最好的大荔分区为例,全分区 8 个县 3530 名干部中,有 65% 以上(2298 名)是 1949 年新参加革命,另有近 23%(811 名)是 1948 年的新干部,合计近 90%,尚无两年工作经验或仅有一年者;而 1948 年以前的干部,包括正副县委书记、县长在内,仅占 12%。8 个县 158

　　① 《中共中央关于军事形势和准备渡江南进干部的指示》(1949 年 2 月 3 日),中共中央文献研究室、中央档案馆编:《建党以来重要文献选编》第 26 册,中央文献出版社 2011 年版,第 106 页。

　　② 《中共中央关于布置抽调三万八千名干部问题的指示》(1949 年 6 月 11 日),中共中央文献研究室、中央档案馆编:《建党以来重要文献选编》第 26 册,中央文献出版社 2011 年版,第 459—461 页。

名区委书记、区长中,27%以上(43人)是1948年以来的新干部,还有许多区委书记、区长及县级科长、部长缺额,一时无法提拔。解放较迟的地区,老干部更少,有一县只去三个或一两个老干部,其余全由当地提拔解决。除新疆解放最迟,县以下尚未派去干部外,最弱者如青海19个县中,到1950年3月尚有8个县未派一名干部。①

这一特点在其他地区亦是如此。在福建,仅24%的干部是渡长江前提拔的,1949年10月至1950年6月,干部由不到1万人激增到3.5万人。② 在内蒙古,干部中仅2%是抗战胜利前参加革命,98%是抗战胜利后培养提拔的,还有一小部分是解放后增加的新知识分子与留用人员③。干部的大量抽调,使老区老干部减少,只能从知识分子、学生、旧职员中提拔。如华北地区1949年调出老干部4万余人,骨干减少,提拔新干部约5万余人。④ 1950年7月,据河北省蓟县地委组织部统计,蓟县地委5699个干部中,全民族抗日战争时期干部仅留796人,其余均为抗战胜利后于1949年一年内提拔,新干部占绝大多数,非党干部1789人。

二是干部能力素质参差不齐。早在革命胜利前夕的中共七届二中全会上,毛泽东就指出,党的工作重心必须放在城市,用极大努力学会管理城市和建设城市、生产的技术和管理生产的方法、同生产有密切联系的商业工作、银行工作和其他工作。⑤ 1949年12月4日,毛泽东在主持召开中共中央政治局会议时指出,"财政经济工作已成为中央和中央局的主要议程,应该认真研究财政经济问题"⑥。然而,老干部在刚刚完成革命战争任务就要领导国家建设,新干部在短时间内提拔上来,来不及进行教育培训,使得干部不仅数量不

① 《目前干部思想作风情况——西组部给中组部的报告》,《党内通讯》1950年第44期。
② 《福建省委关于执行华东局整风指示的计划》(1950年7月12日),《斗争》1950年第48期。
③ 《中共中央内蒙古分局发布整党工作决定》,《内蒙古日报》1950年7月15日第1版。
④ 《华北局关于华北当前工作中急需解决的几个问题向中央的报告》(1950年4月28日),《建设》1950年第69期。
⑤ 毛泽东:《在中国共产党第七届中央委员会第二次全体会议上的报告》(1949年3月5日),《毛泽东选集》第4卷,人民出版社1991年版,第1427页。
⑥ 中共中央党史和文献研究院编:《毛泽东年谱》第4卷,中央文献出版社2023年版,第55页。

足,质量也弱,政策和文化水平偏低。

据内蒙古分局统计,干部中 50% 为文盲、半文盲,文化水平低,对各种具体政策不能很好地掌握。① 上海市部分干部对业务不熟练,机关干部照搬农村或地下经验,马列主义理论水平不高。② 天津市 21391 名干部中,党员占 31%,非党占 69%,留用人员占 73%,中下级领导骨干、党务工作干部普遍缺乏。③ 察哈尔解放初期也同样面临干部质量普遍低弱、工作不能胜任、政策不能贯彻、干部(区级为主)缺乏的状况。④ 在广西,南下干部在进入新区后,普遍遇到情况不明、经验不足、语言不通的难题。⑤

各地不少干部对党和政府的各项政策掌握较差。从老区抽调到新区的干部特别是县区级干部"政治水平和政策水平一般较低,因而在执行政策上时常发生忽'左'忽'右'的现象"⑥。在对湖北宜昌地委县团级干部进行群众运动的各项政策测验中,70% 不及格,而在区营级干部中更差。⑦ 长阳、麻城、黄冈、竹溪、浠水五县分别举行干部学习或读报测验,测验成绩结果很差。长阳县机关干部参加测验者 49 人,只有 7 人及格,不满 30 分者 26 人;麻城读报测验,全县 305 名干部中,不及格的有 272 名,占近 89%;浠水参加测验的 230 名干部中,不及格的占 76%,平均分只有 41 分。⑧ 浙江某些干部半个月不看报纸文件,嘉兴进行的一次测验中,有 80% 的人不及格,甚至连中央人民政府主席是谁都答不出来。⑨

三是干部队伍结构情况复杂。各地特别是新解放区干部的构成,普遍十

---

① 《内蒙分局整党计划草案要点》,《斗争》1950 年第 43 期。

② 《上海党目前组织状况与组织工作情况(上海市委组织部三、四月综合报告)》(1950 年 6 月),《斗争》1950 年第 50 期。

③ 《华北局关于天津市干部情况向中央的报告》(1949 年 9 月),《建设》1949 年第 43 期。

④ 《察哈尔省 7 月份组织工作会议摘要》,《建设》1949 年第 40 期。

⑤ 《广西省委关于整党问题的指示》(1950 年 6 月),《华南通讯》1950 年第 5 期。

⑥ 《中南局组织部关于半年来的主要工作向中央组织部及中南局的综合报告》,中共中央中南局办公厅编:《中共中央中南局文件辑存》第 3 卷,1950 年 1 月。

⑦ 《湖北省委关于湖北各地党代会议的总结》(1950 年 1 月 15 日),《中南通讯》1950 年第 3 期。

⑧ 《长阳麻城黄冈竹溪浠水五县举行学习测验》,《湖北日报》1950 年 6 月 25 日第 5 版。

⑨ 谭震林:《省委扩大会议上的总结报告(节录)》(1949 年 12 月 5 日),《中共浙江省委文件选编(1949 年 5 月—1952 年 12 月)》,2011 年,第 131 页。

分复杂。如在西南地区的川东区,干部以原华东支前干部、军队干部及原地下党干部为骨干,结合大批新学生和旧人员,这些干部对新情况、新政策、新法令极为生疏。支前干部对到西南后所遭遇的严重困难认识不足;新学生多系招来即用,对旧人员更无留用经验。①

据1950年2月统计,江西省脱离生产的干部由6002名增加到41315名,共增加6倍之多。其中,来自老解放区的干部共6002名,训练与提拔26678名脱离生产的新干部,接收8635名旧人员(实际上可能有10000人)。各类干部具体情况如下:

来自解放区的干部共6002名,占全省干部的15%。这批干部中,大革命时期的有23名,占0.4%;1927—1937年285名,占4.7%;全民族抗战时期1401名,占23%;抗战胜利后参加东北土改的干部4293名,占71.9%。一般说,这批干部或多或少都经过了斗争的考验,历史上清白,政治上可靠,并有一定的工作经验与能力,尤其是县级以上的干部,在党的长期教育和团结培养下,工作经验与斗争经验比较丰富,政治水平较高,是执行党的方针政策和完成各项任务的主要领导骨干。但由于这些干部多数都是东北、华北地区的人,开始时对江西情况不熟悉,生活有些不习惯,言语不太懂,同时又是来自各个地区,作风也不同,加之任务繁重,工作紧张,环境复杂,因此一部分干部在思想上、生活上、工作作风上以及执行政策中,发生了许多严重的不良倾向。

知识分子学生出身的新干部共17404名,占26678名新干部的65.2%。这批干部一般都有初中以上文化程度,有一定的科学知识,年纪较轻,多数对旧社会不满,要求进步,接受新事物较快。许多人受训后,在工作中表现积极热情,能吃苦,服从领导,进步较快。但他们的政治水平低,工作历史很短,虚荣心较重,没有斗争经验与工作经验,农村生活不习惯,社会知识较少,在生活上不能与群众打成一片,甚至有一部分人对工农干部和工农群众有些看不起,骄傲自大。当中阶级成分为地富与资本家的子弟占60%以上,部分对共产党和国民党的认识或多或少还有些糊涂观念,过去曾参加过反动党派的约占50%。

---

① 《川东区党委关于干部整风的指示》(1950年6月7日),《西南工作》1950年第9期。

工农出身的新干部5242名,占26678名新干部的19.6%。这些干部一般都参加过一些斗争,阶级成分较好,并有一定的阶级觉悟,多数从斗争中提拔起来,政治历史比较纯洁,与群众有一定的联系,对工作积极负责,能吃苦耐劳,有较高的革命热情。但这批干部一般政治水平与文化水平很低,工作经验少、理解能力较差,接受新知识较慢,对群众作宣传、向上级写报告都比较困难。

接收留用的旧公职人员8635名,占41315名干部总数的20.9%。他们都有一定的文化水平与一般社会知识,其中有些人有专门技术,对过去的业务与旧社会的一套公文比较熟悉。一部分下层公务人员与小职员,过去没有社会地位,薪水低,经济上受压迫,从他们过去的社会经济地位来说,是要革命的,多数表示愿意改正,要求进步。但这些人一般雇佣观念很深,政治历史情况复杂,思想糊涂。根据省政府、南昌大学、南昌市3个单位统计,在4242名旧人员中,自动坦白参加反动党派者有1125名,占整个旧人员的27%,如再进一步审查,估计可能有50%,其中大多数人不愿下乡,不能吃苦耐劳,贪图享受要求过舒服日子,官僚习气较深,看不起工农,不愿接近群众,愿做城市机关工作。

苏区时期脱离关系的干部数量很多,散布地区很广,已参加乡村工作的数量相当大,除其中少数叛变分子及叛变后为敌人做特务工作的以外,有的在历史上没有问题,或历史上稍有污点,有的已向敌人自首自新,但没有进一步危害革命。这些人过去曾参加许多斗争,做过不少工作,较有工作经验,并与群众有一定的联系,其阶级成分多数是工人、农民,在思想上还存在着苏区时代长期"左"的残余和报复心理,有历史包袱,摆老资格,看不起新干部。由于他们长期脱离党与革命,对党的许多政策都不了解,对新的工作不熟悉,其中有些人因年纪较大,对工作表现消沉。

由于干部构成复杂,一些地区和单位既有新干部又有老干部,既有地方干部又有军队干部,既有工农干部又有知识分子干部,在新区则既有南下干部又有本地干部,相互之间思维方式、工作方法、生活习惯等有差异,有的外来与本地、本地与本地、干部与学生、学生与旧人员、知识分子与工农干部间相互看不起、互相不服气、互不相让,自以为是,使得干部团结出现问题。有的老干部在工作中,对本地干部、新学生和留用的旧人员,不是积极帮助、教育改造提高,而是采取不信任、轻视甚至存在个别排斥态度。在旧知识分子出身的新干部与留用旧人员中,亦有些人凭借自己文化高,看不起工农出身的干部。而一些工农出身的老干部因自己缺乏文化、不熟悉业务而感到前途悲观。① 老干部自认为经过革命斗争年代的考验,看不起新干部和留用人员,认为他们不可靠。更有甚者,他们对年轻的知识分子由于有能力而担任挑选的职务和对留用人员继续领取薪水,而他们只领取革命供给制时期日用必需品的情况深为不满。就新干部和留用人员而言,他们对老干部颐指气使的态度愤愤不平,认为老干部根据其过去的政治贡献享受了优惠待遇。②

在西北,关中各县的区级干部中,不团结现象较多。一方面,老干部有包袱,居功自满,或不善于团结与自己作风习惯不同的人,对新干部缺乏耐心帮助,不信任新干部,有的老干部缺乏在当地扎根的思想,不作长期打算,工作关系搞不好,自己就打算离开。另一方面,新干部在革命高潮下参加工作,带有不少旧社会的思想和作风,对老干部有不正确的看法。地下党干部受党教育少,老区干部也缺乏某种思想准备,双方对会师重要性认识不足,上级领导开始也重视不够,以致发生不团结现象。有些老干部过分批评指责新干部,引起新干部不满。个别区的干部闹派系等。③

在浙江,南下干部与本地干部由于过去所处工作环境不同,互不了解,互不熟悉,语言不通,会师后因形势发展和工作繁忙,未能进行很好的动员教育,因此各地产生了一些不融合、不够团结的现象。南下干部(即从北方地区选派的干部)看到坚持干部(即本地干部,下同)在接管城市工作中,纪律性、组织性和处理问题原则性较差,生活水平太高,来往亲友多,有些看不惯、不耐烦。坚持干部对大军及南下干部要求高,以为解放后可以出头痛快干一番,结果受政策、纪律限制太严,生活水平较前降低;对南下干部文化水平不高、说话

---

① 《西南局组织部五月份给西南局并中央组织部的报告》(1950 年 5 月 31 日),《西南工作》1950 年第 7 期。

② [美]R.麦克法夸尔、费正清编:《剑桥中华人民共和国史(1949—1965)》,谢亮生等译,中国社会科学出版社 1998 年版,第 75—76 页。

③ 《目前干部思想作风情况——西组部给中组部的报告》,《党内通讯》1950 年第 44 期。

不大清楚,亦看不惯、不耐烦。① 南下干部中,存在对当地干部不信任及某些狭隘观点,在双方团结上存在一定隔阂,中下级干部中问题比较严重。②

## 二、作风问题的主要表现

执政党的地位,使得中国共产党面临着新的考验,脱离实际和脱离群众的危险"不是比过去减少而是比过去增加了"③。这主要是因为,执政意味着掌握了公共权力。而权力具有腐蚀性,容易出现作风、腐败问题,这对马克思主义政党同样如此。在权力制约和监督不健全的情况下,中国共产党在夺取全国政权后,同样可能有被权力腐蚀的危险。在迅速胜利和执政的条件下,面临客观环境复杂和各项极其繁重而艰巨的任务,又来不及进行教育改造,使得各地部分党员干部在努力工作完成任务的同时,在作风和思想上也出现一些问题,"产生了不少违反党的政策和党的纪律的行为"④。

### (一)"最严重的是命令主义"

出现的作风问题中,"最严重的是命令主义"⑤。有的干部为了完成上级布置的任务,不讲政策,把任务和政策对立起来,不顾当地实际情况和群众意愿,不与群众商量,用简单、粗暴的命令主义方式开展工作。这种命令主义作风在征粮、税收和推销公债等工作中都有所表现,其中最突出的是在征粮工作中。

新中国成立初期,财政收支压力非常大。一方面,人民解放战争尚在进行

---

① 《省委关于南下干部与坚持干部会师后处理团结问题的指示》(1949年6月2日),《中共浙江省委文件选编》(1949年5月—1952年12月),2011年,第22页。

② 《转发浙江省委工作报告的批语》(1949年10月7日),中共中央文献研究室编:《建国以来毛泽东文稿》第1册,中央文献出版社2023年版,第47页。

③ 邓小平:《关于修改党的章程的报告》(1956年9月16日),《邓小平文选》第1卷,人民出版社1994年版,第214页。

④ 朱德:《加强党的纪律检查工作》(1950年5月6日),《朱德选集》,人民出版社1983年版,第281页。

⑤ 刘少奇:《在庆祝五一劳动节大会上的演说》(1950年4月29日),《刘少奇选集》下卷,人民出版社1985年版,第23页。

中,军费开支庞大,又由于对国民党政府旧人员实行"包下来"的政策,原国民党统治时期的政府、学校等工作人员仍需要供给,同时还要恢复和发展生产,救济受灾群众等,财政支出十分巨大。另一方面,国民经济尚未恢复,财政收入有限。因此,1949 年至 1950 年间,国家财政收入的主要来源,排在第一位的是公粮(占 41.4%),其次是税收。各地为了保证完成公粮收缴任务,进行了广泛动员,作出了巨大努力,基本完成了任务,但也出现了强迫命令的问题。某些地方分配任务过重,地方政府随意附加,基层干部在分配征粮任务时向地主征得较高,而新区农民已有很多不向地主交租,地主亦不敢向农民要租①,于是出现畸轻畸重现象。有的干部不顾实际,不顾政策,采取强迫的办法征粮,致使有的地区发生严重的强迫命令作风。这种命令主义作风,虽然"任务是完成了,人民却受到了本来可以避免的损失"②,党群关系受到了严重影响。

在华东地区,浙江省对基层情况不熟悉,对平原产粮区灾情估计不足,大部地区征粮于 1949 年 11 月下旬才开始。由于时间紧,过分强调完成任务,没有细致计算各地负担额与合理分配负担数,主观上逐级虚加,用强硬摊派的办法,造成畸轻(每亩五六十斤)、畸重(每亩 180 斤以上)。③ 在实际执行中往往超过负担额,有些地主不仅毫无收入,且须另外补缴公粮。④ 1949 年夏季到当年年底,苏北泰州地区在夏征与抢救水灾中,据分区 6 个县市单位(缺泰兴、东台)统计,打人者等共 694 件。其中,打人的区委干部 42 人,乡级干部 129 人,村级干部 100 余人。⑤

华南的西江地区各县地主、富农负担普遍达到 80%,富裕中农达到 50%,

① 《中共中央关于各军政委员会应讨论土改与征粮等问题的指示》(1950 年 1 月 4 日),中央档案馆、中共中央文献研究室编:《中共中央文件选集(1949 年 10 月—1966 年 5 月)》第 2 册,人民出版社 2013 年版,第 13 页。

② 刘少奇:《在庆祝五一劳动节大会上的演说》(1950 年 4 月 29 日),《刘少奇选集》下卷,人民出版社 1985 年版,第 23—24 页。

③ 《省委一九四九年十一、十二月份综合报告》(1950 年 1 月 5 日),中共浙江省委党史研究室、浙江省档案馆编:《中共浙江省委文件选编》(1949 年 5 月—1952 年 12 月),2011 年,第 141 页。

④ 《中央转发浙江省委关于新区征粮情况报告的通知》(1950 年 1 月 21 日),中共中央文献研究室、中央档案馆编:《建国以来刘少奇文稿》第 1 册,中央文献出版社 2005 年版,第 386 页。

⑤ 《苏北泰州地委关于打人、骂人问题的检查报告》,《斗争》1950 年第 35 期。

有些地主联合起来拒绝缴粮,并普遍发现缴种子及卖猪卖牛甚至拆屋顶公粮现象。① 在华北地区,1949 年公粮负担人均 54 斤,较 1948 年 67 斤减少,但华北普遍歉收,实际产量减低,非灾区人民负担加重。如通县布置每人 54 斤,经减灾后非灾区人民为 90 斤;加之某些地区擅自增加,如沁县比 1947 年多附加 58 万余斤,畸轻畸重,以致某些群众交不起。对灾情和产品调查不够,有些村干部转嫁负担。因有的村干部好地多、产量大,压低产量,群众对此不满。不少干部不向群众宣传解释负担政策,不注重调查研究,而单靠强迫命令完成任务。②

时任第一届全国政协副主席、中央人民政府委员的陈叔通,家在杭州泗乡及太平门外一带,有稻田 300 余亩。当时南方都在减租减息,平均每亩地租减为一斗,地主的农业税按地契上的田亩数缴纳,须按农业税递增加缴累进税。地主应缴农业税多不经地主之手,而由其佃户在应缴地租中代为缴付,不敷之数,由地主负担。某些佃户为了少缴公粮及地租,少报自己耕种的田亩数,以减轻自己的负担。而有关部门对佃户自报的田亩数多不调查追究。1949 年秋季,除去佃户将地租缴纳后,尚需缴纳农业税 200 担米,此数若按大米计算,约折合人民币 4000 万元(人民币旧币,旧币 1 万元折合 1955 年 3 月 1 日发行的新版人民币 1 元,下同)。此数大约按 1 户计算,累进税很大。但地契上分为五户,应分五户负担,总额可不到此数。当地干部责成陈家独自负担,便可多收累进税。当地催迫甚急,已将其家中看门的抓去看押。③

## (二) 领导工作中的官僚主义

俄国在十月革命胜利后,苏维埃政权、党的机关也曾发生严重的官僚主

---

① 《关于补救西江地区征粮中出现的问题的批语》(1950 年 3 月 7 日),中共中央文献研究室、中央档案馆编:《建国以来刘少奇文稿》第 1 册,中央文献出版社 2005 年版,第 579 页。
② 《华北一九四九年秋征工作总结》(华北局一九五〇年五月向中央的报告),《建设》1950 年第 70 期。
③ 《中央转发陈叔通对征粮工作意见的电报》(1950 年 1 月 29 日),中共中央文献研究室、中央档案馆编:《建国以来刘少奇文稿》第 1 册,人民出版社 2005 年版,第 435—436 页。

义，列宁告诫"共产党员成了官僚主义者"，"会把我们毁掉"①。中国共产党在局部执政时期也曾出现官僚主义。毛泽东对此深恶痛绝，表示"要把官僚主义方式这个极坏的家伙抛到粪缸里去"②。新中国成立后，中国共产党领导的国家机关和党员干部也开始滋长官僚主义作风。有的党员干部高高在上，不调查研究，不关心群众疾苦，乱下命令，对革命工作和国家财产采取"一种漠不关心、不负责任或不大负责任的态度"③。

1950年4月，陕西省大荔地委对各县领导工作进行检查时发现，各县工作存在计划差、检查少、分工不明确、制度不健全、事务主义等现象。一般除一段工作或一个运动有初步与不完全计划外，尚缺少全盘的工作计划。对全面情况不了解，或者研究分析很差，结果心中无数。反霸中，对恶霸情况未掌握（陕西省大荔开始时），剿匪时夸大匪情、自相惊扰（澄城县）。征粮完成多少弄不清（蒲城、郃阳）。开会多，却缺乏充分准备，会议内容琐碎冗长，因而对重大政策问题缺乏深刻研究，往往是上级布置多，对下级具体指导与深入检查少。许多决议政策贯彻不下去，甚至形成下面谎报、以错传错的现象。如郃阳县在1949年11月根据各区报告，全县可完成公粮70%至80%，但1950年2月检查时，才完成入仓60%多。常忙于中心工作，丢掉其他工作，影响部门业务。分工不明确，党委干部擅长行政工作，不擅长党务工作。制度不健全，养成突击作风，顾此失彼，忙无头绪，结果常是费力多收获少。工作做了，经验未总结，因而形成有头无尾、有信心少办法的现象。澄城县某区1949年8月救灾时，在群众中募集了些钱，当时未立即救灾，直到物价上涨才放出，引起群众不满意，群众议论"把油搁成水啦"④。华县发生干部调动时要东西、要群众欢

---

① 列宁：《给财政人民委员部的信》（1922年2月22日），《列宁专题文集 论无产阶级政党》，人民出版社2009年版，第348页。

② 毛泽东：《关心群众生活，注意工作方法》（1934年1月27日），《毛泽东选集》第1卷，人民出版社1991年版，第124页。

③ 朱德：《加强党的纪律检查工作》（1950年5月6日），《朱德选集》，人民出版社1983年版，第283页。

④ 《党的政策在怎样执行着——大荔地委对各县检查领导工作的总结》（1950年4月20日），《党内通讯》1950年第49期。

送的现象。①

在东北,某些县、区、村在备耕和春耕生产工作领导上存在严重的官僚主义。

一是县领导表现为会议布置多,具体组织力量贯彻执行少,对区、村干部交代任务布置工作多,抓住中心帮助指导少。如黑龙江省桦川县为动员备耕共开了大小会13次,历时47天,松江省海林县开会15天,黑龙江省五常县、松江省阿城县也开了不少会。会开完就像该项工作做完了,会后没有组织力量帮助区干部代表把决议贯彻到群众中去,弄得下边干部无法执行,说:"任务一大本,办法自己想。"有的群众反映:"县里一大本,区上一块纸,村上一张嘴,屯上只剩两条腿。"

二是区领导对具体了解情况很少,或蹲在点上多,全面指导少,或是抓住细小琐碎枝节事件多,掌握中心、照顾全局差,开会讲一般的话多,研究实际情况和解决具体问题少,或者今天跑这屯,明天跑那屯,但不能发现任何问题,也不能具体帮助解决生产中的困难,不会找生产有经验的农民组织与推动生产,光是"问一问",走马观花地检查和指导工作。如松江省呼兰县有的区干部一天跑3个村,到了村问村干部:"备耕怎样?"村干部乱说一阵就认为没问题。此外,有些干部到村里工作,抛开村干部,自己亲自动手强迫包办一切。

三是村干部中有不少不亲自带头参加生产,而站在生产之外领导生产,自己不参加换工组,而先去号召群众参加,不具体解决村中生产工作问题,而是光靠开会、讲话。如松江省五常中心村动员群众备耕,一个月全村8个屯开群众大会156次,7天村干部会,认为"非开会,不能解决问题"。全村38个党员,只有2个带头,其余都忙别的事。川西大桥村无论大小事都靠开会解决。所以,一些群众就向干部反映:"三天两头会,开的真遭罪,开到五月五,手上不沾土"。因此,影响备耕播种工作的进行,造成干部与群众关系不密切。这种"会议主义"的官僚主义作风,以多开会、多讲话为满足,把开会当成唯一工作,按省、县、区、村、屯层层开会,千篇一律传达,开了会、讲了话就当作工作完

---

① 李广业:《华县党与群众工作及干部思想作风表现》,《党内通讯》1950年第42期。

成了,认为会开得多、话讲得长就是工作做得好,严重脱离了群众,而且影响了春耕。①

## (三) 统战工作中"左"的倾向

统一战线是中共领导中国革命取得胜利的三大法宝之一。新中国成立后,中国实行的是新民主主义的政治和经济政策,需要进一步巩固和发展同各民族、民主党派、人民团体、各界爱国人士等在内的统一战线,团结一切可以团结的力量,为彻底完成民主革命、逐步向社会主义过渡而努力。早在中共七届二中全会上,毛泽东就指出,人民民主专政要求团结尽可能多的能合作的城市小资产阶级和民族资产阶级的代表人物;党同党外民主人士长期合作的政策必须在全党思想上和工作上确定下来;必须把党外大多数民主人士看成和自己干部一样,同他们诚恳坦白地商量和解决那些必须商量和解决的问题,给他们工作做,使他们有职有权。② 1949 年 9 月 29 日,政协一届全体会议通过的《中国人民政治协商会议共同纲领》(以下简称《共同纲领》),明确规定人民民主专政是各个阶级及其他爱国民主分子的人民民主统一战线的政权,政协是人民民主统一战线的组织形式。

按照中共七届二中全会精神和《共同纲领》要求,统一战线政策在新中国成立后总体来讲执行较好,这可以从当时中央人民政府的人员构成中看出。据统计,第一届中央人民政府 6 位副主席中,有 3 位是民主党派和无党派人士,即宋庆龄、李济深、张澜;56 位中央人民政府委员,民主人士 27 位,占了将近一半。4 位政务院副总理,共产党员和民主人士各有 2 人;15 位政务院委员,民主人士 9 人,超过共产党员人数;政务院所属的 34 个委、部、属、行机构中,有 14 位民主人士担任正职,有权独立地领导各部门工作。这一人员构成,充分体现了中共同党外民主人士、无党派人士合作共事的诚意。各级政府人员,也效仿中央人民政府和政务院,让党外民主人士和无党派人士担任政府要

---

① 《东北局关于注意克服春耕工作中官僚主义形式主义的通报》(1950 年 4 月 14 日),《党的工作》1950 年第 39 期。

② 参见毛泽东:《在中国共产党第七届中央委员会第二次全体会议上的报告》(1949 年 3 月 5 日),《毛泽东选集》第 4 卷,人民出版社 1991 年版,第 1437 页。

职,使他们有职有权。然而,由于党内"土地革命战争时期的关门主义作风"①没有完全克服,加之革命胜利后,党内部分干部滋长骄傲情绪和功臣自居思想,在统一战线问题上存在"左"的关门主义倾向。

部分党员干部看不到统一战线的重要性,看不起民主党派和民主人士,对于安排其代表人物担任人民政府的领导职务不服气,甚至有意见、发牢骚;对于民族资产阶级则强调斗争和限制,要求提早消灭私人资本主义,实行社会主义;对统战工作和统战干部看不起,同时少数干部也存在敷衍主义和迁就主义倾向,对有明显错误的观点不进行必要的批评教育,而是一味迁就。② 这些现象,在各地均有发生。

在西北,各级政府中吸收一定数量、有代表性的党外人士作为联合和领导其他阶级的必要条件,但这在许多干部思想中没有解决,存在圈子太小、联合不够的缺点。干部中不愿与党外人士来往,怕麻烦;有的认为胜利了后,统一战线可以缩小;有的甚至与党外人士比地位、比资格。③ 据宁夏省委 1950 年 3 月检讨,执行统战政策中的缺点,主要是不习惯和不善于同党外人士合作,缺乏有计划、有系统地帮助和提高党外人士。对党外人士的使用,不够放手,如没有通知党外干部的军管会副主任马鸿宝参加一些会议。各县对统战工作认识不明确,特别是区以下干部不懂得统战政策。④

## （四）铺张浪费、贪污腐化等

此外,有的党员干部贪图享乐的思想开始滋长,还发生铺张浪费、贪污腐化等违法乱纪现象。正如毛泽东所担心的,"因为胜利,党内的骄傲情绪,以功臣自居的情绪,停顿起来不求进步的情绪,贪图享乐不愿再过艰苦生活的情

---

① 毛泽东:《在中国共产党第七届中央委员会第二次全体会议上的报告》(1949 年 3 月 5 日),《毛泽东选集》第 4 卷,人民出版社 1991 年版,第 1437 页。
② 李维汉:《回忆与研究》(下),中共党史出版社 2013 年版,第 522 页。
③ 《西北局扩大会议关于若干问题的决议》(1949 年 11 月 22 日),《党内通讯》1950 年第 41 期。
④ 《宁夏省委对统战工作的检讨》(1950 年 3 月 1 日),《党内通讯》1950 年第 45 期。

绪,可能生长"①。进入城市后,部分党员干部就开始居功自傲,摆资格,闹地位,追求物质上的享受,思想上出现蜕化倾向。

有的党员干部以功臣自居,认为革命胜利了,天下是自己打下来的,摆资格,要求提高地位和待遇。如西南区有的干部在进入城市后,嫌房子挤、房子不好,不愿住小房子,不愿住无电灯的房子。② 有的居功自大,骄傲蛮横,脱离群众,只图享乐,漠视革命队伍的严肃性和纪律性,闹男女关系,少做工作,甚至不做工作。部分干部离婚、再婚问题突出。

部分外来干部、农民干部和新干部存在不安心工作,情绪消极,甚至发生不干工作、回家务农的情况。据西北局组织部报告,陕北区在调派外出干部时,发生逃跑现象。1949年调去甘肃的635名干部,逃回十分之一;陕北党校培训中亦有逃跑现象(延川县逃跑6名),有的极不安心,埋怨组织不公,认为是当地排挤;在职干部不学习,有的公开提出不愿工作,说革命是公家强迫,要回家务农。在派去新区工作的老区干部中,也存在着对现在工作不安心,想回原籍工作或回家生产。在陕西沔阳工作的兴县干部,60余人多半如此。③

1950年3月,川西区温江地委干部中存在不安心工作、计较地位与物质待遇的情绪。有些干部来自部队和农村,因工作不熟悉而感到苦闷。如市政府民政局社会科两位干部,因文化水平低、工作未完成任务,心情苦闷,整夜不能入睡。大部分不安心工作是抱有个人主义,计较地位和物质待遇。如文管会"一些地下党同志认为团级干部算不了什么(他们希望更高的);而解放区和部队来的同志看到某些地下党同志享受营团级待遇,甚为惊讶,心里不服"。市委组织部在与许多干部谈工作时,许多干部总希望提一级,职务加上一个"长"字,纵然是原职原级调动工作也要讲价钱。西南服务团来的部分干部,看到调川东区工作的干部都提拔了,便纷纷要求到农村去,做负责工作。另外一些干部怕吃苦,又不愿下去,要求呆在机关里。同时有些干部在分配工

---

① 毛泽东:《在中国共产党第七届中央委员会第二次全体会议上的报告》(1949年3月5日),《毛泽东选集》第4卷,人民出版社1991年版,第1438页。

② 《西南局关于克服目前干部不良倾向问题给川南区党委的指示》(1950年1月),《斗争》1950年第31期。

③ 《目前干部思想作风情况——西组部给中组部的报告》,《党内通讯》1950年第44期。

作时强调兴趣。①

此外,部分地下党党员中还存在着严重的自私自利的个人主义思想。有的入党是为了"占便宜",解放后见党员不但不"赚钱",反而要起模范作用,工作便消极起来。有的拿党员"送人情",有干部在登记党员时,把非党员的亲戚登上名册,有人介绍党员时要白洋;有的为了私事,向群众胡乱摊派;邵阳魏迪生(解放后当了区长)为了给自己箍窑,除了向群众"借"麦20石外,又动员80辆大车给自己拉砖;有的怕离家,怕当兵,怕成公家人,解放后不承认自己是党员。②

铺张浪费现象最突出的,表现在大吃大喝。有的单位和领导个人趁机收受礼金。如在西北地区,1949年10月30日,陕西省枸邑县某副县长以尽孝为名,移葬父母亲,并宴请客人。为待客,磨了6石麦子面,买了2石麦子的酒(180斤),做了1石豆子的豆腐(折麦5斗),买香纸花了4斗5斤麦子,杀了2头猪(180斤折麦4斗),连买其他零碎东西共用麦子16石9斗8斤。上礼者800余人,有的礼到人未到,实待客500余人,收礼人民币15万元,白洋12元。县长应邀前往"点主"(一种丧礼)。城关区区长给其祖父过生日(6家合过),杀了4头大猪(折麦8石),磨了6石麦子的面,买了120斤酒(折麦3石),连买其他零星东西共用麦子20石5斗5升。待客400余人,接到条子9个,人民币125万元。③1949年12月27日,临潼栎阳召开区团员代表大会,会议极其铺张浪费。与会代表110余人,列席旁听者40余人,历时两日半;除吃饭外,用大肉120斤,点心30余斤,花生45斤,纸烟100多包,以及文具用品等,按当时市价合计麦子26石4斗6升。④

在中南地区,湖南醴陵有的乡、保成立农会时,吃团结饭,并隆重布置会场,唱戏庆祝,每次开支少者10石、8石,多者三四十石,五区一保竟开支80石;四区铁江乡四保摆席50余桌,搭彩棚、金字匾用谷40余石,向各家摊派,

---

① 《川西区党委转发温江地委关于无政府无纪律现象检讨的通报》(1950年3月19日),《西南工作》1950年第3期。
② 西组:《关中新区建党总结》(1950年3月10日),《党内通讯》1950年第46期。
③ 《对×××同志移葬父母一事的检讨》,《党内通讯》1950年第46期。
④ 《我对栎阳团代会铺张浪费的检讨》(1950年4月30日),《党内通讯》1950年第47期。

一户贫农秋征免征,此次派 2 升粮;三区泗仙乡九保每一会员拿 1 升谷和 1600 元钱,为开会、吃饭、唱戏之用,另摊派 20 余石谷打梭镖(指民兵训练);长沙三区莫洞乡乡公所私自增加 4 个人,每人每月增谷 2 石,每月办公费 5 石,还得到长沙批准每保派 20 石谷打梭镖用,该乡十保秋征时每百斤公粮加派 3 斤为办公费(计 3.79 万斤);江西东乡某区农会开会 2 天,吃牛肉 800 余斤,一个保开会吃米 7 石 2 斗,并有被坏人控制的农会,利用调解纠纷而大吃大喝。[①]

广东揭阳所属新亭、磐东、磐西、梅岗、渔湖等区政府为庆祝元旦与区政府成立举行会餐,收受群众贺礼,发生严重铺张浪费现象。新亭区政府设席 98 桌,大吃 2 天,人数在 700 以上,收到礼品(举其重要者)有大猪 7 头,猪肉 52 斤,小牛 1 头,鸡鸭 183 只,蛋 2963 个,鲜鱼 198 斤,米 1484 斤,谷 624 斤,红糖 632 斤,芋头 222 斤,巾幕 1 幅,沙发椅 8 副,挂椅 6 副,凳子 20 副。磐东区设席百余桌,参加宴请 1000 余人。渔湖区收锦旗 47 面。梅岗区设席 60 余桌,收礼有各式床桌 20 只,椅 65 只,汽灯 6 盏,锦旗 26 幅,镜屏 15 个,鸡鸭 235 只,大猪 3 头,羊 5 头。以上物品除少数送军烈属外,其余均为大会所食用,各区收受锦旗家具均不少,都摆席请客。物品来源有地主富农、商人所送,有贫苦农民摊派。各工作队摊派所需物品,先向地主、富农、商人示意,使之送礼。有的区政府中堂高悬人民救星,挂"庆祝区长就职"等大锦旗、镜屏,有的区政府每夜 7 盏汽灯明如白昼,终夜达旦。据宣传部副部长杨某目睹反映:有的区因为鸡、鸭太多放成一堆以致压死、冻死,区政府干部会后尚大吃死鸡、死鸭肉。[②]

另外,铺张浪费在部分机关工作和工业生产中也存在。在西南地区,有的单位不爱护国家财产,把电灯、马桶、水管、家具等搞得乌七八糟;各机关由于编制和工作方式不合理,浪费许多人力;有的干部本可不用警卫员,需要按实

---

[①] 《中共中央转发中南局关于下级政府与群众团体浪费情况的电报》(1950 年 2 月 6 日),中央档案馆、中共中央文献研究室编:《中共中央文件选集(1949 年 10 月—1966 年 5 月)》第 2 册,人民出版社 2013 年版,第 135—136 页。

[②] 《潮汕地委关于揭阳各区铺张浪费现象的报告》(1950 年 2 月),《华南通讯》1950 年第 1 期。

际情况予以减少,实际上却没有减少;用汽车的人太多,一辆小汽车每月开支600万元,相当于一个县政府的开支。① 皖北区交际处招待客人,吃饭在饭馆,包饭每天每桌4.8万元,客人不论大灶、中灶一律只交自带部分,其余一概由行署报销。② 西北区的军勤三厂400多工人,由于1950年1月至4月未开工,四厂300余人1949年10月从华北回来,除有百余工人工作1月外,亦未开工,两厂停工期间,已发工资20亿元;财政部1949年冬棉衣除各机关多领外,仍多制棉衣3.2万多套;公路局去北京、上海买材料,赔本数十亿,买回的东西不能用。③

进城后,中国共产党开始执掌国家政权,行使公共权力,这就为部分党员干部以权谋私提供了可能。有的党员干部经不起考验,出现贪污腐化等现象,这在各地均有发生。比如,据北京市委1950年4月报告,在182个违纪违法者中,贪污腐化者88人,其中个别贪污者24人,集体贪污者6人,敲诈性贪污者1人,余为生活腐化者。④

在西北,有的干部在调离岗位时,动用事业费数亿元买不必要的物品,其中用7500万元买手表、衬衣、床单等,共带走手表2支、手枪1支及皮箱等物,并批12000万元用于买收音机。⑤ 陕西省澄城县共9个区,即有5个区的区委书记、区长贪污腐化,违法走私。⑥ 某区委书记乱用公款,吸食大烟,借回家为子结婚之名,强调路费困难,收受敌伪人员贿送路费45万元;收受一不正派女人白洋2元,收受商会、学校、区乡干部等白洋6元(其中有由群众摊派与机

---

① 邓小平:《克服享乐思想,反对铺张浪费》(1950年2月2日),《邓小平文集(1949—1974年)》上卷,人民出版社2014年版,第40—41页。
② 《中共中央转发农业部工作团关于皖北干部中"左"倾情绪及铺张浪费等现象的报告》(1950年3月12日),中央档案馆、中共中央文献研究室编:《中共中央文件选集(1949年10月—1966年5月)》第2册,人民出版社2013年版,第213页。
③ 《正确开展不良倾向的斗争》(1950年4月10日),《党内通讯》1950年第47期。
④ 《中纪委批转北京市委关于检查干部、党员违犯政策和贪污腐化的报告》(1950年4月24日),《党的文献》1995年第5期。
⑤ 《正确开展不良倾向的斗争》(1950年4月10日),《党内通讯》1950年第47期。
⑥ 《党的政策在怎样执行着——大荔地委对各县检查领导工作的总结》(1950年4月20日),《党内通讯》1950年第49期。

关伙食开支的),并以所得之钱买布 30 余丈,私买群众马 1 匹,却不给钱。①抚邮总会总务科长 1949 年 9 月到抚总工作,贩卖烟土,私自挪用公款,放高利贷,获利 758 万元。②

此外,部分地区、单位党组织、党员干部还发生违反宣传纪律、请示报告制度执行不力等问题。

在出版工作中存在无纪律现象。安徽省芜湖新华书店违反中宣部 1949 年 8 月 4 日关于党的文件、中央负责同志会议、干部读物统一归中央及中央局一级新华书店印行的规定,擅自翻印毛泽东、刘少奇以及解放社的旧书 18 种,翻印刘少奇明确不允许再印的《论党》,以及未经修正的旧版《论共产党员的修养》。苏南新华书店将党内文件陈伯达的《读湖南农民运动考察报告》公开出售。苏南区党委宣传部未经批准,编《中苏关系》一书,列为《干部学习丛书》之一,由苏南新华书店印行。该书第二篇逐条讨论中苏友好同盟条约。渡江后,各地仍有继续翻印私营书店书籍者,以致引起书店及作者的抗议。③

部分地区和单位请示报告制度执行不力。在西南,川西区党内忽视执行请示报告制度。如对地方反动武装的处理,原伪一专区保安部队一保警大队,只经简单整训后,未请示上级,即发两个中队到崇宁驻扎,以致崇宁匪特叛乱时作为内应,使崇宁遭受不应有的损失。各县委自匪特叛乱以来,因任务迫切和匪特严重,致使各县与地委联系断绝或受阻,未能及时请示地委,无政府、无纪律状态越发严重。如灌县未请示地委,即确定区、乡政府名称,并刻发印记;许多县发出的有关政策性布告,未事先请示地委审查即印全县,有的在印后还送来地委报告,有的事后也不报告。一些县送的地委宣传品及布告上发现不少政策性、策略性错误,如有的宣传品或布告上发现"抗粮""暴锄""穷人"等字句,以及公开提出反"土豪""劣绅""地主""袍哥"等,甚至对土匪提出号召

---

① 《加强纪律教育——西北局纪律检查委员会的通报》(1950 年 4 月 10 日),《党内通讯》1950 年第 49 期。

② 《严惩违法分子》,《党内通讯》1950 年第 47 期。

③ 《出版工作中的无纪律现象》(1949 年 12 月 27 日),《党内通讯》1950 年第 42 期。

"战场起义"等错误字句。① 西北地区的陕甘宁边区政府党组自进入西安以来,各部门每两个月向主席作一次综合报告、每月一次简报的规定,除民政厅作过两次、企业厅作过一次外,其余均未执行。各部门出版的刊物,多事前未请示批准,事后亦不报告。有些部门任免干部及留用旧人员,不遵守规定的制度和手续,存在各自为政现象。个别负责人在群众会上演说不慎重,常出毛病。②

# 三、对作风问题的初步整顿

对于中国共产党全国执政后可能出现的作风问题,早在新中国成立前夕,党的领导人曾发出警告。毛泽东在中共七届二中全会指出,可能有一些共产党人会在糖衣炮弹面前打败仗,强调务必保持谦虚、谨慎、不骄、不躁的作风,务必保持艰苦奋斗的作风。刘少奇也曾指出:"胜利后,一定会有些人腐化、官僚化。"③新中国成立后,党内出现的作风问题,引起了中国共产党领导人的重视,中共中央和各地也开始采取一系列措施。

## （一）中央加强作风建设的举措

新中国成立初期,针对党内出现的作风问题,中共中央通过建立纪律检查机构,作出在报纸刊物上展开批评和自我批评的决定、作出相关指示并批转各地文件等举措,纠正作风方面的突出问题,以加强党的自身建设。这些举措,可以说是中国共产党在整风运动前所做的努力,也为发动一场全党性整风运动作了一定的准备。

第一,建立党的纪律检查机构。注重纪律建设,是马克思主义政党的鲜明特征。1927 年召开的中共五大选举产生了中央监察委员会,这是党的历史上

---

① 《川西区党委转发温江地委关于无政府无纪律现象检讨的通报》(1950 年 3 月 19 日),《西南工作》1950 年第 3 期。

② 《边府党组关于无政府无纪律倾向的检讨》,《党内通讯》1950 年第 41 期。

③ 刘少奇:《对马列学院第一班学员的讲话》(1948 年 12 月 14 日),《刘少奇选集》上卷,人民出版社 1981 年版,第 413 页。

最早设立的纪律检查机构。1927年6月1日,《中国共产党第三次修正章程》对监察委员会作出规定。1928年7月,中共六大通过的党章将"监察委员会"改为"审查委员会",选举产生中央审查委员会,审查委员会部分执行监察委员会职权。1933年9月,中共中央决定成立中央党务委员会,在中央苏区设立省县监察委员会。1943年3月,中央政治局会议决定把中央党务委员会划归中央组织委员会。1945年6月,中共七大通过的《中国共产党党章》重新专门制定了"党的监察机关"这一章,明确规定:中央认为必要时,得成立中央监察委员会及各地方监察委员会。[1] 但是,中共七大后没有成立党的监察机构,纪检工作由各级党委的组织部门具体负责。但这一规定,为新中国成立后建立纪检机构提供了制度依据。

在新中国成立第二个月,也就是1949年的11月9日,中共中央作出成立纪律检查委员会的决定,这主要是为了更好执行党的政治路线及各项具体政策,保守党和国家的机密,加强组织性与纪律性,密切联系群众,克服官僚主义,保证党的一切决议的正确实施。决定明确,中央及各级党的纪律检查委员会的任务与职权:检查中央直属各部门及各级党的组织、党的干部及党员违犯党的纪律的行为;受理、审查并决定中央直属各部门、各级党的组织及党员违犯纪律的处分,或取消其处分;在党内加强纪律教育,使党员、干部严格地遵守党纪,实行党的决议与政府法令,以实现全党的统一与集中。中央纪委在中央政治局领导下工作,由朱德担任书记,王从吾、安子文担任副书记。还规定地方各级纪委由同级党委提出名单,经上两级党委批准后,在同级党委的指导下工作。为了保证纪委履行职能,要求各级纪委,须设置工作机关,建立经常工作,并规定工作细则。[2] 这一决定,规定了纪委的职能、工作关系,不过都比较笼统,多是原则性规定。

设立中央及各级党的纪律检查机构,这是党在全国执政的条件下加强自

<hr>

[1]《中国共产党章程汇编(从一大——十七大)》,中共中央党校出版社2007年版,第58页。

[2]《中共中央关于成立中央及各级党的纪律检查委员会的决定》(一九四九年十一月九日政治局通过),中央档案馆、中共中央文献研究室编:《中共中央文件选集(1949年10月—1966年5月)》第1册,人民出版社2013年版,第72—73页。

身建设的重要举措。为建立纪委的经常工作,1950 年 2 月 3 日,中共中央印发关于中央纪律检查委员会工作细则的通知,对中央纪委的工作机构、工作方式、工作制度等作出具体规定。通知明确,在中央纪委下暂设检查处,检查处设处长一人,检查员若干人,秘书若干人;中央纪委与中央组织部、人民监察委员会党组保持密切联系,以便了解党组织和党员有无违纪、违法等行为;除根据各种控告和各机关、组织提交的案件外,可随时检查某一部门党组织或某一特定事件;违纪行为经查属实,即依照党章规定作出书面决定;中央纪委每两周召开一次会议;等等。① 从这一工作细则中可以看出,中央纪委的常设机构是检查处,由检查处具体履行纪委职能。

在实际工作中,各地纪委遇到了如何处理与同级党委关系的问题。为明确这一关系,2 月 6 日,中共中央发出通知,明确各级纪委是各级党委的一个工作部门,在各级党委领导下开展工作。上级纪委在工作、业务上对下级纪委有指导关系,但其指示或决定同下级党委意见不同时,应提请同级党委作决定。② 从这一规定可以看出,新中国成立初期的各级纪委,作为各级党委的一个工作部门,由各级党委直接领导,上下级纪委之间则是工作指导关系。从此后的实践中发现,这样的领导关系不利于纪委监督作用的充分发挥。

根据中央决定和通知精神,各中央局、中央分局、省、市、县等党组织陆续建立纪检机构。比如,2 月 27 日,西南局作出《关于执行中央成立各级党的纪律检查委员会的决定》。决定指出,西南地区各级党委应迅速遵照中央决定成立各级党的纪律检查委员会。

关于组织、工作机构和人员,决定规定,各省委、区党委、市委、地委、县委党的纪律检查委员会,由各该党委提出名单,经上两级党委批准党的纪律检查委员会的人选,应包括各该党委委员与有关部门负责的党员干部;各级党的纪律检查委员会,必须设置一定的工作机关,建立经常工作,西南局、省委、区党

① 《中共中央关于下发中央纪律检查委员会工作细则的通知》(1950 年 2 月 3 日),中央档案馆、中共中央文献研究室编:《中共中央文件选集(1949 年 10 月—1966 年 5 月)》第 2 册,人民出版社 2013 年版,第 107—109 页。

② 《中共中央关于各级党的纪律检查委员会隶属各级党委领导的指示》(1950 年 2 月 6 日),中央档案馆、中共中央文献研究室编:《中共中央文件选集(1949 年 10 月—1966 年 5 月)》第 2 册,人民出版社 2013 年版,第 137 页。

委、重庆、成都、昆明、贵阳市委的纪律检查委员会下设一办公室，设主任一人，检查员若干人，秘书一人；地委县委五万人口以上的城市党委的纪律检查委员会下，除指定一委员为书记外，设检查员若干人，秘书一人；区党委与大城市党委以上各级直属党委、总支、支部等委员会分工中，按中央组织部1949年12月5日通知增设纪律检查委员会。

关于西南局纪律检查委员会的人员组成，包括张际春、王维舟、王新亭、江震、李达、蔡树藩、陈希云、段君毅、廖井丹、苏华、刘仰峤，并以张际春为书记，王新亭、江震为副书记（在王新亭未来渝以前，以王维舟为副书记）。经第一次会议决定，设办公室主任一人，秘书二人，检查员若干人，工作细则即以中央纪委工作细则为依据，不另订工作细则。①

4月1日，中南局也作出《关于建立纪律检查委员会及其当前工作的决定》。决定要求必须将各级党的纪律检查委员会迅速建立起来，各省、市党委及其直属党委和直属机关中党的支部于5月底以前完成并开始工作，地委和县委的纪律检查委员会于6月底以前完成并开始工作；各级党的纪律检查委员会尽可能照顾到吸收各该级主要部门党员干部，并应选择作风正派、纪律观念强、在党员群众中有威望的干部参加。决定对中南局纪委的有关重大问题作出规定。

关于机构设置和人员组成。中南局纪律检查委员会下设检查处，设处长一人，秘书和检查员各二三人进行日常工作。省、市党委的纪律检查委员会下可设科；地委以下的纪委由于干部缺乏可暂不专设机构即以其组织部作为日常的机关，如工作较多则可增加一二名干部。中南局党的纪律检查委员会由邓子恢、谭政、钱瑛、赵毅敏、陶铸、赵雨陆、李一清、张执一、孔祥桢、卜盛光、曾一凡、李之连等12人组成，以邓子恢为书记，谭政、钱瑛为副书记。

关于工作关系和工作方法。中南局纪律检查委员会暂时依据中央纪律检查委员会工作细则进行工作，并在工作中根据各方面情况及工作进展情况和经验再拟定更适合于自己情况的工作细则；依靠广大党员群众反映情况，提供

---

① 《西南局关于执行中央成立各级党的纪律检查委员会的决定》（1950年2月27日），《西南工作》1950年第3期。

意见,进行纪律检查的工作,并以优秀党员遵守纪律的模范行为来教育广大党员群众;在具体执行工作时必须与党委组织部门取得密切配合与协助,并和政府的人民监察委员会建立密切的联系配合工作;每月开委员会会议一次,必要时临时召集,每两月向中南局及中央纪律检查委员会作书面报告一次,重大事件即随时请示报告;各省、市委的纪律检查委员会及中南局各直属党委的纪律检查委员会每月须向中南局纪律检查委员会书面报告一次,遇到重大事件发生即须随时请示报告。

根据中南区党内的现实情况,决定明确中南局纪律检查委员会在全中南区范围内的中心工作。具体包括:检查在城市工作中首先是财经部门党的组织、干部和党员违犯正常生产、违犯政府法令及财经纪律、制度、规章等破坏生产节约的行为,并以此作为省、市党委纪律检查委员会中心工作,而且前中南局纪律检查委员会本身的工作则首先着重在直属机关中开展对上述行为的检查;在农村工作中着重检查党的组织、干部和党员不遵守政策,不遵守政府法令、脱离群众、破坏群众团结、违反人民利益等行为,并以此作为地委以下党委纪律检查委员会的中心工作,检查后对于凡是严格遵守纪律的组织、干部和党员,均须予以表扬奖励,凡是违犯纪律的组织、干部和党员,均须予以处分或批评。

决定指出,为保障党的组织、干部和党员成为遵守纪律遵守国家法律的模范,必须普遍进行纪律教育,以提高党员的纪律观念、守法观念、政策观念及尽职责、守制度等优良作风。规定下列文件作为每个干部和党员必须学习的内容:《毛泽东论党的纪律与党的民主》(整风文献订正本,新华书店 1949 年 8 月版,第 238 页至 240 页),刘少奇《关于修改党章的报告》第八章关于奖励与处分,《刘少奇论党员思想意识的修养》第二节、第三节、第四节,《刘少奇论党员组织上和纪律上的修养》之第三节、第四节、第六节,中央宣传部关于重印《共产主义运动中的"左派"幼稚病》第二章前言,及列宁著《共产主义运动中的"左派"幼稚病》第二章布尔什维克成功的基本条件之一,《斯大林论领导与检查》(整风文献订正本,新华书店 1949 年 8 月版第 146 页,倒数第 1 行至第 148 页第 5 行,第 151 页倒数第 3 行至第 153 页)。学习方法:有阅读能力的干部和党员由支部组织自学并进行讨论,联系实际检查自己的纪律观念和有无违犯纪律的行为;没有阅读能力的干部和党员则由各直属党委和县以下的党委进行上报,并组织讨论联系实际检查自己。以上两种方式进行的纪律教育均须在 10 月底以前进行总结并按级上报其开展情况和收效。①

中央纪委和各级纪委成立后,开展了各项工作,为纠正不正之风作出了努力。比如,1950 年 3 月 15 日,中央纪委发出《关于加强对村干民兵纪律检查的通报》。通报指出,老解放区各级党的纪律检查委员会应根据平原省这一经验,立即认真协同当地政府普遍组织一次对村干民兵的纪律检查工作;特别是对民兵的纪律检查更应认真深入地进行,因他们不但认识差觉悟低,而且手里拿有武器,很容易侵犯群众利益,群众敢怒而不敢言,使群众远离党和政府;对于村干民兵严重违犯法令事件,必须加以议处,并利用检查处理的实际材料,进行普遍深入的教育,如再发生同样事情,应予以严惩;至于各新解放区亦望加以注意预防。②

根据中央纪委要求,各地纪委也对村干民兵纪律检查作出部署。5 月 15 日,华东局纪委发出《关于加强对村干民兵纪律检查的指示》。指示要求:各级党委应认真研究中央纪委 3 月 15 日指示,并领导各级纪委,在华东各老解放区,协同当地政府对村干民兵普遍组织一次纪律检查;领导进行纪律检查时,应采取团结教育改造的方针,一方面要从积极方面表扬村干民兵过去的成绩和贡献;另一方面又要联系到村干民兵所存在的具体错误和缺点,通过教育说服、进行自我改造的办法,去团结多数可以教育和改造的分子,孤立少数蜕化变质而不可救药的分子,并坚决将那些蓄意与群众为敌的少数投机与不可救药分子清除出去;必须根据具体情况与领导力量结合中心工作,有计划有步骤开展,一般地应从生产救灾工作中结合纪律检查,评功检过,广泛吸收群众的意见,展开批评与自我批评,对于群众的意见与反映群众意见的批评,应采取热烈欢迎和坚决保证的革命态度,严格禁止被批评的村干民兵打击群众或加以报复;除加强村干民兵的经常管理教育外,必须经常利用人民代表会议、

---

① 《中南局关于建立纪律检查委员会及其当前工作的决定》(1950 年 4 月 1 日),《中南通讯》1950 年第 4 期。

② 《中央纪律检查委员会关于加强对村干民兵纪律检查的通报》(1950 年 3 月 15 日),《中南通讯》1950 年第 4 期。

农民代表会议、党代表会议等,广泛解释党的政策、政府法令,鼓励群众来检举村干民兵一切非法行为,并随时加以纠正处理,使群众敢于监督村干民兵;建立对村干民兵的经常教育检查制度,以改善村干民兵与人民群众的关系。①

总体而言,当时处理党内作风、腐败问题的纪检监察机构普遍存在监督能力不足的问题。具体来讲,主要表现如下:

一是机构不健全,人员不到位。由于在成立初期,对于如何在全国执政条件下开展纪律检查工作,没有现成的经验,加之各级纪检机构正处于创建阶段,人员和机构都没有到位(不少地委、县委的纪委到 1950 年年底都尚未建立),这就使其没有充分发挥应有的监督作用。正如朱德说的:"这个工作是个新的工作,大家经验不多,需要边做边学,细心摸索;又比如我们的人员和机构还不大充实,大家都是兼职的多,干部少,工作忙,加以有些领导机关对这个工作重视不够,就使这个工作进展得比较缓慢。"②中央纪委的经常办事机关是 1950 年 1 月中旬成立纪律检查处,而处长却由中央组织部副部长安子文兼任。③ 各级纪委的情况基本如此。在华东,纪委均系各级党、政、群主要负责干部兼任,其本身工作均极忙碌,兼顾纪委工作实有困难,影响各级纪委不可能经常召开会议,各级纪律检查委员会的编制人数则很少,很难完成任务。④如华东局省、区党委设检查处(处长 1 人,检查员、秘书各若干人),地县二级设办公室,地纪委设室主任 1 人、秘书 1 人、检查员 2 人,县纪委设秘书 1 人、检查员 1 人。⑤

如华东局纪委在 1950 年中,412 个县委中有 308 个县建立了纪律检查委员会,各级直属党委建立很少。各级纪委专职干部配备 570 人(缺苏北),占

① 《华东局纪律检查委员会关于加强对村干民兵纪律检查的指示》(1950 年 5 月 15 日),《斗争》1950 年第 41 期。

② 朱德:《加强党的纪律检查工作》(1950 年 5 月 6 日),《朱德选集》,人民出版社 1983 年版,第 290—291 页。

③ 参见中共中央文献研究室:《朱德年谱》(下),中央文献出版社 2006 年版,第 1370 页。

④ 《中共中央华东局纪律检查委员会关于一九五〇年工作情况向华东局及中央纪律检查委员会的综合报告》(1951 年 2 月 12 日),《斗争》1950 年第 80 期。

⑤ 《中共中央关于各级党的纪律检查委员会编制问题给华东局的批复》(1950 年 4 月 6 日),中央档案馆、中共中央文献研究室编:《中共中央文件选集(1949 年 10 月—1966 年 5 月)》第 2 册,人民出版社 2013 年版,第 283 页。

应配备人数 37.6%。纪委均系各级党、政、群主要负责人兼任,本身工作均极忙碌,照顾纪委工作实有困难。纪委工作任务很繁重,而各级纪委编制人数则很少,很难完成任务,又因干部水平一般较低,故工作中的困难很多。① 中南局纪委办事机构为检查处,只有处长一人,秘书和检查员各二三人进行日常工作。② 至 1950 年 11 月,西南地区除西南局、川东、重庆、成都外,各级纪委均没有建立工作机关;而建立工作机关的,也极不健全,专职干部极少(只有办公室主任 1 人,秘书 1 人,检查员若干人)。③ 部分地区虽然成立了纪委,但没有专门机构。如 1950 年 10 月,宁波鄞县县委成立了纪律检查委员会,任命委员 7 人,书记由县委组织部部长何敏兼任。县纪委初建时,没有专门办事机构,日常工作由县委组织部兼顾,委员一般都是兼职,专职纪检干部配备不足,且业务生疏。④

在政府层面,从 1949 年 11 月开始陆续成立监察委员会,同样存在着机构不健全、干部不足、经验缺乏的问题。如 1950 年 8 月,据政务院人民监察委员会总结指出,由于机关新设,干部不足,经验缺乏,故试探摸索工作曾经过相当时间。⑤ 至 1950 年 12 月,除大行政区外,省市建立监察机构者有 29 个。县、市、旗截至 8 月,已建立 33 个。⑥ 因干部缺乏,监委及各大行政区的监委组织尚未健全,许多省市监委会尚未成立,必要的监察制度亦未完全建立,致影响工作。⑦

二是经常工作没有建立,监督检查处于被动应付状态。西南局纪委成立

① 《中共中央华东局纪律检查委员会关于一九五〇年工作情况向华东局及中央纪律检查委员会的综合报告》(1951 年 2 月 12 日),《斗争》1951 年第 80 期。
② 《中南局关于建立纪律检查委员会及其当前工作的决定》(1950 年 6 月 13 日),《中南通讯》1950 年第 4 期。
③ 《西南局纪律检查委员会半年来的工作报告》(1950 年 11 月 16 日),《西南工作》1950 年第 33 期。
④ 《中共鄞县纪检(监察)史 1949—1997》,宁波出版社 1999 年版,第 5 页。
⑤ 《政务院人民监察委员会半年工作初步总结及今后工作任务的报告》,《人民日报》1950 年 8 月 23 日第 1 版。
⑥ 《谭平山报告监察工作》,《人民日报》1950 年 12 月 16 日第 3 版。
⑦ 《政务院人民监察委员会半年工作初步总结及今后工作任务的报告》,《人民日报》1950 年 8 月 23 日第 1 版。

后,大多是被动受理和处理一些个别问题,很难主动开展更多工作,省(区)市纪律检查委员会,很多亦只是被动处理一些案件与送呈上级审理等工作,一般均缺乏主动、有计划、有系统地及时开展工作。① 华东局各级纪委在审理案件方式上一般比较简单,会议制度不健全,有时只由少数委员决定问题,加之方法上亦欠周密,或多或少存在缺点,如仅凭书面材料处理问题、处分不征求本人意见和有些处分决定欠慎重、欠恰当。由于领导和工作人员均以兼职为主,影响到各级纪委不可能经常召开会议,处理案件不能及时,对纪委工作方针、计划、总结的研究亦不够。②

东北局纪委对贪污腐化的干部虽已处分不少,但因纪律检查工作还没有深入到支部,成为支部经常工作之一,故这些现象还未停止。整风中,区村打骂人的强迫命令风气虽比过去有改进,但仍常常发生。其原因除这些干部素质不好外,县一级领导机关对干部使用多教育少,也是重要原因。有些县甚至对打骂人等事件,不但不加注意,甚至袒护干部。③

对于工作中存在的缺点,东北局纪委在 1950 年工作总结中进行了全面分析。如下:各级纪委会议制度不能坚持,专任干部既少又弱,且对业务不熟悉。为展开批评与自我批评还没有意识地进行经常检查,对拒绝批评的错误行为还纠正不多。领导工作缺乏计划,不少纪委仅仅讨论一些案件,至于如何主动去预防这些偏向却研究很少,甚至有少数委员根本没有重视此工作,故有些地区甚至连委员会都召集不起来。因工作人员政策水平低,又与各级党组织及有关部门联系较少,因而问题就不易发现,只能被动受理一些控诉、申诉、请示案件,而这些案件又多属于生活作风上的问题,故在防止一些危害性较大的和有关政策上的错误就显得无力。因各级纪委工作人员都不熟悉业务,正处于摸索过程,故在教育干部、处分干部上,仍有不少缺陷。如不少干部认为,只要对犯错误者给予一定的处分,就算完成任务,而忽略了如何以此事件教育大

---

① 《西南局纪律检查委员会半年来的工作报告》(1950 年 11 月 16 日),《西南工作》1950年第 33 期。

② 《中共中央华东局纪律检查委员会关于一九五○年工作情况向华东局及中央纪律检查委员会的综合报告》(1951 年 2 月 12 日),《斗争》1951 年第 80 期。

③ 《东北局纪律检查委员会向中央纪律检查委员会的工作报告》(1950 年 11 月 20 日),《党的工作》1950 年第 81 期。

家,并通过这些案件来研究问题,提出办法,防止错误,故工作上非常被动,有的其至认为纪律检查委员会是专门为使干部啼哭的,忽略了纪律检查委员会的积极意义。处分干部不按党章、工作细则办理,不经批准手续开除党籍。①

由于对违纪现象处分的规定不够明确,各地纪委在处理违纪案件时往往难以把握,亦有处分过轻现象。例如,据中南局 1950 年 3 月电报称,东江上沙战斗中,参加剿匪的民兵队出现损害群众财产的问题。对此事,中南局只是将其看作一种通常的无纪律无政府状态,简单通报批评了结。接到电报后,1950 年 4 月,中央纪委发出《关于剿匪反霸中处理严重违犯政策事件的指示》,及时纠正中南局的做法。指示提出,"简单地通报批评是非常不够的。不论是反革命分子或不纯分子所策动的反革命行为或封建性宗派斗争,也不论是有干部不懂政策的幼稚行为,皆须派人检查,检讨原因,追查责任,教育干部士兵与队员,将带头闯祸者及该部负责干部,加以党纪军纪处分。将处理结果公布于各界代表会及遭受此种错误的干部、民兵、军队皆应先停止其剿匪职务,进行短期整训,不可以其任务紧张,就加以容忍。"简单通报了结"必然会使党的政策得不到保证,从而给敌人创造便利条件,陷自己于孤立;会形成一面剿匪,一面造匪的恶劣局面。建议你们即抓紧上沙战斗这一典型事件,把各地流行的错误政策加以有效纠正。并将结果报告"。②

这从 1950 年 6 月 13 日中南局纪委对两个月来的总结也可以看出。中南局纪委在给各省市委并纪律检查委员会的通知中说,从两个月的工作中,发现有下列几个问题值得注意:一是各级纪委均没有主动地、有计划地进行工作,甚至有的还没有开始工作,有的既无建立机构,亦未配备专门干部,使工作陷于等待、应付状态;二是处理案件迟缓,对发生的重大案件,不能及时进行检查,及时作出结论和在党内公布,降低了教育意义,以致不能及时防止类似事件继续产生;三是各级纪委没有着重有系统去抓紧检查较重大的违犯纪律事件与较重要的违犯纪律的干部,而只是着重一般干部和一般事件,甚至有的只

①《东北局纪律检查委员会一九五〇年工作总结》(1951 年 1 月),《党的工作》1951 年第 81 期。

②《中央纪律检查委员会关于剿匪反霸中处理严重违犯政策事件的指示》(1950 年 4 月),《中南通讯》1950 年第 9 期。

是琐碎的生活问题,也有的在处分决定上罗列了不应作为处分根据的一些实事(如爱吃面不爱吃米等);四是对于个别犯错误的老干部采取姑息的态度,不按其所犯错误严重程度给予应得处分;五是对党员经常不检查、不教育,放任干部错误发展,一旦发觉其错误,即用算总账的办法,甚至把多少年前的事情都罗列在一起,于是认为这些干部要不得,而给以过重或过多的处分。①

政府的监察工作也存在监督不力的问题。1950 年 8 月,政务院人民监察委员会总结指出,监察工作一般限于事故发生后,没有能够在平时进行检查,防患于未然。对于许多重要案件的事后检查不深刻、不全面。处理上,多着重于追究责任,但提出改进工作的建议则做得不够。同时因处理手续繁复及缺乏经验,致案件拖延很久。②

有的纪委不仅自身经常工作难以保证,甚至还要进行其他与业务无关的工作。比如,由于中心工作繁重,河北省通县纪律检查委员会经常下乡防汛抢险和救灾,建立以后很少召开会议或不召开会议,各种制度尚未很好建立。因此对问题处理拖拉、不及时,导致不能使犯错误干部及时放下思想负担,对干部及群众以应有的教育。

第二,作出在报纸刊物上展开批评和自我批评的决定。批评和自我批评,是党的三大优良作风之一。在毛泽东看来,只要有批评和自我批评的武器,就能够克服各种不良作风。新中国成立后,中国共产党十分重视发挥批评和自我批评的作用。1950 年 3 月至 4 月,《人民日报》发表一系列文章,系统论述了批评和自我批评的有关问题。

新中国成立后,各级党委接管了大部分报刊,报刊数量大幅下降。据估计,1948 年,中国有 1450 种报刊;到 1950 年 6 月,仅剩 624 种报纸还在发行,其中 165 种是日报;1949 年,广州大约有 18 种报纸,到 1950 年,只剩下三四种;在上海,1947 年发行的报刊约 96 种,到 1950 年,减少到 14 种;在南京,

---

① 《中南局纪律检查委员会给各省市委并纪律检查委员会的通知》(1950 年 6 月 13 日),《中南通讯》1950 年第 9 期。
② 《政务院人民监察委员会半年工作初步总结及今后工作任务的报告》,《人民日报》1950 年 8 月 23 日第 1 版。

新中国成立初期党的作风建设研究(1949—1950)

1947年发行的报刊约87种,到1950年年底,这些报刊几乎都已被淘汰。① 急剧减少的主要是民间的报纸,各级党委的党报则大量增加。由此,如何发挥报纸的舆论监督,特别是在报纸上开展批评和自我批评的问题便出现了。

为加强在报纸上的批评和自我批评,1950年4月19日,中共中央政治局召开会议,讨论在报纸上开展批评与自我批评的决定问题。在讨论决定时,有人谈到各地反映都有压制批评的事,受到批评就不高兴,甚至拒绝接见记者,还有叫记者去反省的。对此,毛泽东指出,谁叫记者反省就要他自己反省,谁拒绝接见就撤换谁! 有许多人写信给我们,不管他是什么人,是很有好处的。党中央和中央政府应该有专门机关,来处理这类的事情。又说:报纸需要提高一步,有许多消息确实是不忠实的,不合实际情况的,根本把事情的面目搞错了!②

这次会议通过了《中共中央关于在报纸刊物上展开批评和自我批评的决定》。该决定由新华社4月21日全文播发,《人民日报》次日在第一版全文发布。决定指出,党已领导着全国政权,工作中的缺点和错误容易危害人民利益,而由于领导者地位、威信的提高,容易产生骄傲情绪,在党内党外拒绝批评、压制批评。为此,中共中央决定,在一切公开场合和人民群众中,特别在报纸刊物上展开对于工作中一切错误和缺点的批评与自我批评。

为保障批评有效进行,决定具体规定了四条办法。一是报纸刊物上的批评,由报纸刊物记者和编辑负独立责任。二是工农通讯员的工作,除由报纸领导外,并应由所属生产单位的党组织协助。不得压制工农通讯员在报纸刊物上的批评。三是读者来信中有益的批评,凡报纸刊物能判断真实的,应予发表。四是批评发表后,如完全属实,被批评者应即在同一报纸刊物上声明接受并公布改正错误的结果。如有部分失实,被批评者应在同一报纸刊物上更正,而接受批评的正确部分。如被批评者拒绝表示态度,或对批评者加以打击,即

① 《美国对华情报解密档案 1948—1976》第2册,东方出版中心2009年版,第18页。
② 参见中共中央党史和文献研究院编:《毛泽东年谱》第4卷,中央文献出版社2023年版,第119页。

由纪委处理。触犯行政纪律和法律的部分,应由国家监察机关和司法机关处理。①

根据中央决定,各地也相应作出决定,认真贯彻中央要求。4月,东北局作出《关于贯彻中央在报纸刊物上展开批评和自我批评的决定的指示》,要求各省市委、党报委员会、党委宣传部门分别召开会议,对过去工作加以检查,并对如何改进作出具体决定。为加强报纸工作,指示要求,每月终或月初应按期召开党报委员会,讨论最近一个月报纸的报道中心并检讨过去一个月中报纸的优缺点;各级党委书记、宣传部长应经常关心报社干部的政治生活与学习状况,注意吸收他们(特别是编委负责干部)参加有关重要会议;阅读或传达各种工作指示、报告等文件,使他们能及时了解各种重要情况和领导意图,党委会议(包括党委会议),一般皆可吸收报社社长、总编辑列席。②

5月,华南分局作出《关于执行中央报纸工作决定的指示》。指示指出,《南方日报》是华南人民最主要的政治报纸,是华南党和华南人民政府指导工作的重要工具,华南各级党的组织和人民政府必须十分重视《南方日报》的工作,充分利用《南方日报》作为自己了解情况指导工作的有力助手。党已是全国范围当政的党,党和人民政府的政策必须要向各民主阶级、各人民团体、各级干部作公开的、经常的、普遍的宣传和教育,借以团结全体人民共同为实现人民政协共同纲领,建设新民主主义的新中国而奋斗,又由于报纸是每日的大量的普遍的发行,它的效果较之电报、口头或书面传达、干部会议等等方式的效果都要大得多。因此各级领导机关如不利用报纸作为了解情况指导工作的重要工具是错误的,是必须改正的。各级寄发的稿件,均须经该级负责同志审阅,但任何人如有不同意见时,均有自己向《南方日报》寄发稿件之权,但须声明稿件中与写稿人意见不同之点,以便查询。指示规定,报纸所发表的读者的问题、呼声、批评,各有关方面必须于3天内负责答复与进行检讨,如需待仔细

---

① 《中共中央关于在报纸刊物上展开批评和自我批评的决定》(1950年4月19日),中央档案馆、中共中央文献研究室编:《中共中央文件选集(1949年10月—1966年5月)》第2册,人民出版社2013年版,第317—318页。

② 《东北局关于贯彻中央在报纸刊物上展开批评和自我批评的决定的指示》,《党的工作》1950年第59期。

调查一时不能答复者,应先行回信说明理由;一切对于读者的问题、呼声、批评采取不闻不问的态度,都是最坏的官僚主义的一种表现,其严重者应受到党和政府的处分;报纸在发表读者的来函及批评时,是否须先征得有关方面的同意,应遵照此次全国新闻会议决定由报纸慎重考虑后自行决定。指示还批评了《南方日报》自创刊以来的主要缺点,即"反映及指导华南的现实斗争很差,批评与自我批评的工作做得很差,联系群众的工作也做得很差"。指示提出,《南方日报》本身及党、政、军、民各部门,均应注意及帮助其改正以上缺点,根据全国新闻会议精神改正。①

第三,发布文件纠正强迫命令之风。文件,在中国共产党领导和执政过程中发挥着重要作用。根据现实情况,制定并发布各类文件,指导解决实际问题,是中国共产党治国理政的重要方式。这是因为,对于处在后发追赶现代化、经济社会剧烈变动时的中国,面对的社会瞬息万变,政治、经济、社会、文化等尚未定型,因而及时、高效、迅速、便捷的文件在国家治理中的地位和作用显得尤为突出。中国共产党的文件是党的主张和人民意志的文本表达,是执政党在综合各类信息后推行政策的载体。面对干部作风领域存在的突出问题,制定并发布各类文件,成为中共中央纠正不良作风的重要选择。

1949年12月1日,中共中央对华中局关于纠正乡村干部不良作风决定作出批示,并告各局,要求其他有类似情形的地方均须注重纠正。决定提出纠正乡村干部不良作风的具体办法。包括:个别坚持错误不知改悔的分子,应给以纪律处分;对采取浑水摸鱼手段借以破坏党与群众联系,破坏群众运动,犯有严重罪恶的分子,应送请人民法庭给以法律处分;斗争土匪恶霸及其他破坏分子时,须提倡充分讲理斗争方式而不应允许打人与施用肉刑,学会运用人民法庭镇压反革命活动;对于必须处决的罪犯,须公布罪状;认真召开县各界代表会议与区乡农民代表会议,将党制定的一切决定作为建议,交付代表会议讨论通过,有组织地向下传达,使党的方针变为群众的方针,并在广大群众的监督与支持下使之实现;应利用秋冬有计划地召开整顿干部作风的会议,从思想上、政策规定上和工作方式上划清是非界线;对于必须给予纪律处分的个

---

① 《分局关于执行中央报纸工作决定的指示》(1950年5月),《华南通讯》1950年第4期。

别干部,应先经过耐心的说服教育;凡干部作风及阶级成分不纯程度比较严重的地区,皆须先整顿干部,再发起群众运动;建立请示报告制度,加强纪律性。① 为了引起各地重视,中央还要求将此决定由新华社公布。根据要求,新华社 12 月 5 日发布了这一决定,《人民日报》于次日第 2 版全文转发了这一决定。

1950 年 1 月,中共中央向各地转发通报,要求严格注意防止或纠正在群众运动中的打人现象。② 1 月,中央向华东局、西南局、西北局转发了中南局、江西省委关于纠正和防止征粮中错误的补充指示。该指示明确:一是征粮负担面应达到 80%—90%。各阶级的负担比率:贫农 8%、中农 18%、富农 30%、小地主 40%、中地主 50%、大地主和一部分中地主可达 60%,超过上述比率者应减少。二是经省政府批准减轻的公粮任务,应认真执行。三是在省政府规定的附加以外,各地任何其他附加及机动数字,一律停用。否则一经查出,当以纪律论处。四是在不减少专署和县的公粮任务的条件下,应对各专区、县、区、乡、户之间的畸轻畸重负担进行调剂。五是必须立即纠正以乱押人乱打人作为征粮手段的现象,对于个别屡教不改的干部应给以党纪处分,逼死人的应送法院惩处。对少数顽抗不交粮的地主富农,可用司法手段处理,并警惕反动分子乘机造谣破坏逼死人。③

考虑到各地在征粮过程中出现的问题,1 月 4 日,中共中央建议各中央局、中央分局和省委讨论征粮有关问题,如考虑和检查征粮的偏差是否属实、普遍,各地应发布若干补救办法,并对这些办法进行讨论。这些办法包括:地主没有实行减租者,土地税应完全由地主负担,农民不负担,或只负担很小比例;地主已实行二五减租者,土地税由东佃双方负担,各负担一半,或地主负担六成七成,佃户负担三成四成;地主完全没有收租或农民完全不交租者,土地

① 《中共中央华中局关于纠正乡村工作干部不良作风的决定》,《人民日报》1949 年 12 月 6 日第 2 版。
② 《西北局关于邠县地区在群运中打人现象的通报》(1950 年 1 月),《斗争》1950 年第 29 期。
③ 《对江西省委关于纠正和防止征粮中逼死人等错误的补充指示的批语》(1950 年 1 月),中共中央文献研究室、中央档案馆编:《建国以来刘少奇文稿》第 1 册,中央文献出版社 2005 年版,第 439—440 页。

税由农民负担,地主不负担;按照各户收入规定征粮最高额,既不能将各户所收粮食全部征收,必须留给各户一部分吃粮,更不应将各户收入全部征收之后再征;重新审查一下各地摊派的任务,轻者增加,过重者减少;检查各地方政府公粮附加,重者减少;按照以上各项,以前没有征收或征收不够额者补征。征收过多者减征,或退还一部分,或给一收条作为 1950 年夏季秋季所缴之公粮。①

根据中央要求,各地对征粮工作进行了检查。1 月 19 日,中共浙江省委向中央和华东局报告了相关情况。根据中央要求,浙江省对征粮任务作了调整,纠正了征粮政策的偏差,规定了贫、中、富农的最高负担标准(已经华东局批准)。要求不仅中农、贫农超过负担标准者减征,对中小地主、鳏寡孤独,如确有实际困难者,亦应适当考虑减轻。在完成征粮任务后,再按照中央指示精神进行善后整理工作。②

针对部分地区对地主征粮过重的现象,1 月 29 日,中共中央发出《关于对地主征粮有关政策的指示》。指示强调,对地主征粮应比农民重一些,但不能将地主所收之租谷全部征完,必须留一部分给地主;用征粮逼出地主浮财是不对的,必须纠正,地主的浮财可用公债及其他办法来吸收一部分,或者明令征收地主浮财亦较为有理;不论农民和地主,凡已将所收粮食不是卖掉,而是全部交给政府者,不应再令其交粮,并应尽可能留给一部分吃粮或退还一部;农民全部不交租给地主者,不应向地主征粮,而应向农民征粮。针对民主人士家庭公粮负担过重的问题,指出没有任何理由这样做,如不加纠正,就要陷于被动。③

为进一步纠正征粮工作中的缺点和错误,2 月 28 日,政务院发布《关于新

---

① 《中共中央关于各军政委员会应讨论土改与征粮等问题的指示》(1950 年 1 月 4 日),中央档案馆、中共中央文献研究室编:《中共中央文件选集(1949 年 10 月—1966 年 5 月)》第 2 册,人民出版社 2013 年版,第 13—14 页。

② 《中央转发浙江省委关于新区征粮情况报告的通知》(1950 年 1 月 21 日),中共中央文献研究室、中央档案馆编:《建国以来刘少奇文稿》第 1 册,中央文献出版社 2005 年版,第 386—387 页。

③ 《中共中央关于对地主征粮有关政策的指示》(1950 年 1 月 29 日),中央档案馆、中共中央文献研究室编:《中共中央文件选集(1949 年 10 月—1966 年 5 月)》第 2 册,人民出版社 2013 年版,第 103 页。

解放区土地改革及征收公粮的指示》,规定:中央人民政府所征收之公粮在新区不到农业总收入的 17%,地方人民政府附加公粮不得超过征粮的 15%。应按照各户实际收入规定其公粮征收额,最高不得超过其农业总收入的 60%,其有特殊情形者,亦不得超过 80%,超过者应适当减轻。①

根据中共中央和政务院的指示,各地对征粮错误偏向进一步作了纠正。3月 8 日,中共中央批复同意了《华东局关于纠正征粮工作中的错误偏向指示草案的请示》。3 月 21 日,华东军政委员会发布了这一指示,具体规定了有关纠正办法。② 5 月 1 日,中共中央向华东局、中南局转发《西南局关于川南区党委注意纠正征粮中各种问题的报告》。报告说:"该电所列各种现象,各地都已发生,都应引起注意。""望各地继续注意与警惕,对于地主之组织暴动者,采取坚决镇压扑灭的政策,处决其首恶分子,以儆效尤。同时并责令各地要密切注意地主之各种阴谋活动之征候,即先发制人予以扑灭,以争取我征粮任务之完成。""为着检讨与总结四月份的征粮剿匪工作,使其能在五月份提高一步,我们已通知在五月初召集各分区剿匪负责人和征粮工作队长的会议。"③

5 月 5 日,中共中央向各中央局、分局转发《川西区党委对地主抗不交粮的处置意见》。意见说:"对抗不交粮或拖不交粮的地主,一般应采用说理的压力和整风严正批评相结合的方式。同时应多方调查其材料,便于更好有力地说理,迫其交粮,这样较易解决问题。""经过上述方式仍不能解决问题者,对个别较大地主,而且估计如经扣押则较易解决问题者,则以政府名义使用合法,先传讯法办,令其限期交粮,届期不交者扣押之。但一扣押起来,应紧接着就进行工作,以求迅速突破迅速找保释放,以影响其他。若仍突不破则依法判处,对于我们这样先理后兵,容易取得社会同情,我们应清醒地了解此种做法

---

① 《中央人民政府政务院发布关于新解放区土地改革及征收公粮的指示》,《人民日报》1950 年 3 月 1 日第 1 版。

② 《华东军政委员会关于纠正征粮工作中的错误偏向的指示》,《山东政报》1950 年第 4 期。

③ 《中共中央转发西南局关于川南区党委注意纠正征粮中各种问题的报告》(1950 年 5 月 1 日),中央档案馆、中共中央文献研究室编:《中共中央文件选集(1949 年 10 月—1966 年 5 月)》第 3 册,人民出版社 2013 年版,第 5—7 页。

乃是不得已的手段,而不是必须的手段,如此则可阻止图省事的'左'倾情绪的滋长。"①

针对部分新区存在的乱捕乱押现象,5月12日,中共中央向各中央局、分局转发《中南局关于禁止乱捕乱押的通报》,要求注意是否有同样现象发生,如有应即迅速禁止。通报说,首先认真从思想上教育干部乱扣乱捕如乱打一样,都会发展干部命令主义作风,丧失人心,孤立自己,帮助敌人。一是各省必须规定一个限期,责令各县组织清理委员会,将现有监狱人犯普遍清理一次,该放的即时释放,该杀的收集群众意见及犯罪证据,报请省政府批示处理,确实该判刑者应严密监押。二是除现行犯外,在村工作干部、军队工作队及乡村政府人员无捕人权。逮捕人犯必须由区公所批准,并即报县,不得隐匿不报,不得随意捕送。错送者,县公安机关须即审查释放,不得随意收押,并给错捕者以应得处分,不得姑息。三是严禁在看管期内施行肉刑虐待犯人,违犯者经人民检察机关检举上告后,应依法处分之。②

此外,针对推销公债中的强迫做法,1950年1月14日,中共中央发出《关于在工人中推销公债必须坚持自愿原则的指示》,要求迅速纠正各种变相的强迫摊派行为,强调推销公债重心在工商业者和殷实富户当中,在工人职员中推销必须坚持自愿原则。③

针对铺张浪费现象,1950年2月6日,中共中央向华东局、西南局、西北局转发《中南局关于下级政府与群众团体浪费情况的电报》,要求各地注意铺张浪费现象。电报指出:"在此财政困难,灾荒、春荒严重的情况下,不领导群众节衣缩食、生产度荒,反而同意或领导群众铺张浪费,各种风习任其泛滥是危险的,将引导群众走向错误道路。必须引起当地同志严重注意,有效改正。

① 《中共中央转发川西区党委对地主抗不交粮的处置意见》(1950年5月5日),中央档案馆、中共中央文献研究室编:《中共中央文件选集(1949年10月—1966年5月)》第3册,人民出版社2013年版,第17页。
② 《中共中央转发中南局关于禁止乱捕乱押的通报》(1950年5月12日),中央档案馆、中共中央文献研究室编:《中共中央文件选集(1949年10月—1966年5月)》第3册,人民出版社2013年版,第28页。
③ 《中共中央关于在工人中推销公债必须坚持自愿原则的指示》(1950年1月14日),中央档案馆、中共中央文献研究室编:《中共中央文件选集(1949年10月—1966年5月)》第2册,人民出版社2013年版,第40—41页。

已犯错误地方,应即将纠正情形报告。"①5 月 14 日,中共中央转发《云南省委关于禁止村政权经费浪费的指示》,要求各地检查此事,按照情况执行。指示要求:各专区即根据村庄大小,规定村脱离生产人数及村办公费,未经批准,不得自行增加;工作人员下乡,自带粮草票、菜金,一律不准接受招待;村里不准自筹经费。违背以上规定者,予以处分。接受招待者,以伙同贪污论处;省府、军区禁止乡村自筹经费,禁止浪费招待的布告,即日拟就发下,各专署即自行翻印,在各地带张贴。②

第四,学习共产党员要善于和非党群众团结合作的有关论述。针对党内部分干部不重视与非党群众团体合作的思想,统战工作出现关门主义现象,1950 年 3 月 25 日,中共中央发出学习斯大林、毛泽东论共产党员要善于和非党群众团体合作的指示,要求全体党员学习斯大林 1933 年 2 月 19 日在全苏联集体农庄突击队员代表大会上的演说和毛泽东 1941 年 11 月 20 日在陕甘宁边区参议会的演说。这两段文字阐述了共产党员为什么应当与非党员亲密团结,以及怎样与非党员达到亲密团结。指示提出,学习这两段文章,目的就是要克服和党外群众团结合作中的缺点,并加强这一合作。③

按照中央要求,各地也纷纷发布指示,要求认真学习斯大林、毛泽东论共产党员要善于和非党群众团结合作的文章。4 月 10 日,中共中央向中央局及分局转发《华东局关于学习斯大林、毛泽东论党群关系的指示》,要求各级党委认真组织学习《斯大林、毛泽东论共产党员要善于和非党群众团结合作》的文件、新华社发表的斯大林《论自我批评》与《反对把自我批评口号庸俗化》两篇文章。在学习中,要求联系检讨思想与工作,通过这一学习发扬党内的自我

---

① 《中共中央转发中南局关于下级政府与群众团体浪费情况的电报》(1950 年 2 月 6 日),中央档案馆、中共中央文献研究室编:《中共中央文件选集(1949 年 10 月—1966 年 5 月)》第 2 册,人民出版社 2013 年版,第 136 页。

② 《中共中央转发云南省委关于禁止村政权经费浪费的指示》(1950 年 5 月 14 日),中央档案馆、中共中央文献研究室编:《中共中央文件选集(1949 年 10 月—1966 年 5 月)》第 3 册,人民出版社 2013 年版,第 37 页。

③ 《中共中央关于学习斯大林、毛泽东论共产党员要善于和非党群众团结合作的指示》(1950 年 3 月 25 日),中央档案馆、中共中央文献研究室编:《中共中央文件选集(1949 年 10 月—1966 年 5 月)》第 2 册,人民出版社 2013 年版,第 238—239 页。

批评风气,有效地改正中央指示中所指出的关门主义、称王称霸、害怕批评等错误倾向。各地召开各界人民代表会时,均应于会前在党内代表中组织学习这些文件与联系检讨党内外关系,把中央这些指示精神,真正贯彻体现到代表会中,以加强党内外的团结合作。① 4月,中南局发布执行中央号召全党学习共产党员要善于和非党群众团结合作的指示,要求把中央规定的 5 个文件列为最近政治学习的中心内容之一,在学习中必须联系检查思想工作,检讨与非党群众的关系,开展批评与自我批评,还要求在召开各界人民代表会议中学习这些文件。②

第五,召开全国统战工作会议。1950 年 3 月 16 日至 4 月底,中共中央召开第一次全国统战工作会议。出席会议的有大区代表、列席代表、中央党政机关及人民群众团体中党的负责人共 93 人。会议听取了中共中央统战部部长李维汉作的《人民民主统一战线的新形势与新任务》报告及中央统战部副部长徐冰作的《关于民主党派工作问题的报告》,周恩来到会作了讲话。

李维汉的报告经中央和毛泽东审阅同意,对新中国初期统一战线形势、任务和各方面基本政策作了明确阐述,强调对民族资产阶级须执行既团结又斗争的方针;反对大民族主义,反对狭隘民族主义,实行民族区域自治政策,有计划地逐步帮助各少数民族提高和发展政治、经济和文化水平;要继续巩固同民主党派的合作;各种人民团体的性质、任务和组织形式各有不同,但都负有统一战线工作的任务,都要认真做好统战政策的教育;政权机关统战工作中心任务是建立党与非党人士合作的正确关系,使党外人士有职有权;加强统战政策宣传教育。

李维汉的报告提纲提交全国统战工作会议讨论后,在两个问题上存在较多争论。一是关于民族资产阶级的方针问题,是实行"团结为主"还是实行"斗争为主"? 是节制资本还是搞垮资本? 有代表发言提出,"今天的斗争对

---

① 《中共中央转发华东局关于学习斯大林、毛泽东论党群关系的指示》(1950 年 4 月 10 日),中央档案馆、中共中央文献研究室编:《中共中央文件选集(1949 年 10 月—1966 年 5 月)》第 2 册,人民出版社 2013 年版,第 290—291 页。

② 《中南局关于执行中央号召全党学习〈斯大林毛泽东论共产党员要善于和非党群众团结合作〉的指示》(1950 年 4 月),《中南通讯》1950 年第 9 期。

象,主要是资产阶级";国营经济要"无限制地发展",国营经济"越发展,就越要排挤私营"。二是关于民主党派的性质、作用和党对民主党派的方针问题。有的认为,民主党派应"由大到小,由多到少,由政治上的复杂到统一,由与党有距离到无差别,不应在政治上去抬高他们,在组织上去扩大他们"。还有的认为,民主党派是为争取民主而成立的,现在革命已经胜利了,其"任务已尽",认为"民主党派是包袱"、"可有可无"。①

4月12日,毛泽东审阅全国统战会议工商组讨论会的一份发言记录稿,对有关错误思想作出批示:第一,斗争对象主要是帝国主义封建主义及其走狗国民党反动派残余,而不是民族资产阶级。对民族资产阶级是有斗争的,但必须团结它,采用既团结又斗争的政策,以达团结它共同发展国民经济之目的。第二,应限制和排挤的是那些不利于国计民生的工商业,而不是正当的有利于国计民生的工商业,对这些工商业当在困难时给以扶助使之发展。第三,应当划分阵地,国营经济与私营工商业应划分经营范围,同时利用私人资本。②

4月12日和4月13日,周恩来分别到会作了题为《处理好人民民主统一战线中的四个关系》和《发挥人民民主统一战线积极作用的几个问题》的讲话,对统战工作中"左"的关门主义观点进行了批评。他指出,要以团结为主,斗争是为了团结。现在中心的问题,是如何同他们合作。针对有人认为没有民主党派、就少些麻烦的错误思想,周恩来指出:"有组织比没有组织更好","组织起来好处很多"。对于民主党派的发展问题,他认为"民主党派可以发展,也有发展前途",统战部要帮助解决民主党派经费、失业干部、人员改造等问题。针对部分非党人士有职无权的现象,他指出:"非党人士要有职有权","非党人士担任部长的就要非党人士做报告","有任务也责成他们负责完成"。③

4月21日,毛泽东同李维汉、徐冰等谈统战工作问题。他说,对民主党派

---

① 李维汉:《回忆与研究》(下),中共党史出版社2013年版,第524—525页。
② 中共中央党史和文献研究院编:《毛泽东年谱》第4卷,中央文献出版社2023年版,第115页。
③ 周恩来:《处理好人民民主统一战线中的四个关系》(1950年4月12日),中共中央统一战线工作部、中共中央文献研究室编:《周恩来统一战线文选》,人民出版社1984年版,第167、172、173、175页。

要给事做，尊重他们，当作自己的干部一样。要团结他们，使他们进步，帮助解决问题，如解决党派经费等。大家对《共同纲领》没有意见，但一到具体问题就又不行了。像学校不收民主党派分子，某地委看见民主党派材料就把它撕毁，对党外人士像踢皮球，等等，都是不对的，也是不公平的。要实行民主，对有理的要接受，对无理的讲道理；要有气魄，不怕骂。①

经过讨论、学习中共中央和毛泽东的指示，会议初步纠正了"左"的关门主义倾向，明确了新中国成立后统一战线面临的新形势和新任务，以及各方面统战工作的基本方针政策，为统战工作指明了方向。李维汉在这次全国统战工作会议上作的报告，经会议讨论修改后报中央批准，成为新中国成立初期指导全国统战工作的一个重要文件。

### （二）各地加强作风建设的举措

面对党员干部作风上的突出问题，各地除按照中央部署、要求外，亦根据本地区实际情况，有针对性地采取了一系列举措，比如通过加强干部教育、开展反不良倾向的集中性整顿、在党代会和各界人民代表会检讨作风问题，等等，以克服党内作风问题。

第一，加强干部教育。干部思想、作风问题的出现，重要原因是干部文化素质低，缺少城市工作经验，无法完全胜任新形势下工作的需要。鉴于此，部分地区在刚进入城市后，就专门成立学习委员会，加强干部的学习和教育，提高干部的业务素质和政治水平，以克服能力不足的问题。

1949年9月23日，叶剑英在赣州会议干部大会上讲话指出，要保持谦虚朴素、勤劳工作的作风。进入城市后，作风是很紧要的；新中国的建设任务是异常艰巨的，不熟悉的东西多得很，必须要虚心地努力学习，不要有"衣锦还乡"的思想，必须继续保持与发扬党谦虚、朴素、勤劳和努力学习的优良作风，谁要是一进市便飘飘然，趾高气扬，便要脱离群众。② 10月20日，叶剑英在

① 参见中共中央党史和文献研究院编：《毛泽东年谱》第4卷，中央文献出版社2023年版，第122—123页。
② 叶剑英：《关于解放广东的若干问题》（1949年9月23日），广东叶剑英研究会、中共广东省委党史研究室编：《叶剑英在广东》，中央文献出版社1996年版，第81页。

广州党员大会上讲话指出,革命胜利好比建筑大礼堂,先弄好了地基,只是工作的开始。共产党人的事业,绝不会以弄好地基为满足。还有若干长远的艰苦的事情等待着去做。从事两项必要而艰巨的建设工作,那就是经济建设和文化建设,要学习中央的政策,党员应该起模范作用,发扬优良的传统,改造落后的一面。这需要好好学习政策,改造思想。① 这里,叶剑英特别强调学习的重要性,这是由于"各地干部大多是长期在敌后游击战争环境中工作,一旦掌握政权,不仅缺乏经验,甚至对于解放后新产生的许多工作,也缺乏应有的基本常识"②。11 月 1 日,在关于广东社会情况和1950 年几个重要部门的工作任务的报告中,叶剑英提出了 1950 年组织工作的主要任务,其中包括开办党校,组织学习,培养干部。③

为提高干部素质,华南分局决定开办广东革命干部学校。1950 年 1 月,在广东各地党代表会议上,华南分局决定开办中共中央华南分局党校(对外公开名称为广东革命干部学校),县一级以上的领导干部送华南分局党校培训,区、乡干部送地委训练,着重进行土改政策、农村阶级划分和阶级立场、群众路线的教育,以将他们培养成为土改骨干。从 3 月起,华南分局党校开始举办土改骨干训练班,每期学习半年,学习社会发展史、中国革命基本问题、党的建设和党的方针政策等四门课程。学习形式采取授课与自学相结合,集体讨论与分散谈心相结合,聘请华南分局各部门领导讲课,分局主要领导人叶剑英、方方、古大存等先后到学校作学习报告。土改骨干训练班较突出的一点,就是在理论联系实际方面,找到了许多行之有效的方法,做到从学员的思想实际出发,解决思想认识、立场观点、工作作风等问题,从而提高政治觉悟和政策水平。为帮助学员解决思想作风问题,主要采取典型示范方式,带动学员开展

① 叶剑英:《加紧学习党的政策,更好地为人民服务》(1949 年 10 月 20 日),广东叶剑英研究会、中共广东省委党史研究室编:《叶剑英在广东》,中央文献出版社 1996 年版,第 84—86 页。
② 叶剑英:《关于广东各地党代表会议情况给中南局、中央的报告》(1950 年 1 月 11 日),广东叶剑英研究会、中共广东省委党史研究室编:《叶剑英在广东》,中央文献出版社 1996 年版,第 118 页。
③ 《叶剑英同志工作报告提纲草稿——广东社会情况和一九五〇年几个重要部门的工作任务》(1949 年 11 月 1 日),《中共中央华南分局文件汇集(1949.4—1949.12)》,中央档案馆、广东省档案馆 1989 年,第 288 页。

批评与自我批评,从而深刻认识错误的本质、错误的危害性和产生错误的根源,明确克服错误的办法。

东北地区认真组织学习中共七届二中全会精神,提高党员干部的思想和政策水平。黑龙江省在 1949 年冬 1950 年春普遍进行反对强迫命令、形式主义与严重脱离群众作风的斗争教育。① 部分地区开展进城教育,克服干部享乐思想的滋长和各种不良倾向。进入城市后,中共锦州市委发现,一些干部在进城后出现不适应问题,表现在:一是由于大部分干部来自农村,对城市工作不熟悉,工作上还沿用农村那一套,思想水平和工作方法不适应城市工作;二是干部中有人认为自己年龄大、文化低,中央提出工作重点要向城市转变,却茫然不知如何转变;三是有的干部整体观念淡薄,对上级的指示、号召在行动上有拖、不执行的现象。同时,干部中开始滋生享乐思想,甚至发现个别干部贪污腐化、丧失立场等问题。

对此,1949 年 3 月,中共锦州市委提出向这些不良倾向开展斗争,并采取加强党的组织生活、健全各项规章制度、加强党的基本理论学习等措施,要求新老干部互相学习、取长补短、消除隔阂、共同进步。1949 年 4 月初,锦州市委成立以市委副书记林肖硖为主任的学习委员会,各区委、基层党组织也相应建立学习领导机构。市委统一规定以学习中共七届二中全会文件为中心,开展学习政治、时事、理论和文化补习等学习活动,并将全市干部编为甲、乙、丙、丁四个学习组。6 月下旬,市委结合贯彻东北局、辽西省委关于纪念"七一""七七"通知精神,安排全市各党支部专门抽出 7 天时间召开党员大会,进行全党转变思想的动员。同时,要求"七一"后各单位结合七届二中全会文件及李富春有关指示进行反复学习,并联系实际进行思想和工作上的检查对照。9 月,市委又重新按级别和文化程度编组,甲、乙、丙、丁组各为地级干部、县级干部、"八一五"(即抗战胜利)后参加革命的干部、文化补习组,同时规定把学习成绩作为考核干部的重要内容。②

1950 年 1 月 15 日,中南局作出《关于在职干部学习的决定》。决定指出,

---

① 《省委关于整党计划(草案)》,黑龙江省档案馆编:《中国共产党黑龙江省委员会重要文件汇编》第 1 册,1987 年,第 194 页。
② 《锦州纪检监察史 1950—2004》,2006 年,第 2—3 页。

所有在职党员干部凡具有中学业余文化水平者,都须学习马列主义和毛泽东思想,学习革命的理论与政策;文化程度不及初中业余水平者,须着重学习文化、国文、算术、历史、地理以及自然科学常识。如何进行学习呢? 一是根据党员干部政治理论与文化水平,将其编为甲乙丙丁四组;二是贯彻实事求是、学以致用、理论与实际一致的精神,各地按机关、工厂、城市、乡村工作业务等不同特点,具体布置学习内容、分量、进度和方法。

根据中南局决定,中南地区都对本地区、部门的在职干部学习作出了具体的规定。比如,3月4日,九江地委也作出在职干部学习的决定。决定明确:要在学习中建立每日两小时的学习制度;记笔记,凡是能写的都要记笔记,学与不学以笔记为证;学习告一段落或终了都要举行测验,实行民主评卷;订学习计划,规定学习进度,计划交学委会审查、考查。

第二,开展反对不良作风的集中性整顿。据北京市1950年7月报告,北京市在过去一年多,进行过多次小规模的整风。1949年冬季,在机关干部中,普遍进行了思想总结;在公安干部中,曾普遍进行过反对无政府无纪律、反对命令主义和贪污腐化的两次检查运动。[①]

各地反不良作风的集中性整顿,以西北局最为典型。从1950年3月开始,西北局号召开展反对贪污腐化、铺张浪费、本位主义的不良倾向运动,各党、政、军、民和各机关、团体、单位均按要求开展这一运动,暴露了大量问题。运动一个月后,据西北局组织部收到的21份报告统计,被列于贪污腐化项下的重大事件即达49件,铺张浪费事件66件,其中有不少高级负责干部。[②] 西北局宣传部动员了报纸、刊物,首先集中力量向各种不良思想作斗争,从揭露交通部高士一、农林部惠中权等铺张现象开始,开展了反不良倾向运动,利用报纸、刊物进行自我批评。此次运动不仅及时纠正了当时正在抬头的享乐思想,提高了党员思想认识,而且给反官僚主义、命令主义斗争打下了基础。[③]

---

① 《中共中央关于转发北京市委关于整风工作的报告》(1950年7月21日),中央档案馆、中共中央文献研究室编:《中共中央文件选集(1949年10月—1966年5月)》第3册,人民出版社2013年版,第227—228页。

② 《正确开展不良倾向的斗争》(1950年4月10日),《党内通讯》1950年第47期。

③ 《西宣部一年来工作情况与一九五一年工作目标》(1951年1月20日),《党内通讯》1951年第65期。

按照西北局要求,4月8日至6月,西安市委在全市党政群机关开展反不良倾向斗争。西安市反不良倾向共处理错误干部400人,其中党员119人。① 3月8日至10日,通过每天开会4小时,西北局公安部以科长以上负责干部为重点,进行作风检查,揭发铺张浪费和贪污腐化行为,揭发贪污浪费以及各种作风事实72件。检查的结果,主要有:

一是浪费现象严重。组织机构、经费预算、工作计划要求高,脱离现实,不符合实际,没有根据西北地区的干部、财力、工作等各种现实情况来制定。曾经一个时期某处一个院子里安了4部收音机,每月耗费纸烟20余条。有的宿舍整天整夜开着电灯。总务科会计办公室曾装置水银灯。某处一部电台两月来用电达170度。保卫团一营入城以来仅电灯泡即坏掉70多个。总务科1949年修建房舍买下的麦秆,剩下千余斤抛弃院外,无人过问。曾有一次给上海汇款1亿元,汇费就花去1600万元。医务所的护士用酒精生炭火。总务科用半脸盆汽油洗车子,用东西是"坏了拿去修,烂了再去买"。浪费现象多是由于管理制度不健全导致。比如,开支问题和管理工作上,缺乏健全的严格的制度,无政府无纪律的思想和行为不易受到组织上的限制,购置车辆及其他较高价的用具,可以不经过批准手续;来客招待制度一直未确定,以致不应中灶的客人也都领到中灶去。关于中灶大灶的伙食,按政府规定大灶每人每月70斤面的标准,但却按95斤面包出去(某处大灶曾以每人每月100斤包饭,工作队按95斤领经费)。

二是出现贪污事件。其中保卫团2件,一件贪污30多万元;另一件贪污面粉30斤,部里中灶伙夫盗卖石炭200多斤,用于嫖妓、赌博。这些一经发现都及时给予处分,但在管理工作中存在很多漏洞,如对家属的伙食管理、医务所药费开支以及汽车司机的管理,都需要严格检查,彻底肃清贪污腐化。

三是暴露了部分干部的错误认识。有些干部认为"铺张浪费是领导上要好好检讨的,咱们无权,无从铺张浪费";或者说"咱们不和钱打交道,应多检查总务处";有的干部认为"花自己的钱就不算浪费"。从这次检查的事实说

---

① 中共西安市办公厅编:《中国共产党西安市委员会志》(1925.10—2002.7),2004年,第535页。

明,无论领导干部,或一般干部,都有铺张浪费的机会,只是发生在领导人身上,影响会大一些,浪费的东西就会多一些。

针对检查出的问题,西北局公安部决定,属于应该解决的即刻解决,属于思想认识的,通过各种会议与学习生活加以纠正。决定将购买的汽车报西北军政委员会处理,伙食标准适当降低,紧缩额外开支,组织机构、经费预算按军政委员会命令及财政部规定整编缩减。不应拖延的事情即刻着手清理,建立各种必要的制度,严格管理。关于以小米喂猪的事,拟查明责任给予处罚。把已经出现的问题提高到原则思想上加以认识,并进行必要的处理,同时联系工作上所存在的拖拉现象与官僚主义作风,进行深刻检讨,以达改造思想、提高工作的目的。①

西北局的这一运动,取得了一定成效,既暴露了大量问题,又解决了个别突出问题。不过,这种运动式的做法,也存在很多不足。很多部门有的开了个头,一般号召一下便松缓下来,有的潦草检讨一些鸡毛蒜皮的琐事,便停滞不前,准备结束。个别部门风平浪静,影响极小。个别机关在运动深入之后,也多少发生了一些偏向,即应开支的也被斥为铺张浪费。② 同时,由于时间仓促,工作繁忙,普遍存在暴露问题多、解决问题少的倾向,影响了党员干部的积极性。

第三,发布各类文件纠正突出问题。面对部分党员干部的不良作风,各地党委制定并发布一系列文件,以纠正这些不良倾向。这一选择,在当时也是必然的。新中国成立初期,中国共产党关于党员干部作风问题并无具体的、可操作性的党内法规,国家法律更是没有明文具体规定,主要是党章、党的优良传统等一些笼统的、原则性的规范和惯例。而文件治理本身,既有权威性,又有灵活性、变通性和一定的弹性,调适性强。③

1950 年 1 月,西南局发出《关于克服目前干部不良倾向问题给川南区党委的指示》,要求特别注意以身作则,不设私人公馆,房子挤着住,集体办伙食,严防铺张浪费,特别注意下级干部及战士在制度规定范围内的

① 《公安部检查作风问题的报告》(1950 年 3 月 15 日),《党内通讯》1950 年第 45 期。
② 《正确开展不良倾向的斗争》(1950 年 4 月 10 日),《党内通讯》1950 年第 47 期。
③ 施从美:《当代中国文件治理变迁与现代国家成长》,《江苏社会科学》2010 年第 1 期。

福利。多余的房子用来出租，以增加国家收入。如果区党委、省委、军区、兵团和中央局大军区几级领导，严格律己办到了这一点，就一定会使风气一新，也才有资格去领导克服一切享乐腐蚀思想，领导全党全军向前看向前进。①

2月15日，中共中央批复同意浙江省政府公布六大禁令，要求省委及群众团体同时应将此项禁令通知全党及各团体严格执行。六大禁令的具体内容是："（一）禁止任何人、任何机关团体擅自逮捕人犯。凡未奉县以上人民政府命令，无逮捕现行犯以外的其他任何人犯之权，违者定予惩处。（二）禁止任何人乱打犯人，违者定予惩处。（三）禁止任何机关，未经人民政府法庭判处，未经省人民政府批准处决人犯。（四）禁止任何机关团体及县以下区、乡人民政府，借故向人民摊派、征用财物及一切额外负担。（五）禁止任何机关团体人员贪污浪费、破坏、霸占、盗卖公粮、公物及一切国家财产。（六）禁止私占或贪污浪费、破坏、盗卖群众斗争果实。"②禁令公布后，在一定程度上制止了部分地区的乱打乱捕现象。但是，禁令并没有得到完全执行。比如在浙江，还有1510个干部（其中有3个县级干部）乱打人乱捕人。③

4月10日，川北区党委作出《关于纠正享乐腐化思想的决定》。决定对纠正享乐腐化思想提出三条要求：一是学习刘伯承、邓小平关于检查纠正享乐腐化思想、以迎接新任务的指示，及中共七届二中全会决议第十节联系检查业已产生的不良倾向，使所有干部认识党尚未在群众中生根，胜利尚未巩固，斗争任务还繁重艰巨，而干部甚少，绝大多数系新吸收的知识分子和录用的旧人员，需要去团结教育改造，因此要求谨慎、谦虚、艰苦奋斗。对上述享乐腐化的思想，给以严正批评，揭发情节严重者，予以一定处分，以教育大家。二是迅速健全支部组织生活，统一按党纪建立经常的批评和自我批评制度，及时防止与

---

① 《西南局关于克服目前干部不良倾向问题给川南区党委的指示》（1950年1月），《斗争》1950年第31期。

② 《中共中央关于同意浙江省政府公布六大禁令给华东局的批复》（1950年2月15日），中央档案馆、中共中央文献研究室编：《中共中央文件选集（1949年10月—1966年5月）》第2册，人民出版社2013年版，第160页。

③ 谭震林：《在中共浙江省第三次代表会议上的报告》，中共浙江省委党史研究室、浙江省档案馆编：《中共浙江省委文件选编》（1949年5月—1952年12月），2011年，第218页。

纠正不良思想倾向的产生。三是各地委建立纪律检查委员会,普遍检查一次进入川北以来负责干部违犯党纪、法纪、享乐、腐化等例子,通报各地,教育全党。①

此外,部分地区党报通过发表社论,传达上级和本级党委的精神,要求贯彻指示精神,克服各种偏向。比如,1950年1月30日,《解放日报》发表题为《坚决克服乱打、乱杀、乱罚的错误偏向》的社论指出,华东新解放区半年来的群众工作取得了很大成绩,但在某些工作中亦产生了一些错误和偏向,其中特别突出的是某些地方个别地产生乱打、乱抓与使用肉刑的严重偏向。社论认为,这种乱打、乱抓、乱罚的错误虽然在华东还只是局部现象,但这种现象的性质是十分严重的,是与党的政策完全相违反的。如果不迅速加以纠正,必将使党脱离群众,陷自己于孤立,给反革命分子以造谣破坏的机会。各级领导机关必须严格检查并迅速采取以下办法:第一,教育干部和群众深刻了解必须坚决反对乱打、乱抓、乱杀与使用肉刑的方法;第二,采取说理斗争的方法,反对封建地主恶霸的违法行为;第三,加强农村工作干部的教育;第四,依靠群众,健全农民协会,改造基层政权;第五,整顿农村工作干部的作风。②

尽管中央及各地采取一系列措施,但是,从各地反映的情况看,落实的并不是很好,效果不明显,不良作风仍然很严重。这从各地有关报告等文件中可以看出。比如,习仲勋在5月2日给毛泽东的报告中说:"去年十二月以后,经过我们多次端正政策,农村群众较稳定;若干地区又经初步整顿干部作风,现在也稍好些,但问题仍严重存在,主要是新干部多(当然老干部也有不少的问题),一部分是成分不纯(旧职员、伪人员、流氓分子及地富投机分子等),大部分还是有国民党的作风,强迫命令很严重"③。广西省委在7月份的指示中也指出,严格禁止乱押、乱扣、乱吊、乱打的问题。省委前曾屡次指示,虽各地有所重视并有很多改进,在近一两个月的减退租运动和剿匪斗争中,乱扣、乱押、

<hr />

① 《川北区党委关于纠正享乐腐化思想的决定》(1950年4月10日),《西南工作》1950年第3期。
② 《坚决克服乱打、乱杀、乱罚的错误偏向》(《解放日报》1月30日社论),《斗争》1950年第29期。
③ 《习仲勋同志向毛主席的报告》(1950年5月2日),《西南工作》1950年第6期。

乱吊、乱打等违犯政策行为,有的仍未得到很好地纠正,且在某些地方仍滋长或发展着,这说明省委屡次严禁乱扣、乱吊、乱打的指示,还未贯彻到下级干部中去,亦不易为下级干部所接受。①

华东局在1950年7月的一个通报中指出,去冬以来,中央及华东局即连续发出指示、社论,明令各级党委一方面必须坚决镇压匪特首要分子与罪大恶极的恶霸、地主,另方面必须坚决纠正工作中的乱打、乱抓等错误倾向,并曾反复说明要教育干部依照法律办事。对于逮捕、审讯人犯,更有明确具体的规定。而今天各地仍不断发生违法乱纪等重大事件和不请示不报告的无政府无纪律现象。这说明党的指示未被各级党委特别是县区委所重视和贯彻。② 华东地区的海安县委也指出,秋季以来,县委对思想领导是较前注意了。在各种会议上,对脱离群众作风作了不少批判,但还是极为皮毛的只作为一般缺点提出的;进行教育时罗列许多现象,还没有从本质上来加以批判,从加强阶级观念、群众观念的根本问题上来解决,也没有作一次全面性的深入检查。因此秋征中变相的强迫命令还很普遍。

可见,中央和各地的努力并没有取得很好的效果,各种不正之风仍然严重。于是,一场大规模的全党的集中性整风便呼之欲出了。

# 小　结

本章主要从中国共产党自身党情的角度,分析新中国成立初期加强党的作风建设的历史背景,初步回答了为什么在国内外任务十分艰巨和形势复杂严峻的条件下,中国共产党仍要加强党的作风建设。而以往的研究中,鲜有成果详细梳理新中国成立初期中国共产党自身的情况,即使有涉及到的成果也是一笔带过。中国共产党的党情如何,直接影响到中共党员干部的思想、作风。

---

① 《广西省委关于结合整风切实推进检查的指示》(1950年7月),《中南通讯》1950年第12期。

② 《华东局关于继续认真检查干部乱打等错误倾向的通报》(1950年7月),《斗争》1950年第50期。

从中国共产党自身的历史地位看,客观上党开始成为领导国家政权并长期执政的党。而解放战争的胜利来得太快,部分党组织生活松懈,忙于政务而忽视建党,组织部门机构不健全,组工干部"新手"较多;党员中农民、抗战后发展的、小学文化程度及以下占绝大多数,党员发展中追求数量、违反原则,部分党组织不纯现象严重;新干部多、老干部少,干部能力较弱,干部构成复杂,干部间出现不团结现象等。

党的作风出现了一些突出问题,最为严重的是,在新区征粮工作中,发生了严重的命令主义。同时,强迫命令在征税、农业生产、剿匪反霸等工作中亦有表现。领导工作中存在官僚主义作风,有的干部高高在上,不调查研究,不了解基层情况,乱下命令,这也进一步加重了基层的强迫命令作风。在统一战线工作中,出现关门主义倾向。同时,还存在铺张浪费现象,甚至贪污腐化等。

对于党在全国执政后发生的作风问题,中国共产党的领导人早就提出了警告。新中国成立后,针对党内出现的作风问题,中共中央采取了一系列举措,包括建立党的纪律检查机构,在报纸刊物上展开批评和自我批评,发布系列指示、决定等纠正征粮等工作中的强迫命令作风,要求全党学习共产党员要善于和非党群众团结合作的有关论述,召开全国统战工作会议纠正统战工作中的关门主义。各地也采取一系列举措加强作风建设,比如加强干部教育、开展反对不良作风的政治运动、发布各类文件纠正突出问题等。但是,这些举措,都没有能够有效解决作风问题。

因此,在面临严峻形势、繁重任务的条件下,中国共产党自身建设特别是在作风、思想上存在不少突出问题。于是,作为一个以经验决策为主导的政党,开展曾发挥重要作用以整风为主要形式的集中教育,则是必然的选择了。

# 第二章　党的作风建设的部署

　　党的作风问题,尤其是新区部分党员干部在征粮、公债和收税工作中的强迫命令作风,引起了中国共产党领导人的高度重视。1950 年 2 月,毛泽东从苏联访问回国途中,开始注意到党内的作风问题,之后持续关注。3 月 27 日,毛泽东在中央政治局会议上发言,明确提出要整训干部,这标志着中共中央已开始考虑整顿作风。

## 一、党中央决定加强作风建设

　　早在新民主主义革命胜利前夕,毛泽东多次就全国执政后党内可能出现的作风问题发出警告,告诫全党要做到"两个务必"。新中国成立后的几个月,毛泽东也多次强调要克服关门主义、官僚主义,保持艰苦奋斗作风。1949 年 10 月 24 日,他在同绥远负责人的谈话中指出:"共产党要永远与非党人士合作,这样就不容易做坏事和发生官僚主义","胜利了不能不要人家"。[①] 10 月 26 日,他在给延安干部和陕甘宁边区同胞的信中指出:"全国一切革命工作人员永远保持过去十余年间在延安和陕甘宁边区的工作人员中所具有的艰苦奋斗的作风。"[②]

　　1950 年 2 月至 3 月,毛泽东在从苏联访问回国途中,经过东北地区,多次

---

　　① 毛泽东:《同绥远负责人的谈话》(1949 年 10 月 24 日),《毛泽东文集》第 6 卷,人民出版社 1999 年版,第 14 页。

　　② 毛泽东:《永远保持艰苦奋斗的作风》(1949 年 10 月 26 日),《毛泽东文集》第 6 卷,人民出版社 1999 年版,第 17 页。

谈到作风问题。2月27日,应中共松江省委负责人请求,题词"不要沾染官僚主义作风"。28日,在长春视察时,因大街小巷不见行人,当他知道是因为戒严后,便批评说:搞戒严,不让老百姓出来,这样太脱离群众了。3月1日,毛泽东同东北局、辽宁省、沈阳市负责人谈话,重点讲中共七届二中全会精神,并对东北地区存在的浪费现象和吃喝问题提出批评。他说:基层组织是贯彻中央精神的,总的形势是好的,但是还存在问题,包括各级领导干部在内。这次路过东北,发现浪费太大。我在哈尔滨提过不要大吃大喝,到沈阳一看比哈尔滨还厉害。我和恩来不是为了吃喝,搞那么丰盛干什么?你们要做刘宗敏,我可不想当李自成啊!中央三令五申,要谦虚谨慎、戒骄戒躁,要艰苦奋斗,你们应做表率。①

2月7日,刘少奇在中共天津市委组织部关于一些干部中发生贪污腐化、欺压群众的恶劣作风的情况报告上批示:"对于以上较为严重的事件,应交党的纪律检查委员会及人民监察委员会加以调查,弄清事实,并给以处分(须本人到场)。最重要的是要把这些处理的事件在报纸上公布,在群众中树立党与政府的纪律的威望,而不要把这些隐蔽起来。"②

3月9日,朱德致函毛泽东,报告各级纪委组织状况及中央纪委工作情况,分析了纪委工作存在的问题,主要有:纪律松弛,违犯党纪、违法事件相当普遍;处分党员时不够慎重,滥用职权;对私人生活性质错误处分过重,而对党员违犯党章、党纪与党的政策和决议及违犯国家法律、法令等重大问题却注意不够;党内处分与党外处分混淆,不按党章规定处分党员;等等。这份报告引起了毛泽东的重视。3月10日,毛泽东批示:"此件要点应通报各地。"③据此可判断,这份报告对毛泽东下决心加强作风建设起了作用。

3月27日,毛泽东在中央政治局会议发言。他说,渡江及大进军以来,做了几个工作:一是打仗。二是剿匪。三是征粮、公债、收税。前两仗都受欢迎,

---

① 中共中央党史和文献研究院编:《毛泽东年谱》第4卷,中央文献出版社2023年版,第97页。
② 中共中央文献研究室编:《刘少奇年谱(1898—1969)》下卷,中央文献出版社1996年版,第242—243页。
③ 中共中央文献研究室编:《朱德年谱》(下),中央文献出版社2006年版,第1370页。

第三仗一打,则"共产党不好了",只剩解放军了。四是华中、中南及西北部分的减租减息。五是城市工作(接收、管理、肃奸、文教),几个月中接收了全国的城市。可见,毛泽东对征粮、公债和收税工作是不满的。饶漱石在讲到每个大战役后提出军队必须整顿,地方党政也需要整顿时,毛泽东插话说:"一年一大整,半年一小整,因为情况发生了变化,不改造就要犯错误。"①从这可以看出,毛泽东已经严重关切征粮、推销公债和收税中的问题,并对加强干部整训提出明确要求。

4月2日,毛泽东在主持中央政治局会议时指出:"整干以执行政策","中央可发一电报。"到4月9日,毛泽东在接见中央军委总参谋部情报部二局、五局全体会议代表时,再次谈到整训队伍问题。他说:"第一仗已经打胜了,应即整顿队伍打第二仗,争取全胜。"4月18日,毛泽东复信毛森品:"前后两信均收甚慰","所述干部工作中之缺点,所在多有,现正加力整顿,期能有所改进"。② 这表明,此时,中共中央已经决定要进行全党大整风了。

4月28日,毛泽东致电饶漱石、邓子恢、邓小平、彭德怀:整训干部已成了极端迫切的任务,各阶层普遍不满意许多干部的强迫命令作风,尤其表现于征粮收税和催缴公粮等工作中,如不及时整顿,将脱离群众。你们对整训工作是否在筹划,有无计划(步骤)及指示。③ 这一电报的内容表明,毛泽东肯定了华东局准备整训干部的做法,并要求各中央局筹划干部整顿工作。据此判断,中共中央也在筹划干部整训工作。

5月11日,毛泽东起草《中央关于转发北京市委摘报的一封来信的批语》。该信由清华大学原学生鲍洁如(参加南下工作团,在浙江省宁波地委工作)写,信中反映了该地农村工作中的违法乱纪情况,主要是减租减息与反霸清算中打击面过大的问题,该信由清华大学张景鑫转交北京市委。信中说:村

---

① 中共中央党史和文献研究院编:《毛泽东年谱》第4卷,中央文献出版社2023年版,第106页。
② 中共中央党史和文献研究院编:《毛泽东年谱》第4卷,中央文献出版社2023年版,第108、111—112、118、119页。
③ 中共中央党史和文献研究院编:《毛泽东年谱》第4卷,中央文献出版社2023年版,第125页。

干部有靠斗争吃饭的倾向。征粮不合指示,中农超过 30% 的很多,佃富农超过 40%,甚至 80%,地主(包括中、小地主)负担在 200% 至 500% 之间。在征粮中我在庄桥乡,扣过的有 120 个以上,打过的无法统计,骂过的占全村人口总数二分之一,逃走的人不少。我在庄桥乡没有扣人、打人,只逼走一家。到蜀山工作时,二三天就扣 5 个人。我们细算我扣人、打人最少,我这样作时心上有矛盾,请上级答复。上级则答复"你们只要完成任务,有错误以后再检讨"。现村中群众对我有很大恐惧与顾虑。向上级请示好多次迟迟未复,上级指示只说:"谁的村荒芜了一亩地、饿死一个人,谁就负责"。①

这封信引起了毛泽东的高度重视,他要求彻底检查、切实纠正,并报告中央,同时要求各省各县有同样情形的,须检查纠正,并厉行整党整干,彻底纠偏。② 从这一批语中,可以看出,毛泽东对命令主义深恶痛绝,也坚定了整顿作风的决心。当日,中共中央向各地转发了这一批示。

1950 年 5 月 1 日,中共中央发布《关于在全党全军开展整风运动的指示》(以下简称"五一指示")。该指示的正文很短,只有 500 多字,明确了开展整风的缘由、主要方式、时间节点等。

关于开展整风的缘由,指示从三个方面作了说明。一是由于党已取得全国胜利,党的历史地位发生根本变化;二是由于两年来党员增加约 200 万,其中很多思想作风极为不纯,没有来得及教育训练;三是由于老党员老干部中很多人骄傲自满,出现了严重命令主义作风,引起人民不满,甚至贪污腐化、政治上堕落颓废、犯法乱纪等。这要求各中央局、省委、大市委、区党委、地委及各大军区党委,在中央的总领导下,进行一次大规模整风。关于整风的具体时间,明确在 1950 年夏秋冬三季内完成。其中,在正准备进行土改的新区,须在 1950 年夏秋两季首先完成,以便秋后开始的土改工作顺利进行,避免严重错误发生。③ 这就是说,新区的整风,也是配合秋后土改工作而进行的组织准备。

---

① 《华东局对浙江省委关于去年征粮宁波地区违反政策的检讨报告的指示》(1950 年 8 月),《斗争》1950 年第 47 期。

② 参见《中央关于转发北京市委摘报的一封来信的批语》(1950 年 5 月 11 日),中共中央党史和文献研究院编:《建国以来毛泽东文稿》第 2 册,中央文献出版社 2023 年版,第 173 页。

③ 《中共中央关于在全党全军开展整风运动的指示》(1950 年 5 月 1 日),中共中央文献研究室编:《建国以来重要文献选编》第 1 册,中央文献出版社 1992 年版,第 217—218 页。

按照中央指示要求,各地区和单位党委都制定并发布了整风计划(见表1)。5月27日,根据中共中央指示,华东局、西南局、西北局、华南分局分别发布《关于整党工作的指示》《关于干部整风的指示》《关于整顿干部作风的指示》《关于接受中央整党指示的决定》。5月30日,中南局向中共中央报告了《关于干部整风的指示》。6月2日,中共中央批转了这一指示,要求各中央局参考并重视该文件。中南局在指示中指出,中央关于整党的指示在全区必须毫无例外地、有计划、有步骤地加以贯彻实施,不得以任何借口搁置不实行。①7月1日,华北局、新疆分局分别作出《关于执行中共中央整风整干指示的决定》《关于执行中央及西北局整顿干部作风指示的决定》。各省、市、区一般在5月至6月制定整风计划,有的于七八月,再晚的则在9月制定整风计划。

表1　部分中央局、中央分局和省、市、地委发布整风指示情况

| 时间 | 文件名称 |
| --- | --- |
| 5月19日 | 中共内蒙古东部区党委关于执行中央整风指示的决定 |
| 5月27日 | 华东局关于整党工作的指示 |
| 5月27日 | 西南局关于干部整风的指示 |
| 5月27日 | 华南分局关于接受中央整党指示的决定 |
| 5月27日 | 西北局关于整顿干部作风的指示 |
| 5月 | 苏北区党委关于开展整风运动的决定 |
| 6月2日 | 中南局关于干部整风的指示 |
| 6月2日 | 中共河南省委关于干部整风计划 |
| 6月7日 | 陕西省委关于贯彻西北局整顿干部作风的指示 |
| 6月7日 | 川东区党委关于干部整风的指示 |
| 6月8日 | 东北局关于整党工作指示 |

---

① 《中共中央转发中南局关于干部整风的指示》(1950年6月2日),中央档案馆、中共中央文献研究室编:《中共中央文件选集(1949年10月—1966年5月)》第3册,人民出版社2013年版,第121页。

| 时间 | 文件名称 |
|------|---------|
| 6月14日 | 浙江省委关于执行华东局整党指示与土地改革教育方案 |
| 6月14日 | 皖南区党委关于执行中央和华东局整风整党工作的补充计划 |
| 6月19日 | 鞍山市委关于整党工作的指示 |
| 6月20日 | 重庆市委关于干部整风的计划 |
| 6月23日 | 中南局组织部关于执行中央及中南局整风指示的具体办法 |
| 6月25日 | 中共湖北省委组织部关于整风整训干部的计划（草案） |
| 6月26日 | 中国共产党甘肃省委员会关于整顿干部思想作风的计划 |
| 6月 | 广东省兴梅地委执行整风指示计划 |
| 6月 | 广西省委关于整党问题的指示 |
| 7月1日 | 华北局关于执行中共中央整风整干指示的决定 |
| 7月1日 | 新疆分局关于执行中央及西北局整顿干部作风指示的决定 |
| 7月12日 | 福建省委关于执行华东局整风指示的计划 |
| 7月12日 | 苏南区党委关于执行中央、华东局整风指示的通知 |
| 7月14日 | 中共中央内蒙古分局发布整党工作决定 |
| 7月14日 | 中共吉林榆树县委整风计划 |
| 7月18日 | 桂林市整风计划 |
| 7月18日 | 中共沈阳市委关于整党的指示 |
| 7月24日 | 中共西安市委关于整顿党员干部作风的指示 |
| 7月25日 | 华东局直属单位整风计划 |
| 7月28日 | 华东局机关整风学习委员会整风学习计划 |
| 7月29日 | 西安市委关于整顿党员干部思想作风的指示 |
| 8月 | 中共南京市委整风计划 |
| 8月3日 | 绥远省在职干部学委总会关于省级机关整风学习的决定 |
| 8月4日 | 上海市委整风计划 |

续表

| 时间 | 文件名称 |
|------|---------|
| 8月6日 | 中共阿克苏地委关于地方干部整风指示 |
| 8月13日 | 中华全国总工会关于整顿工会组织与工会干部作风的指示 |
| 9月1日 | 北京市人民政府整风工作计划 |
| 9月21日 | 中共湖北省委机关关于机关干部整风指示 |
| 9月24日 | 湖北省总工会筹委会关于贯彻全总暨中南总工会整顿工会组织与干部工作作风的指示 |
| 10月25日 | 中国人民解放军总政治部作出《关于整风工作指示》 |

资料来源:《中共中央文件选集(1949年10月—1966年5月)》第3—7册、《人民日报》、各地党刊党报等。

## 二、中共七届三中全会的动员

1950年6月6日至9日,中共七届三中全会在北京召开。这次会议,是中国共产党全国执政后召开的第一次中央全会,出席会议的有35名中央委员,候补中央委员27名,各部门和若干省市主要负责人43人列席会议。会议的主要议程是确定国民经济恢复时期的主要任务,以及为此所必须进行的各项工作和所应采取的战略策略方针。

6月6日,毛泽东在全会上作《为争取国家财政经济状况的基本好转而斗争》的报告。报告分析了国际国内的形势,提出在国民经济恢复时期的主要任务是创造条件,争取在三年内实现国家财政经济状况的基本好转,为有计划的经济建设和全面的社会主义改造准备条件。为此,报告提出必须做好八项工作,其中第八项是坚决执行中央指标,开展全党整风,应在和各项工作任务密切相结合而不是相分离的条件下,克服工作中所犯错误、以功臣自居的骄傲自满情绪、官僚主义和命令主义。①

---

① 毛泽东:《为争取国家财政经济状况的基本好转而斗争》(1950年6月6日),《毛泽东文集》第6卷,人民出版社1999年版,第72页。

相比"五一指示",毛泽东在此强调整风的具体内容更广泛,不仅包括命令主义,还包括官僚主义、骄傲自满情绪等。在顺序上,官僚主义摆在了命令主义前面。6 月 9 日,毛泽东在中共七届三中全会的总结报告中,再次强调整风"是一件重要的事情,是一个重要的环节"。①

在七届三中全会上,作为中央整风三人委员会主任的胡乔木,作了题为《整党问题》的发言,对全党整风作了具体部署。

首先,胡乔木对全党的基本情况作了估计。他说,政策上和作风上的缺点基本上是党在 1949 年以来不可避免带来的。为继续前进或者在某些方面作必要的适当后退,以便巩固与群众的联系,整党已经成为一个重要环节。各种缺点和作风问题中,"最普遍的缺点是命令主义",不依靠群众同意和共同行动,不用说服方法,而是用粗暴强制方法完成任务。这一缺点在征粮收税、征收公债、工厂管理等方面都有所表现,文化教育改革上存在急性病,对党外人士合作不好,各界代表会没有开得很好。命令主义特别恶劣的形式是乱打人、乱扣人,这已是犯法乱纪。另外,官僚主义也是严重现象,很多干部不了解情况而乱下命令,犯错误而压制批评。工矿和其他经济部门中的事故和浪费严重,个人浪费和贪污腐化现象值得警惕。

接着,胡乔木总结了中国共产党两次大规模整风整党的历史经验,强调要汲取经验教训,并对这次整风的方法、重点和宣传作了大致说明。他指出,这次和前两次的环境都不同,所以步骤也有所不同。这次是在全国胜利和工作繁忙的条件下进行的,规模范围远过于前两次,工作繁忙,必须在和各项工作任务密切地相结合而不是相分离的条件下进行,必须着重总结工作,展开批评与自我批评。新区和老区整党的步骤又有不同,因为新区要土改、要减租、要剿匪,老区没有这些;老区比较有正规的党校系统和在职干部学习系统,新区没有这些,或还不完全。因此新区整风时间更短促,主要地依靠整风会和轮训班,老区一般可以利用冬季的经常性的训练、鉴定和学习。必须着重总结工作,展开批评与自我批评,并根据各地整风计划作了大致介绍。中心问题是解

①　中共中央党史和文献研究院编:《毛泽东年谱》第 4 卷,中央文献出版社 2023 年版,第 154 页。

决党群关系问题,新区以准备土改为重点,部队以准备复员为重点;无论新区老区,财经系统和公安系统由于与群众接触频繁和旧人员特别多,应配合整个整党工作,分别作出整训计划;一般政权机关应着重改善与党外人士的关系。关于整党宣传,各地报纸、党刊应将中央选定的整党文件进行通俗的宣传,将各类实际材料作为教育材料;各地党报党刊在整党期间要进行有力的工作,开展批评与自我批评;各级负责人都要做报告,写文章,在报纸上发表。①

从中央"五一指示"到中共七届三中全会,这一由上而下、又由下而上、再由上而下的过程,中共中央对如何具体整顿作风有了更加明确的认识,整风的具体做法也逐步明晰,特别是在中共七届三中全会,经由中共中央主席毛泽东的号召和动员,经由中央具体负责整风的胡乔木的具体布置,进一步提高了各地领导人对作风建设重要性和必要性的认识,进一步对全党整风作了总动员,加快了各地整顿作风的进度。

# 三、各级党组织的深入动员

中央及各地整风计划发布后,特别是经由中共七届三中全会的动员,各地也纷纷动员。在整风开始时,各地党员干部存在思想顾虑和不正确的态度,如害怕整风、认为无风可整等思想。经过学习文件、反复动员后,这些顾虑逐步被打消,形成一场全党性的集中整风。

## (一) 部分党员干部的思想顾虑

从各地反映的情况看,整风开始时,由于对这次整风的具体方式和主要目的不了解,加之受历史上整风整党斗争扩大化的影响,部分党员干部存在的心理顾虑较多,态度不够端正。主要表现在以下三个方面。

一是害怕心理。有的党员干部由于不明确这次整风的方法和目的,特别是对过去整风整党有不当看法,因而神经紧张,心情不安,甚至害怕听到"整

---

① 胡乔木:《整党问题》(一九五〇年六月在中共七届三中全会上的发言),《胡乔木文集》第2卷,人民出版社2012年版,第3—7页。

风"二字,特别"怕把错误写成结论装入档案"①,甚至发生个别干部因害怕而逃跑的现象。在表现的类型上,不同的干部心理又有些差异性。

部分经历过延安整风和1947年至1948年整党的老干部,开始听到整风时感到害怕,有恐惧心理。据华北局反映,有的受过去整党中"左"的影响,怕出偏差,认为"上级规定的方针虽正确,就怕不照着办",少数工农干部怕整党后外调或复员。② 西南地区的南下干部中,有的由于对过去三查(即查阶级、查工作、查斗志)中的偏向没有正确的认识,一提起整风就不痛快。③

部分有错误的干部,认为整风就是惩办,整下不整上,怕出问题。这些干部有的抱有过关思想,有的借口工作繁忙,躲避整风,有的彷徨苦闷等,顾虑这次整风不知要整到什么结果,有的不愿在群众面前暴露缺点。④ 有的怕别人知道自己的错误,对自己不利。西北地区个别有缺点的不愿再给别人提意见(新老干部都有);个别斗争历史较长的党员干部,认为自己是被整的,所以根本就不打算给别人提意见。⑤ 河北省农村支部整风开始时,有些缺点多的党员干部东藏西躲不敢见面,有些多占果实或强迫命令或历史不清的党员干部开始听到觉得"不得了",于是惶惶不安,不轻易发言。

新参加工作的知识分子及留用人员中部分人表现恐慌,怕被追查历史。部分留用人员怕失业,有的怕审查自己的成分和历史,怕暴露缺点。华北局秘书处某职员"以为借整风之名进行减员",对整风持有畏惧心理,发言谨慎,甚至不愿参加。⑥ 山西部分年老体弱新提拔的农民干部怕整了以后被外调,怕

---

① 《论在整风运动中党员应有的态度和整风与个人的关系》,《奋斗日报》1950年7月17日第2版。

② 《华北各地整党整干工作的初期情况和经验》(华北局7月29日向毛主席并中央的报告),《建设》1950年第81期。

③ 《川北区党委关于两个月的整风报告》(1950年8月4日),《西南工作》1950年第13期。

④ 《西南区展开整风运动》,《人民日报》1950年8月10日第1版。

⑤ 《解除思想顾虑端正学习态度　西北行政区整风学习开始》,《人民日报》1950年6月29日第3版。

⑥ 《贵州遵义地委、专署直属机关整风学习总结》,《西南工作》1950年第16期。

"复员""退休",因此表现沉闷疑虑。① 西北地区少数新干部,因过去受过国民党反动派对解放区整风的反动宣传,对整风存有疑惧,怕提意见伤了和气、得罪人,怕批评首长对己不利②。

绥远省在与党外干部合并编组整风时,不少党外干部对整风心怀恐惧,"怕算老账",怕被开除。如归绥县政府混合编组,当起义干部中的积极分子揭发两件官僚主义事实时,虽没有证明与副县长(起义干部)有关,但副县长吓得满头大汗,擦了又擦;省农林厅长因为有几件工作没有做好,怕整到自己,竭力找理由为自己辩护;归绥区粮库副主任因损失了粮食吓得不得了,对整风的态度一般是通知参加就不敢不参加,但怕让自己检讨,怕丢人(特别是在其原来部属面前)、丢官,还摸不着整风的底,顾虑很多,同时又想了解党内究竟有何秘密。有些表示愿意参加,极少数真愿参加。③

部分乡村干部也普遍存在害怕心理。据华东局报告,乡村干部因平日工作中办法少,生活待遇低,又耽误生产,常处在"上级批评、群众骂、老婆埋怨"的环境下,受过整风中某些偏向的影响,思想上顾虑很多,怕被远调,怕被处分,怕在群众中失面子或怕报复,怕退出多得的东西。因此,也有某种程度的抵触情绪,有的甚至有回家生产的消极思想。④ 有的乡村干部除了做好工作外,还要承担家庭的农业生产,负担较重。而集中一段时间整风,会影响到家庭的正常农业生产,往往顾虑较多。如浙江省参加轮训班的乡干部开始时担心家庭生产无人照顾,怕被调动工作,怕被撤职处分,贪污的怕被追究赔偿等。⑤

---

① 《山西忻、临两地委整风初期情况及应注意的问题》(华北局七月十八日通报),《建设》1950年第79期。

② 《解除思想顾虑端正学习态度  西北行政区整风学习开始》,《人民日报》1950年6月29日第3版。

③ 《绥远省委关于吸收非党干部进行整风的情况和办法的综合报告》(1950年9月),《斗争》1950年第55期。

④ 《中共中央转发华东局关于整训乡级干部的报告》(1950年10月14日),中央档案馆、中共中央文献研究室编:《中共中央文件选集(1949年10月—1966年5月)》第4册,人民出版社2013年版,第173页。

⑤ 《省委关于一九五○年浙江省干部整风的总结报告》(1950年12月),中共浙江省委党史研究室、浙江省档案馆编:《中共浙江省委文件选编》(1949年5月—1952年12月),2011年,第276页。

二是满不在乎。部分党员干部认为自己无风可整,表现出与己无关的态度。据山西省委报告,有的干部认为"我不是负责干部,没有官僚主义作风,又没有打过人的强迫命令作风",以为整风和自己无关,或者去整别人,表现满不在乎。① 有的认为自己过去半年来未犯什么大的错误,问题不多,整不整无关紧要。② 华东局部分机关干部认为,"此次整风在直属机关","重点在领导,与一般干部无关"。③

部分老干部曾参加过 1942 年至 1943 年的整风运动和 1947 年至 1948 年的整党,便认为"没有什么可以整顿的了"④。如四川省川南区部分老干部认为,"已经整过几次了,还有什么整头? 再整还不是那一些!"或者认为"我在机关里没有下乡,哪里会有官僚主义和命令主义?"⑤华南局部分经过整风的老干部,以为自己经过 1942 年至 1943 年的整风,或经过"三查三整",再没有什么好整的了。⑥ 华东局机关有的老干部说:"整风整过几次了,何差这一次"。⑦ 浙江省经历过整风整党的老干部,认为"经过三查三整大风大浪都过去了,算不了什么,整就整吧"。⑧ 重庆市委干部整风队的干部认为自己过去半年中,未犯大错误,问题不多,整不整无关紧要。⑨

有的新干部认为,自己刚参加工作,没有什么好整的。比如,浙江省有的新干部不了解整风,大部分认为"无风可整",有的认为"强迫命令是南下干部

---

① 《山西忻、临两地委整风初期情况及应注意的问题》(华北局七月十八日通报),《建设》1950 年第 79 期。

② 《中共重庆市委集中干部整风》,《川北日报》1950 年 7 月 21 日第 3 版。

③ 《华东局机关整风学习委员会整风学习计划》(1950 年 7 月 28 日),《斗争》1950 年第46 期。

④ 《华北各地中共领导机关普遍开始整风学习》,《人民日报》1950 年 7 月 29 日第 1 版。

⑤ 《必须端正整风态度》,《川南日报》1950 年 7 月 23 日第 1 版。

⑥ 《华南分局关于整风运动中情况的报告》(1950 年 8 月),《中南通讯》1950 年第 15 期。

⑦ 《华东局机关整风学习委员会整风学习计划》(1950 年 7 月 28 日),《斗争》1950 年第46 期。

⑧ 《省委关于一九五〇年浙江省干部整风的总结报告》(1950 年 12 月),中共浙江省委党史研究室、浙江省档案馆编:《中共浙江省委文件选编》(1949 年 5 月—1952 年 12 月),2011 年,第 276 页。

⑨ 《重庆市委干部整风队第一期整风初步总结》,《西南工作》1950 年第 13 期。

带来的"。① 某干部在刚参加整风训练班时,认为"我无有大毛病,有点则是工作上的强迫命令,这是为工作犯的,不是我愿意的,因此无风可整"。② 康定地委新参加工作的知识分子干部站在整风之外,以为自己无风可整,并说这是老干部的事。③ 川北区军政委员会所属某部有人说:"我是个新人员,整命令主义吧? 只有人家命令咱,咱没有命令人家;整关门主义吧? 咱是上人家里来,人家不关咱的门就是好事;整我的蜕化思想? 咱不是蜕化而是由反革命走上革命,这是进步。"④ 华北局秘书处有的旧职员认为自己从参加革命工作起,已比过去旧政府时好多了,感到没什么可整。贵州遵义新参加工作的青年知识分子认为自己纯洁,"无污可贪、无官可僚","没有腐化堕落,无啥可整","此次是整老干部,与我无关"。⑤

有的机关干部存在着"不是负责干部,没有官僚主义","没有打过人,谈不上命令主义"等不正确的看法,对整风学习不够重视。⑥ 不少人说"咱既不接近群众,又非什么长","无病可疗,无命可令,整什么呢?""无啥可整"。⑦ 浙江省部分机关干部一般认为"整官僚主义是整领导的,命令是整区乡干部的,机关干部无风可整"。⑧ 在浙江建德县,有的企业部门干部认为自己不是领导干部,哪会犯官僚主义,坐机关不下乡,哪会犯命令主义,自己又不是党员,哪有什么风可整呢? 有的说"在机关搞财经工作,凭良心说,没贪污过,还有什么可整?"武汉市公安局郊区分局某些干部思想上存在"我小兵子有啥可

---

① 《省委关于一九五〇年浙江省干部整风的总结报告》(1950年12月),中共浙江省委党史研究室、浙江省档案馆编:《中共浙江省委文件选编》(1949年5月—1952年12月),2011年,第276页。

② 《我在整风中思想是这样转变的!》,《浙江日报》1950年10月11日第2版。

③ 《西康区党委转发康定地委关于干部整风的报告》(1950年7月5日),《西南工作》1950年第11期。

④ 《整风学习中看到的几个问题》,《川北日报》1950年7月20日第3版。

⑤ 《贵州遵义地委、专署直属机关整风学习总结》,《西南工作》1950年第16期。

⑥ 《华北各地中共领导机关普遍开始整风学习》,《人民日报》1950年7月29日第1版。

⑦ 《华北局秘书处整风经验》(华北局1950年8月29日通报),《建设》1950年第84期。

⑧ 《省委关于一九五〇年浙江省干部整风的总结报告》(1950年12月),中共浙江省委党史研究室、浙江省档案馆编:《中共浙江省委文件选编》(1949年5月—1952年12月),2011年,第276页。

整"，"大梁整正了，小梁就不会歪"的错误想法。① 川南区科以下干部存在着
"整风与他无关"的思想，认为"整科长，不整我们小干部，我哪里有毛病？"②
辽东七县有些干部认为，"这次是整县委，与自己没有关系"，有的认为是"一
切上级负责，自己无责任"。③

　　部分县以下的基层干部也认为自己无风可整。华南县以下干部以为这次
整风以县团级为重点，只整少数人，与自己没多大关系；有些认为自己不负领
导责任也不做群众工作，便没有官僚主义和命令主义，没有什么好整；有些则
存在观望心理，看领导整得怎样才决定自己的整风态度。④ 福建建阳地委部
分区级干部认为"官僚主义、命令主义是工作中的问题，又是大家的事，与自
己无关"，或说"官僚主义是上级犯的，命令主义是下级犯的（据机关工作干部
反映）"，也有部分干部感到"自觉检查比被追问还难搞"。⑤ 中南区有的干部
把错误责任完全推到上级，认为"上级给的任务大，干部少，怎能不犯错误"，
"整风主要是整领导"。⑥ 河北省农村支部整风中，部分党员干部认为强迫命
令即使有也是上级官僚主义、党员疲沓不工作造成的；认为自己无大错误，整
什么亦整不到自己头上，抱不冷不热态度，故意早散会，少开会；许多以往被撤
职的党员干部，认为这次整党是整在职干部，与自己无关，表现"积极"，参加
会议去的"最早"，发言"很多"，批评别人时，则滔滔有道、冷嘲热讽，检查自己
工作时，假装谦虚说"我还没有向群众学好走群众路线，所以很难进行工作"；
有的怨上怪下、推脱责任，定县侯家窑的党员干部说："强迫命令应由上级负
责（上级的确要负很大责任），种棉任务那么多，区里应给规定数字，说完不成
不行，这才使村干部发生强迫命令。"

　　三是抵触情绪。部分基层干部抵触情绪较大，思想包袱重，认为"过去拼

　　① 《武汉市公安总局整风缺乏领导》，《长江日报》1950年9月17日第4版。
　　② 《必须端正整风态度》，《川南日报》1950年7月23日第1版。
　　③ 《辽东七县整风情况检查》（1950年9月27日），《党的工作》1950年第58期。
　　④ 《华南分局关于整风运动中情况的报告》（1950年8月），《中南通讯》1950年第15期。
　　⑤ 《建阳地委会整风学习委员会关于整风情况向福建省委的报告》（1950年8月25日），
《斗争》1950年第51期。
　　⑥ 《中南区九月份整风情况》（1950年10月），《中南通讯》1950年第22期。

命是我们,工作中吃苦是我们,有了毛病又是我们"。① 川南区部分基层党员干部认为"过去没完成任务受批评,要上法庭","现在完成任务了,但在政策及作风上出了很多错误,上级又要整风","但任务完成了上法庭也光荣",等等。这种思想在各县区干部中较普遍存在,再加上干部之间不团结或对领导有些不满意,所以有不少干部带着包袱来整风;受过去整风、三查偏向的影响,部分认为"过去整过两次了,再整还不是那一套",内心抵触很大。② 贵州省有的干部认为"整不整都是那一套"。③ 河北省农村干部中有的对整风不满,甚至消极抵抗。唐山市王家街的三个支委说:"整吧,我们早就又该整了,早盼望着挨整呢! 反正这次扣不起来!"有的错误认为"积极的挨整,落后的没事","谁做工作缺点多,谁不工作却没事,积极工作的傻,干了工作还挨整"。留用人员较普遍怀疑整风,以为这是"共产党裁员的一种手段"④,"我成分不好,先整我吧","我是留用人员,得好好整"⑤。

有的党员干部对整风的意义和目的没有完全理解,抱有抵触情绪,但又不得不参加,于是便用各种方式应付。如川南区有的领导没有解决整风与工作的"矛盾",或者是借口工作忙,以"工作忙"的幌子掩饰逃避整风;有的把个人的威信或名誉放在党和人民的利益之上,对整风、批评和自我批评采取抵制态度;有的以教条主义、官僚主义态度对待整风,死钻文件,追逐名词,咬文嚼字,高谈阔论或者是为检查而检查,拿着官僚主义的帽子到处套;或者是预先准备好一套官僚主义、命令主义或其他等,好像应时的商品一样,准备随时拿出来拍卖;等等。结果风是整过了,可还是"依然故我"。⑥

① 《中南区九月份整风情况》(1950年10月),《中南通讯》1950年第22期。
② 《中共中央转发西南局转报的川南区党委整风情况报告》(1950年9月9日),中央档案馆、中共中央文献研究室编:《中共中央文件选集(1949年10月—1966年5月)》第4册,人民出版社2013年版,第56页。
③ 《贵州省委宣传部关于整风学习的报告》(1950年8月5日),《西南工作》1950年第13期。
④ 《省委关于一九五〇年浙江省干部整风的总结报告》(1950年12月),中共浙江省委党史研究室、浙江省档案馆《中共浙江省委文件选编》(1949年5月—1952年12月),2011年,第276页。
⑤ 《华北局秘书处整风经验》(华北局1950年8月29日通报),《建设》1950年第84期。
⑥ 《必须端正整风态度》,《川南日报》1950年7月23日第1版。

四是缺少信心。由于新中国成立初期,各项任务都十分繁重,所以1950年整风运动的时间比较短,因而有的干部对这种新的整风方式感到没有信心。西南区有的党员干部认为两礼拜时间太短,整不了风,反而耽误工作,对整风没有信心。① 浙江建德县有的干部不相信机关整风能解决问题,认为大风大浪都已经过,在职整风不能解决什么问题。在河北,有的农村党员认为"上次整的那么厉害,村长还敢贪污呢,干部们还是吓唬老百姓,这次比上次要轻的多,更除不了病根了",因而对整好党缺乏信心。福建建阳地委很多党员干部对这次整风运动存在着经验主义的看法,反映"时间短,并不像个样子","不像过去整风那样严肃隆重"(意指无压力)。② 西安市有的干部认为既然是整风,就要"轰轰烈烈",觉得这次整风"劲头不大""压力小",认为和风细雨的办法不能"彻底解决问题"。③ 西安市公安系统部分干部表示没信心,认为又是个整小不整大,整下不整上,不解决问题顶啥呢(指反不良倾向时提出的问题未能解决)。④

## (二) 各地多种方式动员

针对整风开始时部分党员干部存在的思想顾虑、心理包袱和抵触情绪等,各地按照中央要求,纷纷进行动员,一般由主要领导作一个结合本地区或单位实际的启发报告,举例说明本地区或单位作风问题的主要表现,讲清楚此次整顿作风的主要方式、目的、对象等,使党员干部认识到整风的积极意义,逐步消除思想顾虑。如华北局秘书处除了动员、报告、学习文件外,分别几次作解释动员,不厌其烦地说明整风的目的和方针,并用工作中的实际事例,使其认识到必要性,负责干部首先作检查报告与典型发言,⑤打消思想顾虑。

---

① 《接受前一阶段的整风经验完成全区的整风运动》,《西南工作》1950年第13期。
② 《建阳地委会整风学习委员会关于整风情况向福建省委的报告》(1950年8月25日),《斗争》1950年第51期。
③ 《西安市委宣传部关于整风学习的报告》(1950年8月15日),《党内通讯》1950年第54期。
④ 《整风学习中几个问题——西北总学委通报》(1950年6月21日),《党内通讯》1950年第51期。
⑤ 《华北局秘书处整风经验》(华北局1950年8月29日通报),《建设》1950年第84期。

各地整风动员,西北局做得较早,最为典型,受到中央充分肯定。1950 年 5 月 20 日,正值西安解放周年纪念日,西北局召开干部大会。会上,西北局第二书记习仲勋作了题为《反对官僚主义、命令主义》的报告,对西北地区整风作了动员。

首先,报告指出了西北局工作中面临的最大危险,即"领导的机关中发展了各种形态的官僚主义作风,下边执行工作的机关发展了严重的命令主义作风(也是官僚主义的一种表现形态)"。这是由于胜利来的迅速、顺利,面临的工作任务非常繁重,而领导进行工作的主观力量(新干部多,没来得及教育和改造)却不够坚强造成的。

其次,报告用工作中的具体实例说明了官僚主义、命令主义的表现形式。指出,官僚主义的特征,就是脱离实际、脱离群众。主要有:对工作不认真,不检查;对情况不了解,高高在上;辛辛苦苦的官僚主义;官架子大,官气浓厚,不请示报告;个别的那种纯粹"饱食终日,无所用心"的官僚主义者。执行工作中的命令主义作风更普遍,征粮、收税缺点、错误很多。干部不做深入宣传解释工作,靠简单命令行事,由少数人把数目分派好,不听取各方面意见,开会也是形式,只许人家赞成,不许反对。没有实际的民主,弊端也就发生了,包庇亲朋,挤大户,造成畸轻畸重现象。城市中税收手续只顾工作人员便利,不管群众麻烦。按季征收的税款,要一次性缴纳。验货要等几天。更恶劣的是用打骂、处罚、威胁、拘押等办法推动工作。报告指出,这些作风问题,必须普遍实行干部整训,改造思想,加强工作中的具体指导,并进行长期不断的教育工作。

最后,报告强调,克服自己工作中的缺点,是有把握的。主要有四点:第一,有党的坚强领导。第二,有马列主义、毛泽东思想的武器。第三,有广大人民群众的合作。第四,已经取得许多新的工作经验。①

习仲勋的报告,用生动的案例指出了官僚主义、命令主义在西北地区的具体表现,阐明了这次整风的主要方式和目的,有力推动了西北地区的整风。这一报告受到中共中央的肯定和重视,该报告于 6 月 2 日被新华社全文播放,同日中共中央用文件形式向全国各地全文转发,6 月 7 日被《人民日报》转发,各

---

① 《反对官僚主义、命令主义》,《人民日报》1950 年 6 月 7 日第 1 版。

地党刊党报也纷纷转载。

6月2日,中共中央在《关于各地应作地方整风报告的指示》中说,新华社广播习仲勋《反对官僚主义、命令主义》一文,此文对西北党内官僚主义、命令主义倾向作了分析,作为主要学习材料。中央希望各中央局、各省市委负责人在开始时都能作这样一篇讲演或论文,分析领导机关与下级人员工作作风中的主要缺点,举出最为典型的实例,公开发表,作为主要学习材料,以便用来作学习一般性文件和反省自己工作的桥梁。华东整党计划规定省委、区委主要领导干部应在整风训练班开始时就当地情况任务和党内偏向作一综合报告。这个规定很好,不但各省委、区委应如此做,各中央局及县市委亦应如此做。①

根据中央要求,各级党委在整风开始时都由主要负责人作报告进行动员。7月1日前后,华东局、西北局、东北局、西南局、华南分局、江西省、云南省和杭州、福州、广州等地,都召开党员干部大会,在庆祝中国共产党诞辰的同时,号召和动员展开整风运动。② 西北大行政区一级机关在整风开始进行了较深入的动员,有些曾三番五次开动员会,传达、解释整风的意义,漫谈、讨论对整风的认识,同时强调学习文件,领会整风的精神。针对"提了意见不顶事"的想法,有些机关就有意识及时解决一些可能解决的问题,不能解决的也及时说明理由;针对怕惹是非的思想,着重讨论批评与自我批评的意义;领导干部诚恳表明态度,保证接受批评,绝不报复,号召大家多提意见。③

浙江省在整风开始时,一般均针对各种不同思想情况先作动员报告,讲明此次整风意义和目的,首先稳定情绪,端正整风态度。④ 寿昌县第一期整风训练班针对各种不同思想情况,首先在开学典礼上以中队为单位进行集体动员,结合分组酝酿讨论,检查学习态度。建德县机关整风中,县委领导在各机关干

① 《中共中央关于各地应作地方整风报告的指示》(1950年6月2日),中央档案馆、中共中央文献研究室编:《中共中央文件选集(1949年10月—1966年5月)》第3册,人民出版社2013年版,第96页。

② 《中共各级地方组织热烈纪念党的诞辰号召开展整风运动》,《人民日报》1950年7月4日第1版。

③ 《西北大行政区一级机关整风运动历程》,《人民日报》1950年10月25日第3版。

④ 《省委关于一九五○年浙江省干部整风的总结报告》(1950年12月),中共浙江省委党史研究室、浙江省档案馆编:《中共浙江省委文件选编》(1949年5月—1952年12月),2011年,第213页。

部整风动员大会上，指出了机关工作中存在的官僚主义、命令主义作风和各种不正确的思想意识对组织及个人的危害；说明这次整风的目的、意义、方式方法及时间步骤，表明态度，强调整风不是单纯惩办，而是着重思想教育，各机关领导干部一定虚心接受同志们的批评，决心改正错误。最后号召全体干部在整风中努力学习，开展批评与自我批评，通过这次整风，把工作提高一步。新训练班学习的干部应安心学习，回机关后积极领导机关整风学习（各机关共有 28 人参加训练班）。

山西省委书记赖若愚在动员时对几种不正确的思想一一进行批评。针对"认为集中整风不便于总结工作"的看法，他指出："机关整风与集中整风只是整风的两种方式，各有其优缺点，集中整的好处是：省、专、县的三级干部集中起来，对各级领导，便于作较深刻的检查；而工作中带决定性的问题，总是关涉到领导问题的。要改进工作，也必须首先改善领导。机关整风，是干部总的集中。当然也能在这方面加以检讨，但由于客观的限制，往往是偏重了对本机关的工作制度、同志间关系和机关本身领导等方面的检查，这些检查虽然亦很重要，但比之政策问题和领导问题是次要的。集中整，这方面可能检查得少一些，我们准备在集中整完之后，再普遍地整顿一次机关，以补不足。"针对认为"时间太短，解决不了什么问题"，因而抱着消极或敷衍的态度，他说：主要是总结几个重要工作，并非面面俱到，总结一切工作。正因为时间短而又要解决问题，就必须更加积极、紧张起来。针对认为"整风主要是检查个人""把自己检讨检讨就算了"的想法，他强调："整风是要检查个人的，但更重要的是检查工作。经过检查、总结工作，把问题弄明确了，把是非闹清楚了，才可能更好地检查个人。所以首先要检查工作，然后再检查个人。当然，有些人认为检查、总结了工作，就不必再检查个人了，这也是不对的。"①

除了通过会议动员外，报纸作为宣传动员的主要方式，在动员整风中也发挥了重要作用。马克思、恩格斯指出，报纸的最大好处是"每日都能干预运动，能够成为运动的喉舌"②。整风开始后，各级党报积极报道整风动员情况，

① 《整风中怎样总结工作》，《山西日报》1950 年 9 月 11 日第 1 版。
② 卡·马克思、弗·恩格斯：《〈新莱茵报。政治经济评论〉出版启事》（1849 年 12 月 15 日）,《马克思恩格斯全集》第 10 卷，人民出版社 1998 年版，第 115 页。

并专门发表社论、评论员文章进行动员。7月1日,《人民日报》在头版发表题为《整顿党的工作作风　改善党的组织状况》的社论。社论根据中共七届三中全会精神,阐述了这次整风的必要性、任务、方法等。

各地党报也对整风作了动员。针对开始时的思想顾虑,有的报纸还专门组织有关稿件,指出个人在整风中应有的态度。7月17日,绥远省委机关报《奋斗日报》第2版发表了李之理题为《论在整风运动中党员应有的态度和整风与个人的关系》的文章。文章分析了各种思想顾虑产生的根源,认为这是对革命工作缺乏严肃负责的态度,是由于对党的整风缺乏正确的认识,把个人错误缺点和党的整风对立和割裂开来,没有弄清个人的缺点错误和党的整风的关系,没有弄清整风就是为着提高全体党员的思想水平和政策水平。从历史经验的角度,阐明两次整风都使党克服了自身存在的缺点和错误,推动了党的前进和自身的提高,使党的政治水平和思想水平大大提高,党的工作也因此大大前进。

针对"无风可整"的态度,文章指出,官僚主义和命令主义的发生是一定的客观条件——社会基础上所形成和发展起来的,既不是个别事件所造成,也不是少数部分人,而另一部分人可以站在整风之外,也决不能形成一部分人专门整别人的或专门整下级的,另一部分是专门被整的。因此,这种不良作风既已成为当前党内严重存在的偏向,都或多或少的存在,或是或多或少的受其影响,或者最低限度对这种作风采取了或多或少的自由主义态度,没有间接去与之斗争。每个党员特别是干部对于官僚主义和命令主义的发生和发展都有或多或少的关系,在此次整风运动中都应进行检查和自我批评。特别是比较复杂的党员干部,决不应将整风的锋芒放在下边,而首先应该检查自己。必须用正确的态度、正确的作风克服不良的偏向。如果各级领导干部的作风都改正好了,一般党员的作风也就容易改正。

最后,文章阐明了整风与党员个人缺点错误的关系问题。指出,每个党员在入党时都曾宣誓过要为共产主义事业而奋斗到底,就是为着共产主义的实现可以牺牲自己的一切。开展整风,就是要克服工作作风中的缺点和错误,这直接就是为将来实现共产主义扫除障碍和创造条件。而整风对于党员也要求认真地检查批评在自己工作作风上存在的缺点和错误,重新学习一些党的正确作风,从而提高自己的思想水平和政治水平,使自己在共产主义的道路上能有更多的贡献。因此,对整风只能采取欢迎和积极的态度,一切消极情绪和躲避的心理——不肯进行自我批评无疑是错误的,是完全违背自己本来的志愿的。①

经过多种方式的动员,初步解除了部分党员干部的思想顾虑,端正了整风态度。福建省建阳地委通过整风动员和阅读文件,使党员干部清醒认识到在胜利形势、环境、任务下,进行整风是正确的、必要的,整风更重要的是为改进工作等。② 寿昌县第一期整风班学员反映:"来时对整风有些怕,不知道是怎么整的,这回明白了。这次整风,是总结工作,分清是非,为了提高我们迎接土改"。建德县机关干部整风经过两次动员报告,扭转了干部对整风的认识,从无风可整到有风可整,从害怕整风到愿意整风,从而树立了正确的整风态度。

8月18日,中共湘西区委主办的《湘西日报》发表了马耀荣的文章,讲述了其思想转变过程。他说,自党中央发布了整风文件后,"报纸上常看到有关整风的文章,但因我是个新干部,对整风没有经验,思想上认为整风是对犯错误的老干部而言,与我无关;至于给领导提意见,又找不到具体事实……后来听了张书记对整风运动的报告后,对我以前的想法和看法作了一次深刻的检讨和批判。首先明了,一个人在大小工作中,没有不犯错误的,只不过有大小轻重之别而已。张书记说,这次整风是党内到党外,上级到下级,由老干部到新干部。在这原则下,所有工作人员来一次整个洗刷,未犯错误的人,除加勉外,还要尽量提建设性改进性的意见。所谓事不关己、高高挂起的作风,是小资产阶级意识。我还对一切不良作风和倾向,不管大小要彻底干净的革除!"③

各级党委负责人的动员报告,不仅使党员干部们认识到这次整风的方针,而且启发了这些党员干部的自我反省。川北区的杨学礼说:"自听了郑教育

① 《论在整风运动中党员应有的态度和整风与个人的关系》,《奋斗日报》1950年7月17日第2版。
② 《建阳地委会整风学习委员会关于整风情况向福建省委的报告》(1950年8月25日),《斗争》1950年第51期。
③ 马耀荣:《从整风说起》,《湘西日报》1950年8月18日第3版。

长报告后,我才真正地发现我以前的看法,完全是错误的。没有把它认识清楚,没有很好重视起来。同时听到他分析官僚主义、强迫命令等作风,自己也检讨自己,好像都犯了一点。"并检讨自己工作、生活中的作风问题,认识到"我现在深深认识到整风的重要性了。同时在最近的《川北日报》上,亦看到了各地都展开了整风的热潮。而且各首长们都亲自参加学习。难道这不值得我们学习吗?因此把我对整风的认识更提高了一步,决心很好地学习,实际深入地联系自己的思想与作风,检讨工作,彻底认真地改造缺点和错误,并保持这个学习任务圆满完成"①。

西北局的一名干部最初认为"官僚主义是高级干部的事,命令主义是区乡干部的事,像我这样一个既未负连带责任,又不经常接近群众的干部,是不会在被整之列的,顶多对领导同志提提意见就是了"。在听到西北局统战部副部长汪锋说"这些同志虽不是领导干部,却是领导干部的助手,总帮助领导干部出过大大小小的主意,而领导干部的每一主意都与全西北有密切关系",改变了这种"事不关己"的错误想法,并开始反省自己的缺点:"有一次我到大荔地委开会,会上没有听清楚,会后也没有追问,回来把白水矿区的二千多矿工汇报成了五千,领导上一要这个数字就似是而非地说成五千,以致在指示上造成了一个'客里空'②。这种不深入调查研究,不负责任的'差不多'思想,正是粗枝大叶不负责任的官僚主义表现。"③

可见,领导干部的启发动员报告,对消除部分党员干部的思想顾虑和不正确态度,起了重要作用,使大部分党员干部都积极参与到这场全党的整风中,从而使这场集中性的整风更深入开展起来。

# 小 结

本章主要研究了新中国成立初期党的作风建设的部署。对于党内的作风问题,中国共产党领导人一直十分关注,在革命胜利前夕的中共七届二中全会

---

① 杨学礼:《我对整风学习看法》,《川北日报》1950 年 7 月 21 日第 3 版。
② 指弄虚作假、浮夸的意思。
③ 《整风和我》,《群众日报》1950 年 10 月 8 日第 4 版。

就曾向全党发出告诫。新中国成立后,毛泽东多次批示和发表讲话,要求注意和克服各种不良作风。1950年2月,毛泽东在经由苏联访问回国的途中,对东北地区的浪费现象、大吃大喝提出严厉批评。回到北京后,他审阅朱德关于各级纪委组织状况及中央纪委工作情况的报告,并要求将此报告通报各地。3月27日,毛泽东在中央政治局会议上指出,要"一年一大整,半年一小整"①。这表明,中共中央已决定全党整风。此后,毛泽东分别在有关讲话、书信和电报中,多次谈到整风问题。可以看出,毛泽东十分重视。

5月1日,中共中央发布《关于在全党全军开展整风运动的指示》。各地也陆续作出整风计划。6月6日至9日,在中共七届三中全会上,毛泽东号召和动员全党整风,胡乔木对整风的任务、方法和重点等作了具体布置。各地在整风开始时,部分党员干部普遍存在着害怕心理,认为无风可整、满不在乎,对整风有抵触情绪和缺少信心等。对此,各级党委都有针对性地进行了动员,包括通过领导作动员报告、报纸的宣传动员等,初步消除党员干部的思想顾虑,端正了整风态度,使这场全党性的整风深入开展起来。

---

① 中共中央党史和文献研究院编:《毛泽东年谱》第4卷,中央文献出版社2023年版,第106页。

# 第三章　党的作风建设的开展（一）

随着中共中央和各地制定并发布整风指示,特别是在中共七届三中全会后,各地区、单位纷纷进行动员,全党的集中性整风开展起来。由于中央对各地整风的具体做法只有原则性规定,并没有具体操作办法,所以各地在贯彻中央要求的同时,亦根据本地实际情况,有针对性地开展整风。基于各地及部分单位的实际情况,可以从内容、对象、步骤、做法、主要形式等方面梳理出共性内容。

## 一、整顿作风的重点和步骤

根据中央指示精神、毛泽东在中共七届三中全会的讲话,以及胡乔木在七届三中全会上的具体说明,各地区、单位结合自身实际,明确了本地区、单位整顿作风的内容、对象、步骤。

### （一）整顿作风的内容

1942 年至 1943 年整风主要是解决思想作风问题,如主观主义、教条主义、党八股等。解放战争时期的整党,主要是解决基层党组织不纯问题。1950年,这场整风最初的考虑是克服命令主义,这从 4 月 29 日刘少奇在庆祝五一劳动节大会上的演说中可以看出。他指出,错误中最严重的是命令主义。这种命令主义作风,在征粮、税收和推销公债等项工作中表现得相当严重,已经引起许多人不满,如不加以纠正,就会脱离群众。整训工作,首先是纠正命令主义作风,其次是纠正其他的错误和缺点。①

按照中央"五一指示",1950年整顿的主要是命令主义为突出表现的工作作风。到了6月6日,毛泽东在中共七届三中全会上的讲话,则把工作中所犯的错误、以功臣自居的骄傲自满情绪、官僚主义等都涵盖进来。按照胡乔木的讲话,整风重点是解决党群关系问题,克服命令主义、官僚主义、铺张浪费、贪污腐化等问题,其中命令主义是最严重的缺点,一般政权机关应着重改善同党外人士的合作关系。7月1日,《人民日报》发表题为《整顿党的工作作风　改善党的组织状况》的社论,指出"主要任务是要纠正命令主义作风"②。可见,中共中央对此次整顿作风内容的规定比较灵活,主要是纠正命令主义,同时兼顾官僚主义、骄傲自满、铺张浪费、贪污腐化等。各地则按照中央要求,结合实际,在调查研究的基础上确定具体内容。

西南局规定,重点在纠正官僚主义和命令主义,但对于正在滋长的蜕化思想和军队中的骄横倾向等,亦须针对本身实际思想情况加以纠正。③川北区党委规定,主要是反对官僚主义、命令主义、统一战线中的关门主义及享乐腐化等不良倾向,以达到团结全党、提高干部思想政策与策略水平;对新参加工作的知识分子和录用的旧人员,主要是加强思想政治教育,克服个人主义与雇佣观点,确立为人民服务的人生观。④区干部主要克服官僚主义、命令主义和军队中的军阀主义三种不良作风,其次是享乐、贪污、腐化等蜕化思想。⑤康定地委规定,以解决不顾在藏民区工作、对统战工作思想不通、党内闹不团结三个基本问题为主,向个人主义、官僚主义、命令主义作斗争。具体要求是审查和确立为人民服务的人生观,安心工作,全心全意为康、藏人民服务;反对关门主义,正确执行党的统战政策,与党外人士真正做到有原则的团结合作;反

---

①　刘少奇:《在庆祝五一劳动节大会上的演说》(1950年4月29日),《刘少奇选集》下卷,人民出版社1985年版,第23—24页。

②　《整顿党的工作作风　改善党的组织状况》,《人民日报》1950年7月1日第1版。

③　《中共中央转发西南局关于干部整风的指示》(1950年5月27日),中央档案馆、中共中央文献研究室编:《中共中央文件选集(1949年10月—1966年5月)》第3册,人民出版社2013年版,第77页。

④　《川北区党委关于两个月的整风报告》(1950年8月4日),《西南工作》1950年第13期。

⑤　《川北区党委整风要点》(1950年6月2日),《党的工作》1950年第44期。

对宗派主义,使党的队伍达到整齐和步调一致、团结统一,加强组织性和纪律性。①

西北各地根据本地实际,规定具体内容。比如,新疆主要反对领导工作中的简单、急躁、粗暴、命令主义工作作风,省级领导机关检查官僚主义作风,克服干部中某些骄傲自满、腐化堕落、不求进步的思想情绪。② 陕西省委规定,重点放在反对官僚主义、命令主义方面,对铺张浪费、贪污腐化、政治上堕落等思想亦须联系实际进行反对。③ 甘肃省委要求,主要反对领导工作中的官僚主义和执行工作中的命令主义,以达到加强群众联系,建立各项必须的工作制度,提高工作效率,同时要揭发贪污腐化、铺张浪费、违法乱纪等。④

华北局要求,除一般的整顿命令主义外,应根据不同系统、不同部门采取不同的方法,不能用平均主义、千篇一律的办法,地委以上领导机关应着重整顿官僚主义,县、区、村则应着重整顿命令主义。⑤ 北京市规定,主要内容是:老干部重点是部分干部功臣自居,骄傲自满,追求享受,认为"革命已经到了头";新党员干部主要是个人与党的关系问题,有些人认为为党工作、为人民服务是有条件的,有很大的相对性;留用人员主要是敷衍塞责;上级干部主要是官僚主义,中下级干部主要是命令主义,在与党外人士合作方面主要是关门主义和忽视统一战线工作的倾向。⑥ 河南省委规定,一是整政策,划清政策界限,克服"左"的残余,防止右的滋长,主要是把土改工作再提高一步,学习领导农村生产与管理城市生产;二是整作风,克服官僚主义、命令主义,加强从实

---

① 《西康区党委转发康定地委关于干部整风的报告》(1950年7月5日),《西南工作》1950年第11期。
② 《中共新疆地方史1937—1966.4》第1卷,新疆人民出版社1999年版,第282页。
③ 《陕西省委关于贯彻西北局整顿干部作风的指示》(1950年6月7日),《陕西政报》1950年第3期。
④ 《中国共产党甘肃省委员会关于整顿干部思想作风的计划》,《团结报》1950年6月26日第1版。
⑤ 《华北局对各地整党整干工作的几点意见》(1950年6月18日),《建设》1950年第67期。
⑥ 《中共中央关于转发北京市委关于整风工作的报告》(1950年7月21日),中央档案馆、中共中央文献研究室编:《中共中央文件选集(1949年10月—1966年5月)》第3册,人民出版社2013年版,第230页。

际出发、调查研究的作风,加强民主作风与群众路线,克服关门主义与骄傲自满情绪,提倡谦虚谨慎,广泛密切联系群众,重点放在克服命令主义。① 河北蓟县地委规定,县及地委领导机关与领导干部主要反对官僚主义,但对下乡帮助与检查工作的干部,同时又不放松反对命令主义,县以下及区村干部主要反对命令主义,但同时又必须围绕中心反对骄傲自满、工作疲沓、贪污腐化、自由主义等不良思想作风,对个别组织不纯的支部,则须有重点加以整顿改造。察哈尔省干校以反教学中的教条主义为重点。②

中南局要求,农村干部以整减租反霸、土地改革中非群众路线的命令主义为主要内容,基本要求是:认清当前形势,分析当地阶级情况,明确政策界限与策略观点,掌握群众路线的工作方法与工作作风,使干部在大规模、有秩序的减租和土改运动中,能够发动与团结广大农民群众,争取绝大多数,有分别、有步骤、有秩序地消灭地主阶级。无论减租区、土改区均须同时总结公粮征收工作,学习合理负担政策的正确实施。在财经干部的整训内容上,应着重检查税收、贸易、金融政策、企业管理及公私关系、劳资关系政策的实施经验,整顿违背政策、脱离实际、脱离群众的思想作风,反对贪污腐化、不爱惜国家财产等不良倾向。③

华东局要求,根据各部门各地区存在的实际问题,确定不同的具体内容与重点,整风在于克服党内各种不良的思想倾向与工作作风,包括官僚主义、命令主义、关门主义,及以功臣自居、骄傲自满等恶劣作风。一般来说,对老干部应强调整思想、整作风;对新干部应强调阶级教育与组织教育;各机关干部则应着重克服官僚主义、文牍主义的倾向。④ 乡村干部整风重点是纠正命令主

---

① 《河南省委整风计划》(1950年6月),《中南通讯》1950年第12期。
② 《中共中央转发华北局关于察哈尔省整风经验的报告》(1950年8月24日),中央档案馆、中共中央文献研究室编:《中共中央文件选集(1949年10月—1966年5月)》第3册,人民出版社2013年版,第309页。
③ 《中共中央转发中南局关于干部整风的指示》(1950年6月2日),中央档案馆、中共中央文献研究室编:《中共中央文件选集(1949年10月—1966年5月)》第3册,人民出版社2013年版,第122—123页。
④ 《中共中央转发华东局关于整党工作的指示》(1950年5月27日),中央档案馆、中共中央文献研究室编:《中共中央文件选集(1949年10月—1966年5月)》第3册,人民出版社2013年版,第71页。

义,克服自私自利、贪污腐化等不良倾向。① 具体而言,较高级领导机关与领导干部主要是官僚主义,中下级工作机关与工作干部主要是命令主义,部分老干部主要是以功臣自居、骄傲自满、不求进步的情绪,在与党外人士合作方面主要是忽视统一战线工作的关门主义倾向。②

东北地区解放较早,经济建设已进入正轨,公开建党工作基本完成,基层党组织建设相对较完善。因此,东北局规定,整风的目的在于加强党员的政策观点、群众观点与依靠群众的民主作风,克服各种脱离群众、不讲政策的倾向,具体包括:一是脱离群众的命令主义、形式主义,缺乏全面的政策观点,如不少党员干部缺乏群众观点与民主作风,在工矿铁路交通等企业中歧视技术人员、职员和较落后的工人,农村中歧视单干的中农,与党外人士格格不入,许多领导机关与干部工作一般化,忙于日常文牍、事务,满足形式,有布置无检查,生产中只求数量不重质量,贸易中单纯回笼,税收中单纯要钱的思想,与发展生产的总任务脱节等。二是缺乏整体观念的本位主义思想,常孤立地观察与处理问题。三是党支部组织生活松懈涣散,批评与自我批评没有开展,原则空气淡薄,甚至有些干部滥用行政职位,压制党内外民主,少数党员干部追求享受、贪污腐化等。③

另外,中央国家机关也对本部门、系统的整风内容提出要求。中央人民政府重工业部规定,整风中拟主要解决两个问题:一是检查与总结该部对所属厂、矿的领导;二是机关工作的建设和改进。比如,部、局的领导对下面要求多,指示多,具体帮助少,解决问题慢;机关干部反映的会议多,公文多,琐碎事务多,工作计划方针不明确,各司工作互相联系不够;领导干部对工作缺乏全盘、系统的考虑,在指导思想上存在着某种程度的不一致,存在着或多或少的居功自满情绪,不善于同非党干部合作。④ 中央人民政府邮电部要求,整风内

---

① 《中共中央转发华东局关于整训乡级干部的报告》(1950 年 10 月 14 日),中央档案馆、中共中央文献研究室编:《中共中央文件选集(1949 年 10 月—1966 年 5 月)》第 4 册,人民出版社 2013 年版,第 172 页。

② 《展开整风运动,整顿干部作风》,《人民日报》1950 年 8 月 27 日第 1 版。

③ 《中共中央东北局关于整党工作指示》(1950 年 6 月 8 日),《党的工作》1950 年第 44 期。

④ 《中央重工业部开始整风》,《人民日报》1950 年 8 月 22 日第 2 版。

容以检查业务方针、政策思想、各方面关系及领导作风为重点。① 各地公安机关要求，克服部分人员中侵犯人权、贪污腐化、官僚主义等不良倾向。② 各地工会组织要求，克服某些工会组织与工会干部中存在的严重包办代替、强迫命令、脱离群众的官僚主义作风。③

前期的军队整风着重于纠正各种骄傲松懈情绪和官僚主义错误，冬季整风则聚焦在结合抗美援朝任务、整顿与提高战斗意志。④ 1950 年 6 月 15 日，毛泽东要求军队"来一次从上至下的整风运动，克服一切不良现象。必须教导人民解放军的指战员不要骄傲自满，不要以功臣自居，不要看不起起义部队和地方部队，而要谦虚谨慎，耐苦耐劳，对敌人很勇敢，对同志对人民则很和气，借以团结全军全民完成自己光荣伟大的任务"⑤。

可以看出，各地整顿作风的内容更加具体、详细。一般地，各地针对不同地区、单位的干部都明确提出具体的内容。相比中央要求，并没有重点强调主要整顿命令主义，而是根据各地工作实际，把相关的作风、思想问题都涵盖进来，有的地区如东北、河南还专门明确要整顿政策执行中的问题。

### （二）作风整顿的具体对象

历次党内集中教育，都有具体的对象。比如，延安整风主要针对党内的高中级领导干部，解放战争时期的整党主要针对农村的基层党员干部。1950 年整风的对象，按照中央"五一指示"，没有明确规定。不过，指示中提到，"老党员老干部中亦有很多人骄傲自满，发展了严重的命令主义作风"，"整顿全党作风，首先是整顿干部作风"⑥。从中可以看出，整风的对象是全体党员，以干部为主，其中又以老党员、老干部为主。各地区、单位的整风基本如此。

① 《中央邮电部开始整风》，《人民日报》1950 年 9 月 16 日第 2 版。
② 《各地公安机关开始整风》，《人民日报》1950 年 8 月 8 日第 1 版。
③ 《一年来的中国工人运动》，《人民日报》1950 年 10 月 1 日第 8 版。
④ 仲华：《1950 年人民解放军整风运动述论》，《南京政治学院学报》2018 年第 2 期。
⑤ 毛泽东：《人民解放军必须谦虚谨慎维持良好的纪律》（1950 年 6 月 15 日），《毛泽东军事文集》第 6 卷，军事科学出版社、中央文献出版社 1993 年版，第 83 页。
⑥ 《中共中央关于在全党全军开展整风运动的指示》（1950 年 5 月 1 日），中共中央文献研究室编：《建国以来重要文献选编》第 1 册，中央文献出版社 1992 年版，第 217 页。

在西南地区,对象是三万几千人的干部(包括数千名有一年以上党籍的原地下党员),其中又以分委书记、县委书记以上(军队是团以上)为主要对象。对于在京、沪地区及在西南各地吸收的青年知识分子,不应视为整风主要对象,而应有计划地分别实行短期轮训,尽量吸收参加整风学习和会议,使其获得锻炼。① 川北主要是整顿南下与军队干部作风,其次是地下党。② 康定地委规定,重点是地委全体委员至各县县委书记、县长级干部以及分区科长以上干部,但其他干部是一律参加整风学习。③

在东北地区,以县级以上(城市区级总支以上)领导机关及县级以上的与重点财经企业单位的负责干部为主,再以这些干部为核心,去领导区、村干部与各财经企业单位及其他部门一般干部的整风。④ 黑龙江省委规定,重点首先是县级以上的领导机关负责干部和财经企业单位负责干部为主(重点在经济工作部门)。⑤ 鞍山市委规定,重点以各厂矿(局、处)以上负责干部为主,带动下级干部开展整风运动。⑥ 辽东工业厅规定,重点为解放以前的4667名老干部,其中首先从县团以上老干部着手进行,参加者包括15个厂矿的厅长(矿长)、各业务部门科、股长及供销处主任等以上干部⑦。

华东局规定,应首先着重于农村的县以上干部和城市党政机关及部队部长、处长以上或团一级以上干部,再由他们去领导农村的县以下和参加土改干

① 《中共中央转发西南局关于干部整风的指示》(1950年5月27日),中央档案馆、中共中央文献研究室编:《中共中央文件选集(1949年10月—1966年5月)》第3册,人民出版社2013年版,第77—78页。
② 《川北区党委整风要点》(1950年6月2日),《党的工作》1950年第44期。
③ 《西康区党委转发康定地委关于干部整风的报告》(1950年7月5日),《西南工作》1950年第11期。
④ 《中共中央东北局关于整党工作的指示》(1950年6月8日),《党的工作》1950年第44期。
⑤ 《省委关于整党计划(草案)》,黑龙江省档案馆编:《中国共产党黑龙江省委员会重要文件汇编》第1册,1987年,第195页。
⑥ 《鞍山市委关于整党工作的指示》(1950年6月19日),《党的工作》1950年第48期。
⑦ 《辽东工业厅整风初获成绩》,《人民日报》1950年8月9日第2版。

部及城市党政机关和部队中不参加土改的干部的整风。① 上海市委规定,整风对象首先着重比较负责的干部——科、处长以上干部、领导一个企业或部门的军事代表、经理、主任、区委委员、机关总支书记、各系统的区负责人员以上的干部,以及军队团以上干部,然后经过他们再去领导一般党员干部整风。② 福建龙岩、永定、上杭三县统计,有近千名干部直接参加,包括县、区、村(村长)三级主要干部及区财粮干事等,再加上直接受到影响的每县 200 个人大代表以及每区 40 个农民代表会议代表,3 个县就有 3000 人左右的干部和代表直接参加整风。③

非党干部一般不是整风的主要对象,不作强制要求。各地吸收党外干部参加,主要是参加整风学习和征求意见,但对党内要求严于党外。比如,西北局规定,欢迎非党人士参加检查工作,诚恳接受他们一切善意的批评,尊重并采纳他们一切有益的建议。④ 华南分局规定,党外干部如政治上可靠,长期共同工作,而愿意参加整风学习者,可欢迎其参加;且不应把重点放松,向着他们,而只是让其看党如何严肃地整理队伍,以影响他们。⑤ 云南省要求,省级机关非党干部应积极帮助各机关支部提意见,改正缺点,修正错误;各机关支部亦应积极要求非党干部参加会议,虚心倾听他们的意见。⑥ 唐山市委为配合整风,召开两次党外人士座谈会,听取意见,与会者 38 人,包括非党政府要员,工商、文教界、伊斯兰教等各界人大代表。⑦

---

① 《中共中央转发华东局关于整党工作的指示》(1950 年 5 月 27 日),中央档案馆、中共中央文献研究室编:《中共中央文件选集(1949 年 10 月—1966 年 5 月)》第 3 册,人民出版社 2013 年版,第 71—72 页。
② 《上海市委整风计划》(1950 年 8 月 4 日),《斗争》1950 年第 46 期。
③ 《福建龙岩地委整风中改进党群关系改进工作的经验》(1950 年 9 月),《斗争》1950 年第 56 期。
④ 《西北局关于整顿干部作风的指示》,《党内通讯》1950 年第 50 期。
⑤ 《中共中央转发华南分局关于接受中央整党指示的决定》(1950 年 5 月 27 日),中央档案馆、中共中央文献研究室编:《中共中央文件选集(1949 年 10 月—1966 年 5 月)》第 3 册,人民出版社 2013 年版,第 82 页。
⑥ 《本省在职干部学委总会关于省级机关整风学习的决定》,《云南日报》1950 年 8 月 5 日第 1 版。
⑦ 《唐山市委整风中召开非党人士座谈会的情况》(1950 年 9 月 1 日),《建设》1950 年第 87 期。

华东局在党内整风及干部轮训后,通过人代会、农代会、乡村干部会等方式推进整风,逐渐推向党外干部。① 华东局直属单位整风委员会还专门就如何把整风推及党外发出通知,具体要求如下:第一,以党内由上而下的自我检讨精神影响党外干部,消除顾虑,启发党外干部对领导提出意见,以及共同研究改进办法。对于党外干部在整风影响下完全出乎自觉自愿的自我批评,应该表示欢迎和鼓励,但不普遍要求。第二,一般应严格分清由党内到党外的步骤,但应根据不同对象、不同情况及各种不同条件,有分别地吸收党外干部参加。第三,由党内推向党外时,应首先将目的和方法向党内外讲清楚,以消除顾虑和隔阂,号召党员以自我批评精神虚心倾听党外干部意见,即使某些意见还欠正确或有误,亦只能在必要时由负责干部作适当解释;对于有破坏性的言行,也不要立即打击,待向群众解释清楚后,另作调查研究,并特别防止个别党员或党外积极分子的过高要求。此外,领导干部向党外进行自我检讨或作检讨报告,内容只限于与工作有关的方针政策与作风问题,特别在党群关系、党内外团结的问题上,不应涉及党内策略问题或某些带有秘密性的问题,这种报告和检讨必须事先取得党委或党组的同意方可进行。在向党外干部作普遍报告之前,可先和党外少数负责人员及积极分子交换意见,求得在主要问题上认识一致。使其在思想上有所准备,以便通过他们更好启发影响其他党外干部。②

部分政府机关干部整风,采取党内外混合编组的办法进行。如绥远省区以上政府系统干部6051人,其中党员干部1540人,占25.47%,非党干部4511人,占74.53%(起义干部2722人,占总数45%,占非党干部数62%)。鉴于此,省政府机关在学习整风文件中,在学委会领导下,普遍采取党内外混合编组办法,由科长以上党员干部组织中心小组,先研究好文件,再回科领导非党干部(主要是起义人员)。绥中、绥西一般都采取公开党组织、吸收少数起义人员参加整风。和林、归绥二县在整顿关门主义与迁就主义时,采取召开座谈会和征求意见办法。

---

① 《华东局关于整风情况向中央的报告》(1951年1月),《斗争》1950年第67期。
② 《华东局直属单位整风委员会关于如何把整风推及党外及作整风总结问题的通知》(1950年10月6日),《斗争》1950年第56期。

绥远省政府机关吸收与结合非党干部的原则是:一是分清吸收参加结合整风有所不同,在党员干部(主要是县旗以上)整风时,可吸收一部分非党员(包括起义人员)参加,一般非党干部主要是学习。当党内整风告一段落后,即可由行政号召党与非党干部一起结合检查工作进行;但必须考虑条件是否成熟,不能勉强,非党干部如多数仍有顾虑就暂时不整风,待秋后或减租后条件成熟时再说。二是对非党干部的目的与要求有所不同。吸收非党干部参加,主要是欢迎并使其敢提意见,帮助整风,以党员诚恳坦白的检讨、对人民忠诚服务的态度影响非党干部,启发其愿意跟党学习,并逐渐能进行自我批评;打破对党神秘化的认识,更进一步了解党,敢于并愿意多接近党员,进一步密切党与非党关系;对吸收各种非党干部应有区别,对长期合作经过考验的非党老干部,吸收一起参加,对团员干部可多吸收参加一些会议,对非团员的新知识分子,大体与团员相同,但会可少参加一些;对起义干部主要是吸收进步分子、积极分子,也可吸收个别有代表性的人物及特别对某一工作熟悉而工作关系较多者。

绥远省政府吸收非党干部参加整风的具体办法如下。一是吸收进步分子、积极分子经常参加检查工作,并经过他们影响他人;二是派党员到非党干部学习小组提出问题,进行座谈,征求意见;三是当检查工作到一定阶段,党内意见相当成熟时,各单位可召开全体非党干部座谈会,吸收更多的改进意见;四是党员经常找起义干部个别谈话征求意见。结合整风办法:一是党内检查完以后,如条件成熟,即可由行政召开全体干部大会(包括党与非党)一同检查工作。党内检查工作的结果,可提交行政作参考,发动讨论,由行政制定改进工作的方案。二是联系工作检查个人主要是党员干部(首先是行政负责党员干部),但非党干部出于自愿检讨者亦应表示欢迎,不愿者则决不应勉强。三是个别单位党员只一二人者,不便单独进行,可与非党干部结合进行,但仍先整顿党员的思想作风。①

有的民主党派和民主人士,积极响应中共整风号召,也开展整风。比如,

---

① 《绥远省委关于吸收非党干部进行整风的情况和办法的综合报告》(1950年9月),《斗争》1950年第55期。

广州市各民主党派及民主人士整风,从 8 月 13 日起至 10 月 30 日分组进行。中国民主同盟西北总支部,要求全区各支、分部及各直属小组发动全体盟员一律参加整风学习,在职盟员各级干部应在所属机关的学委会领导下,积极参加整风学习;在学习过程中,本着与人为善和对人民负责的态度,适当地提意见、提问题;并在检查自己思想和工作作风中,切实改造和提高自己。无职盟员应在各小组领导下,依照一定步骤,进行学习。中国民主同盟南方总支部暨广东省支部决定,自 9 月 1 日起至 10 月底止,开展整风运动,以整顿思想、检查工作为中心。①

青年团中央要求,团的各级脱离生产的干部和各机关中的团员干部,均应毫无例外地积极参加党的整风,在党的领导下学习文件,检查工作,展开批评与自我批评;在整风中,认真地检讨和克服存在于团内干部中的官僚主义、命令主义以及影响团和群众关系的各种不良作风。但这是各级团的干部和各机关中的团员干部去参加各级党所领导的整风,不是青年团本身进行全团的整风,不宜提出"整团"的口号。②

### (三) 作风整顿的步骤

一般地,各地作风整顿的步骤是由上而下,先党内后党外。即"先由省委整县委书记以上,地委整区委书记以上,然后由县委整区村党员干部,由区村党员干部召集群众会"③。

在西南地区,各地第一步以省委、区委为单位,首先集中县委书记以上干部整风,然后依靠他们为骨干去领导其余干部整风;第二步以地委或较强的县委书记为中心,集中分委书记以上干部整风,然后普及于其他干部。④ 重庆第

---

① 《华南民主党派、民盟西北总支部　动员参加整风运动》,《人民日报》1950 年 8 月 24 日第 3 版。

② 《青年团中央发布指示》,《人民日报》1950 年 8 月 5 日第 1 版。

③ 胡乔木:《整党问题》(一九五〇年六月在中共七届三中全会上的发言),《胡乔木文集》第 2 卷,人民出版社 2012 年版,第 6 页。

④ 《中共中央转发西南局关于干部整风的指示》(1950 年 5 月 27 日),中央档案馆、中共中央文献研究室编:《中共中央文件选集(1949 年 10 月—1966 年 5 月)》第 3 册,人民出版社 2013 年版,第 77 页。

一批集中县团以上干部进行整风后,除继续集中第二批整风外,即分成市委、市政府、公安局等几个大单位,领导区营以下干部整风,由各单位整过风的负责干部直接领导。① 川东区整风第一步,由区党委集中县委书记、县长(地委三至五人,县委包括县长、县委书记在内三至四人,分区党委书记每县一人),自 7 月 1 日开始,大致半月结束;第二步由地委分批集中分区党委书记、分区党委委员及未参加区党委整风的县委委员整风,自 8 月初开始,时间每期以10 日为限;秋收后进行第三步,整顿一般干部,训练新学生与旧人员。②

华东局直属单位整风,按照由党内到党外、由干部党员到一般党员、由领导干部到一般干部的步骤,采取由上而下逐级召集干部整风会议的方式进行。各部门首长先在整风学委会中,就本部门领导上的主要问题进行检讨,然后转到以检讨领导为主、分析该部门领导作风中的主要情况(须附有典型好坏实例),联系传达华东局书记饶漱石的整风报告,在本部门作一次整风动员、酝酿检讨。接着,按行政部门(如华东局的部、委和军政委员会的部、局、署)由整风学委会(或分会)召开领导干部整风会议,检查本部门领导上共同存在的主要问题,并加以解决。步骤同样首先由主要负责干部就本部门工作作一个更为深刻的检讨报告,参加者为所属单位的科长、军代表、联络员、厂长、经理以上的干部,同时吸收上述人员所属单位的支部代表或总支代表、区委代表参加(必要时再吸收青年团员与会代表)。领导干部召开整风会议之后,即应在该机关全体党员干部中展开普遍检查(干部中的青年团员可吸收参加),各级负责的党员干部亦先作检讨报告。个人检讨之后,应就主要问题作出初步结论,加以登记。在党员干部普遍检查之后,即按部门进行整风学习的初步总结,提出健全党内外民主制度,改进领导与提高工作效率的方案。党内整风后,将党内整风与改进本机关工作作风中的主要问题或意见向党外干部作报告,以便在党外干部中开展一般工作检查,但不作个别人员的结论。③

就各地区、单位整风的步骤(即阶段)来说,大体包括四个步骤(或阶段,部分单位一二步合并,或三四步合并)。第一步:教育动员。对本地区或单位

---

① 《重庆市委关于干部整风的计划》(1950 年 6 月 20 日),《西南工作》1950 年第 9 期。
② 《川东区党委关于干部整风的指示》(1950 年 6 月 7 日),《西南工作》1950 年第 9 期。
③ 《华东局直属单位整风计划》(1950 年 7 月 25 日),《斗争》1950 年第 46 期。

工作情况、党员干部思想作风情况等进行调查摸底,掌握大致情况,通过大会、小会动员,讲清整风的意义、方针、目的和方法等,纠正部分党员干部存在的思想顾虑和不正确态度。同时,成立领导整风的组织机构和日常工作机构,准备学习文件材料,建立学习制度等。第二步:学习文件。通过阅读、讲解、漫谈等方式,认真学习文件,掌握文件精神和各项政策,联系工作和思想实际,初步开展批评与自我批评。第三步:总结工作,这是整风的中心环节。前两步都是为这一步作准备和酝酿。具体而言,就是以文件为依据,根据本地或单位实际,检查和总结过去一段时间的主要工作,肯定成绩,查找不足,开展批评和自我批评,并联系领导和个人思想作风,进行自我反省,初步提出改进办法。第四步:整风总结和结束。对整风开始以来的工作进行总结,吸收党员、群众的意见和建议,完善改进办法,明确今后努力方向。有的地区,如华南、西南、华东等地,还要求对参加整风的党员干部进行个人鉴定。

## 二、阅读文件

按照中央"五一指示",主要方式是"阅读某些指定的文件,总结工作,分析情况,展开批评与自我批评"①。具体来讲,就是首先阅读文件,掌握政策,根据政策检查和总结工作,联系工作和个人检查思想作风,开展批评和自我批评,发扬优点,指出不足,订出改进的办法和对策。广西省委副书记李楚离在省直属机关干部整风大会上讲话,具体阐明了整风的方法。他说,首先拿出一定的时间阅读文件,然后根据文件精神总结半年多的工作,最后作出各部门总结。具体实施步骤,是掌握文件的精神,作为总结工作的武器,分析情况,研究得失,采取检查过去与实现今后工作相结合,理论政策与实际情况相结合,集体检查与个人反省相结合的办法,批评缺点,表扬优点,在集中领导上充分发扬民主,开展正确的批评与自我批评,以解决政策思想问题。②

---

① 《中共中央关于在全党全军开展整风运动的指示》(1950 年 5 月 1 日),中共中央文献研究室编:《建国以来重要文献选编》第 1 册,中央文献出版社 1992 年版,第 217 页。

② 《中共广西省委副书记李楚离同志在省直属机关干部整风大会上的讲话》,《桂北日报》1950 年 8 月 19 日第 1 版。

"共产党有一条，就是要把工作做好，必须先从思想上解决问题。"①在中国共产党看来，社会意识对社会存在具有反作用，思想认识影响实践活动。半殖民地半封建的中国物质基础很差，工人阶级极少，思想文化也很落后。于是，为保持党的先进性和纯洁性，以毛泽东同志为主要代表的中国共产党人创造了思想建党的方法，用无产阶级的思想克服各种落后思想，以此来解决党内各种问题。由此，注重思想建党、理论武装、理论强党成为中国共产党的优良传统。整风也发扬了这一传统，即通过学习文件，启发思想自觉，克服错误观点，使党员干部认识到自身的不足和缺点，然后下决心改正。无论是延安整风，还是解放战争时期的整党，都有学习文件的要求，而且摆在第一位。可以说，学习文件是中国共产党集中教育的规定动作，目的在于"借马列主义的'矢'来射自己的思想与作风之'的'"②。对于这次整风而言，阅读文件同样十分重要。因为，党员干部命令主义、官僚主义等问题突出，一个重要原因就是工作忙，没时间学习文件，教育培训不够，因而不能掌握好党的政策，把任务和政策对立起来。因而，阅读文件，可以掌握政策，以政策为标准，检查各项工作，这是整个整风的前提。③

## （一）学习文件的内容

对于学习文件，党中央十分重视。5月29日，毛泽东指示中央办公厅主任杨尚昆，要求三四日内做好《整党文件》（1950年6月1日中央编印）的编印工作，共印150本，发给中共七届三中全会到会各人。④《整党文件》共收入中共中央《关于在全党全军开展整风运动的指示》《关于发展和巩固党的组织的指示》《关于学习斯大林、毛泽东论共产党员要善于和非党群众团结合作的指

---

① 邓小平：《全党重视做统一战线工作》（1951年3月26日），《邓小平文选》第1卷，人民出版社1994年版，第184页。
② 《中共中央转发华东局关于整党工作的指示》（1950年5月27日），中央档案馆、中共中央文献研究室编：《中共中央文件选集（1949年10月—1966年5月）》第3册，人民出版社2013年版，第72页。
③ 《西北大行政区一级机关整风运动历程》，《人民日报》1950年10月25日第3版。
④ 《关于编印〈整党文件〉给杨尚昆的信》（1950年5月29日），中共中央党史和文献研究院编：《建国以来毛泽东文稿》第2册，中央文献出版社2023年版，第277页。

示》《关于在报纸刊物上展开批评和自我批评的决定》,以及华东局、华南分局、西南局、西北局、一野、华北局、内蒙古分局等关于整风的指示等文件。6月16日,中共中央作出《关于各级负责干部必须认真阅读中央文件、文告的指示》,要求"毛主席在三中全会报告及全国委员会各重要报告,应作为党内干部学习文件,毛主席报告应作为整党首要文件,在土改地区,应将少奇同志报告及《土地改革法》(均即将公布)作为整党学习文件,以便在整党结束后正确地进行土改"①。

根据中央要求,各地规定的主要学习文件一般包括:毛泽东在中共七届三中全会上的报告即《为争取国家财政经济状况的基本好转而斗争》;刘少奇在北京庆祝五一劳动节干部大会上的演说;中共中央关于在报纸刊物上展开批评和自我批评的决定;斯大林、毛泽东论共产党员要善于和非党群众团结合作;斯大林、毛泽东论自我批评;刘少奇修改党章报告中关于党的群众路线问题;本地区、单位负责人根据毛泽东报告和地方工作情况、任务及党内倾向作的整风报告。部分准备土改的地区,把刘少奇在中共七届三中全会上关于土地改革问题的报告列为学习文件。部分地区如云南、福建、桂林地委等,还把习仲勋关于反对官僚主义命令主义的报告列为整风学习文件。

各地在规定必学文件的同时,允许根据实际情况选择需要的文件(见表2)。比如,西北局规定分区以上干部的五种整风学习文件,同时规定"县以下干部则可根据当地干部思想实际情况,由省、市委在下列文件中选出若干作为整顿干部思想作风的武器"②。东北局则更为宽松,规定"各文件可按干部政治文化水平之不同由省市党委酌量增减"③。华东局明确指示,文件选择应以切合实际需要为原则。参加土改干部,应约束在时间所能许可的范围以内,但最低限度应分别研讨以下几个文件:关于党的群众路线问题(刘少奇同志关于修改党章报告第二章第四节);中央关于加强党员与非党群众合作的指示

① 《中共中央关于各级负责干部必须认真阅读中央文件、文告的指示》(1950年6月16日),中央档案馆、中共中央文献研究室编:《中共中央文件选集(1949年10月—1966年5月)》第3册,人民出版社2013年版,第156页。

② 《西北局关于整顿干部作风的指示》,《党内通讯》1950年第50期。

③ 《中共中央东北局关于整党工作指示》(1950年6月8日),《党的工作》1950年第44期。

新中国成立初期党的作风建设研究(1949—1950)

(《解放日报》3月26日第1版);斯大林、毛主席论批评与自我批评(《解放日报》3月26日第1版);高级领导干部还可学习1943年中共中央关于领导方法的决定及斯大林论领导与检查;区乡干部轮训班,可根据《坚决克服乱打、乱杀、乱抓、乱罚的错误偏向》(《解放日报》1月30日社论)及《李宗文事件的教训》(《解放日报》4月21日社论)的精神,由负责干部作专题报告,以便启发学习和检讨。这些文件,各地可依具体情况酌量予以增减。县以下干部主要学习群众路线(明确阶级立场,端正工作方法)。① 全国总工会要求,除各地党委所指定文件外,工会干部还应学习列宁的《新经济政策下职工会的作用与任务》,《工会法》及邓子恢在中南总工会筹委扩大会议上的报告,并参考《工人日报》8月6日社论《整顿工会组织与工会干部作风》一文。② 冬季整风的军队主要为重点学习阐释对美斗争形势、宣扬爱国主义精神的周恩来总理庆祝国庆节报告(《为巩固和发展人民的胜利而奋斗》),以及1950年九、十月间全国战斗英雄代表会议上的各首长报告。③

表2　部分地区学习文件名称

| 文件名称 | 地区 |
|---|---|
| 《为争取国家财政经济状况的基本好转而斗争》 | 各地必学 |
| 《斯大林、毛泽东论批评和自我批评》 | 西北局、东北局、华东局、浙江、西南局、中南局、内蒙古分局,上海、苏南区、福建、桂林,军队等 |
| 《斯大林、毛泽东论共产党员要善于和非党群众团结合作》 | 西北局、东北局、华东局、西南局、中南局、华北局、内蒙古分局,上海、云南、苏南区、皖南区、福建、川东区、甘肃、桂林,军队等 |

---

① 《中共中央转发华东局关于整党工作的指示》(1950年5月27日),中央档案馆、中共中央文献研究室编:《中共中央文件选集(1949年10月—1966年5月)》第3册,人民出版社2013年版,第72—73页。
② 《中华全国总工会发出通知　整顿工会组织和干部作风》,《人民日报》1950年8月13日第1版。
③ 仲华:《1950年人民解放军整风运动述论》,《南京政治学院学报》2018年第2期。

| 文件名称 | 地区 |
|---|---|
| 《中共中央关于在报纸刊物上展开批评和自我批评的决定》 | 西北局、东北局、内蒙古分局、云南、皖南区、福建、川东区、甘肃省等 |
| 刘少奇《在庆祝五一劳动节大会上的演说》 | 西北局、东北局、中南局、华北局、内蒙古分局，上海、云南、苏南区、甘肃省、桂林等 |
| 刘少奇修改党章报告中"关于党的群众路线问题" | 西北局、东北局、华东局、西南局、华北局、内蒙古分局，浙江、上海、云南、福建、川东区、甘肃省，军队等 |
| 《斯大林论领导与检查》 | 东北局、华东局（高级干部）、华北局、内蒙古分局，云南等 |
| 《中共中央关于领导方法的决定》 | 华东局（高级干部） |
| 毛泽东《在中共七届三中全会上的报告》 | 西南局，军队等 |
| 刘少奇《在中共七届三中全会上关于土地改革问题的报告》 | 内蒙古分局等 |
| 《中共中央关于在全党全军开展整风运动的指示》 | 内蒙古分局，上海等 |
| 《中共中央关于增强党性的决定》 | 华北局、内蒙古分局等 |
| 《中共中央关于调查研究的决定》 | 华北局、内蒙古分局等 |
| 毛泽东《整顿党的作风》 | 华北局、内蒙古分局等 |
| 毛泽东《反对自由主义》 | 华北局、内蒙古分局，云南、皖南区等 |
| 斯大林《反对把自我批评口号庸俗化》 | 内蒙古分局等 |
| 《列宁斯大林等论党的纪律与党的民主》 | 华北局、内蒙古分局等 |
| 《列宁论苏维埃机关人员如何工作》 | 云南等 |
| 毛泽东《在全国政协一届二次会议上的闭幕词》 | 云南等 |
| 陈云《在全国政协一届二次会议上关于经济形势、调整工商业和调整税收诸问题的报告》 | 上海等 |
| 习仲勋《关于反对官僚主义命令主义的报告》 | 云南、福建、皖南、桂林等 |

| 文件名称 | 地区 |
|---|---|
| 《人民日报》"七一"社论《整顿党的工作作风　改善党的组织状况》 | 川东区、桂林等 |
| 《共同纲领》第六章"民族政策" | 甘肃省等 |

资料来源：《中共中央文件选集（1949年10月—1966年5月）》第3册，各地党刊党报等。

　　部分地区还对不同级别的领导干部学习文件分别作出规定。比如，皖南区党委规定，县以下一般干部应学习关于党的群众路线问题，中央关于加强党员与非党群众合作的指示，斯大林、毛泽东论批评与自我批评，坚决克服乱打、乱杀、乱抓、乱罚的错误偏向，李宗文事件的教训，反对自由主义等6个文件；县以上干部除学习关于党的群众路线问题，中央关于加强党员与非党群众合作的指示，斯大林、毛泽东论领导与检查等5个文件外，还应参考毛泽东整风报告，古田会议中关于反对党内几种不正确倾向部分，习仲勋反对官僚主义、命令主义的报告等3个文件。① 苏南区党委规定，一般领导干部必读文件：为争取国家财政经济状况的基本好转而斗争，刘少奇在北京"五一"劳动节干部大会上的讲话，斯大林、毛泽东论批评与自我批评，中央关于加强党员与非党群众合作的指示；区、乡干部必读文件：坚决克服乱打、乱抓、乱罚的错误偏向（《解放日报》1月30日社论）；李宗文案件的经验教训（《解放日报》4月21日社论）。②

　　除了中央发布的整风文件外，中共中央还要求："各地所已发生而为受训干部所易充分了解和触目惊心的官僚主义、命令主义的严重事例，必须加以编选，用为学习与检讨的参考材料"③，应当搜集工矿、企业、城市与农村中脱离

---

　　① 《皖南区党委关于执行中央和华东局整风整党工作的补充计划》（1950年6月14日），《斗争》1950年第43期。

　　② 《苏南区党委关于执行中央、华东局整风指示的通知》（1950年7月12日），《斗争》1950年第46期。

　　③ 《中共中央转发中南局关于干部整风的指示》（1950年6月2日），中央档案馆、中共中央文献研究室编：《中共中央文件选集（1949年10月—1966年5月）》第3册，人民出版社2013年版，第96页。

群众违反政策的实际材料,加以总结,编成教育材料。①

根据中央要求,部分地区和单位把一些典型材料列为整风学习的文献。比如,7 月 18 日,《人民日报》刊登《东北军工局不应压制批评》一文,东北军工局就将其列为整风学习材料之一。该文是中华全国总工会文教部部长刘子久的来信,讲述其在东北发现的东北军工局压制批评的事件。5 月 16 日,东北军工总工会办的《军工报》第 90 期登载东北军工总工会工作团吴钟琨“揭发五二厂钢料严重浪费”的稿件。该稿件经军工局乐少华局长审阅同意发表,同时该报还发表了关于该厂的 3 篇带有批评性的稿件。该稿件发表后,在工人群众中引起强烈反响。当天下午 6 点,军工局长又将军工总工会文教部部长柳谦找去,大加申斥,勒令收回报纸,并认为这是对五二厂的打击。还说:“若叫《人民日报》当典型登了可怎么办?”报纸收回次日,很多读者电话问:“为什么要收回?”五二厂负责通讯工作的干部则说:“以后再不敢写批评稿件了。”刘子久认为东北军工局这种做法违犯中央“关于在报纸刊物上展开批评和自我批评的决定”。《人民日报》编辑部为该文写了按语,表示同意刘子久的意见。指出:“东北军工总工会和《军工报》当然应该尊重东北军工局的意见,但是东北军工局也应该尊重东北军工总工会和《军工报》,尊重工人群众的意见和他们发表意见的权利,因此,军工局采取这种不正常的专断的行动,是不能允许的。我们希望东北人民政府工业部军工局负责人对于这个问题说明他的意见。”②8 月 5 日,《人民日报》发表东北兵工局局长乐少华 7 月 31 日的来信。乐少华在信中表示接受《人民日报》的批评,并且决定将此事“列为整风材料之一,以便更深入地作全面检讨,借以改正错误,提高自己”③。

## (二)学习文件的数量

从学习文件的数量看,各地差异性较大(见表3)。其中,规定学习文件数最少的是中南局,仅为 3 个,分别是:刘少奇在庆祝五一劳动节大会上的演说,

---

① 胡乔木:《整党问题》(一九五〇年六月在中共七届三中全会上的发言),《胡乔木文集》第 2 卷,人民出版社 2012 年版,第 7 页。

② 《东北军工局不应当压制批评》,《人民日报》1950 年 7 月 18 日第 1 版。

③ 《乐少华来信检讨》,《人民日报》1950 年 8 月 5 日第 1 版。

斯大林、毛泽东论批评与自我批评,中央关于加强党员与非党群众合作指示。① 最多的是内蒙古分局,达 15 个,分别是:《为争取国家财政经济状况的基本好转而斗争》,刘少奇《关于土地改革的报告》,《中央关于在全党全军开展整风运动的指示》,《中共中央关于增强党性的决定》,《中共中央关于调查研究的决定》,毛泽东《整顿党的作风》,毛泽东《反对自由主义》,刘少奇修改党章报告中"关于党的群众路线问题",《斯大林、毛泽东论共产党员要善于与非党群众团结合作》,《中共中央关于在报纸刊物上展开批评和自我批评的决定》,《斯大林论批评和自我批评》,《斯大林论领导与检查》,斯大林《反对把自我批评口号庸俗化》,《毛泽东论自我批评》,刘少奇《在庆祝五一劳动节大会上的演说》等。② 各地一般都规定,除必读文件外,可以根据实际情况增减。华东局直属单位规定,各部门中心工作有关的主要政策文件一至二个(如财经部门可以学陈云在全国政协一届二次会议上的报告)由各部门自选;党外干部增学 2 个文件,分别是:人的阶级性(刘少奇),关于党的群众路线问题。③ 福建省委规定,县以上的主要干部在学文件中应增加学习习仲勋《反对命令主义》及《做好统一战线工作》等参考材料。④

表3 部分地区学习文件数量情况

| 地区 | 文件学习数量 |
| --- | --- |
| 西北局 | 5 个 |
| 东北局 | 8 个 |
| 华东局 | 高级干部 5 个,一般干部 3 个 |
| 西南局 | 4 个 |

① 《中共中央转发中南局关于干部整风的指示》(1950 年 6 月 2 日),中央档案馆、中共中央文献研究室编:《中共中央文件选集(1949 年 10 月—1966 年 5 月)》第 3 册,人民出版社 2013 年版,第 123 页。
② 《中共中央内蒙古分局发布整党工作决定》,《内蒙古日报》1950 年 7 月 15 日第 1 版。
③ 《华东局直属单位整风计划》(1950 年 7 月 25 日),《斗争》1950 年第 46 期。
④ 《福建省委关于执行华东局整风指示的计划》(1950 年 7 月 12 日),《斗争》1950 年第48 期。

续表

| 地区 | 文件学习数量 |
|------|------|
| 中南局 | 3个 |
| 内蒙古分局 | 15个 |
| 华北局 | 10个 |
| 华东局直属单位 | 必读5—6个,选读12个, |
| 军队 | 6个 |
| 上海 | 必读5个,选读4个,党外干部增学2个 |
| 浙江 | 4个 |
| 云南 | 11个 |
| 苏南区 | 一般干部必读4个,区乡干部必读2个 |
| 皖南区 | 县以下必读6个;县以上必读5个,参考3个 |
| 福建 | 4个,县以上增2个 |
| 甘肃省 | 分区以上6个 |
| 桂林地委 | 4个 |

资料来源:《中共中央文件选集(1949年10月—1966年5月)》第3册,各地党刊党报。

部分地区和单位没有很好地联系自身实际,出现文件学习重点不突出、内容过多、时间过长的问题。比如,抚顺市有的单位局限于东北局指定的几个基本的整风文件,没有增加一些和本单位业务有直接关系的必要文件(如关于工业的经济核算、技术管理等问题的决定和指示等)。[1] 浙江省有的机关在职干部整风中,未能认真研究和体会毛泽东在中共七届二中全会上的报告的基本精神,有的单位学了很多与总结工作无关的文件,时间拖得很长。[2] 华南地

---

[1] 中共抚顺市委:《中共抚顺市委召开厂矿干部会议》,《人民日报》1950年9月16日第2版。

[2] 《省委关于正确贯彻目前机关在职干部整风的指示》(1950年9月25日),中共浙江省委党史研究室、浙江省档案馆编:《中共浙江省委文件选编》(1949年5月—1952年12月),2011年,第243页。

区有些单位只读有关官僚主义的文件,没有规定阅读与检查总结工作有关的文件,特别没有好好阅读毛泽东在中共七届三中全会上的报告。[1] 内蒙古东部区单位列了过多参考书,放松对正式文件的学习。[2] 对此,各级党组织都及时进行调整。

## (三) 学习文件的方法

阅读文件既是首要步骤,又贯穿整风始终。各地一般采取个人自学、座谈会、漫谈会、讨论会、报告会等方式进行,部分单位则有重点地选择学习文件。针对很多干部文化水平低、看不懂文件的情况,有的地区规定文件少而精,并采取讲解的方式。比如,山西省在地、县委干部整风会议上学习文件时,部分干部政治文化水平低,缺乏自学能力,如地委、县委到会的 28 人中,有 1/3 看不懂文件,1/3 能看懂但领会不了精神,地委采取集中讲授文件的办法帮助学习。[3] 河南省委考虑到整风时间短,干部水平低,有很多干部还看不懂文件,所以主要学习毛泽东在七届三中全会上的报告与省四次党代会总结;学习方法采用讲解和启发方式,但又不像作大报告的一次讲完,整什么问题时就讲什么文件,主要是摘取有关部分,讨论到哪一问题就讲哪一部分。[4] 内蒙古东部区党委规定,对不识字和识字少的干部,要分别读给他们听并详细为其讲解。[5] 建德县机关在整风中,对文化程度低不能阅读的,由专人负责精读、讲解,进行讨论。

有的单位还把阅读文件单独作为一个阶段,规定具体的学习时间和学习内容,作为整风的酝酿和准备。如贵州省委宣传部在八九月份按次序学习毛泽东在中共七届三中全会上的报告、《土地改革法》、刘少奇作的土改报告、

---

① 《华南整风运动初步结束干部政策水平提高党与群众关系改进》,《人民日报》1950 年10 月 29 日第 3 版。

② 《中共内蒙东部区党委召开会议 提倡学习要联系实际》,《人民日报》1950 年 8 月 17 日第 3 版。

③ 《对低文化水平低的干部可采取集体讲解整风文件的办法》(华北局 1950 年 7 月 15 日通报),《建设》1950 年第 79 期。

④ 《县以下整风要与工作并重》,《人民日报》1950 年 10 月 19 日第 3 版。

⑤ 《中共内蒙古东部区党委关于执行中央整风指示的决定》(一九五〇年五月十九日,并经华北局、内蒙古分局批准),《党的工作》1950 年第 48 期。

《西南军政委员会减租暂行条例》、《农协组织通则》和毛泽东《在全国政协一届二次会议上的开幕词、闭幕词》等①。绥远省级机关在职干部整风中，规定文件学习自 8 月 14 日开始，于月底告一段落。其中，毛泽东在中共七届三中全会上的报告、刘少奇《在庆祝五一劳动节大会上的演说》、毛泽东《在全国政协一届二次会议上的闭幕词》等文件是整风学习中的基本文件，必须认真学习领会贯彻，大体学一个星期；斯大林、毛泽东论共产党员要善于和非党群众团结合作，刘少奇关于修改党章的报告中关于党的群众路线问题，《反对自由主义》，《中共中央关于在报纸刊物上展开批评和自我批评的决定》等文件可联系学习，大体一个星期学完；习仲勋《关于反对官僚主义命令主义的报告》，《斯大林论领导与检查》，《列宁论苏维埃机关人员如何工作》等文件可联系学习，大体一个星期学完；"更好地团结全党团结全绥远人民为建设人民的新绥远而奋斗"，要与本单位工作结合起来学习。②

在学习文件时，一般都联系实际，与总结工作、个人反省结合起来，以文件为武器检查和总结工作。西北局要求，在文件学习中每个人都要反省与批判自己的思想和工作，反省并批判自己的历史，分析情况、总结工作，把改造思想和工作作为文件学习的直接目的。③ 张家口国营工厂整风运动中，前十天学习毛泽东在七届三中全会上的报告、整顿三风报告，并进行酝酿准备；8 月 6日至 20 日，根据本单位实际情况学习《人民日报》社论《克服工业生产中的严重浪费》，检查经营管理工作；8 月 21 日至 9 月 7 日学习《工会法》，检查民主管理政策的执行及党、政、工的基层组织建设；9 月 8 日至 20 日检查与解决工厂团结问题，学习材料以东北局"关于进一步团结公营企业中技术人员与职员的指示"及孙敬文市长关于工厂团结问题的报告为主。④

学习文件，是整风的基础和首要环节，是总结工作的前提。但是，整风中

---

① 《贵州省委宣传部关于整风学习的报告》（1950 年 8 月 5 日），《西南工作》1950 年第 13 期。

② 《本省在职干部学委总会关于省级机关整风学习的决定》，《奋斗日报》1950 年 8 月 5 日第 1 版。

③ 《西北局关于整顿干部作风的指示》，《党内通讯》1950 年第 50 期。

④ 《张家口国营工厂整风结束　集中精力解决工厂主要问题》，《人民日报》1950 年 10 月 16 日第 2 版。

的学习文件,与日常中的学习文件又有所不同,与此前整风整党中的学习文件也不同。这次整风中,学习文件是为了掌握政策,掌握检查和总结工作的依据,必须联系实际,有针对性、有重点、掌握方法地学。有的单位在初期出现不重视学、孤立学文件等问题,为学文件而学文件,不联系实际,死啃文件、钻名词等,以致效果不佳。比如,西北行政区农林部有少数技术人员,认为可以靠技术吃饭,对学习文件兴趣不大,采取应付态度。陕西省税务局一位学习组长说:"学习文件,空洞枯燥。"有些部门甚至认为学习文件不解决问题,因而丢开文件不愿学习,《群众日报》也有类似的情况。① 贵州省开始有些单位未能较深刻体会文件精神,而过早进入检查,陷入庸俗化,斤斤计较生活细节,再重新转入文件学习。② 临夏地委有些单位对精读文件与展开讨论联系实际机械分作两个阶段,束手束脚,不敢放手让大家联系工作,暴露问题,领会文件精神不够;有些知识分子干部喜欢搬教条,钻名词,为读文件而读文件,而不是根据文件精神联系工作、思想,以提高觉悟,改进工作。③ 河北不少地方单纯学文件,时间太长,普遍用一个月的时间学习文件④,往往为了一句话就讨论很长时间⑤。保定市有些人钻不进去而啃名词术语,零售公司为了"节制资本"一个名词,讨论了4小时;还有些为几个字的用法争论不休。⑥ 定县农业科曾为"无所用心"一句话,讨论了一个上午。⑦ 绥远省在学习中如何结合检查工作,领导上没有明确指示,大家缺少办法,因之死钻名词,或纠缠一些次要问题,漫

① 《西北区级陕西省级整风第一阶段　文件学习收效不大　亟须端正态度改进学习方法》,《人民日报》1950年7月8日第3版。
② 《贵州省委宣传部关于整风学习的报告》(1950年8月5日),《西南工作》1950年第13期。
③ 《临夏地委宣传部关于整风学习问题的指示》,《团结报》1950年7月26日第1版。
④ 《随时纠正偏向逐步明确方针　华北各地整风稳步前进　县以上干部整风将于十月底结束》,《人民日报》1950年10月10日第1版。
⑤ 《中共中央转发华北局关于河北、山西两省整风情况的报告》(1950年8月24日),中央档案馆、中共中央文献研究室编:《中共中央文件选集(1949年10月—1966年5月)》第3册,人民出版社2013年版,第311页。
⑥ 《及时检查纠正偏向　保定整风学习走上正轨》,《人民日报》1950年8月30日第3版。
⑦ 《随时纠正偏向逐步明确方针　华北各地整风稳步前进　县以上干部整风将于十月底结束》,《人民日报》1950年10月10日第1版。

无边际乱谈。① 绥远省级机关整风学习开始时,有些机关就文件学文件现象很严重,如抄文件,在讨论会上念笔记等。②

华东地区一般都把学习文件当作一个阶段,且把学习文件时间拖得太长(普遍为一个月),以致整风中很长一段时间停留于一般文件学习。③ 华东局机关有单位脱离实际孤立地学文件,就文件讨论文件,形成漫无边际的讨论,与检查工作无关,文件学完,酝酿检讨落空,同时又反映学习时间不够。有的则从文件出发,生硬联系"实际",而对于自己业务工作(如行政工作、业务工作),由于文件上"没有提到"也就"无从联系"。即使选读有关文件,但由于检讨时从文件出发,而不是从实际出发掌握文件精神,无法接触本部门的基本问题与主要问题。④ 上海市在职干部整风中,有些部门将学习文件单独孤立为一个阶段,缺乏联系工作,讨论范围很广,或在技术问题上(如记笔记的方法等)反复讨论,拖延时间,缺乏和酝酿检查工作相结合。⑤ 安徽宣城专区直属机关与各县学习文件时就文件学习文件的现象非常严重,主要是在文字上反复讨论,啃名词,有些人讨论什么叫"群众"?有些人讨论为什么这个地方用"的"字而不用"地"字?有些人统计有多少个"主义"等。⑥ 对于这些问题,各级党组织发现后都及时进行了纠正。

① 《绥远整风中的一些偏向　无重点无中心方向不够明确　钻名词背条文孤立学习文件》,《人民日报》1950 年 8 月 23 日第 3 版。

② 《绥远省级机关整风学习　紧密结合检查工作》,《人民日报》1950 年 9 月 5 日第 3 版。

③ 《华东各地整风运动深入展开　还须加强领导及时总结经验纠正偏向》,《人民日报》1950 年 9 月 28 日第 3 版。

④ 《华东局机关少数支部　孤立学习文件生硬联系实际》,《解放日报》1950 年 8 月 20 日第 1 版。

⑤ 《中共中央转发上海市委关于整风情况的报告》(1950 年 9 月 14 日),中央档案馆、中共中央文献研究室编:《中共中央文件选集(1949 年 10 月—1966 年 5 月)》第 4 册,人民出版社 2013 年版,第 102 页。

⑥ 《安徽宣城专区直属机关　学习文件中咬文嚼字　检查工作时避重就轻　总学委会已分别提出纠正办法》,《人民日报》1950 年 8 月 17 日第 3 版。

# 三、总结工作

总结工作是中心环节,是这次整顿作风最重要的方法。具体而言,就是在阅读文件的基础上,掌握文件精神,以文件为依据,对本地区、部门过去一段时间的主要工作(贯彻政策与执行任务的情况)进行总结和检查,检查当地或部门的领导,并联系到检查个人的思想作风,明确是非,肯定成绩,查摆不足,分析原因,制定改进办法,以此达到克服缺点、提高工作的目的。总结工作,一般须具备三个条件,即:联系实际阅读一定文件;对检查工作的方法和内容有相当酝酿和准备;首长逐级负责,亲自参加,并有一定骨干,不要脱离中心工作。[①] 若条件不具备,则可能出现偏差。各地在检查和总结工作开始时,一般由主要负责人作一个报告,总结过去工作,分析存在的问题,明确检查重点,并提出初步改进办法,启发大家一起检查工作,然后组织讨论,听取意见,完善报告,最后由主要领导作出总结,明确改进办法。

9月4日,通县地委书记阮泊生就如何检查工作作了报告。关于检查的内容,他说:"从分区范围来说,决定性的工作是生产救灾,因此检查工作的重点应放在生产救灾工作上。但具体到某一部门某一单位应根据不同情况抓住不同重点。如公安部门可以检查执行宽大与镇压相结合的政策问题。"关于检查的方法,他说,要把检查工作、分析情况以及改进办法结合起来,先从总的方面进行检查,而后联系个人。但检查工作后,重点应放在改进工作。检查与总结工作要对事不对人,反对在小的事务上转圈子的毛病。主要是:一是检查工作从始至终都要贯彻批评与自我批评的精神。尤其要首长亲自动手,使行政与支部相结合。负责人不在,宁可推迟,不可勉强马虎进行。二是检查工作与领导上要先作深刻的启发性报告。为了把报告内容充实,必须经过一段时间的酝酿,根据大众所提问题作出报告,这样可使上下结合起来,检讨出的问题也深刻,并能抓住中心,明确重点。三是进入检查工作后要及时注意掌握情

---

① 《中共中央转发华北局关于农业生产成绩和整风情况的报告》(1950年9月24日),中央档案馆、中共中央文献研究室编:《中共中央文件选集(1949年10月—1966年5月)》第4册,人民出版社2013年版,第129页。

况,发现问题,及时纠正,在检查中发现有搞不清的问题,再回头学文件,这样可把问题提到原则上,使干部思想、作风提高一步。四是根据检查出的问题改进工作,确立新制度,公布执行,并坚持下来。从各地实际做法看,有以下几个方面。

## （一）结合实际确定总结重点

一般地,各地、单位都结合自身实际,对主要工作进行检查和总结。有的单位通过召开座谈会等方式广泛征求意见,确定检查的重点。由于新中国成立初期,各地实际情况差异较大,检查和总结工作的重点也有所不同。

西南局要求,从检查接管城市、剿匪征粮、统一战线、各界人民代表会议等主要工作入手,审查执行政策是否正确,反省个人作风好坏。① 针对乱扣、乱押、乱吊、乱打等违反政策行为,有的仍未得到很好纠正,且在某些地方仍滋长或发展,广西省委要求各级党委深入检查教育,配合整风切实进行检查和纠正。② 泸州地委以检查征粮工作为重点,具体包括:在三月会议以前为什么进展慢? 是否有单纯任务观点? 在剿匪工作中,对匪情的估计、认识怎样? 征粮与剿匪如何结合? 在发动群众上有无利用观点? 有何经验教训,今后应如何改进? 统战工作的认识怎样? 各界代表会议有无决心开好? 社会力量运用得如何? 在一元化领导上,核心领导是否形成? 力量组织和步骤方法怎样?③ 1950 年 6 月 13 日,西南地区的川北区党委机关报《川北日报》第 3 版刊登一位读者创作的整风快板,实际上介绍了整风的主要方法。内容是:各位同志听分明,整风学习就在今。大家都来洗个澡,洗去污渍换个新。一来检查自己的工作有无动摇不安心,征粮同志尤注意,强迫命令要纠正。二来检查坏作风,人民事业须认真,潦草拖延要不得。三来检查贪污腐化事,指明对方错误点,

---

① 《中共中央转发西南局关于干部整风的指示》(1950 年 5 月 27 日),中央档案馆、中共中央文献研究室编:《中共中央文件选集(1949 年 10 月—1966 年 5 月)》第 3 册,人民出版社 2013 年版,第 76—77 页。

② 《广西省委关于结合整风切实推进检查和纠正乱打杀行为的指示》(1950 年 7 月),《中南通讯》1950 年第 12 期。

③ 《中共泸州地委会书记杨超同志作整风动员报告》,《川南日报》1950 年 8 月 9 日第 1 版。

提出办法来纠正,不讽刺不打击,多带建议原则性,背后不要小广播,当面批评不留情,这才收效功能大,反对庸俗不认真。再谈接受批评者,虚心检讨莫留情,不要强调人太多,少请客亲的原因。①

在华北地区,绥远省政府财政厅结合秋征,重点检查1949年秋征及粮食保管,税务局总结第一季度税收工作等;察哈尔张家口市重点对财经、统战、公安、司法、文化教育、党的建设等工作,进行了较系统的检查。② 河北省各县围绕农业生产问题进行检查。③ 北京市政府检查重点,主要是政策方针的执行与工作任务完成的情况,并联系到组织机构、工作制度与作风。在方针、政策方面,着重以下各项:有关统一战线的,包括对一般留用职员的使用和教育;有关人民民主专政的,包括镇压反革命,树立民主作风,召开市、区各界人民代表会议等;有关财经政策的,主要是生产和税收;有关精简整编和文教卫生。④山西运城地委整风班确定检查中心是1950年的农业生产、财经工作和城乡物资交流,此外生产救灾、民主建政、治安工作与会道门斗争等问题亦联系加以解决。⑤

在东北地区,工业部门着重于基本建设、产品质量、团结技术人员、工厂的经营管理、领导上的官僚主义及工作中的骄傲自满情绪等进行检查⑥,其中以企业经营管理为主要内容⑦。鞍山市委要求,市内应根据各行政部门不同情况,围绕党的政策检查工作,如公安局检查执行公安保卫工作政策,工商局检查工商政策、公私关系,税务局检查税收政策等;鞍钢主要围绕以下几个政策问题检查:如何贯彻生产责任制? 实行管理民主化,团结教育技术人员与职

① 《整风快板》,《川北日报》1950年6月13日第3版。
② 《中共中央转发华北局关于察哈尔、绥远两省整党情况的报告》(1950年9月1日),中央档案馆、中共中央文献研究室编:《中共中央文件选集(1949年10月—1966年5月)》第4册,人民出版社2013年版,第2页。
③ 《河北省整风运动中检查总结工作的初步经验》,《人民日报》1950年10月9日第3版。
④ 《通过市府整风计划》,《人民日报》1950年9月3日第3版。
⑤ 《中共运城地委书记衙恒同志作检查总结工作的报告》,《山西日报》1950年9月4日第3版。
⑥ 《东北工业部门整风运动》,《人民日报》1950年6月9日第2版。
⑦ 《东北工业部门深入整风》,《人民日报》1950年9月23日第3版。

员,提高劳动纪律等问题(市公营企业与此同)。① 锦州市委要求,市委、市政府党组主要以检查各种政策的制定及决定和执行中存在的一些问题为重点,整顿领导作风,加强对基层工作的领导;工厂企业部门主要以检查如何提高产品质量、减低成本,完成和超额完成生产、修建任务为重点,检查依靠全体工人阶级和团结技术人员与职员问题、生产责任制的建立和贯彻及加强劳动纪律的问题、民主管理和民主作风问题、新工资政策的执行问题、安全卫生劳保政策问题;商业部门主要以检查如何围绕为工厂与农业服务、提高城乡贸易、实现城乡互助的任务为重点,检查公私关系调整问题、合作社如何发挥为城乡服务的问题、税收政策问题等。②

此外,中央党群、国家机关也结合实际,确定检查内容。工会系统在整风中,重点检查有关执行政策决议法令的优缺点,特别是检查是否与工人群众保持密切联系,是否关心群众、了解群众、帮助群众和全心全意地为群众服务。③中共中央还要求,吸取 7 月 25 日郑州搬运工人骚乱事件教训,各地搬运工会党组与整风结合起来检查一下各地搬运工会的工作,各级党委应责成各地工会组织党组结合整风深入检查各地工会干部在工作中的官僚主义、命令主义作风,并结合前次全国总工会所发关于清理会费的通知,进行一次工会各种经费问题的检查。④

邮电部要求,主要检查邮电费是否照顾了公私关系,统一战线政策上是否能很好地与党外人士团结合作,并检查邮电机构的组织方针,邮政与电讯机构从分到合的问题等;对各方面关系问题上主要检查邮电统一集中领导后与地方的关系及与工会的关系等;领导作风主要检查领导上的官僚主义。⑤ 铁道部政治部要求,从领导思想上明确依靠工人阶级的重要性,检查并纠正民主管理中的各种错误偏向;用负责的精神检查各种机构和制度,凡不合要求的,责

---

① 《鞍山市委关于整党工作的指示》(1950 年 6 月 19 日),《党的工作》1950 年第 48 期。

② 《锦州纪检监察史 1950—2004》,2006 年,第 8 页。

③ 《整顿工会组织和干部作风》,《人民日报》1950 年 8 月 13 日第 1 版。

④ 《中共中央关于检查工会工作的指示》(1950 年 8 月 29 日),中央档案馆、中共中央文献研究室编:《中共中央文件选集(1949 年 10 月—1966 年 5 月)》第 3 册,人民出版社 2013 年版,第329—330 页。

⑤ 《中央邮电部开始整风》,《人民日报》1950 年 9 月 16 日第 2 版。

任不明的机构和制度必须合理予以改进;检查党、政、工、团的关系,纠正党包办或放任对工会的领导和党政不分的现象,从思想上组织上树立党、政、工、团的正确关系;检查党群关系,纠正对待非党人士的左右倾偏向,加强对非党人士的团结和教育;检查领导干部中粗枝大叶、不了解下情的官僚主义作风,树立切实负责、联系实际、联系群众的科学化的民主作风。①

有的地区单位在整风中,由于重点不突出,发生了偏差。比如,8月4日至6日,临夏县委以3天时间召集全县老区来的干部(共22名,实到18名),座谈"对老区干部照顾、领导问题"。会前没有计划,没有准备,漫无目的,会中也未很好研究和掌握,引导讨论。三天的会议要求让干部尽情发牢骚,而且有一天的会议,主要负责人都未参与领导讨论,结果乱吵乱闹。② 在中南,有些地区掌握中心不够,提出问题太多,企图一次整风就把党内所有不良思想作风都消灭干净,或把各种不良思想作风并列提出,要求把各种工作中的一切错误都在短时期内一下清除,而未把命令主义、官僚主义作为中心,因而使整风流于一般化,放松了主要内容,偏于生活上琐琐碎碎的事情。比如,江西婺源县委一个干部的生活问题,开了两天会没有结果;湖南某地整风后部分干部束手束脚,怕被批评男女关系不正面而不敢接近妇女群众。③ 兴梅地委对政策未很好检查,讨论枝节问题抓不到中心,职工会开始时整搞伙食的人员,地委检讨供给制问题,统战部检讨办公桌子分配不公问题。④ 湘西只注意小问题,如对男女关系,单凭道听途说和主观猜测,非追个水落石出不可。⑤ 武汉市公安局有的单位提到供给部发衣服不合体,买电影票买错等细小问题。⑥ 对此,各级党组织及时进行了纠正。

---

① 《铁路系统开始整风 铁道部政治部指示所属》,《人民日报》1950年8月29日第2版。
② 聂景德:《临夏县整风发生偏差的教训》(1950年9月20日),《党内通讯》1950年第57期。
③ 《中南局关于整风情况向中央的报告》(1950年8月),《中南通讯》1950年第16期。
④ 《华南分局关于整风运动中情况的报告》(1950年8月),《中南通讯》1950年第15期。
⑤ 《整风中要注意克服的几个偏差和缺点》,《湘西日报》1950年7月4日第1版。
⑥ 《武汉市公安总局整风缺乏领导 亟须首长亲自动手》,《长江日报》1950年9月17日第4版。

## （二）采取多种方式总结工作

一般地,各地在总结工作时,坚持总结工作与阅读文件相结合,总结工作与检查领导相结合,总结工作与改进工作相结合,机关中检查与到基层检查相结合,自上而下与自下而上相结合,充分发扬民主,开展批评和自我批评,不仅暴露问题,而且分析原因,抓住本质,找出对策。有的通过抓住几个主要工作加以分析总结,有的则抓住几个主要问题加以检查总结。具体来讲,比较典型的方式如下。

### 1. 广泛征求意见

总结工作的过程,也是一个征求意见的过程。各地一般通过召开座谈会、党员大会、各界人民代表会议和各种业务会议等方式,听取党员、干部、群众的意见和批评,以充分暴露工作中的缺点和不足。

比如,北京市在检查与总结工作中,第一步采取座谈会的方式进行。座谈会从 8 月 21 日开始,到 9 月 5 日结束,前后共举行 10 次,充分吸取了市政府所属各会、局、处、院、行、区等单位负责干部的意见,初步检讨和总结了市政府的工作,发现了一些问题,主要是缺乏系统计划和经常检查、组织力量,进行工作不够。在此基础上,副市长张友渔从政策方针、机构制度、工作作风等三方面作了初步总结报告。① 杭州市机关在职干部整风,在学习文件时就随时搜集各种意见,各分会及中心小组利用市学委会所布置的酝酿时间,召开一定的会议,或采取其他方式,进一步搜集材料。如市公安局分别召开处、科长以上干部座谈会议,分局长座谈会,党、团员座谈会以及其他各种干部座谈会等。大部分单位除在学习中积累材料外,在准备中广泛号召干部向领导提有关工作总结的意见。此外,为召开业务系统会议或向有关部门征求意见,杭州市委组织部、宣传部、秘书处在工作总结时请业务系统提意见,公安局发函向业务上关系较密切单位征求意见。②

① 《北京市张友渔副市长报告市府检查工作的初步总结》,《人民日报》1950 年 10 月 8 日第 1 版。

② 《杭市各机关在职干部整风正顺利进入第三阶段》,《浙江日报》1950 年 10 月 11 日第 3 版。

此外,有的报社还通过报纸公开征求意见。比如,山东《大众日报》发表《为开展报纸工作的整风给本报读者的一封信》,向读者征求意见,该信于9月13日被《人民日报》转载。信中说,意见的范围不加限制,另提出了一些问题供读者参考:一、你觉得本报各版各栏的内容,哪些是你需要的、爱看的,哪些是你不需要不爱看的? 今后哪些内容需要增加? 哪些内容需要减少? 二、报纸这一时期登载的新闻通讯文章以及批评性的稿件,你看到有哪些地方不符合当时当地的实际情况? 不能合乎指导当地工作、教育干部群众的需要? 哪些地方有违犯党与人民政府政策法令的地方? 三、本报对读者、通讯员的联系,有哪些地方做得不够? 有些什么缺点与错误? 四、对本报的发行工作,有些什么意见? 发行的时间性与准确性,有哪些地方做得不够? 五、你所接触到的本报工作人员,思想作风表现上,你看到有些什么缺点? 有何意见? 六、你听到各界人民对本报的意见怎样?①

2.深入基层一线检查

部分地区为更深入总结工作,专门成立检查组到一线检查。6月18日,河北束鹿县委派出检查组,分赴三、四、六区检查领导工作。② 为准备整风,7月24日至8月5日,山东德州地委、专署各部门抽调干部31人,组成5个工作检查组,由地委书记袁成隆等带领分赴德县、齐河、临邑、禹城、南皮等检查各县工作,主要检查夏季工作(夏季生产、夏防等)和人民代表会议等工作进行情形及一般领导工作中的问题。③ 为使东北合作总社内部整风更能深刻地切合实际,东北合作总社机关整风告一段落后,8月25日至9月16日,东北合作总社组成4个工作组,分别到龙江、辽东、辽西和沈阳市检查工作。④

东北许多机关在整风中,深入基层检查工作,主要有三种情况。第一种情况是为整风做准备工作的事先检查。如东北局为召开商业会议,协同贸易部组成工作组,深入到公司、商店调查。第二种情况是抓住主要问题后,马上结

---

① 《大众日报整风中向读者征求意见》,《人民日报》1950年9月13日第5版。
② 侯永:《深入现场检查工作　获鹿县整风运动全面展开》,《人民日报》1950年8月21日第3版。
③ 《整风简讯》,《人民日报》1950年8月15日第3版。
④ 《东北合作总社整风初步总结》(1950年9月25日),《党的工作》1950年第58期。

合当前工作下去检查。如农林部在初步检查出水利、推广新农具等工作中主要缺点后,马上下去检查就要开始的防汛和制造秋收新农具等工作,结果发现水利局领导上存在严重的官僚主义作风,工程计划缺乏实地勘察和检查。第三种情况比较多,是在领导机关整风初步结束后,一方面下去帮助下级整风,巩固前一阶段的整风成果,一方面使领导机关的整风更深入一步,并摸索更具体的改进工作办法。如东北局工业会议后,东北局协同工业部、总工会等部门组成工作组,下去帮助厂矿贯彻工业会议精神,创造改进经营管理的具体经验。东北总工会亦派专人下去调查研究团结技术人员与职员和基层工会如何进行工作的具体经验,以帮助下级工会把团结全体工人阶级和工会工作面向生产的精神逐渐变为实际行动。①

3. 检查时先肯定成绩并典型示范

反对官僚主义最有效的方法,是"拿活的榜样给他们看"②。各地在检查与总结工作时,一般都能做到先肯定成绩,总结出好的经验,然后再检讨缺点,查找不足。这样,既能保护好党员干部的积极性,发现典型经验,又能够使干部更愿意检讨缺点和不足,从思想上查找根源。"在检查与总结工作时,检讨缺点,肯定成绩,二者不可偏废,要全面地去看问题,否则就会对工作的估计发生片面性,那就既不能正确总结工作、检查政策的执行,以利整风的进行,又不能对改进今后工作提供积极的正确的意见。"③各地一般都在肯定成绩的基础上,然后再查找问题。

如山西临汾专署检查工作时,先肯定成绩,认为半年来的工作获得了一定的成绩,主要表现在:农业生产方面,1950 年农业生产的主要方针是增产粮棉,兴修水利。植棉任务是 53.81 万亩,实际完成植棉 54.69 万亩,超过原任务 1.6%。水利方面,新修与恢复水渠 115 条,超过原计划 47 条,增加水田近11.71 万亩。建立了粮库机构,各县成立了县粮库,调运粮食 1200 万斤,配合

① 《东北多数领导机关深入基层检查工作》,《人民日报》1950 年 10 月 19 日第 3 版。
② 毛泽东:《长冈乡调查》(1933 年 11 月),《毛泽东文集》第 1 卷,人民出版社 1993 年版,第 277 页。
③ 《中共广西省委副书记李楚离同志在省直属机关干部整风大会上的讲话》,《桂北日报》1950 年 8 月 19 日第 1 版。

了生产救灾工作。民主建政方面,各县均召开各界代表会 2 至 4 次,发扬了民主,研究与布置了工作,巩固了人民民主统一战线。文教卫生方面,各县普训小学教员,整顿小学校班次,使该区小学由混乱状态初步走向正规。1950 年春防疫队在全区给群众与干部种痘 89409 人,防疫队先后下乡 16 次。①

同时,部分地区还运用典型示范的方法检查工作,这在县以下整风中广泛采用。如浙江宁波针对区乡干部水平低的情况,选取曾任镇海郭巨乡乡长王万春作如何走群众路线的典型报告。王万春是个坚持干部,打游击时团结群众做得很好。他用生动具体的事实说明解放后他如何由骄傲自满发展到严重的强迫命令,群众怕他。一个晚上他从外村出发找了一个不认识他的农民领路,谈起干部工作的问题,那农民即顺口告诉王乡长如何凶、如何坏,他由此痛心地接受了农民的教育,自觉走群众路线,在生产中与群众商量,给群众办了很多好事,现在群众很拥护他,他的名字已为全乡人民所熟悉。王万春的报告给全县干部以感动和启示,增加了走群众路线的信心。② 对这一典型,《宁波时报》1950 年 10 月 4 日第 3 版专门作了详细报道。

有的地区整风中还通过好坏对比的方法,用鲜活的事实进行群众路线教育。比如,川东区要求收集有关整风时检查工作的材料,每个地委总结两个典型县的材料(一个好的和一个坏的)及一个综合材料。③ 在苏南区党校整风中,运用太仓县沙溪区和武进县百丈区两个修堤的典型报告,给党员干部以很大启发。沙溪区事前耐心说服群众,打破顾虑;进行中处处与群众商量,顺利解决住房等各种困难,及时表扬好的民工,调动劳动热情,堤修得又快又结实。而百丈区不动员,不解释,强迫劳动,加上坏分子造谣煽惑,结果发生四五百人的骚动,修堤也拖延了时间。这一对比,使许多干部看清了应选择的办法。④

### (三) 检查个人思想和作风

总结工作的最终目的,是为了改进作风,改善党群关系。在总结工作中,

---

① 《山西临汾专署进行整风》,《人民日报》1950 年 8 月 24 日第 3 版。
② 《宁波区干部整风基本结束》,《宁波时报》1950 年 10 月 29 日第 3 版。
③ 《川东区党委关于干部整风的指示》,《西南工作》1950 年第 9 期。
④ 《华东各地整风中 怎样克服强迫命令作风的?》,《人民日报》1950 年 10 月 27 日第 3 版。

各地一般都联系到个人,检查个人的思想和作风问题。

有的地区把联系个人检查思想作风作为一个阶段或步骤。比如,山东分局组织部把个人思想检查作为工作检查总结后的一个阶段,从 10 月 11 日起至 14 日止。① 重庆市委专门规定了总结鉴定阶段,要求由本人把自己的反省、别人提的意见综合起来,小组传阅或在小组讨论,通过后填在鉴定表上。② 广州市各机关整风的最后步骤是个人鉴定,要求当批评与自我批评充分展开,工作中重要问题与基本问题已有结论后,要联系到个人,附带解决个人的是非功过问题,对个人作出适当的鉴定。川北区要求,个人鉴定采取自报公评方式,即首先由自己检讨,然后大家提意见,肯定成绩与优点,指出错误和缺点,在个人思想自觉的基础上进行鉴定。③

检查个人思想和作风如何进行呢? 山东省委组织部按以下办法进行:一是事前进行充分动员。该部在检查总结工作中,多数党员干部已感到个人检查的必要。在部、科工作检查完毕后,领导干部为了使大家重视个人检查,打消某些思想顾虑,进一步开展批评与自我批评,又作了一次动员,消除顾虑。二是明确规定个人检查的目的、范围和标准。在进行个人检查前,副部长李广文在部全体干部会议上,说明检查的目的、范围和标准,并联系前段检查工作中暴露的干部思想作风问题,进行分析批判,明确检查方向。三是个人检查的方法注意四个方面:紧密联系工作,直截了当从个人思想作风上提出问题,进行分析并提出改进意见;会前充分准备,一般均写检查提纲,互相传阅征求意见;小组会上个人作出检讨,大家帮助分析,会后个人整理总结,小组不作结论和鉴定,以防止发生"过关"的偏向;会后负责干部进行个别谈话,征求意见,以便确实打通思想,防止个别干部因检讨批评而背上新的包袱。④

部分地区和单位负责人在作报告、检查和总结工作后,联系个人检查思想作风。如泸州地委书记在检查和总结工作后,检讨了自己的思想和作风,指

① 《中共中央山东分局组织部整风中进行个人检查的方法与经验》,《解放日报》1950 年 11 月 1 日第 3 版。

② 《重庆市委干部整风队第一期整风初步总结》,《西南工作》1950 年第 13 期。

③ 《川北总学委举行评功奖模大会》,《川北日报》1950 年 10 月 26 日第 1 版。

④ 《中共中央山东分局组织部整风中进行个人检查的方法与经验》,《解放日报》1950 年 11 月 1 日第 3 版。

出："个人有把泸州专区搞好的愿望，但缺乏新区工作经验，对情况不曾集中精神深入研究。三月会议以来未能抓紧部队包干，给干部以充分的思想准备，使征粮与当时的情况没有结合好。硬搬征粮政策，干部未能体会；对匪情研究不够，反匪肃特工作不深入。整个工作偏重于执行政策，抓典型，而忽略了任务。"①

联系个人检查思想和作风的过程中，难点在于使党员干部认识到不良作风的危害，查找思想根源，明确方向。从各地整风开展情况看，这当中难点又在于如何使区乡干部认识到强迫命令不对，不能把政策执行与完成任务对立起来。宁波地委在整风中，为克服这一难点，运用了四种办法：一是把七届三中全会决议精神具体化并专门报告，使干部明确正确思想，以此检查由命令主义错误而造成脱离群众的事实，明确工作总路线。二是领导上作好总结工作的报告，简要明确，从头到尾均应贯彻反命令主义的重点，肯定成绩，批判错误。三是讲解或自学《人民日报》的《坚决反对命令主义》和《解放日报》的《坚决克服乱打、乱杀、乱抓、乱罚的错误偏向》两个社论，与"不强迫命令，无法完成任务"的思想作斗争。四是作典型报告等，以实际例子说明命令主义要不得。②

1950 年 10 月 15 日，《解放日报》第 3 版刊登了福建一位干部检查个人思想作风的总结，题为《我在整风中体会到我是辛辛苦苦事务主义者》，具体内容如下："在整风学习中，我检查了到福建一年来的工作，初步认识到过去在工作中的缺点和错误。但对它产生的根源，对党对人民的危害性，分析批判是不够深刻的。自学习了'七一'报告，特别是读到'辛辛苦苦的官僚主义'时，我深刻地认识到过去主观上认为在辛辛苦苦为人民服务，每天东奔西跑，忙于跑路，忙于琐碎事务，不去耐心发动组织群众，使群众自觉自愿地去完成工作任务，而是一切从自己主观出发，用粗暴的强迫命令手段去完成工作任务，结果，不但任务不能完成，反而是我们脱离了群众，使党和人民的事业遭受损失，破坏了党和人民政府的威信。"他还检讨自己在借粮、保存材料工作中的作风

---

① 《中共泸州地委会书记杨超同志作整风动员报告》，《川南日报》1950 年 8 月 9 日第 1 版。

② 《宁波区干部整风基本结束》，《宁波时报》1950 年 10 月 29 日第 3 版。

问题,认识到自己的错误,并下决心改正错误,学习政策,树立群众观点,当一个好勤务员。①

从这一检查可以看出,该干部通过检查和总结征粮工作以及保存材料等日常工作,来查找自身存在的作风问题,深刻认识到自己是一个事务主义者,并明确要改正错误,努力学习政策,树立群众观点,当一个好的勤务员。这一总结,实际是一个自我反省的过程,是个人的思想检查,以此可以窥视整风中个人思想作风检查的具体做法。

总结工作是切入点,在此基础上需要联系检查党员干部个人的思想和作风,必要时还要再次学习文件,掌握文件精神以更好地检查和总结工作。对这一方法,有的地区和单位在整风开始时掌握不够,把这一环节同学习文件割裂开来,不联系检查个人的思想和作风。比如,吉林省有的单位整风检查工作和读文件密切结合不够,没有很好将文件精神贯彻在整个整风过程中,运用文件作武器检查总结工作。② 旅大工业厅及所属各厂整风运动在深入开展中,单纯检查业务,发现工作中存在的主要问题,研究和决定改进的办法,但对阻碍工作改进的思想作风方面重视不够,甚至不准备从思想作风上去解决问题。③

有的地区不是从检查和总结工作出发,而是从检查个人出发,专门找错误多的作为重点对象,算旧账,无休止追究生活琐事和枝节问题,个别干部趁机发泄私愤,把整风会开成了坦白会,以致出现偏差。如在西北地区,宁夏个别机关不从实际出发,不联系工作,而是追查历史,检讨生活细节。④ 西北军政委员会贸易部6月开始整风,从检查个人出发,暴露问题,到7月底,整个贸易部(连直属单位在内)就暴露出以前多个问题,贸易部本身就有300多条,其中很多纯粹是个人生活作风,个别同志因接受不了而请假甚至提出辞职,使整

① 《我在整风中体会到我是辛辛苦苦事务主义者》,《解放日报》1950年10月15日第3版。
② 《吉林省委关于全省整风初步总结》(1950年10月13日),《党的工作》1950年第69期。
③ 《旅大工业厅及各厂整风中　存在单纯检查业务的偏向》,《人民日报》1950年10月20日第2版。
④ 《宁夏省委关于整风运动的报告》(1950年9月20日),《党内通讯》1950年第57期。

风无法进行。① 对此,各单位都及时作了纠正。

## 四、批评和自我批评

批评和自我批评是中国共产党的优良传统和优良作风。毛泽东曾指出,有批评和自我批评这个武器,就能够去掉不良作风。② 批评和自我批评贯穿于整风全过程,无论是学习文件、检查和总结工作,还是思想动员、开展和总结结束,都运用了"党强身治病、保持肌体健康的锐利武器"③。早在 1950 年 4 月 19 日,中共中央就作出《关于在报纸刊物上展开批评和自我批评的决定》。毛泽东也曾作出批示,要求把宣化市的错误"在报纸公开揭露,予以批评,借以教育全党。"④胡乔木在作整风具体部署时指出:"各地党报党刊应当进行有力的工作,主要的是展开批评与自我批评。"⑤各地亦注重开展批评和自我批评,比如重庆市委就要求批评和自我批评必须上下结合,由上而下,由下而上,做到三层亮(上级、下级、同级提意见)。⑥ 总体来讲,这次整风较好地运用了这一武器。同时,部分党员干部认识不到位,害怕批评,没有带头自我批评,批评别人多,甚至压制批评,打击和报复批评者,有的则虚心检讨,但坚决不改,等等。从开展批评和自我批评的载体上看,主要有以下几种方式。

### (一) 在报纸刊物上开展批评

各级党报积极开展批评和自我批评。长江日报社、河北日报社、大众日报社、新湖南报社、浙江日报社、绥远日报社、云南日报社、松江日报社等对副刊

① 《加强整风领导——西北贸易部整风中走了一段弯路的教训》,《群众日报》1950 年 8 月 19 日第 4 版。

② 毛泽东:《在中国共产党第七届中央委员会第二次全体会议上的报告》(1949 年 3 月 5 日),《毛泽东选集》第 4 卷,人民出版社 1991 年版,第 1439 页。

③ 《习近平著作选读》第 1 卷,人民出版社 2023 年版,第 525 页。

④ 中共中央党史和文献研究院编:《毛泽东年谱》第 4 卷,中央文献出版社 2023 年版,第 170 页。

⑤ 胡乔木:《整党问题》(一九五〇年六月在中共七届三中全会上的发言),《胡乔木文集》第 2 卷,人民出版社 2012 年版,第 7 页。

⑥ 《重庆市委关于干部整风的计划》(1950 年 6 月 20 日),《西南工作》1950 年第 9 期。

进行改版,以主要篇幅刊载读者批评和建议的来信,《河北日报》则把副刊整个改称"读者来信"。据统计,《人民日报》5 月份收到读者来信 2478 件,比 4 月份增加 804 件,是 3 月份的近 3 倍;其他华北各地主要报纸在 5 月份收到的读者来信也一般地增加了 1 倍。①

华东各地报纸展开批评和自我批评,采取如下方法:一是扩大社会服务栏(或社会服务栏与副刊合并后的新副刊)地位,以主要篇幅登载批评和自我批评的稿件。二是召开通讯员座谈会,报告批评和自我批评问题,动员在报上进行批评和自我批评。三是处理读者的批评稿件,一般是派人调查,并通知有关机关,把来信和调查结果或检讨同时刊登。四是值得重视的批评稿件,配合发表言论,提到原则高度,加强批评事件的政策性和思想性,并启发被批评的部门和个人进行深刻检讨。五是对于检讨不正确或不深刻的部门和个人,编者加按语,或者发表评论,坚持原则,帮助其纠正错误。六是对待公开抗拒压制批评的,采取在报上坚决斗争的办法;对被批评者不理不睬、拖延检讨的,采用公开登报催促,写信催促,或派人催促办法,实行群众舆论监督。七是遇有不易解决的问题,报告领导部门,要求协助解决。②

各地报纸刊载了大量党员、干部、单位的自我批评,对全党的自我批评起到了重要推动作用。如 8 月 15 日,西南地区川南区党委的《川南日报》在第 1 版刊载了资中县委副书记题为《我认识了违反政策的严重性》的检讨。他在检讨中首先列举了自己在征粮工作中所犯官僚主义与命令主义的具体表现,分析了产生的原因,最后表示:"经过这次整风学习,对自己有很大的启发和教育。认识了以上的错误,是严重地损害了党和人民的利益。今后定要加强学习,提高政治水平,虚心接受别人好的意见,多调查研究情况,并树立严格认真的工作作风,决心在今后工作中改正以往的错误。完成党和人民赋予的重大任务。"③

除了个人的自我批评外,有的单位还对本部门工作在报纸上进行自我批评和检讨。如 10 月 16 日,《陕西日报》第 4 版刊载了绥德分局监察委员会题

---

① 《贯彻正确的批评和自我批评》,《人民日报》1950 年 6 月 7 日第 5 版。
② 《报纸上的批评和自我批评》,《人民日报》1950 年 8 月 30 日第 5 版。
③ 《我认识了违反政策的严重性》,《川南日报》1950 年 8 月 15 日第 1 版。

为《在整风学习中对监察工作的检讨》的自我批评。绥德分局监委会指出,整风中对监委会工作做了检讨,缺点如下:一是"工作计划少,主动性差"。二是"只是着重检查了个人的贪污浪费和违法走私等不良作风,但对各级领导上执行政策的情况和作风却很少检查;尤其对于结合当前工作任务进行监察工作,更是做得不够"。三是"工作方式急躁。调查的案子都不够彻底,对犯错误的同志说服教育不够;不管他思想上能不能接受,只是强调处罚。更没有从提高干部的政治水平上,来提高工作效率"。四是"处分多,奖励少"。

接着,绥德分局监委会分析了产生缺点的原因,并提出今后的改进意见。主要有五点:一是"健全组织。按照省政府的批示,分区监委会干部五人,现缺二人;县上二人,现缺一人。需要配备健全,并找比较强的干部充任,来提高工作"。二是"工作上主动,并发挥监委会的指导作用,使全体干部进行监察工作。此外,要深入群众、教育群众,帮助整风工作,大胆揭发干部中的不良倾向,并从思想上提高干部,使他们和群众密切结合起来"。三是"配合政府当前的中心任务,进行监察工作"。四是"实行奖惩制度。今后必须发现积极分子、模范工作者"。五是"加强业务学习。监察工作是一个新的工作,业务不熟,经验又少,这就需要我们努力钻研业务,在工作中摸索经验教训,逐渐克服缺点,改进工作"。①

各级党报对党内存在的作风问题也提出了批评。如9月8日,《人民日报》第3版发表了政务院政法委员会参事室的《不要滥发调查统计表格》一文,批评了各级政府存在的调查统计报表多的现象。文章指出,据1949年6月调查,察哈尔省雁北专区阳高县政府民政、财政、教育等8个部门四五月份向上级填报的调查统计表格,据不完全统计,共达106种之多(财粮及税收制度表格32种尚不在内);季报表38种,月报表31种,旬报表5种,临时性的32种。中央发11种,省政府发31种,专署发50种,县发14种。106种表格由县级机关填报的共85种,发至区级的21种。所有以上各种调查表格,内容一般相当复杂。如怀来县的婚姻调查表内,包括婚姻对数、买卖婚、包办婚、父母找的本人自愿、完全自由恋爱、童养婚、早婚等项数字。表格太多、内容太复杂,

---

① 《在整风学习中对监察工作的检讨》,《陕西日报》1950年10月16日第4版。

使得县区干部填表时感到很为难,有的不得不造假应付,不报又担心犯无组织无纪律的错误,以致严重影响工作。对此,文章提出要改进调查研究,加强组织计划性,防止滥发统计表格。①

除了对作风问题进行批评和自我批评外,各地党报还对整风提出意见和建议。如8月5日,贵州的《新黔日报》第3版发表了刘季健的《对"开展批评"的几点意见》一文,针对批评和自我批评存在的问题提出了三点意见:首先,上级一定要启发群众排除顾虑,多提意见,并应以实际例子证明给群众看,无论正确或不大正确的意见都得到重视、采纳、解释与说服。第二,领导干部一定要虚心欢迎并重视群众的批评。自己要在群众中以身作则,严格自我批评。第三,不要把自我批评与互相批评庸俗化,斤斤计较一些非原则性的生活小节,或是恶意攻击,避免无关原则的纠纷。②

各级党委十分重视在党刊中开展批评和自我批评。新中国成立初期,各中央局都有自己主办的党刊,主要用于传达中央局的指示精神、布置工作、交流各地经验,如西南局的《西南工作》、西北局的《党内通讯》、中南局的《中南通讯》、华东局的《斗争》、东北局的《党的工作》等。6月20日,《西南工作》在征稿启事中指出,本刊目前主要需要如下内容的稿件:"干部优良作风的表扬,及对各种恶劣作风与倾向的检讨与批判。目前特别看重对官僚主义、命令主义及堕落腐化、脱离群众等不良倾向的揭发与批判","批评与建议,及疑难问题的提出与解答"。③ 9月,西北局作出《关于加强〈党讯〉工作的决定》。决定强调,《党内通讯》是"反映各地具体执行政策中的优点与偏向,总结实际工作中所获得的经验教训,表扬正确执行政策、完成任务的优良作风,及时开展批评和自我批评,批判党内不良思想倾向的刊物。各级党委必须重视这个刊物,把它作为贯彻党的政策,推动工作的有力工具,作为实现思想领导,教育党员干部的重要武器"④。

党刊上的批评和自我批评非常多(见表4)。比如,10月10日,《党内通

---

① 《不要滥发调查统计表格》,《人民日报》1950年9月8日第3版。
② 刘季健:《对"开展批评"的几点意见》,《新黔日报》1950年8月5日第3版。
③ 《征稿启事》,《西南工作》1950年第6期。
④ 《西北局关于加强〈党讯〉工作的决定》(1950年9月),《党内通讯》1950年第57期。

讯》1950 年第 57 期发表了西北局党内通讯社的《对〈党讯〉编辑工作的检讨》一文,对《党内通讯》工作进行了自我批评。内容如下:一是上面政策文告很多,而来自下面的经验总结太少。第 41 至 50 期,共登载 240 多篇文章。中央、其他中央局及西北局的指示、通报等,就占了 2/3,西北各地才占了 1/3。这样,就不仅不能交流各地工作经验,而且也不能帮助领导了解下情,补充与丰富上面指示的内容。二是没有随时、密切地配合每一时期的实际运动。比如 1949 年的征粮、剿匪、重点反霸,1950 年春的生产救灾等问题,是关系着当时广大群众切身利益的事情,但这类工作经验的总结,登载很少。城市的工运工作和税收工作,民族问题与统一战线问题,也是人们关心的极其重要的问题,但这类的文章,登载亦不多。三是"思想性不够强"。①

表4 各中央局、中央分局党刊开展批评和自我批评情况

| 序号 | 文件名称 | 时间 |
|---|---|---|
| 1 | 《西北局关于西安市公审婚姻案事件的通报》 | 《党内通讯》1950 年第 51 期 |
| 2 | 《对〈党讯〉编辑工作的检讨》 | 《党内通讯》1950 年第 57 期 |
| 3 | 《临夏县整风发生偏差的教训》 | 《党内通讯》1950 年第 57 期 |
| 4 | 《川西区党委转发温江地委关于无政府无纪律现象检讨的通报》 | 《西南工作》1950 年第 3 期 |
| 5 | 《对西阳干部思想作风的检讨》 | 《西南工作》1950 年第 20 期 |
| 6 | 《西南局对重庆煤矿业解雇工人问题的检讨报告》 | 《西南工作》1950 年第 21 期 |
| 7 | 《邓子恢同志关于工会工作的检讨报告》 | 《西南工作》1950 年第 21 期 |
| 8 | 《西南局宣传部关于重庆市公私营出版发行工作的检讨报告》 | 《西南工作》1950 年第 23 期 |
| 9 | 《皖南当塗县委关于领导问题的检讨和今后意见》 | 《斗争》1950 年第 48 期 |
| 10 | 《东蒙区党委关于发展党中发生错误与偏向的通报》 | 《党的工作》1950 年第 53 期 |

① 《对〈党讯〉编辑工作的检讨》,《党内通讯》1950 年第 57 期。

| 序号 | 文件名称 | 时间 |
|---|---|---|
| 11 | 《东北局整风委员会关于尚志县委整风计划的通报》 | 《党的工作》1950年第55期 |
| 12 | 《请批评建议!》 | 《华南通讯》1950年第2期 |
| 13 | 《中共中央华南分局关于官僚主义、文牍主义典型事例的通报》 | 《党的工作》1950年第51期 |
| 14 | 《分局关于农村基层组织严重不纯的通报》 | 《华南通讯》1950年第10期 |
| 15 | 《鄂南电力公司领导思想检查报告》 | 《中南通讯》1950年第9期 |

资料来源:西北局党刊《党内通讯》、东北局党刊《党的工作》、西南局党刊《西南工作》、华东局党刊《斗争》、中南局党刊《中南通讯》、华南分局党刊《华南通讯》等。

8月,华东局党刊《斗争》1950年第48期发表《皖南当涂县委关于领导问题的检讨和今后意见》一文,对当涂县委四个月来的领导工作进行了检讨。《斗争》编辑部还为该检讨写了编者按,指出:"这种以整风精神检查工作的态度是好的,特予刊载,并望各读者同志向党刊踊跃投稿。"首先,该文检讨了四个月来的工作情况。指出,四个月来,在上级领导、党政军民密切配合下,领导群众生产渡荒,完成修堤复圩,一般说是有成绩的。但在执行任务中,也发生了许多缺点和错误,出现一些干部打人等。对这些问题,县委领导应负责任,县委各方面均未能满足工作的需要和上级党委的要求。接着,文章分析了存在的问题,认为"任务繁重,情况不熟是客观原因",但主要原因在于:一是工作作风上存在着官僚主义——既不了解下面情况,处理问题又不能适当和及时。二是领导方法上,不能突破一点,推动全面。三是领导思想不明确,工作计划不系统。由于县委领导上单纯任务观点,学习政策不够,领会事务迟慢,对发生的问题不能及时有效处理和没有教育干部、推动组织、进行领导,以致虽然辛辛苦苦做了许多工作,而结果完成任务仍不彻底,执行政策也发生毛病。最后,县委提出了努力方向。①

---

① 《皖南当涂县委关于领导问题的检讨和今后意见》,《斗争》1950年第48期。

## （二）在会议中开展批评

整风是通过一系列会议发动和开展的，从最开始的动员会，到各地的整风会议，结合整风进行的党代会、各界人民代表会议等，一般都充分地进行了批评和自我批评。比如，6 月 19 日至 21 日，河北省无极县委会召开会议，对县委领导存在的官僚主义、命令主义缺点与错误进行批判与检讨，并决定将这一检讨在县、区干部整风会议上公布，以启发全县党员干部进一步检查领导，广泛展开批评与自我批评。检讨的缺点和错误主要有：一是县委领导上工作漂浮，不深入基层了解情况，脱离实际，脱离群众，增加了工作上的困难，为下边的命令主义撒下种子。二是县委领导上存在着单纯任务观点，把对上级领导机关负责和对群众负责对立起来，工作中只求上级说好，不管实际情况和群众反映。三是在工作中不敢放手使用干部，事务包办，样样都管。四是县委领导上民主范围不广，对群众意志不重视、冷冷淡淡，甚至持打击态度。工作无计划，处理问题不及时的缺点也很严重。如人民法院积压案件百余起，已引起严重恶果。①

8 月 10 日，甘肃宁定县工商科召集工商联合筹备会。由于甘肃宁定县税务局征收春季营业税时，在工作中没有宣传政府"取之于民，用之于民"的税收政策，耐心向群众说服解释，而是采取简单急躁、强迫命令的方式执行，以致许多商人害怕税局人员，不敢接近，脱离了群众。所以，会上，许多工商群众提出批评。宁定县税务局乔局长当场向工商群众承认错误，并道了歉，决定今后税收由工商联合会会同税局办理。到会商人反映说："局长做错了事，也该咱们认错。"②

10 月，上海市市长陈毅在市委的整风报告中，批评了许多干部存在的官僚主义、命令主义、形式主义等不良作风，同时对市委工作进行了自我批评。他指出："市委对于上述各问题应该提出自我批判"，市委"调查研究不够具体深入，对中央与华东局的政策和规定任务的研究体会不够，因此政策方针的掌

---

① 《检讨我们的官僚主义与命令主义》，《人民日报》1950 年 7 月 27 日第 3 版。
② 《反对强迫命令》，《团结报》1950 年 7 月 16 日第 2 版。

握上仍然是有缺点的,主要是研究传达工作不够,有系统坚持与贯彻差,配合实际创造具体办法差,以及城市工作经验不够,并且为许多临时突击任务所缠绕,因而在总的方面,把接管时间拖得特别长,以致许多部门进行深入改造的条件拖迟至今未准备成熟","同时某些具体任务的规定缺乏在事前作周密的部署和讨论,存在仓促从事的作风,对下面执行时发生偏差当然应该负一部分责任。对于掌握复杂的上海工商业的领导,市委的经验与知识还是不够的"。对于工作中的偏差,陈毅主动承担了市委应该负的责任。他指出:"这当然首先应由市委领导上负责任,即在于市委于事前或事后未能及时采取有效步骤给各级干部以帮助","市委各同志当然不能推卸责任,把一切缺点错误推到各级干部身上去"。①

领导在会议中的主动自我批评,往往带动一般干部和群众的自我批评,也推动其他干部积极开展工作。比如,浙江省金华地委三源重点乡乡长虞家贞在三满重点乡农代会上向群众代表作了深刻检讨,批判了自己的官僚主义、强迫命令作风,向群众认了错。接着又到十里铺代表小组作了检讨,当时就得到了代表们的原谅及拥护。有的代表说:"以前那些事情,也不完全是虞乡长的错,他是江北人,到江南来给咱办事,一贯积极带头,就是放水也是为了救田,不过他不了解情况就强迫放水,是个错。渡头村原来有个塘,因为他们自己懂得修,所以才没水,我们不给他村放水用,就是为的这一点。"有群众说:"我以前是很相信虞乡长的,自从他强迫我放水,我就不高兴,加上又受了坏分子的气,他不但不去治坏分子,还骂我不争气,我好比一个小孩子被石块绊倒了,他不但不拉起我,还打我一样。所以我以后什么也不愿做了,开会就睡觉,心想撤职就撤职,坐牢就坐牢,杀头就杀头吧! 今天虞乡长知道自己不对,向我们认了错,和我们也亲近了好些,就好似又拉起我来了一样。我以后保证带头干!"②

## (三) 在文件中开展批评

文件,在当代中国政治过程中具有重要地位。而文件本身,具有利益表

① 陈毅:《中共上海市委整风报告》,《人民日报》1950年10月11日第1版。
② 曹春:《整风帮助虞乡长改善了工作作风》,《浙江日报》1950年10月11日第4版。

达、信息沟通、执行、传递和转换等功能。① 整风中,各级党委通过各种文件,深入开展批评和自我批评,使批评和自我批评得到了广泛的运用。

文件的具体形式有很多,如决定、指示、决议、通知、工作报告、总结等,而检讨本身也属于中共文件的一种形式。批评和自我批评的作风,一个重要的表现形式就是通过各类文件反映。在整风中,各级党委或部门负责人通过整风报告、动员报告、总结报告等文件形式,对党内作风问题作了批评和自我批评。这样的材料非常之多,就不一一列举。仅举几个典型案例,加以说明。

第一,相关单位、个人撰写检讨书,对工作中的问题进行自我批评。在中国共产党的政治生活中,开展自我批评的方式很多,除了口头上的表态和检讨外,书面形式就是检讨书,一般需要在会议、党刊党报上公开宣读或发表,以启发群众、教育干部。9 月,河南省委作出《关于处理正阳县乱捕问题的检讨》,检查了各地乱捕现象,分析了这一现象的原因,并主动承担了责任。该检讨指出,四次党代会时,省委认为问题虽然提出,但没有重点系统解决,这一问题省委应负主要责任,是省委领导政治嗅觉不高,工作检查不深入,纠正偏向贯彻不够,对下边错误有姑息迁就态度,今后应加警惕改正,但各地委领导亦有麻痹情绪,重视偏向不够,且有的地委自我批评自我检查精神不够,多说成绩怕说缺点,只能说好不能说坏,对某些偏向问题认识不够;不能从领导上首先检查,影响推动下边干部认识错误、改正错误,也有怕伤害干部积极性不敢批评,不能功过分清,企图消灭错误于无形,马虎了事。② 该检讨被刊载在《中南通讯》第 18 期,作为各地学习参考材料。

第二,有的党委把有关检讨转发各地参考,进一步扩大其作用和影响力。比如,8 月,华东局把宁波地委和浙江省委对宁波地委庄桥乡在 1949 年征粮中发生乱打、乱抓、乱罚等违反政策错误问题的检讨转发各地参考。

6 月 10 日,宁波地委在检讨中,对地委领导上的严重任务观点作了自我批评。指出,主要是由于地委在领导上存在严重的任务观点,只对任务负责,

---

① 谢岳:《文件制度:政治沟通的过程与功能》,《上海交通大学学报(哲学社会科学版)》2007 年第 6 期。

② 《河南省委关于处理正阳县乱捕问题的检讨》(1950 年 9 月),《中南通讯》1950 年第 18 期。

不对群众负责,讲起来是政策与任务并重,做起来是使政策服从任务。当运动开展时,不问政策而问任务。从庄桥乡的负担看,1949 年征粮全区负担任务较重,更由于领导上缺乏调查研究,没有掌握材料,分配任务上产生畸重畸轻现象,任务重的地方首先遭到区乡干部的对抗情绪,当时地、县领导上只能用上级任务要求来压下面;从政策与实际材料上没有办法打通干部思想,干部就只有硬着头皮去完成任务,因此必然产生严重的强迫命令。地委由于政治水平低,单纯任务观点严重,当时在领导上对许多违犯政策的情形抱一种"不可避免"的态度,而不去积极纠正,使之自流。另一种往往把对地主阶级在征粮上的破坏和干部作风上的强迫命令混为一谈。当干部由于强迫命令而发生严重恶果时,就归之于地主阶级的对抗、破坏,因而推卸了自己的责任,这样在某种程度上就助长了乱打乱抓现象继续发展,加之南下干部存在着山东乡村的习惯思维,很容易把小土地出租者当成地主,结果不仅地主在征粮中受打击重,一部分小土地出租者也受到很重打击,这就大大破坏了农村统一战线。

8 月,浙江省委也作出检讨,主动承担了领导责任。指出,1949 年浙江农村征粮中确曾发生严重的混乱现象,主要原因是由于刚到新区,情况不熟,没有准确掌握田亩产量,加上减租中农民对产量评得过低,对宁波地区阶级关系复杂、地主兼营工商业者及小土地出租者较多的情况了解不够,同时对产量估计过高,初期分配任务较重。省委当时主观上认为第一年重一点不要紧,再加上下层干部作风不纯,在繁重而紧迫的任务催促下,为了完成任务,因而发生乱捕乱打乱罚的严重违反政策的现象。当时省委领导虽不断纠正,但未予有效制止。至 1950 年 2 月全省二次党代会上,对这些严重违反政策现象才作了全面检讨,认为主要应由省委负责,并给全体干部以深刻教育,号召进行自我批评,同时省政府发布了六大禁令,现在这种现象大部地区已停止,各阶层对征粮的不良影响已有改善。①

这种批评和自我批评还体现在整风这项工作本身,即各级党委能够以实事求是的态度对待整风中出现的问题和偏差,以进一步深入开展整风。如

---

① 《华东局对浙江省委关于去年征粮宁波地区违反政策的检讨报告的指示》(1950 年 8 月),《斗争》1950 年第 47 期。

1950 年 10 月,华南分局在《关于最近整风情况综合报告》中,以自我批评的态度,分析了此次整风运动中的不足。指出,这次整风运动的发展是不平衡的,大部分地区经过了初整,有些成绩比较显著,有些则走了许多弯路,有个别地区和个别单位尚未认真进行整风。如对整风如何与工作相结合这个中心问题,有些地委未能得到很好解决。究其原因,首先应由分局负责,分局对整风领导抓得不够紧,特别是因为当时很快就要夏征,分局意见认为如果先召集地委负责同志来分局整风,似将影响夏征任务。因此,各地委负责同志未经过分局整风,缺乏整风经验,也由此形成由地委开始的整风,各搞各一套,有些走了弯路,未能收到应有的效果。除组织广州各机关总学委外,华南分局又亲自组织专门协助领导整风的机构,协助党委进行领导;党委工作又很忙,无暇通过整风来检查工作,加上下面请示报告不及时,致使有些地方的整风陷于自流,未能通过整风检查工作把工作与整风结合起来。个别地委因检查一件工作,就误了几个月的时间,至今尚未认真进行整风;还有个别地委习惯了报喜不报忧,上级提出批评则表示不满。所以,这次整风有些单位得不到应有的收获,不能真正解决思想问题和实际问题。① 11 月,华南分局在县级干部整风总结中指出,此次整风主要缺点是还不够系统和全面认识政策。如政策与任务的问题上,片面批评"任务观点",容易产生新偏向,又如在统一战线问题上发言多侧重团结争取,至于如何掌握阶级路线、巩固内部、发动和依靠基本群众、壮大自己以达到团结他人的目的,则谈得很少。其次对依靠群众解决困难,思想上还未完全通过,批评与自我批评也未充分发挥,这些缺点在大会总结时均已指出。此外,由于时间短促,对个人思想根源挖得还不够深刻,领导上也没有及时掌握典型和运用典型。②

重庆市委在《干部整风队第一期整风初步总结》中,在肯定成绩和总结经验的同时,明确指出:"此次整风的缺点是:没有很好的注意到运用典型来指导教育一般。如二支部有关同志,对自己命令主义检查反省得非常具体,但整风委员会没有及时很好介绍出去,运用这个典型去推动指导一般。各支部领

---

① 《华南分局关于最近整风情况综合报告》(1950 年 10 月),《中南通讯》1950 年第 22 期。
② 《华南分局县级干部整风总结》(1950 年 11 月),《中南通讯》1950 年第 24 期。

导上,亦有这种缺点。"①《贵州遵义地委、专署直属机关整风学习总结》也分析了整风学习中的问题,主要有:一是学委总会领导上对全面情况认识不足,具体帮助重点不明确,以致各单位发展不平衡。二是时间太紧促,各个单位都留下了一些尾巴。三是学习文件时间太短,共三天,学习方法也不好,未能集体结合实例上大课,以致许多同志乱戴帽子,张冠李戴,不适当、不系统、不明确。②

部分地区在结合整风召开的党代会上,在会议总结中也对会议本身的缺点作了自我批评。比如,7 月 23 日,江西省委书记陈正人《在第二次党代表会议上的总结报告》中坦陈此次会议的缺点,主要是自我检讨不够,表现在:一是自上而下批评多,自下而上的自我检讨不够,没有从批评省委转到自我检讨。听说当主席团转到自我检讨时,有些干部情绪就冷淡了,这种情况是值得重视的。二是运用武器不够,对一年来工作的检讨,有些只是从个别现象、个别问题上了解,比较零散,缺乏分析和系统。三是批判问题时客观分析不够,了解情况不全面。

# 小　　结

本章主要研究了新中国成立初期党的作风建设是如何开展的。由于中共中央对整风并没有规定统一的步骤、做法,只是从原则上作出一些规定,因而,各地在贯彻中央精神的前提下,在具体做法上则根据本地区、单位的实际情况而有所不同。根据各地整风计划和实际进展情况,主要通过党刊党报和档案资料,对这场整风的做法进行了全面梳理。

关于整顿作风的内容、对象、步骤和主要做法等,实际上就是回答整什么、整谁、怎么整的问题。整风的内容,主要是针对命令主义,同时包括官僚主义、统战工作中的关门主义、骄傲自满、贪污腐化等。对象主要针对县以上领导干部,有的主要针对科以上干部,全体党员干部参加,同时吸收党外干部参加。

---

① 《重庆市委干部整风队第一期整风初步总结》,《西南工作》1950 年第 13 期。
② 《贵州遵义地委、专署直属机关整风学习总结》,《西南工作》1950 年第 16 期。

步骤上,自上而下,先领导干部后一般干部,先党内后党外,先老干部后新干部。做法上,主要是阅读文件、总结工作、批评和自我批评。其中,总结工作是中心环节,一般是结合实际确定重点内容,以文件学习为基础,采取广泛征求意见、深入一线检查等方式进行,并联系个人检查思想和作风。

# 第四章 党的作风建设的开展(二)

由于各地情况不同,中央对整风的做法没有作统一规定,故在具体形式上呈现出多种特点。一般地,各地机关干部普遍采取在职整风的做法,部分地区通过整风会议或轮训班形式集中整顿,有的还结合各界人民代表会议、党代会整风,东北地区主要通过召开专门的工作会议整风,准备进行土改的新区重点结合对土改干部进行轮训,中南区还专门对财经干部进行整训。大致来讲,各地整风可分为两类,一种是集中整风,一种是在职整风。所谓集中整风,就是把本地区或单位的党员、干部集中到一起,中断日常工作,专门通过一段时间整风,主要包括会议整风和轮训班。所谓在职整风,就是一边工作,一边整风,不脱离岗位,不中断工作。两者的区别在于,是否中断日常工作。基本上,各地都采取集中整风和在职整风相结合的方式进行,综合运用多种形式进行整风。

## 一、召开会议整顿作风

会议,在党的政治生活中具有重要地位。召开会议,是 1942 年至 1943 年整风和解放战争时期整党的主要载体。这次整风,也采取了这一做法。各地会议整风,大致可分为两种,一种是专门以整风为主要内容的整风会议;另外一种是结合党代会、各界人民代表会议、工作会议等进行整风。

### (一) 整风会议

专门以整风为主要内容的整风会议(有的地区叫整党会议或干部会议),是各地均采取的方式(见表5),其中又以西南地区最为普遍。一般时间半个月左右,长则 1 个月(如桂林地委整风会议 32 天,山西整风会议 31 天),短则 7 天(如华南地区县以上干部整风会议、察哈尔宣化县整风会议、辽宁省全省市县委书记及省厅局长以上党员干部会议等)。

表 5　部分地区召开整风会议情况

| 会议名称 | 时间 | 会议议程 | 参会人员和人数 |
|---|---|---|---|
| 泸州地委整风会议 | 8 月 2 日至 13 日,12 天 | 2 日至 3 日动员报告和文件学习,4 日至 7 日各县集中检查地委工作,8 日至 9 日秋征报告,10 日至 12 日各县检查财委工作,13 日总结报告 | 7 县的县区级干部,共 115 人 |
| 川东区整风会议 | 7 月 10 日至 26 日,17 天 | 学习文件,总结工作检查各级领导与个人鉴定,布置今后工作 | 全区县以上主要干部,共 206 人 |
| 川西区整风会议 | 7 月 16 日至 27 日,11 天 | 第一天由川西区委第一书记李井泉作整风报告;第二、三、四天围绕整风报告,各主要部门负责人作专题发言,各地委书记作启发性检讨;第五、六两天以整风报告为中心,展开小组讨论;第七、八两天各县负责人作大会发言;第九天,川西区委第三书记龚逢春作七、八、九月工作报告;第十天小组讨论一天;最后一天作关于整风会议总结报告 | 县委书记 23 人,县长 15 人,地委书记 4 人,专员 2 人,地县委部长 14 人(内有原地下党干部 4 人),成都市区书记 8 人,省市两级各部、处、局主要负责干部 67 人,军队系统干部 45 人;列席听大会报告与发言者有省市两级县团科长以上党员干部 420 人 |
| 西康区整风会议 | 8 月 2 日至 21 日,20 天 | 1 天整风动员,4 天学文件,10 天时间报告与检讨西康主要工作,2 天检查个人思想作风,1 天对争论问题作结论,5 天时间传达讨论西南局会议与军政委员会议的报告和决议,并布置 1950 年冬征粮、清匪、反霸、减租、退押等工作 | 省级科长以上干部、西昌分区少数负责同志、雅安分区县书以上干部、部队团以上干部,共 160 人 |
| 桂林地委整风会议 | 7 月 17 日至 8 月 17 日,32 天 | 第一阶段为读文件,联系工作;第二阶段,主要是检查工作,分析情况,开展批评与自我批评;第三阶段,传达讨论中共七届三中全会决议和传达省委整风会议精神,并讨论和布置县的整风工作和减租、征粮、土地改革准备工作 | 各县委书记、县委委员与地委和专署直属机关的县级以上干部,共 42 人 |

续表

| 会议名称 | 时间 | 会议议程 | 参会人员和人数 |
|---|---|---|---|
| 察哈尔宣化县整风会议 | 8月8日至14日,7天 | 传达毛泽东在七届三中全会报告,结合学习文件,检查本县工作 | 县级和各区主要党员干部,另有姚家坊、肖家坊、南新渠等三村支部书记列席,共138人 |
| 山西整风会议 | 6月17日至7月16日,31天 | 10天学文件,20天检查工作,最后审定各地整风计划 | 地委15人,县委201人,区13人,共229人 |
| 察哈尔省整党会议 | 7月11日至26日,16天 | 前4天传达决议,后10天整风学习 | 省市县、政、群众团体、税务、银行、合作社、工矿等主要负责人,共478人 |
| 辽宁省全省市县委书记及省厅局长以上党员干部会议 | 8月25日至9月1日,7天 | 省委书记张启龙作检讨报告,然后进行讨论,展开批评与自我批评,大会讨论两天半,小组(农村三个组,城市一个组,省级两个组)讨论三天半,最后由张启龙作总结 | 市25人,农村60人,省级机关135人,共220人 |
| 南京市委扩大会 | 8月23日至9月2日,11天 | 市委书记柯庆施作了一年来的工作报告,经过会议反复详尽讨论后,作出全面总结 | 市各机关主要负责的党员干部 |
| 华南地区县以上干部整风会议 | 一周 | 华南分局第一书记叶剑英在省人代会上,作关于认清形势,掌握方向及今后广东工作计划的报告,广东省政府第一副主席方方、副主席古大存分别在整风会议上作"一年来广东农村群众运动初步总结报告"及"关于人民民主建政工作的基层政权问题的报告",并阅读"自我批评与反对恶霸作风,克服以功臣自居骄傲自满情绪"等文件,然后分组研究上述三个报告,联系实际,每县选出一、二突出问题,从政策作风方面,检查批判自己,挖出根源,最后二天,为各组在大会的综合发言和典型报告,并由方方作了总结,每人写好反省书 | 县、市长87人,地委书记1人,专员2人,县委书记、县委22人,其他4人,共116人。以行政区域划分编为9个小组,此外还有分局及省政府直属系统300余干部参加。共416人 |

资料来源:《中共中央文件选集(1949年10月—1966年5月)》第4册,各地党刊党报。

  各地在召开整风会议前，一般都作了充分准备。一方面，在中共中央和中央局动员整风后，即开始学习整风文件，调查研究本地区或单位有关情况，明确本地区或单位整风的目的、方法、任务等；另一方面，准备好有关会议材料，如主要领导的整风报告、学习文件材料汇编等。以上海为例，上海市委为开好市整风会议，推动各单位在职干部整风，由各市委委员先作本系统初步检讨，提出工作中的主要问题，并提交市委及本单位，准备市委及本单位整风会议的报告。在整风会议前，各系统自下而上，将学习文件与酝酿检讨相结合，9月初各系统在职干部先进行检查工作的漫谈、讨论、酝酿，做好整风会议的准备。①

  从会议议程看，一般经过学习文件、整风动员、检查和总结工作、总结报告、布置今后工作等。其中检查和总结工作是主要内容，占整个会议一半以上时间。比如，西康区整风会议共20天，其中10天时间检查西康主要工作，2天时间检查个人思想作风②；山西省整风会议31天，20天时间用来检查工作③。有的地区还把传达中共七届三中全会精神作为首要议程，如中南区各地的整风会议、察哈尔省整党会议。整风会议中，主要负责人一般都要作一个整风报告，对该地区过去一段工作进行检查和总结，肯定成绩，指出缺点，同时联系检查领导和思想作风，初步提出改进意见。这个报告是整风会议的中心，小组讨论、专题发言等均围绕这一报告，最后总结也是根据会议讨论情况，吸收各方面意见加以完善。部分地区党委的其他领导或部门负责人，围绕某个方面的工作进行专题发言，以深入检查和总结具体工作。比如，川西区整风会议在区委书记作完整风报告后，第二、三、四天由各主要部门负责人作关于军事、组织、统战、公粮、税收、公债、调整工商业等工作专题发言，各地委书记也对各该专区工作做启发性检讨；第七、八两天各县负责人作大会发言，以自我批评精神对各县半年来工作，主要是征粮工作，从任务、政策、策略、群众路线、

---

  ① 《中共中央转发上海市委关于整风情况的报告》（1950年9月14日），中央档案馆、中共中央文献研究室编：《中共中央文件选集（1949年10月—1966年5月）》第4册，人民出版社2013年版，第103页。

  ② 《西康区党委主要干部整风情况报告》（1950年9月2日），《西南工作》1950年第20期。

  ③ 《华北各地整党整干工作的初期情况和经验》（华北局7月29日向毛主席并中央的报告），《建设》1950年第81期。

纪律等各方面进行检查。①

从参会人员看,各地整风会议主要针对县(军队团)以上党员领导干部,部分地区还吸收区以上干部、机关科以上干部参加。参会人数不一,多的达数百人,少则几十人。比如,西南地区的西康区整风会议,参会人员包括省级科长以上干部、西昌分区少数负责人、雅安分区县书记以上干部、部队团以上干部,共160人。有的地区整风会议,则要求省市县党、政、群众团体、企业等主要负责人都参加。如察哈尔省整党会议,参会人员包括省市县、政、群众团体、税务、银行、合作社、工矿等主要负责人,参会人数达478人。有的地区整风会议,除了正式参会人员外,还邀请列席人员听会。比如,川西区整风会议,除正式参会178人(县委书记23人,县长15人,地委书记4人,专员2人,地县委部长14人,成都市区书记8人,省市两级各部、处、局主要负责干部67人,军队系统干部45人)外,还有省市两级县团科长以上党员干部420人列席听大会报告与发言;察哈尔省的宣化县整风会议,除县级和各区主要党员干部参会外,另有姚家坊、肖家坊、南新渠等三村支部书记列席,共138人。

再者,以桂林地委整风会议为例,可以基本了解各地整风会议的方法。桂林地委整风会议于7月17日召开,至8月17日结束。参加会议的干部,主要是各县委书记、县委委员与地委和专署直属机关的县级以上干部,共42人。会议过程大致可分三个阶段。

第一阶段是读文件,联系工作,端正整风态度,掌握批评和自我批评武器,弄清整什么风、怎样进行整风和整风目的。阅读文件为《斯大林、毛泽东论自我批评》《中共中央关于学习斯大林、毛泽东论共产党员要善于和非党群众团结合作的指示》,《人民日报》"七一"社论《整顿党的工作作风,改善党的组织状况》及习仲勋《反对官僚主义命令主义》。在读文件前,地委首先作整风动员报告,主要在肯定半年多来工作成绩中,说明党内和工作中存在的问题及整风的重要性、方针等,并宣布整风计划。

---

① 《中共中央转发西南局摘报的川西区党委整风情况报告》(1950年9月6日),中央档案馆、中共中央文献研究室编:《中共中央文件选集(1949年10月—1966年5月)》第4册,人民出版社2013年版,第35页。

第二阶段主要是检查工作,分析情况,开展批评和自我批评。在检查工作中先阅读中南局、省委、区委关于征粮、减退租发动群众的指示、文告,翻阅地委在执行征粮减退租发动群众中的指示和工作总结等。为了更好坚持地委的领导,地委又作了工作总结报告。接着,根据地委的工作总结报告,检查地委领导。由小组分别准备和讨论,先检查地委领导,随后检查县委领导和检查个人思想作风,开展批评和自我批评。这段时间进行得较长,也较紧张,有以县为单位的会议,有几个县合开的小组会,也有大会上的各县发言,大部分问题和主要问题都暴露出来。对工作中存在的缺点错误,也进行了分析、批判,并有了正确的认识。

第三阶段传达讨论中共七届三中全会决议和传达省委整风会议精神,讨论布置县整风工作和减租、征粮、土地改革的准备工作。政策和做法上根据整风精神,都有了明确具体的讨论和总结。最后,总结整风会议的收获和缺点(因时间不足,较简单),即告结束。整风委员会的组织是以地委为主,吸收几个县委书记(同时又是小组长)参加领导,全部过程中,都与小组长密切联系,共同讨论研究,以民主方式进行。①

### (二)结合党代会整顿作风

召开党的代表会议进行整风(见表6),是部分新区(如江西、云南、贵州、川北、湖南、浙江等)和华北地区(河南、河北、平原、内蒙古东部区等)整风的主要方式之一。

表6 部分地区结合党代会整风情况

| 会议名称 | 时间 | 任务 | 参会人员 |
|---|---|---|---|
| 平原省第三次党代会 | 7月25日至8月25日,32天 | 根据毛泽东在中共七届三中全会报告,检查1950年2月该省二次党代会以来工作,贯彻整风精神,进一步克服官僚主义、命令主义作风 | 平原省党代表175人,列席代表218人 |

① 《中共桂林地委整风会议总结》,《桂北日报》1950年8月26日第1版。

续表

| 会议名称 | 时间 | 任务 | 参会人员 |
|---|---|---|---|
| 平原省安阳地委党代会 | 9月15日至10月8日，24天 | 分析批判强迫命令作风、生产领导中的小农思想、领导生产中狭隘的经验主义、统战工作中的"左"倾关门主义偏向 | 到会代表279人，其中区级干部占全体代表90%以上 |
| 河南省第四次党代会 | 7月5日至28日，24天 | 以检查和总结1950年春党的城市工作和农村工作为主进行整风，学习七届三中全会决议、春季工作总结报告与政策学习整顿作风三段，最后有财经、建党两个专题发言与总结报告 | 省委委员、各地委市委和县委书记，省军区部队团以上党委代表，省政府和省人民团体及其直属机关党代表。共计227人，列席494人 |
| 河北省第一次党代会 | 5月30日下午到6月14日，15天 | 中心内容为整党整干，三天半传达七届三中全会毛泽东报告、大会发言、大会结论等，其余为小组讨论与学习文件 | 出席代表447人，列席142人 |
| 湖南省第二次党代会 | 8月7日至9月1日，26天 | 总结解放一年来的工作，整顿干部思想作风，学习和研究土地改革政策和湖南具体情况，以便今冬明春有步骤、有秩序地在该省部分地区进行土地改革 | 省委委员、各地委、县委书记和省直属机关党委代表共446人 |
| 江西省第二次党代会 | 8月3日至21日，19天 | 用总结工作、分析情况，展开批评和自我批评的方法进行整风；并在这一基础上，讨论和确定江西全党今后两年的工作方向和从现在到1951年春耕前的具体工作任务 | 省委委员、县以上各级党委书记以及军队、政府、人民团体中党员代表共261名，中南局代表李雪峰（时任中南局副书记兼组织部部长）莅会指导 |
| 贵州省第一次党代会 | 8月6日至31日，25天 | 根据中央整风指示、中共七届三中全会精神和西南局工作方针，检查贵州过去工作、改进干部思想作风与布置今后工作 | 县委书记、地委书记、分区司令员，部队每团来一人及省市机关代表共238人，列席315人 |
| 云南省第一次党代会 | 7月20日至7月31日，12天 | 以整风精神，总结征粮、布置减租，主要从总结工作中解决群众路线思想（如政策思想、依靠谁的思想、策略思想）及作风问题 | 省党代表、列席人员共485人 |

续表

| 会议名称 | 时间 | 任务 | 参会人员 |
|---|---|---|---|
| 甘肃省第一次党代会 | 1950 年 7 月 26 日至 8 月 25 日,30 天 | 以讨论民族问题为中心,以临夏地区执行民族政策情况为典型,根据整风精神总结解放一年来工作,规定了今后工作的方针和任务 | 出席代表 249 人,列席 133 人 |

资料来源:《中共中央文件选集(1949 年 10 月—1966 年 5 月)》第 4 册,各地党刊党报。

比如,浙江省党代会于 7 月底至 8 月初召开,各地、市委党代会大部于 9 月初开始,最迟者 9 月底结束,主要为由上而下总结解放以来工作,达到整顿干部思想作风的目的。① 内蒙古东部区党委要求,8 月至 11 月应从区党委、地委、旗委三级结合各级党代会进行检讨。区党委全体会议检讨后,即召开东部区党代会,会后区党委即分头指导各地委和区党委直属机关党委会议及党代会进行检讨。②

从会议持续的时间看,各地党代会一般在 10 天以上,长的达 1 个月左右。比如,浙江省各地党代会约 10 天左右,云南省第一次党代会 13 天,较长的如平原省第三次党代会为 32 天。省级党代会参会人员一般包括省委委员、市委地委县委书记和省直机关代表。如河南省第四次党代会,参会人员包括省委委员、各地委市委和县委书记,省军区部队团以上党委代表,省政府和省人民团体及其直属机关党代表,到会代表共 227 人,列席 494 人。③

结合整风召开的党代会,一般根据中央精神和有关政策文件,总结过去工作,检讨党员干部思想作风,查找不足,布置下阶段工作。比如,云南省第一次党代会,会议内容为总结征粮、布置减租,主要从总结工作中解决群众路线思想(如政策思想、依靠谁的思想、策略思想)及作风问题。首先,传达毛泽东在中共七届三中全会上的报告,着重结合国际形势中的朝鲜战争及第三次世界

---

① 《省委关于一九五○年浙江省干部整风的总结报告》(1950 年 12 月),中共浙江省委党史研究室、浙江省档案馆编:《中共浙江省委文件选编》(1949 年 5 月—1952 年 12 月),2011 年,第 275 页。

② 《中共内蒙古东部区党委关于执行中央整风指示的决定》(一九五○年五月十九日,并经华北局、内蒙古分局批准),《党的工作》1950 年第 48 期。

③ 《河南省委关于党代会的综合报告》(1950 年 8 月),《中南通讯》1950 年第 14 期。

大战危机问题进行讨论。其次,主要根据中共七届三中全会精神,着重从检查工作中抓住群众路线的根本问题去解决群众观点、政策思想、策略思想,明确阶级观点,批判地富思想与其他非无产阶级的思想观点,强调如何从实际出发,强调实际的阶级性;强调工作方法应如何从群众中集中起来,在群众中坚持下去,如何向群众学习,又如何在群众中一步一步领导群众、提高群众觉悟的群众路线思想问题;强调大胆放手发动群众。① 会上,省委从领导上检查和总结工作,并启发和接受各地对省委的批评,给各代表团支部小组以很大启示,使批评和自我批评自上而下迅速展开。大会采取以小组为单位,发现和讨论好坏两种典型,分析情况,弄清是非,说明怎样做是正确的,怎样做是错误的。最后由主席团加以研究和总结。②

河南省党代会分为三个阶段,即学习中共七届三中全会决议、春季工作总结报告与政策学习整顿作风,最后是财经、党建两个专题发言与总结报告。此次会议通过检查与总结工作开展批评和自我批评,着重对土改、工商政策、工作作风等问题进行检讨检查等。在城市方面根据中央"有所不同、一视同仁"精神,检查与资产阶级的关系,检查过去城乡形成不联系各自独立与中小城镇陷于自流不管的现象,并确定今后改进的方针,划清两种作风的界限。会议中的每一步骤、每一进程都着重解决政策与实际情况相结合的问题,与发动群众相结合的问题。整风的一般开展过程是阅读文件,作启发报告,自上而下检查总结工作,分析情况,放手开展批评和自我批评(特别是对领导机关),提出问题、分析问题、解决问题,会后各市委、地委干部留下,对省委领导又集中提一天时间的意见,所提问题比省委原来考虑得更为明确突出。③

党代会上,一个十分重要的内容就是党委主要负责人作工作报告。这个报告一般是总结过去工作,肯定成绩,指出缺点,联系检讨干部思想作风,并对下阶段工作进行布置。整个党代会,基本是围绕这一报告进行,在会议中开展小组讨论、专题发言、大会发言等,吸收代表意见,加以完善。比如,湖南省第

---

① 《云南省第一次党代表会议的总结》(1950年8月10日),《西南工作》1950年第20期。
② 江横:《走群众路线克服命令主义——记云南省党代表会检讨干部作风》,《人民日报》1950年9月21日第2版。
③ 《河南省委关于党代会的综合报告》(1950年8月),《中南通讯》1950年第14期。

二次党代表会议上,省委书记黄克诚作了题为《湖南一年来工作检查》的报告。首先,报告全面总结一年来湖南省的工作,肯定了工作成绩。指出,主要做了10件工作,即:争取起义,和平解放长沙;南下同志和地下同志会师,接管城乡,铺开工作,培养训练干部;支援二野四野,解放华南西南;处理游击部队,分遣主力,建立地方武装;清匪、肃特、镇压反革命、建立革命秩序;征粮、征税,完成财政任务;发动组织农民减租退押;修堤,生产,救灾减灾;恢复发展城市乡村的工商业;组织教育工人,救济失业。接着,报告指出工作中的缺点,检查了各项工作中政策的执行情况,存在着一些干部在实际工作中违反政策的现象,在工作作风上存在着各种各样的官僚主义和命令主义,然后报告分析了工作中产生缺点和错误的原因,最后报告对如何纠正错误,克服缺点,进一步联系群众,提出了三点意见。一是建立按期整风制度、临时整风制度和党员、干部的轮训制。二是除整风外,要改善省、地、县级各部门机关对下面的领导,克服官僚主义,进行对区以下干部的具体领导和帮助。三是加强工作检查,特别是对区、乡工作的检查。①

## (三) 结合各界人民代表会议整顿作风

在新解放区,开好各级各界人民代表会议,对各级干部作风的检查与批评,这是克服官僚主义和命令主义作风,密切与人民联系的重要方法之一。部分地区,如北京、广西龙州地委、皖北阜阳、江西永新县、甘肃临潭县等地,结合召开各界人民代表会议,检讨政府干部的工作作风。这种方式,整风只是其中的内容之一,并非全部。

各地结合人代会整风,一般在会前发动群众对政府工作及政府干部的作风提意见,并用各种便于群众表达意见的方式进行,然后再集中到会议上。在会议上充分发扬民主,使每个代表都有权说话,并且敢于批评政府工作和政府干部工作作风的缺点和错误。各级政府领导干部以身作则,在人民代表会议上虚心接受来自群众及代表的批评;对正确的批评以对人民负责的态度,在会

---

① 《湖南一年来工作检查——黄克诚同志在中共湖南省第二次党代表会议上的报告》(1950年8月),《中南通讯》1950年第17期。

议上进行深刻检讨。对于向群众或代表采取报复行为的个别干部,如有发现各级政府立即进行处理,对犯了错误的干部给以应有处分,并将处理经过向人民代表会议或在代表会议休会期间向协商委员会提出报告。如此,既保障群众和代表合法行使自己权力,又鼓励群众和代表的积极性,使群众性的批评顺利地开展起来。①

比如,北京市各区人民代表会议,代表名额少者 140 多,多者 180 多,会期一般在两天半到三天半。在会议前注意在干部中进行充分思想准备,会议中注意既能保证代表们畅所欲言,又能引导批评指向有益于改进工作的方向,对工作起积极作用而不是消极作用。② 为避免会议中问题过多,精力过于分散,北京市规定此次各区代表会议以解决居民若干福利问题和检讨干部作风为中心,并领导群众围绕这两个问题提意见。北京市一、三、五区批评干部作风的提案均在 150 件以上,区政府负责人在会上自我检讨,错误严重的干部当场承认错误。③

9 月 10 日至 13 日,甘肃省临潭县召开第三次各界人民代表会议,共有 88 名各族各界代表参加。会议检查批评了政府各项工作,指出工作中的缺点错误及个别干部的不良作风,具体讨论民族团结,清匪肃特,夏季借征公粮,发动群众展开秋冬季副业生产运动等工作。会上,县长郭曙华作半年来县政府各项工作的总结报告。小组讨论上,各代表以负责精神提出意见,展开批评,如关于 1949 年征收公粮时,有些评议员讲私情、面子,隐瞒土地数量与产量;第四团、公安局的指战员们在某次群众报告被土匪抢劫时,因为晚上天黑就没有管;新城东街小学遭受破坏,政府未加注意;此外尚有部分干部下乡时,随便吃饭,不遵守群众纪律等问题,都详细地予以批评,并提出今后改正的意见。各机关负责人除解答代表所提出的问题外,对代表们的批评表示诚恳接受,并在

---

① 《结合整风运动开好各级人民代表会议》,《人民日报》1950 年 8 月 22 日第 1 版。
② 《中共中央关于转发北京市委关于整风工作的报告》(1950 年 7 月 21 日),中央档案馆、中共中央文献研究室编:《中共中央文件选集(1949 年 10 月—1966 年 5 月)》第 3 册,人民出版社 2013 年版,第 229 页。
③ 《华北各地整党整干工作的初期情况和经验》(华北局 7 月 29 日向毛主席并中央的报告),《建设》1950 年第 81 期。

以后工作中改正。①

10 月 2 日至 16 日,广东省第一届各界人民代表会议召开。会议于 10 月 2 日举行预备会,5 日开幕,16 日闭幕,代表共 837 人参加。会上,叶剑英作了报告,对一年来的工作进行总结,作批评和自我批评,并对下一步工作进行部署。这实际上也贯彻了整风的要求。10 月 6 日,叶剑英在会上作报告,总结了一年工作的成绩和问题,包括军事、公安、财经和生产建设工作、民主改革与民主建政。同时承认,一年工作中存在着许多缺点,犯过一些错误。这些缺点和错误的造成,固然有种种原因。如广东解放得较快,工作时间较短,内外情况复杂,工作任务比较繁重,干部少,且大多数是由于没有工作经验造成的。但是,不能因此就对这些缺点有任何宽恕。一个真正为人民服务的政府,所以别于一切旧政府,就在于这个政府敢于揭露自己的缺点,敢于把它的缺点放在人民的监督下,加以批评和纠正。主要缺点和错误有:

一是由于对目前形势认识不清,迷失了斗争方向,因而产生两种偏向:一种是缺乏反帝反封建的统一战线思想;另一种是对土匪、特务、恶霸及其他反革命分子的活动警惕不够,宽大无边,没有进行坚决镇压,以致这些反动分子,通过其在农村的爪牙,以各种隐蔽的形式,混入乡村政权、农会和民兵等组织中,利用合法地位继续压迫人民,敲诈人民,破坏政府法令。

二是官僚主义和命令主义作风,在各级机关和各个工作部门中或多或少地存在着,这在过去的征粮、推销公债和税收工作中表现得最普遍、最严重。有不少工作人员不懂得如何联系群众、如何把政府的政策变成群众的行动,反而认为政策和任务是对立的,要完成工作任务便不可能走群众路线。而他们不懂得政策是从群众中来,到群众中去的,政策本身就是群众意见的集中。当然群众意见集中起来以后,与原来朴素的个别意见,不是完全相同的,只要加以解释,便会为群众所理解、接受和贯彻。否则,生硬地去执行,便往往不能得到大多数群众的支持,使自己陷于孤立,反动分子便从中将政策加以曲解和逆用,乃至破坏。1949 年秋征粮、推销公债和税收工作,所以有畸轻畸重的现象,在有些地区被反动地主曲解到极严重程度,如阳江入仓公粮,贫雇中农占

① 《临潭第三届各界人民代表会议检讨政府工作》,《团结报》1950 年 10 月 6 日第 2 版。

70%—80%,地主富农只占 20%—30%。恩平入仓公粮,贫雇中农占 80%,地主富农只占 10%,就是这个缘故。在执行政策中,如果陷于孤立无援,任务是无法完成的。因此有的部门便采取粗暴手段,如在征收工商业税和农业税中,自行提高税率,增加税目,乱处罚,乱没收,乃至捆人打人,这就是命令主义的表现。这些官僚主义和命令主义的作风,在政府和人民中间筑下了一道墙壁,妨碍和削弱了政府和人民的联系,使政府的政策不能有效地贯彻到各个方面。这是缺点中最主要的一面。

三是对各种出身的干部缺乏系统的教育改造,对各部门工作缺乏严格的检查,这是产生缺点的另一原因。可以肯定,一切工作的漏洞和缺点有 90% 是由于没有及时、正确地检查执行的结果。省政府曾经发表格去调查农民养鸡养鸭状况,闹得各地农民惶惶不安,谣传政府要抽鸡鸭税,于是拼命杀鸡、杀鸭,不敢多养鸡鸭了。这件事各地都轰动了,而我们经过许久才知道。知道后,也没有去纠正。有些地区在征粮中任意改变税率,自定条例,也是到后来才知道的,还有些可能现在还不知道。在实际工作中,各地有很多违反政策的人和违反政策的事,因为没有养成检查工作的作风,这些现象,任其自流,无从向上反映,亦无法及时纠正。

但是,人民政府决不包庇违法的人。在留用的工作人员中,有一部分人在思想上曾经受过旧政府的毒害,仍十分落后,他们不但没有学会为人民服务的廉洁作风,还保持着贪污腐化的恶习,如广州市粮食局第六加工厂的贪污主犯就是一个典型例子。人民政府已经将其判处死刑。①

同时,根据中共七届三中全会精神,叶剑英结合广东实际,部署了几项具体的实际工作:一是实行土改,兴修水利。二是调整工商业,沟通城乡内外关系。三是防袭防钻,巩固国防。认真整理、改造和扩充农村基层组织,重点放在乡村政权、农会和民兵方面。加强圩镇工作和积极筹建黄埔港。加紧生产建设,恢复生产,普遍恢复工业尤其是轻工业。

10 月 14 日,叶剑英在广东省第一届各界人民代表会议上作了补充报告,

① 叶剑英:《广东一年的工作成绩和问题及今后奋斗目标》(1950 年 10 月 6 日),广东叶剑英研究会、中共广东省委党史研究室编:《叶剑英在广东》,中央文献出版社 1996 年版,第 250—253 页。

再次对一年来的缺点作了客观分析。他指出,广东解放时间快、工作时间短、地区新、情况杂、任务重、工作紧、干部少、经验缺,产生了不少缺点,有些且犯了严重的错误,必须虚心检讨,并立即加以克服和纠正,才能更好地巩固和扩大成绩。这些缺点和错误,主要表现在:

一是单纯任务观点。这在征粮、推销公债和税收工作中表现得最普遍、最严重。有不少工作人员,不会深入群众、进行调查研究、切实了解和掌握情况、认真走群众路线,特别是不会运用代表会议,把各种有关农民和各阶层人民的大事提出来和农民代表及各阶层人民代表进行民主讨论,取得一致意见,并通过各个代表去联系与发动群众来共同执行,而只是凭个人的主观愿望与工作热情去干,以致有很多工作,既不能取得广大群众的了解与支持,陷自己于孤立,又很难符合实际情况,避免畸重畸轻的偏差。也有不少工作人员不会依据政策法令,向群众进行耐心地解释和规劝,使之自愿接受其应尽的义务,而往往是采取十分生硬、甚至横蛮的方法和态度去执行任务。更有一部分人,在征收工商业税和农业税时,自行提高税率,增加税目,乱处罚、乱没收,侵犯了工商业和中贫农的利益,这更是违反政策、脱离群众的不能容许的错误。因此,在秋征工作中,一些不法地主,分散粮食、隐瞒黑地、转嫁负担,不能很好地团结和依靠广大群众,及时粉碎他们的阴谋诡计,以致造成严重的畸重畸轻现象。因此,反动地主、恶霸及匪特分子便乘机煽惑群众。

二是缺乏反帝反封建的统一战线思想。严重威胁世界和平及中国人民的主要敌人是帝国主义,尤其是美帝国主义。广东正处在国防最前线,帝国主义及其走狗国民党残余集团,正在积极收买和利用各种可能收买和利用的势力,来对我们进行阴谋破坏。必须用最大的努力去团结最大多数的人民,这是发动群众的最基本的前提。但有个别地区,在进行反霸斗争上,却违反了这条大原则。他们把运动"人工化",凭着小资产阶级的狂热性,把运动"轰"起来,没有结合各个时期的中心工作,特别是与广大群众的切身利益密切地联系起来,去启发群众,提高群众的觉悟,根据群众本身的要求与具体情况,有步骤、有计划、有区别、有秩序地领导群众进行斗争,却将反霸当作一个独立阶段进行,强迫群众按照自己的主观愿望去做,这是脱离群众的冒险主义和先锋主义。有的甚至说:"反大霸与反小霸结合起来"（西江）,"晚晚开会,屋屋民主,家家批

评,户户反省"(兴梅),"有霸反霸,无霸反霸"(潮汕),好像无霸也要找霸来
反似的。因此,便错误地把非恶霸的人作为恶霸斗争,对一个平时看不起穷人
的富农也进行斗争,发生乱捕、乱打、乱罚的现象,造成许多人对政府的不满、
怀疑和害怕,影响生产情绪,甚至有些人因此而离乡别井,逃往南洋港澳。须
知,反霸的目的,是打倒那些敢于阻挠与反抗群众翻身和敢于阻挠与反抗政府
法令的地主阶级当权派。因此,反霸的统一战线是很广泛的,打击对象是极少
数的。而有些同志的上述做法,是在扩大打击面,缩小团结面,从而削弱了自
己,增强了敌人,这与中国共产党和中央人民政府所指示的方针政策是不相容
的。我们已责成他们深入检讨和从速处理。斗错了的要道歉;因害怕而逃跑
的,要通过各方面的关系动员回来,予以抚慰;斗争后扫地出门、生活无着的,
要设法给予生活出路。其他地区如有这种现象,亦应及时纠正,以免一错再
错。至于对那些真正坚持危害人民的土匪、特务、恶霸及其他反革命分子,那
就必须坚决予以镇压,不能宽容。

三是对各种出身的干部缺乏系统的教育改造,对日常工作缺乏严格的检
查制度,是产生缺点的另一原因。有许多工作都是由上面布置以后,就一直不
闻不问,在执行中究竟有了什么问题,很少去检查。一部分思想落后的人员,
仍保持着贪污腐化的恶习,贪污自肥,增加国家财政的困难,加重人民的负担,
延缓国家建设的进程,这是一种可耻、罪恶的行为。特别是潜伏在财粮税收部
门的坏分子,这种现象更为严重。各地对已发现的贪污案件,亦在加速进行清
查。务期按情节轻重,予以应有的法律处分。为着使每一分财政收入都点滴
归公,除加紧健全制度,深入检查,开展反贪污教育外,并要求全体代表和全体
人民予以监督检举,使贪污现象迅速归于消灭。

必须指出,绝大部分干部都刻苦自勉、"公而忘私,国而忘家",都是主观
上想把工作做得更好的。但由于上面说过的原因,广东解放时间短、地区新、
情况杂、任务重、工作紧、干部少、经验缺,而求成心又切,加上刚从学校出来的
青年学生和留用的旧人员,在政府干部中所占比重过大,还需要相当长的时期
在工作中不断教育和改造,因此便难免产生缺点和错误。应该看到,这些犯有
错误的干部,他们对国家和人民是忠诚坦白的,错误一经指出,他们就会改正。

同时,叶剑英还代表政府对此承担责任,强调"省府过去在领导上,对各

地的具体帮助不够,缺乏深入检查,不能立时纠正,应负主要责任"。①

会上,代表们也对政府工作提出了批评,主要有:一是基层政权不纯,基层干部缺乏,新干部经验少,作风不好,偏差甚大。二是对匪特宽大无边,影响群众不敢起来斗争,怕政府释放了反而受害。三是基层政权难做,乡大人多,干部少,经费少,任务又重又急,做不好受批评,发生苦闷、埋怨现象。四是县区干部对婚姻法学习差,随便批准离婚案件。五是对税收意见多,税率不一致,畸轻畸重,手续麻烦,估价过高,检验时间过长,态度傲慢等,各地反映多于广州市。六是中小城市的公私关系,仍未很好调整,甚多反映贸易公司专业公司假公济私的现象。②

10月16日,叶剑英在广东省第一届各界人民代表会议上作总结报告,对整顿基层组织和整风提出明确要求。强调,整顿基层组织应成为一定时期的中心任务,抓紧农闲季节,有重点地先从整顿圩镇及大的乡村入手,逐步遍及全面。整顿基层组织,应严格区别思想作风和政治问题,错误的大小轻重亦应有所区别。解放战争时期和解放后一年来,都曾培养和涌现了大批基层组织干部,他们做了许多工作,有功于人民,由于教育不够,觉悟不高,或多或少地犯了些错误;但错误多是属于幼稚与缺乏经验,对这些干部主要是教育问题。个别严重的浪费公款、贪污果实、欺压人民的,应责令退回道歉和给予恰当处分。但对于一些篡夺和钻入基层组织的地主恶霸流氓匪特,他们假借政府的地位,破坏政府的法令政策,欺压人民,则必须采取发动群众,坚决清洗和改造的方针,其罪大恶极者必须坚决镇压。另方面又须不断培养和提拔一些勤劳而正派的斗争坚决的干部,防止可能发生的知识分子和工农干部不团结现象。乡财政开支必须严格而又平衡,乡干部的困难亦应适当照顾,使之安心为人民服务。各级干部经过整顿作风以后,有了明显的转变,因而使工作有了明显的进步,人民群众更加拥护。但是,仍应继续开展整风,求得官僚主义、命令主义

---

① 叶剑英:《关于广东工作几个主要问题的补充报告》(1950年10月14日),广东叶剑英研究会、中共广东省委党史研究室编:《叶剑英在广东》,中央文献出版社1996年版,第264—269页。

② 《广东省第一届各界人民代表会议的总结报告》,《华南通讯》1950年第12期。

的根绝,以密切联系群众。①

广东省政府第一副主席方方在省第一届各界人民代表会议上,对一年来广东农村群众运动情况进行了检查和总结,指出领导上应该吸取如下几点经验教训:

一是在领导思想上,过高估计自己的力量,过低估计敌人的力量,从而产生了两种偏向。一方面是为胜利冲昏了头脑,骄傲自满,功臣自居,对群众则采取官僚主义态度,不问群众的疾苦,对个人讲究地位与享受,脱离群众;一方面是以为天下太平,丧失了对敌人应有的警惕与斗争。这是造成半年工作局面混乱与被动的基本原因,也是产生官僚主义的基本原因。

二是对上级指示,对形势任务及具体政策不采取严肃的态度,不认真研究,某地委把分局一大堆电报压下来不看,把分局对工作团的指示不往下传达。群众运动的方针不明确,领导上没有明确的群众运动和斗争的方针,没有明确的运动目标,因而也就没有系统地发动群众的思想,如潮汕地委对于反霸的领导,以及1949年某些地区的减租,把运动搞开了,还不知道到底是在搞什么,是为了什么,其下一个环节又是什么。这一点,兴梅地委是比较好的,虽然在掌握上也有些缺点。

三是领导上对于各种运动的调查研究,具体指示不够,东莞副县长说"我开会素来带两只耳朵","我看见数字就头痛",这是造成东莞秋征时畸轻畸重的原因之一。许多地方在各种运动和工作上,都仅有一般的号召,或者仅有基本的方针,而没有具体指导,许多地方下面把问题反映上来了,上面也官僚主义,不去好好研究,替下面解决问题,给予具体的帮助。对运动的具体指导方面,交流经验通报有关方面,改进工作,发扬优点,克服缺点,是很重要的。分局在这方面,就做得非常少,值得检讨。

四是领导上的事务主义,也就是辛辛苦苦的官僚主义,是相当普遍存在的一个缺点。文牍主义的作风很厉害,整天在机关里"办公",忙得不可开交,无

---

① 叶剑英:《在广东省第一届各界人民代表会议上的总结报告》(1950年10月16日),广东叶剑英研究会、中共广东省委党史研究室编:《叶剑英在广东》,中央文献出版社1996年版,第290—291页。

法下乡或冷静地考虑问题,就不容易了解下面的实际情况,从而具体决定政策,布置工作,具体帮助下级解决问题。因此,深入检查工作很缺乏,只有布置,缺乏检查,结果就不能发现工作过程中到底发生了什么问题,原因在哪里。应该如何纠正。同时也就不能改进工作,难于克服缺点,发扬优点。不能从已有的经验教训中把工作前进一步,运动也就容易自流。

五是领导方法上,中心工作和部门工作不善于结合。工作每一时期都有一定中心,这中心是根据当时当地群众普遍和大量的要求决定的,但又不是孤立地进行的。

他还分析了干部作风在整风以前的主要问题:一是严重的命令主义。工作简单化,以粗暴方式完成任务,这是命令主义的表现。在秋征工作中,官僚主义和命令主义是普遍的、十分严重的。在减租工作上,组织农会上,都有许多命令主义的例子。陆丰有些干部催粮时腰缠麻绳,带着封条,把抓人封屋作为斗争经验。二是恩赐观点、单纯的经济观点。恩赐观点的存在,使干部不是在群众之中,而是站在群众之上去领导群众斗争,因此必然产生包办代替、命令群众行动现象。开展群众运动常抱着单纯的经济观点,使群众得到了经济利益,却没有使群众从思想上和政治觉悟上提高。群众得到了利益,却没有深深认识到共产党的好处,甚至要发生一些错觉,以为共产党就单纯是救济穷人、打抱不平的。北江、潮汕等老区群众对减租征粮无兴趣,情绪有疲沓现象,潮汕老区群众很多"怀念过去,怀疑现在,希望将来",这种思想值得注意。三是习惯于非法斗争和游击习气。许多干部习惯于过去非法斗争的方式,对于现在强调政策指导,觉得件件难办、碍手碍脚,一些干部埋怨说"政策是发动群众的枷锁"。虽然他还不一定在行动上真正抵抗党的政策和制度,但在思想上却未搞通,他们没有认识到,政策是发动群众、联系群众的武器,制度是为了保证政策的执行和实现,必须按照政策和制度办事。党已成为领导和掌握全国政权的政党了,没有高度集中和统一的政策和纪律,没有强固的制度,即不能巩固胜利,进行经济建设;每个共产党员如果不以自己的模范作用,遵守和维护党和政府的政策纪律和制度,党就不可能成为领导的政党,党就会瓦解。如果说过去地下游击战争被分割的情况所产生的非法主义和游击作风游击习气尚有些必要和可以谅解的话,那么现在应有所彻底改变了。

对于干部作风不纯,方方专门分析其中的原因,有下列几点:一是干部成分,解放初期,由于工作需要、干部缺乏,临时从各方面招雇拼凑一大批的工作干部,大部分是青年学生和知识分子,经验缺乏,立场不明确,而他们的阶级出身极端复杂,许多是地主富农的子弟,党来不及使其经过一定的教育,就直接投到农村工作中去。如高雷茂名各级政权及征粮队1900名,有千余为地富出身。各地工作干部成分不纯,大出乱子,贪污腐化,与地主勾结等,屡见不鲜。二是经验缺乏或经验主义。干部都是缺乏经验的新干部,缺乏一般工作经验,老干部缺乏和平建设的经验。由于经验缺乏,不懂得如何开展运动,以完成工作。因此,为了急于完成上级交代的任务,就只好以简单方式对付工作,以粗暴的方式命令群众。另一方面由于经验主义,把过去战争时期的非法斗争经验搬到和平建设时期和党已掌握领导政权时期使用,这都是违背目前客观形势的要求的。这样子开展农村工作,就不免于错误百出。三是在客观上工作忙、任务紧、干部少,政策与业务水平低。①

### (四)　结合工作会议整顿作风

为便于总结工作,有的地区还专门按系统召开工作会议。这种方式以东北地区最为典型。东北地区1948年即解放,新中国成立初期各项工作基本转入正轨,经济建设成为中心任务,工农业生产开始全面启动。鉴于此,东北局把整风领导重点放在经济建设上,特别是在工业和商业方面。

东北局分别召开工业与商业工作整风会议,针对工业与商业工作存在的问题与干部思想状况,从思想上政策上解决一些主要问题。两个会议的准备过程,由工业部和商业部进行检查与总结工作,同时由东北局办公厅派出一批干部,连同各部门派出的干部,到工厂、矿山、公司、商店检查工作和发现问题,并广泛征求企业干部对改进工作的意见,然后结合各部门检讨,加以综合,并经东北局会议讨论作出决定。因而这两个会,对各地整风起了一定指导作用。②

---

① 《方方同志关于一年来广东农村群众运动初步总结报告》(1950年10月),《华南通讯》1950年第11期。
② 《东北局给中央的整风报告》(1950年9月26日),《党的工作》1950年第58期。

8月2日至9日召开的东北局工业工作会议,针对东北国营工业生产中存在的成本高、质量低、浪费大等主要问题,以研究改进和加强经营管理工作为中心,达到降低成本、提高质量与克服浪费之目的。会议明确改善经营管理工作,主要应有步骤地解决资金与成本管理、技术管理、计件工资与奖金制等三个问题,并制定了具体解决办法。

9月2日至8日,东北局召开商业工作整风会议。会议主要目的是根据整风精神,检查与总结国营商业工作的经验,针对东北国民经济迅速的恢复与发展,人民购买力日渐提高,与关内市场日益结合,城乡内外商品流通范围扩大,对商业工作提出了许多新情况新任务的特点,研究如何进一步活跃东北城乡内外的物资交流,扩大与加速商品流通,为迅速发展的工农业生产与人民生活需要服务,以便更好完成商业工作日益繁重的任务。会议围绕这个中心议题,针对目前东北商业工作干部中较普遍存在的对整个经济状况与市场供求情况缺乏具体了解,单纯"任务"观点,全面政策思想不够,以及在经营管理中保留下来的供给制思想等情况,反复研究了三个基本政策:国营商业与各种经济力量正确结合,正确掌握与执行价格政策,在经营管理上贯彻经济核算制。同时,对加强商业部门的领导,改造作风问题也作了讨论。会上,东北人民政府副主席张明远代表东北局以"为扩大与加速商品流通而斗争"为题,总结一年来东北国营商业工作,提出今后国营商业工作的任务,并就完成当前任务必须贯彻的政策问题作了详尽阐述。①

根据东北局工业和商业整风会议精神,东北各地也召开了类似会议。比如,9月13日至17日,吉林市委召开工业整风会议,共到会30个工厂厂长、党总支(支部)书记、工会主任、团总支书记及市委、市政府、工会科长以上有关干部共123人。会议共开3天半,第一天听取《关于经营管理工作中的几个问题》《关于工厂党的工作的几个问题》《关于工会工作》等报告,另有一位劳动局干部发言;第二天及第三天上午小组讨论,第三天下午大会讨论,主要是几个工厂典型发言,第四天上午休会,下午总结。第一天的报告及最后的总结均吸收各厂党与非党科长以上干部及技术人员参加。这次会议着重对资金、

① 《中共中央东北局召开商业工作整风会议》,《人民日报》1950年10月22日第2版。

成本管理、质量与技术管理作重点检查,揭发经营管理中的严重问题,使党、政、工、青明确以搞好经营管理工作为共同的中心任务。会议还交流了经验,如造纸厂提出该厂当前解决经营管理的中心工作是加强技术管理,并介绍建立技术责任制、标准操作法的经验。

会前,吉林市委对这次会议作了充分准备工作。一是先从了解情况入手,于8月19日召集各厂厂长、党支部书记、工会主任联席会议,传达会议精神,指出各厂整风中心在于抓紧经营管理上的主要问题,进行初步检查。会后市委即派专人到6个重点工厂(国营造纸、化学、省营亚麻、火柴、企业机械、市营陶瓷),帮助找重点,深入检查并研究解决问题的办法。同时召开两次中小工厂厂长座谈会。又责成组织部、工会等提出专门意见与材料。组织部、工会亦分别召开专门会议,研究过去党群工作在生产中如何进一步发挥力量的问题。二是根据已经了解掌握的情况,确定会议以资金、成本管理,质量与技术管理,及党群工作如何保证这些任务实现等三个中心问题。三是对上述问题,市委在会前一星期拟定讨论提纲,发到各厂使之充分准备。最后,将大会要讨论的三个问题印出,供大会讨论。①

此外,东北各地还召开其他相关工作会议进行检查和总结。如沈阳市委计划从8月开始,依次召开贸易会议、国营企业党群工作会议、税收会议、组织会议,专门检查这些部门的工作。② 吉林榆树县委在整风中分别召开下列会议:一是农业会议(7月15日至8月9日酌情抽出几天时间召开),着重检查组织互助组、改进农业技术和推广新农具、对单干户的政策、农业生产的计划性问题和领导农业生产中群众路线问题、扩大再生产问题;二是关于群众负担问题会议(从8月10日至20日酌情抽出几天时间召开),检查税收、公粮、公债等工作,着重检查执行负担政策中的畸轻畸重现象和强迫命令作风;三是商业会议(从8月21日至9月10日酌情抽出几天时间召开),检查合作社、国家商业、国营企业工作,并着重调整公私关系、合同制等以及发展合作社中的群众路线问题;四是组织会议(9月15日至30日酌情抽出几天时间召开),着重

---

① 《吉林市委工业整风会议总结》(1950年9月21日),《党的工作》1950年第58期。
② 《中共沈阳市委关于整党的指示》(1950年7月18日),《党的工作》1950年第51期。

检查农村党的思想建设、奖惩、党群关系问题。①

## （五）召开县区乡三级干部会议整顿作风

此外,在县以下的基层,如西北、华东等地,通过召开县区乡三级干部会议进行整风。这种方式的优点是方便迅速,能够密切结合主要工作任务,在短时间内完成整风,把中央政策和上级整风精神贯彻到基层。西北各地的实践表明,这种做法效果较好。

西北各地除新疆及青海部分游牧地区外,大部在秋冬两季进行征粮、土改前,以县为单位,普遍召集三级干部会(一般已召开过两次,少数地区则召开一次或三次),整顿县、区、乡干部思想作风。各省在三级会议前,首先召开党代会或县委书记、县长联席会,结合主要工作,如征粮、反霸、检查生产等,临夏以民族问题为中心,展开批评和自我批评,检讨各级领导工作(省、分区和县),使县级主要干部对一些重大问题经过研究、讨论后,在思想认识上能够取得一致,然后再经由他们召开三级干部会,去领导区、乡干部整顿思想作风。

西北三级干部会时间一般一周左右,有些在半月以上。参加人数一二百人,少则五六十人,多则达 400 人。区乡干部整风,主要纠正脱离群众最为严重的毛病——命令主义,次及其他错误缺点。方法是密切结合工作任务,总结经验,讲清政策,告诉办法,以求"达到密切联系群众,贯彻政策,做好工作的目的"。检查与纠正 1949 年征粮中的严重毛病,并布置夏征工作,讨论完成夏征的方法。②

华东部分县委也召开县区乡三级干部会,如 6 月 19 日至 21 日,吴江县委召开县区乡扩大干部会,整顿作风,贯彻生产任务。会议采取个人自报,小组互评,大会交流经验并进行互评的方式,表扬在春季生产渡荒中作风好、工作有成绩的典型,并再次传达学习李宗文事件的经验教训,检查乱打、乱扣、强迫命令的工作作风。③

---

① 《检查主要工作中的主要问题》,《人民日报》1950 年 8 月 15 日第 3 版。
② 《西北县区乡三级干部会议整风情况——西北局给中央的报告》(1950 年 12 月 27 日),《党内通讯》1951 年第 63 期。
③ 《吴江县县区乡干部会议检查干部作风报告(摘要)》,《斗争》1950 年第 48 期。

# 二、开办轮训班整顿作风

采取轮训班方式进行整风整党,这在解放战争时期的整党中就为部分地区运用,效果较好。1948年,中共冀鲁豫区吸取第一、二期整党的教训,在第三期整党采取学政策学工作为主的方法,改变过去分为检查个人、学习政策、组织处理三阶段的做法。在第三期整党后,决定不再用过去那种整党办法,而决定由县委办轮训班对乡干、村干进行培训,学习政策,检查工作、思想和作风。① 这种轮训班的方法,基本同于冀鲁豫区第三期整党的方法。此后,其他各地纷纷借鉴这种做法。这种干部训练班的做法,一直延续到新中国成立后,成为基层党委日常组织建设工作的一部分。

在1950年的整风中,部分地区也使用这种方法,对准备参加土改的干部、基层干部和财经干部进行轮训,或者是通过党校轮训整风骨干。比如,在中南地区,新党员、新干部、旧职员采取短期轮训或集训办法,对财经干部也进行轮训。② 山西省主要用集训方式,把各地区、各部门干部分批集中于省委或地委党校,离开工作岗位,专门用一个月到一个半月的时间进行整风学习。③ 东北局也要求,在可能条件下,实行短期集中轮训。④ 综合各地轮训班的做法,大致有以下几类。

## (一) 培养土改干部的轮训班

华东、中南各地和西北部分地区,准备在秋后开始土地改革。所以,这几个地区一般都举办培养土改干部的轮训班。此类轮训班,通常做法是先整风

---

① 程斯宇:《中共冀鲁豫区整党研究》,南开大学硕士学位论文,2014年。

② 《中共中央转发中南局关于干部整风的指示》(1950年6月2日),中央档案馆、中共中央文献研究室编:《中共中央文件选集(1949年10月—1966年5月)》第3册,人民出版社2013年版,第123页。

③ 《中共中央转发华北局关于河北、山西两省整风情况的报告》(1950年8月24日),中央档案馆、中共中央文献研究室编:《中共中央文件选集(1949年10月—1966年5月)》第3册,人民出版社2013年版,第310—311页。

④ 《中共中央东北局关于整党工作指示》(1950年6月8日),《党的工作》1950年第44期。

学习,总结和检查过去工作,整顿作风,然后学习土改政策和文件。华东地区的土改干部轮训班,一般由省(区)、专区、县分级训练,各级先训练一期,作为下一级轮训干部的工作骨干,土改工作队的干部亦同时参加受训。每期大约以2/3或1/2的时间整风,另以1/3或1/2的时间学习土地改革政策。① 下面,重点以浙江省为例,具体介绍这一轮训班的做法。

为办好训练班,6月14日,浙江省委制定《关于执行华东局整党指示与土地改革教育方案》。方案对各级党校、干部学校分期轮训参加土地改革工作的干部作了大致安排,计划省委党校第一期训练分区区委书记以上各级党委领导核心,土地改革工作队长和各地委、县委办训练班的干部;第二期训练参加土地改革工作的省级机关干部及军队抽调干部。省干部学校训练参加土地改革工作的青年知识分子干部。各地干部学校训练一般区级干部和参加土地改革工作的青年知识分子干部。各县训练班训练乡级干部和农民积极分子。省委党校每期训练时间约为45天;省干校和地委干部学习训练时间每期定为40天;县委训练班每期训练时间为20天。省委党校、干部学校各办两期:第一期自6月15日至7月底,第二期自8月1日至9月15日。各地委干部学习、县委训练班自8月1日开始,各办两期或三期。

方案明确轮训班的训练内容和步骤。省委党校和各地委干部学校、区级干部训练内容与进行步骤:一是整风学习(包括时事学习)。通过报告形势与工作总结,结合学习文件、酝酿准备及小组反省、讨论等步骤,达到明确认识形势特点、暂时困难及发展前途,提高干部责任心与积极性,通过讨论工作总结,表扬成绩、优点,批判缺点、偏向,明确是非,将政策水平提高一步,使官僚主义与命令主义工作作风得到批判与纠正。时间约为25天。二是土地改革学习。通过听报告、学习文件与座谈讨论等,以明确认识1950年土地改革特点、江南新区农村特点与《中华人民共和国土地改革法》,熟悉并能掌握土地改革中的政策、法令、方法、纪律等,使在土地改革中能够贯彻执行党的任务和政策。时间约为10天。三是参加省党代会,将一部分领导上的共同问题在会中解决,并结合学习,布置回去如何贯彻整风与土地改革学习。时间5天至7天。四

---

① 《华东各地整风运动普遍展开》,《人民日报》1950年8月21日第6版。

是最后测验、总结、整理反省材料 2 天。

县训练班的训练内容和进行步骤如下:一是形势教育,时间 2 天。二是整风主要内容。通过总结工作分清是非、树立政策观念,以求在政策水平上提高一步;力求树立群众路线的作风,纠正强迫命令及乱打乱抓的偏向;树立大公无私、为人民服务的观点,反对自私自利的错误思想与行为。时间 7 天。三是土地改革学习,时间 8 天。四是最后测验总结 2 天。

省干部学校及地委干校、青年知识分子干部的训练内容与开展步骤如下:一是时事整风学习。通过学习形势与工作总结报告、学习文件、座谈讨论、小组反省等步骤,以克服对时事问题上的某些糊涂观点,明确认识目前国内外形势发展前途,打破顾虑,增强工作决心与信心;通过总结工作,表扬成绩、优点与好的典型,批评缺点、偏向与坏的典型,检查思想,明确阶级立场;使命令主义作风与无政府无纪律现象得到切实纠正,树立群众路线的工作作风。时间约为 20 天。二是土地改革学习。三是学习如何办训练班 3 天。四是最后测验、总结、征粮反省等 2 天。①

根据计划,浙江省委党校共办两期,培训地方干部 860 人。第一期 6 月中旬开始,8 月初结束,主要培养地、县、区三级整风骨干,计 734 人;第二期 8 月 10 日开始,9 月底结束,共 628 人,其中地方干部 126 人,余均为军队抽调参加土改工作干部。② 第二期学员主要是驻省部队干部,此外为部分省机关干部和区级干部。学员文化水平一般较低,小学程度及粗通文字者占百分之七八十。学员中除少数于 1949 年参加过农村工作外,大部分没有地方工作经验。第二阶段整风学习中,通过联系实际,检查工作中违犯政策事例,提高大家对认真执行政策重要性的认识,认识到整风的重要性,并顺利转入总结工作、自我检讨阶段。9 月 10 日,整风学习结束,进入土改政策学习,最后 3 天学习征税政策。然后参加几个重灾县的征粮工作,以便熟悉情况,学习地方工作方

---

①  《浙江省委关于执行华东局整党指示与土地改革教育方案》(1950 年 6 月 14 日),《斗争》1950 年第 43 期。

②  《省委关于一九五〇年浙江省干部整风的总结报告》(1950 年 12 月),中共浙江省委党史研究室、浙江省档案馆编:《中共浙江省委文件选编》(1949 年 5 月—1952 年 12 月),2011 年,第 275 页。

法,为进入正式土改工作准备有利条件。①

省干校共办两期,学员共 4688 人,自 6 月中旬开始至 9 月底结束。主要为解放后参加工作的知识青年干部 2450 人,其他为新吸收参加土改的青年学生和一部分个人、店员、失业教师。各地委干校均于 8 月前后开始,至 10 月中旬结束,共办两期,受训人数 5639 人,大部分为区级干部及青年知识分子干部。县乡干轮训班于 8 月初先后开始,多数县办 2 期,个别县办 3 期,每期时间大多为半月到 20 天,受训者共 23237 人,大多数为乡干,少数是农民积极分子及村干。②

## （二） 培养整风骨干的轮训班

1950 年整风,采取由上而下的步骤。于是,部分地区的整风轮训班,承担着培养领导下级单位整风骨干的任务。比如,为培养整风骨干,河北省委从各地委、县委抽调 150 人到省委党校集中进行整风学习,拟三星期结束后回原地领导整风。③ 上海市第一期轮训班从 8 月 11 日开始,至 9 月 8 日结束,主要目的是培养整风骨干,经过初步整风,作为开好整风会议,全面开展整风的准备。参加人员为以市政府、公安局科以上、产业工会主任以上干部为主的各系统负责干部 368 人,占全市科以上干部总数 35%。④

重庆市委干部第一批整风队 1078 人,于 7 月 3 日下午集中。按行政系统部门,成立市委、市政府、公安局和各区 3 个党支部,分为 14 个小组,按市委所定的整风计划学习,至 19 日总结结束。集中前,除市委进行总动员外,在各机关、支部进行普遍动员,发动党内外干部给集中整风的干部提意见,以作为检查工作与思想作风的材料,达到上下结合、与群众结合为整风准备好条件的目

---

① 《浙省党校二期土改训练班　调训大批部队干部》,《人民日报》1950 年 9 月 8 日第 2 版。

② 《省委关于一九五〇年浙江省干部整风的总结报告》(1950 年 12 月),中共浙江省委党史研究室、浙江省档案馆编:《中共浙江省委文件选编》(1949 年 5 月—1952 年 12 月),2011 年,第 275 页。

③ 《中共中央转发华北局关于河北、山西两省整风情况的报告》(1950 年 8 月 24 日),中央档案馆、中共中央文献研究室编:《中共中央文件选集(1949 年 10 月—1966 年 5 月)》第 3 册,人民出版社 2013 年版,第 310 页。

④ 《上海市委关于整风班工作的总结报告》(1950 年 9 月 23 日),《斗争》1950 年第 56 期。

的。集中学习时，又进行开学动员，规定整风进程。开始时一些干部有思想顾虑。但经过学习材料，个别交谈和小组座谈后，一般得到了解决。在这一阶段中，初步端正了整风态度，打下了批评和自我批评的基础。进入第二阶段后，发现问题较多，而自我批评的主要障碍是个人英雄主义和有条件地自我批评等错误思想。根据上述情况，7月10日上午，召开第一次全体大会，由重庆市委书记张霖之作了启发报告。报告后，各组进行讨论，不少同志对错误的思想认识有了转变，基本上扫除了进行自我检查与相互批评的障碍。7月15日后，进入总结鉴定阶段。①

### （三）县以下干部的轮训班

部分地区对县以下干部采取轮训方式进行整风。比如，华东局要求，县、区、乡干部的整风除福建等地召开三级干部会议外，则由县委举办轮训队，对乡级干部（包括部分村的积极分子）进行轮训，每期半月至20天，均举办2至4期。内蒙古东部区党委规定，区委和支部整风，可召开努（区）嘎查（村）党员干部训练班，以整顿区村党员干部作风；往年在秋收结束后，各地都召集区村干部进行轮训，1950年仍应按计划进行，以整风为目的，地委办区级干部训练班、旗县委办村级干部训练班，每期20天至1个月，使区村主要干部轮训完成，讲解文件联系实际深入检讨和反省总结，通过好坏典型以教育干部，定出彻底纠正强迫命令的具体办法，克服区村干部的强迫命令作风，并在他们之中端正对农村生产力方向的认识。②

根据华东局要求，浙江省万余乡村干部分别在各县参加轮训。学员大部为乡级干部及少数农民积极分子。乡级干部中，大部分是新参加工作的干部，文化程度一般不高。各县轮训班大致经过以下过程：第一步，深入动员，安定学习情绪，树立正确的学习态度。各县多由负责干部作动员报告，向学员说明整风目的，揭破匪特谣言，解除其思想顾虑。学员情绪大体安定后，随即进行时事教育与阶级教育。时事教育主要是引导学员正确地估计中国人民革命的

① 《重庆市委干部整风队第一期整风初步总结》，《西南工作》1950年第13期。
② 《中共内蒙古东部区党委关于执行中央整风指示的决定》（1950年5月19日，并经华北局、内蒙古分局批准），《党的工作》1950年第48期。

胜利,及世界民主阵营力量的强大,用对比方法,说明美帝的外强中干等;坚定学员的胜利信心,树立抓好生产建设的思想。第二步,时事学习后,即转入整风。各县在整风中一般都采用总结工作方法。先由县负责人作一有分析有批判的启发性总结报告,揭露工作中的官僚主义和命令主义作风,并反复说明整风的目的和应有的态度,要求学员总结工作时,要一方面正确估计成绩与优点,一方面批判错误和缺点。然后展开讨论,进行自我检讨。各县训练班学习时间一般多为 15 天左右。第一期于 9 月上旬结束,第二期 9 月底开始。①

以浙江省建德县为例,建德县第二期整风训练班自 8 月 31 日开始,至 9 月 12 日结束,经过 13 天。参加学习 167 人,其中分委干部 1 人,一般脱产干部 41 人,乡干部多人。组织领导上,以机关干部队作为 6 个分队下分 16 个小队,各队社区副队参加学习的党员 27 人,团员青年 45 人,建立党团组织。学习的步骤与方法,分 3 个单元。一是时事学习 2 天。二是整风学习 5 天。在工作总结检查和整风动员报告后,转入重点检查,从一村一事进行检查分析,重点仍放在 1950 年生产渡荒、兴修水利、治虫整理村组织等。检查领导作风和互相之间提意见。自我检讨时间 2 天。为分清是非,奖罚严明,对大洋区某干部在大会上加以表扬鼓励,树立学习方向,并对错误严重屡教不改的典型,将材料整理好,在大会作检讨,向大家报告分析并提出处理意见。三是政策学习 5 天。内容是减租征粮和土改学习材料。讨论减租征粮时,乡干部反映不强迫命令不能完成任务的问题。于是,又把群众路线讲解一次,经大家分析强迫命令的后果才认识到只有正确执行政策才能保证任务完成,在政策学习中多学习《浙江日报》《通过生产发动群众整理乡村组织》的社论和省政府《禁止地主非法分散财产破坏森林》的布告,经过讨论明确了好多思想问题,联系到过去整理村组织产生好多偏向,有的犯了急性病,从印象上凭好恶用事,未执行团结爱护、教育改造、分别对待的方针,提高了阶级觉悟,认识到地主阶级的阴谋破坏。最后由组织部长在会上报告分析全县工作情况和各阶层动态,布置当前工作,检查秋征,大力宣传各种政策,贯彻整风,总结以往,布置工作。12 日举行结业典礼。

---

① 《浙江万余乡村干部　参加轮训进行整风》,《人民日报》1950 年 9 月 18 日第 2 版。

在华南地区,从 6 月中旬至 7 月底,东江地委的区干部整风训练班共调集 36 个区的干部,共 50 余人,学习 45 天。大家情绪一向保持良好,结束时都充满着信心回去。东江区干训练班一开始就确定以检查 1949 年秋征中的命令主义为主,大部时间放在检查和总结工作上,最后用小部分时间作检查和清理个人思想。方法是首先研读文件,号召打破顾虑,并迅速转入普遍检查和搜集秋征工作的偏差。①

### (四) 中南地区的财经干部轮训班

相比其他各地,中南局还专门对财经干部进行轮训。中南局规定:"财经干部的训练由中南野司②统一计划,县级以上财经干部(包括新老干部)由中南财委分批整训,县以下及一部分县级干部则由省财委负责整训。"③

根据中南局要求,中南财委把中南六省两市县区以上财经干部整风的任务,交给中原大学财经学院负责。第一期于 6 月 24 日开学,8 月 21 日结业,历时一个半月。共有学员 462 人,包括贸易和税务两部门的在职干部。其中老干部 55%,新干部 45%;共产党员 75%,青年团员 5%。方法是:从分析情况中检查工作和政策,整顿思想作风(主要是官僚主义与命令主义),并总结经验,以达到提高干部和改进工作的目的。采取通过政策学习,提高干部的政治觉悟,开展批评和自我批评,解决思想问题。在步骤上,首先是端正整风态度,再学习一定文件,然后摆情况,从分析情况中肯定成绩,辨别是非,划清政策界限,找出产生错误的根源及改进办法,再以省市为单位,系统进行有关政策作风的工作总结,最后是个人小结。④

---

① 《东江地委关于五、六、七月份工作向分局的综合报告》(1950 年 8 月),《华南通讯》1950 年第 8 期。

② 野战军司令部的简称。

③ 《中共中央转发中南局关于干部整风的指示》(1950 年 6 月 2 日),中央档案馆、中共中央文献研究室编:《中共中央文件选集(1949 年 10 月—1966 年 5 月)》第 3 册,人民出版社 2013 年版,第 124 页。

④ 《中原大学财经学院财经干部整风轮训队结业》,《长江日报》1950 年 9 月 5 日第 3 版。

# 三、机关干部的在职整风

在职整风的方式,为各地机关单位广泛使用。在职整风,具体就是不脱离工作岗位,一边工作,一边整风。这种整风方式,优点是能与工作密切结合,也便于检查、总结和改进工作。所以,中南地区县以上机关及城市工作干部,均以在职整风为主,按工作部门或工作系统总结工作;华北县以上干部整风以在职整风为主,河北每天用三个小时时间整风,其余时间照常工作;①西南一级机关采取半日工作半日整风的办法,集中检查领导时,有的全部投入整风,只留值班人员照顾工作;②东北局在职整风,利用每日学习时间并占用一部分工作时间,经过学习文件与整风动员,召开整风会议,进行自上而下与自下而上相结合、以领导为重点的检查与总结工作;③福建省在职整风学习,参加人员主要是不能参加轮训班,又未曾参加会议整风的一般机关干部,在职整风时间前后不超过 2 个月,学文件时间每天 2 小时,反省检讨时延到 3 小时至 4 小时;④苏南区不直接参加土改工作的机关干部,以在职整风为主,整风与土改学习一般为 2 个半月至 3 个月,每天 2 小时至 3 小时,在办公时间以外进行。⑤

那么,在职整风具体如何进行呢？比如,华东局机关整风学习委员会规定,整风学习全部过程 3 个步骤:一是动员与文件学习。二是召开整风会议。首先在整风委员会中,由部门主要负责人先作检讨,其次以部、委或大的处为

---

① 《中共中央转发华北局关于河北、山西两省整风情况的报告》(1950 年 8 月 24 日),中央档案馆、中共中央文献研究室编:《中共中央文件选集(1949 年 10 月—1966 年 5 月)》第 3 册,人民出版社 2013 年版,第 310 页。

② 《中共中央转发西南局关于整风经验的报告》(1950 年 8 月 18 日),中央档案馆、中共中央文献研究室编:《中共中央文件选集(1949 年 10 月—1966 年 5 月)》第 3 册,人民出版社 2013 年版,第 299 页。

③ 《东北局给中央的整风报告》(1950 年 9 月 26 日),《党的工作》1950 年第 58 期。

④ 《福建省委关于执行华东局整风指示的计划》(1950 年 7 月 12 日),《斗争》1950 年第 48 期。

⑤ 《苏南区党委关于执行中央、华东局整风指示的通知》(1950 年 7 月 12 日),《斗争》1950 年第 46 期。

单位,召开所属行政范围的各级领导干部(科长以上)会议,由主要负责人提出本部领导作风的检讨报告,展开讨论,针对南下以来的工作及思想、作风当中的主要问题,分析情况,弄清是非,统一认识,作出初步结论,然后召集全体干部大会传达报告(如果单位小、干部集中,互相了解,开始即召开全体干部大会亦无不可),启发下级批评领导,进行到一定程度,可适时转入小会(处或科为单位),处、科负责人亦应首先提出检讨报告,然后启发大家提意见转入普遍检查。每一关节均需经过一定的动员准备,以便有重点有掌握地进行,避免牵扯太广,分散精力。在检查过程中,为了顺利解决问题,必要时插学个别有关文件。整风会议时间暂定为 3 周到 4 周,在不影响工作的情况下,可实行半日学习制。三是总结。在党内进行普遍检查之后,即按部门进行总结,除将部门的与个人的主要问题部分,加以整理登记交由组织存查外,一般应根据检查的结果提出改进意见,建立党内外民主生活工作制度的方案,以便今后贯彻。总结时间为一周。①

可见,在职整风除了不脱离工作岗位、学习时间不同外,具体做法与会议整风、轮训班等基本相同,都要学习文件、检查和总结工作、开展批评和自我批评,经过学习动员、检查工作、检查作风、整风总结等过程。

# 四、作风建设的领导

1950 年整风是中共中央发动,各地区、单位党委直接领导的。那么,具体而言,各级党组织是如何领导这样一场全党的整风的呢?中共中央、中央局(或中央分局)、省市县区党委、基层党支部又发挥了什么样的领导作用?集中整风、在职整风过程中的领导又是如何进行的?如何纠正整风中的偏差?这些问题,又必须进行深入、细致的探讨。以往的研究,往往是一笔带过,鲜有专门进行研究。

---

① 《华东局机关整风学习委员会整风学习计划》(1950 年 7 月 28 日),《斗争》1950 年第46 期。

### （一）中共中央的总领导

1950 年的整风,是中共中央发动的。这从中共中央的"五一指示"、中共七届三中全会上毛泽东的号召和动员等可以看出。但细致分析,发现中共中央对这次整风的具体步骤、具体方式、时间阶段等都没有作统一的规定,也较少直接干预各地的具体做法。因而,可以认为,中共中央主要是从宏观层面、原则方面的政治领导,起的是"总领导"的作用。具体而言,就是通过请示报告制度,掌握各地整风动态,并批转各地文件,交流经验等。主要表现如下:

1. 成立三人委员会

中共中央有没有成立专门的领导机构呢? 到目前为止,中共党史、中华人民共和国史等著作,以及相关研究论文都很少提到这一问题。按照中国共产党开展整风整党的通常做法,每次集中教育都会成立相应的领导机构。由于掌握史料有限,只能搜集到极少的相关材料,而目前公开的史料中,涉及到这一问题的,只有《毛泽东年谱》第 1 卷、《建国以来毛泽东文稿》第 1—3 册和《建国以来刘少奇文稿》第 2 册等。

1950 年 5 月 24 日,毛泽东就指导全党整风运动问题给胡乔木写了一封信。信中说:"全党整风运动即将开始,这件事已成当前一切工作向前推进的中心环节。这一环节不解决,各项工作便不能顺利地向前推进了。中央已指定了一个三人委员会,你为主任,负责审查各地整风文电并起草复电;尔后则负责注意这个运动的发展,替中央起草指导文电,并注意报纸刊物的报道和指导(六月上旬应写社论一篇)。"①

从这封信中可以看出,毛泽东对整风非常重视,将其看成是"当前一切工作向前推进的中心环节"。亦可判断,在毛泽东写这封信前,中共中央已经决定成立"三人委员会",作为具体负责整风运动的办事机构。三人委员会的成员为:胡乔木、安子文、肖华,其中胡乔木(时任中央宣传部副部长)为主任。三人委员会的主要职责是:审查各地整风文电并起草复电;注意这个运动的发

---

① 毛泽东:《关于指导全党整风运动问题给胡乔木的信》(1950 年 5 月 24 日),中共中央党史和文献研究院编:《建国以来毛泽东文稿》第 2 册,中央文献出版社 2023 年版,第 243 页。

展,替中央起草指导文电,并注意报纸刊物的报道和指导(6 月上旬应写社论一篇)。

推断中央成立"三人委员会",亦可从 5 月 25 日刘少奇的批语中得到旁证。5 月 25 日,刘少奇在毛泽东 5 月 24 日给胡乔木的信上写道:"我想陈伯达还是参加这个委员会好。昨日已和伯达谈过。"①

不过,这一领导机构很少公开出现,报纸刊物没有提及。这与其承担的具体职责有关,毕竟其主要是协助中央审查和起草各地整风文电,公开的文件都以中共中央的名义发出。所以,很少能够在公开的文件、报纸上看到这一机构的活动。

梳理中央系统的整风领导机构,同样限于史料有限。从毛泽东 9 月 1 日给安子文的批示中可以推知一二。这一天,毛泽东审阅华北局秘书处支部整党整干经验的材料,批示安子文:中央系统整风工作现在不知已开始进行否?是什么机关领导的? 我认为应由中央组织部领导,由安子文同志负主责,由中央、军委、政务院、工青妇系统各指定几个人组成委员会,领导整风工作。华北局此件可印发各机关作参考材料。如何进行,盼告。② 从中可以看出,毛泽东对中央系统的整风十分关注。至于这一批示落实如何,公开材料没有提及,公开的报道中只有全国总工会、青年团中央、邮电部、铁道部等部门对本系统整风的部署,但没有涉及机关干部的整风。这一领域,现有研究几乎没有提及,有待史料公开后继续深化研究。

2.审查和批转各地整风计划、报告

中共中央对整风的总领导,一个重要体现就是审查和批转各地整风计划。在中央"五一指示"中,中共中央就要求各地整风计划电告中央审查批准,然后按此进行。在审查各地整风计划的工作上,毛泽东十分重视。这一任务,主要由三人委员会具体负责。同时,毛泽东也多次起草中共中央给各地的指示。

从公开材料看,毛泽东为中共中央起草给各地整风计划的第一个批语,是

①　刘少奇:《关于陈伯达参加整风三人委员会的意见》(1950 年 5 月 25 日),中共中央文献研究室、中央档案馆编:《建国以来刘少奇文稿》第 2 册,中央文献出版社 2005 年版,第 193 页。

②　毛泽东:《关于中央系统整风工作领导问题的批语》(1950 年 9 月 1 日),中共中央党史和文献研究院编:《建国以来毛泽东文稿》第 3 册,中央文献出版社 2023 年版,第 2 页。

在 5 月 13 日写的。此前的 5 月 11 日,邓小平在给毛泽东并中共中央的报告中指出,西南局整风在步骤上,拟先由省、区党委集中县委书记以上干部整风,弄通他们的思想是一切问题的关键,然后经过他们去领导 3 万人的整风,时间以半个月到二十天为限度。① 5 月 13 日,毛泽东起草了《转发邓小平关于整风等情况报告的批语》,肯定了西南局的整风步骤。

对于审查各地整风计划,毛泽东要求即阅即发,大体可用即批转。5 月 24 日,他致信胡乔木,指出,各地整风指示文件均须经中央审查,已到者有华东、西南、西北、内蒙古、一野等处,请于两三日内总阅一遍,邀集安子文、萧华谈一下,逐一起草复电(请叫尚昆注意各地有关此类来电,抄送你和安、萧),或者还须总复一电。其原则是大体可用者即予同意,须作部分修改者则予修改。关于学习文件,有关全国者须予统一。复电要快,本月内(只有七天了),均须将起草,送书记处各同志看过,并用四 A 级电拍发等事办理完毕,以便全国整风能于六月上旬一律开始。②

5 月 27 日,毛泽东致信刘少奇、朱德、周恩来、胡乔木:“各地整党指示都有严格的时间性,复电各件请即阅即发。如来不及看来件,看复电即可。各地来件都是可行的。”③

按照毛泽东的要求,从 5 月 27 日起,中共中央加快审查各地整风指示文件。5 月 27 日,毛泽东为中共中央起草分别给华东局、西南局、华南分局并中南局、西北局等的复电,同意他们关于整党工作的指示。在给西北局的复电中指出:“惟你们所列学习文件有几种太长,只应摘出其中有关当前急需的一部分而不应读全文,因读全文将反而减少效力,并且在时间上也不可能。”④同日,中共中央分别向各中央局转发华东局、西南局、华南分局的整风运动指示,

① 中共中央文献研究室:《邓小平年谱 1947—1956》第 2 卷,中央文献出版社 2019 年版,第 264 页。
② 毛泽东:《关于指导全党整风运动问题给胡乔木的信》(1950 年 5 月 24 日),中共中央党史和文献研究院编:《建国以来毛泽东文稿》第 2 册,中央文献出版社 2023 年版,第 243 页。
③ 中共中央党史和文献研究院编:《毛泽东年谱》第 4 卷,中央文献出版社 2023 年版,第 147 页。
④ 中共中央党史和文献研究院编:《毛泽东年谱》第 4 卷,中央文献出版社 2023 年版,第 147 页。

供各地参考。

5月28日,毛泽东为中共中央起草复华北局电:"同意你们五月二十八日关于执行中央整党整干指示的决定。惟文件内凡将整风整干四字连在一起时,整风之风字改为党字。"①此后,华北局在有关文件中纠正了这一用法,如6月18日《华北局对各地整党整干工作的几点意见》、8月7日《华北局对绥远省整党整干工作的指示》等。

6月2日,中共中央转发《中南局关于干部整风的指示》。同日,中共中央还转发《华北局对各省委整党整干计划的意见》,并要求各中央局参考并重视这个文件。该意见中,华北局针对各省整风计划中的问题,一一作了修正,指出:(一)有的省委对整党整干办法,有用突击方式加重压力的倾向。停止理论文化学习,每天用四小时进行整风的办法应加改正。应完全按华北局规定办法进行。(二)克服命令主义是此次整风的主要内容。有些地方将反对贪污腐化、组织不纯、悲观失望、生产政策等同时提出,势将分散力量。(三)只提整下边不提领导机关,或上下同时整,都是不完全的。命令主义的错误,领导上负有一定责任。应先从县委以上主要干部开始,同时进行必生偏差。(四)在整风中及整风后,党内外应建立一套正规民主制度。反对命令主义决不是给极端民主化及无组织无纪律分子以借口,此点在领导上应加注意。(五)整风文件在中央所规定文件公布前,应按照华北局所规定者进行学习。②

6月15日,毛泽东审阅修改聂荣臻准备向全国政协一届二次会议作的军事报告稿,加写了军队整风的要求,明确"全军应在今年复员工作做好之后,从今年冬季开始,来一次从上至下的整风运动,克服一切不良现象。必须教导人民解放军的指战员不要骄傲自满,不要以功臣自居,不要看不起起义部队和地方部队,而要谦虚谨慎,耐劳耐苦,对敌人很勇敢,对同志对人民则很和气,借以团结全军全民完成自己光荣伟大的任务"。6月16日,毛泽东审阅中南

① 中共中央党史和文献研究院编:《毛泽东年谱》第4卷,中央文献出版社2023年版,第148页。
② 《中共中央转发华北局对各省委整党整干计划的意见》(1950年6月2日),中央档案馆、中共中央文献研究室编:《中共中央文件选集(1949年10月—1966年5月)》第3册,人民出版社2013年版,第119—120页。

— 177 —

军区陶铸等 6 月 10 日给中央军委总政治部的报告和中南军区党委关于部队整党工作的指示。报告说:七月开始中南军区全军整风,特将指示报中央审查,请早日批准。毛泽东为总政治部起草转发这个指示的批语和复陶铸等的信。批语如下:"发给各军区党委参考。中南军区既能够一面办理复员工作,一面进行整党,则其他军区亦可照此进行,不必等到秋后。"复信说:同意六月十日关于部队整党工作指示。①

7 月 21 日,为转发彭真 7 月 18 日关于北京市整风工作计划的报告,毛泽东起草中共中央给中央局、分局并转各大市委、省委、区党委的批语,指出:"其中许多经验我们认为是各省委、区党委特别是各大中城市的党委值得采取,或部分采取的。"同日,中共中央转发北京市委的整风计划。彭真报告中提出准备采取的做法,主要有:(一)首长负责,亲自动手。(二)各单位工作总结和思想作风检讨,通过各该组织的领导机关进行。(三)用人民代表会议的形式检查工作、检查工作人员的作风。(四)整风重点是自上而下地总结工作,检讨对中央方针政策的执行情形、经验教训及工作作风。(五)政权和群众组织系统的整风中,党与非党干部一视同仁,但在检讨个人思想、作风时,不以党员标准去要求非党干部,民主人士的整风学习完全听其自愿。②

9 月 16 日,毛泽东为中央军委总政治部起草给各大军区党委并告各中共中央局的电报:"地方党的整风工作,业已普遍进行,并向中央发来了许多报告,提出了许多好的经验;但军队党的整风工作是否已在进行及如何进行的,除少数有反映外,大多数尚无反映。我们希望各军区党委务于九月底或十月初向我们发来一次报告,概述全区部队第一期整风情况,如何,盼复。"③

3. 批转各地整风经验

以文件的方式批转各地工作经验,是中共中央领导作风建设的重要方式。在 1950 年整风中,各中央局、中央分局认真贯彻请示报告制度,及时向中共中

---

① 中共中央党史和文献研究院编:《毛泽东年谱》第 4 卷,中央文献出版社 2023 年版,第157 页。

② 中共中央党史和文献研究院编:《毛泽东年谱》第 4 卷,中央文献出版社 2023 年版,第166 页。

③ 中共中央党史和文献研究院编:《毛泽东年谱》第 4 卷,中央文献出版社 2023 年版,第192 页。

央报告整风的情况和经验。中共中央及时将部分地区整风经验转发各地(见表7),供各地参考。

**表7　中共中央批转各地整风经验情况**

| 序号 | 日期 | 文件名称 |
|---|---|---|
| 1 | 8月9日 | 《中共中央转发北京市委关于各区人民代表会议经验总结的报告》 |
| 2 | 8月18日 | 《中共中央转发西南局关于整风经验的报告》 |
| 3 | 8月24日 | 《中共中央转发华北局关于察哈尔省整风经验的报告》 |
| 4 | 8月24日 | 《中共中央转发华北局关于河北、山西两省整风情况的报告》 |
| 5 | 8月26日 | 《中共中央转发西北局关于整风经验的报告》 |
| 6 | 9月1日 | 《中共中央转发华东局直属机关整风经验的报告》 |
| 7 | 9月1日 | 《中共中央转发华北局关于察哈尔、绥远两省整党情况的报告》 |
| 8 | 9月6日 | 《中共中央转发西南局摘报的川东区党委整风情况报告》 |
| 9 | 9月6日 | 《中共中央转发西南局摘报的川西区党委整风情况报告》 |
| 10 | 9月9日 | 《中共中央转发西南局转报的川南区党委整风情况报告》 |
| 11 | 9月 | 《中共中央转发绥远省委关于吸收非党干部进行整风的情况和办法的综合报告》 |
| 12 | 9月12日 | 《中共中央转发华北局关于河北省政府直属机关党与非党干部合组整风经验的报告》 |
| 13 | 9月14日 | 《中共中央转发上海市委关于整风情况的报告》 |
| 14 | 9月24日 | 《中共中央转发华北局关于农业生产成绩和整风情况的报告》 |

资料来源:《中共中央文件选集(1949年10月—1966年5月)》第3—4册、华东局党刊《斗争》第55期。

从表7可见,整风中,中共中央共批转的整风经验文件有14个。从批转时间上看,主要在8月和9月。其中,8月份有5个,分别是:《北京市委关于各区人民代表会议经验总结的报告》《西南局关于整风经验的报告》《华北局关于察哈尔省整风经验的报告》《华北局关于河北、山西两省整风情况的报告》《西北局关于整风经验的报告》。9月份有9个,分别是:《华东局直属机关整风经验的报告》《华北局关于察哈尔、绥远两省整党情况的报告》《西南局摘报的川东区党委整风情况报告》《西南局摘报的川西区党委整风情况报告》《西南局转报的川南区党委整风情况报告》《绥远省委关于吸收非党干部进行整风的情况和办法的综合报告》《华北局关于河北省政府直属机关党与非党干部合组整风经验的报告》《上海市委关于整风情况的报告》《华北局关于农业生产成绩和整风情况的报告》。主要集中在8月下旬和9月上旬，共有8个文件，超过一半。

从文件的地域看，华北地区最多，共有6个，分别是：《北京市委关于各区人民代表会议经验总结的报告》《华北局关于察哈尔省整风经验的报告》《华北局关于察哈尔、绥远两省整党情况的报告》《华北局关于河北、山西两省整风情况的报告》《华北局关于河北省政府直属机关党与非党干部合组整风经验的报告》《华北局关于农业生产成绩和整风情况的报告》；西南地区4个，分别是：《西南局关于整风经验的报告》《西南局摘报的川东区党委整风情况报告》《西南局摘报的川西区党委整风情况报告》《西南局转报的川南区党委整风情况报告》；华东地区2个，分别是：《华东局直属机关整风经验的报告》《上海市委关于整风情况的报告》；西北地区和东北地区各1个，分别是《西北局关于整风经验的报告》《绥远省委关于吸收非党干部进行整风的情况和办法的综合报告》。

从文件主体（即起草者）看，中央局起草的有3个，分别是：《华北局关于农业生产成绩和整风情况的报告》《西南局关于整风经验的报告》《西北局关于整风经验的报告》；省委、大的市委起草的有7个，分别是：《北京市委关于各区人民代表会议经验总结的报告》《华北局关于察哈尔省整风经验的报告》《华北局关于察哈尔、绥远两省整党情况的报告》《华北局关于河北、山西两省整风情况的报告》《华北局关于河北省政府直属机关党与非党干部合组整风经验的报告》《上海市委关于整风情况的报告》《绥远省委关于吸收非党干部进行整风的情况和办法的综合报告》；大区直属机关起草的1个，即《华东局直属机关整风经验的报告》；区级党委起草的3个，分别是：《西南局摘报的川东区党委整风情况报告》《西南局摘报的川西区党委整风情况报告》《西南局转报的川南区党委整风情况报告》。

从文件内容看,既有各地关于本地区整风的总体经验,如《西北局关于整风经验的报告》《西南局关于整风经验的报告》《华北局关于察哈尔省整风经验的报告》《西南局摘报的川西区党委整风情况报告》;又有机关整风、如何吸收非党干部整风的专门经验,如《华东局直属机关整风经验的报告》《华北局关于河北省政府直属机关党与非党干部合组整风经验的报告》。整风经验中,涉及整风的准备、领导、内容等各个方面,合组十分广泛,内容非常丰富,参考价值较大。

8 月 24 日,中共中央转发华北局关于河北、山西两省整风情况的报告,介绍了河北、山西两省的整风经验,指出存在的问题,明确要先整好党内,再整党外为好。党内在整风动员、启发报告、经验总结时,皆可吸收非党干部参加。检查工作时,党员亦有计划地向非党干部虚心地征求意见,并可使非党干部先学习文件作整风准备,以便党内基本上整完后,随时开始党外整风。把各地干部抽出,集中起来,开整风训练班,脱离工作岗位,互不了解,很难系统地检查工作。而且有些部门,如工厂、铁路、矿山,这些单位的负责同志反映说:这样整法很怕厂中出事故。所以整风班只可作为整风方式之一,基本上仍以在职整风为好。即使在整风班受过训的干部回去,还应以部门为单位进行检查工作。①

毛泽东对转发各地整风经验十分重视,多次为中共中央起草批语。如,8 月 26 日,为转发西北局 8 月 15 日关于整风问题的报告,起草中央给各中央局并转分局、省市委等的批语:"下面是西北局的整风经验,我们认为是正确的,请你们加以注意,其中有可以在你们区域采用者,请加采用为盼。"②9 月 9日,为转发川南区党委关于整风情况的报告,起草中共中央给各中央局、分局并转省市委的批语:"下面这个整风经验很值得注意,各地省、地、县三级整风

---

① 《中共中央转发华北局关于河北、山西两省整风情况的报告》(1950 年 8 月 24 日),中央档案馆、中共中央文献研究室编:《中共中央文件选集(1949 年 10 月—1966 年 5 月)》第 3 册,人民出版社 2013 年版,第 312 页。

② 毛泽东:《中央转发西北局关于整风经验报告的批语》(1950 年 8 月 26 日),中共中央党史和文献研究院编:《建国以来毛泽东文稿》第 2 册,中央文献出版社 2023 年版,第 476 页。

务须吸取川南的经验,着重检查工作,端正政策。"①9 月 12 日,为转发河北省整风直属机关整风的报告,起草中共中央给各中央局的批语:"整风中党员与非党员配合进行问题,河北省人民政府的经验很可注意,望加研究参酌办理。"②

## (二) 各级党委的直接领导

新中国成立初期,由于中央人民政府刚成立,各地区情况差异大,为便于管理,全国划分了 6 个大区,即中南、华东、西北、西南、华北、东北。各大区的中央局负责领导党政军各项工作。由于 1949 年至 1950 年间,地区之间情况和问题大不相同,中央往往以全面的形式制定政策,而把贯彻政策的方式问题交给大区。③ 胡乔木指出:"应由各级党委主要负责人负责领导。"④按照中央要求,各中央局和各级党委具体领导本地区、单位的整风运动。比如,华东局明确规定:"各级党政主要领导干部,应亲自参加与掌握这一大规模的整风运动"⑤;中南局规定:"整风运动以中南局常委为领导核心"⑥。具体来讲,各级党委领导整风运动的具体方法如下。

第一,成立领导机构。在全国执政条件下,中国共产党是国家政权的领导核心。各级党委除了领导整风外,还要领导各方面事务,不可能有那么多精力直接处理整风中的日常工作。于是,为便于处理经常工作,需要在主要负责人下指定几个人组织一个小委员会,其中应包括宣传部长、组织部长和其他必要

---

① 毛泽东:《中央转发川南区党委关于整风情况报告的批语》(1950 年 9 月 9 日),中共中央党史和文献研究院编:《建国以来毛泽东文稿》第 3 册,中央文献出版社 2023 年版,第 18 页。
② 毛泽东:《中央转发河北省政府直属机关整风经验的批语》(1950 年 9 月 12 日),中共中央党史和文献研究院编:《建国以来毛泽东文稿》第 3 册,中央文献出版社 2023 年版,第 36 页。
③ [美]R.麦克法夸尔、费正清编:《剑桥中华人民共和国史(1949—1965)》,谢亮生等译,中国社会科学出版社 1998 年版,第 83 页。
④ 胡乔木:《整党问题》(一九五○年六月在中共七届三中全会上的发言),《胡乔木文集》第 2 卷,人民出版社 2012 年版,第 6 页。
⑤ 《中共中央转发华东局关于整党工作的指示》(1950 年 5 月 27 日),中央档案馆、中共中央文献研究室编:《中共中央文件选集(1949 年 10 月—1966 年 5 月)》第 3 册,人民出版社 2013 年版,第 73 页。
⑥ 《中南局关于整风情况向中央的报告》(1950 年 8 月),《中南通讯》1950 年第 16 期。

的参加人员。①

按照中央要求,各地均成立整风学习委员会。整风学习委员会的主任一般由党委主要负责人担任,比如华东局直属单位整风总学习委员会由华东局书记担任主任委员,宣传部部长任副主任委员。② 在整风委员会下,又按照系统、部门设立分会,领导各单位、系统的整风。如,上海市整风学习委员会下分别组织市政府、工会、青年、妇女、各区委、郊区及市委机关等整风学习委员会(部队另行组织),以领导科以上负责干部整风、开好整风会议为主,一般党员整风由所属各党委及支部领导。③

许多地区在整风前,就已经成立了学习委员会或学习小组,为加强对整风的领导,则在原有基础上进行改组。比如,华东局要求:各机关及部队应以党委为中心,组织学习委员会领导整风学习;凡已有"学习委员会"组织的应使之健全起来;凡无学习委员会组织者,应即组织之。④ 根据华东局要求:各整风学习委员会以党委(支部)为中心,以宣传部门、组织部门为主体(并吸收其他有关部门参加)及首长负责原则。在整风学委会中有三五个人组成领导核心,有少数人员做具体工作,大的整风学委会可组织专门检查组,以便系统了解情况。华东局直属单位总的整风学习委员会,下设华东局机关、军政委员会、财经委员会、宣教部门、上海铁路管理局 5 个整风学习委员会(另直属一个革命大学整风学习委员会)。以下按党委系统,每一主要工作部门组织一个分会。所有委员人选,均须经上级党委批准。机关支部属于地方区委领导者,除领导干部参加上级行政系统召开的整风会议外,本机关的整风,应按党的系统归地方区委领导。但上级行政部门的整风委员会仍有指导之责,并与

---

① 胡乔木:《整党问题》(一九五〇年六月在中共七届三中全会上的发言),《胡乔木文集》第 2 卷,人民出版社 2012 年版,第 6—7 页。

② 《中共中央华东局直属单位将总结南下以来工作》,《人民日报》1950 年 8 月 16 日第 3 版。

③ 《上海市委关于上海市第一期整风情况的经验向中央及华东局的报告》,《斗争》1950 年第 50 期。

④ 《中共中央转发华东局关于整党工作的指示》(1950 年 5 月 27 日),中央档案馆、中共中央文献研究室编:《中共中央文件选集(1949 年 10 月—1966 年 5 月)》第 3 册,人民出版社 2013 年版,第 73 页。

有关区委建立密切联系。①

机关整风领导机构,一般都吸收行政领导参加。如华东局机关整风学习委员会规定,第二、三、四党总支即所有党支部以原有党总支与党支部委员会为中心,吸收行政负责人,组成总支或支部的同级整风委员会(原支部已包括行政负责人者可由原支部执行)。② 苏南区党委要求,各级机关以各级党委为核心,机关支部及行政负责人参加整风学委会,负责领导机关整风。③

部分地区机关整风的领导机构,由行政首长担任,支部起配合保障作用。比如,东北局非党务机关均采取党内与行政相结合,由党组织或行政首长(党员)负责领导④。云南省在职干部学委总会规定,原则上各级学委会负责人,应由行政首长担任,并吸收机关支部书记参加;各单位的学习小组,在整风学习期间,亦应加以必要的调整,原则上按行政单位编组较为适宜;学委会、行政、党支部三者之间在领导整风学习与整风中的关系,大体上是整党由党支部负责,整干由行政上负责,支部协助,学委会帮助党与行政整风,同时又是整风的统一领导机关。⑤

一般地,整风委员会下还设置办事机构,指定专人处理日常工作。如,西北局把宣传部作为领导整风学习的办公室,负责计划、检查与总结的任务,除经常以《群众日报》《党内通讯》作为指导整风的经常刊物外,还另行编辑《整风运动通报》,作为及时指导整风运动的辅助材料。⑥ 西北总学委确定,每个分学委均须设专人作为首长助手,负责研究问题、总结经验、处理日常工作,但

---

① 《华东局直属单位整风计划》(1950 年 7 月 25 日),《斗争》1950 年第 46 期。

② 《华东局机关整风学习委员会整风学习计划》(1950 年 7 月 28 日),《斗争》1950 年第 46 期。

③ 《苏南区党委关于执行中央、华东局整风指示的通知》(1950 年 7 月 12 日),《斗争》1950 年第 46 期。

④ 《东北局给中央的整风报告》(1950 年 9 月 26 日),《党的工作》1950 年第 58 期。

⑤ 《本省在职干部学委总会关于省级机关整风学习的决定》,《云南日报》1950 年 8 月 5 日第 1 版。

⑥ 《西宣部一年来工作情况与一九五一年工作目标》(1951 年 1 月 20 日),《党内通讯》1950 年第 65 期。

这些人只能在总领导意图下进行工作，不能简单孤立决定问题。① 中南局的整风领导，组织部门为日常具体工作的指导机构，并指定若干干部组成一个临时工作机构（宣传部派人参加），主要任务是审查研究各地报告材料，及时提出指示，属原则问题者交常委审查批示。② 吉林省在省一级机关整风中，由省委办公室、组织部、宣传部组织整风检查委员会，省委书记刘锡五主持，并责成各部门负责人，建立责任制，以便进行督促检查。③

各整风委员会及办事机构，具体负责本地区、单位的整风，对整风各个阶段的情况及时总结，提出要求。如杭州市整风在 8 月 10 日左右完成文件学习后，先后转入工作检查总结阶段。市学委会在此时向各分会暨所属中心小组，提出工作检查总结意见，明确指出，在检查内容上应从一定时期的全面工作中，经过分析研究，突出解决属于官僚主义、命令主义的主要问题；在方法上从检查工作联系个人，以切实掌握个人检查与工作检查的一致性，正确运用批评和自我批评武器，指出成绩与缺点，分析主客观具体情况，树立改进工作的明确方向与信心。此外对进行步骤、日程等问题亦均提出一般性规定。

在 10 月份整风开始进入第三阶段后，为了巩固整风信心，使整风获得应有的实际收获，杭州市学委会发出通知，指出这个阶段的重点，是科以上研究并制定今后改进工作的具体计划，大体规定于 10 月 15 日完成。该通知指出，订出改进工作计划，必须掌握下列诸点：一是改进重点与整风重点相一致。根据可能条件，力求改进现存的若干主要问题，不宜牵涉太广，要求太高；对不同部门要订定不同的改进重点。二是改进工作的步骤与办法，应该和今后每一时期实际工作相结合，以求工作过程中，逐步改正以往缺点。三是改正办法的订定，亦须采取自上而下的提出办法与自下而上的研究改进办法，在第三阶段中仍应结合学习文件。④

---

① 《整风学习中几个问题——西北总学委通报》（1950 年 6 月 21 日），《党内通讯》1950 年第 51 期。

② 《中南局关于整风情况向中央的报告》（1950 年 8 月），《中南通讯》1950 年第 16 期。

③ 《中共吉林省委指示省级机关整风重点》，《吉林日报》1950 年 7 月 25 日第 1 版。

④ 《杭市各机关在职干部整风正顺利进入第三阶段》，《浙江日报》1950 年 10 月 11 日第 3 版。

另外,整风委员会还要及时解答下级单位提出的有关问题。比如,8月,华东整风委员会对南京市委组织部及浙江军区政治部组织部来信提出的问题作回答。其来信大意是对《华东局关于整党工作的指示》第二节中所说"应当以教育为整风运动的目的,执行纪律为整风运动的结果"的含义不明白。华东整风委员会复信指出,整风的目的,主要是教育干部党员——即是以学习文件,总结工作,展开批评和自我批评的基本方法,克服党内思想作风上的不纯状态,提高干部和一般党员的思想水平与政治水平,能使之在自觉的基础上遵守党的纪律。至于执行党的纪律,那只能看作是整风的结果,即经过整风学习,经过教育之后,仍有个别分子坚持错误屡教不改者,就不能不执行党的纪律,予以应得的处分,而这种执行纪律的本身,仍然是为了教育。同时,在整风中执行纪律处分和组织处分或对政治问题与历史问题的审查,又必须移交给经常负责此项工作的专门机关如党委的纪律检查委员会、组织部门及政府的司法部门处理,而不应在整风运动中由整风委员会来直接处理或追查,以免引起工作上或思想上的混乱。①

为领导各地整风,各级党委一般还专门派人到各地、单位指导整风。比如,中南局第三书记邓子恢参加郑州铁路党委会汉口分党委第一次党代会,指导根据整风精神,总结检查工作,并指示依靠工人群众管理企业等问题。② 西南局组织部直接派遣干部到重庆市委、川东区党委及西南军政委员会直属机关(选择重点)了解与搜集整风运动情况。③ 陕西省委曾派白治民、杨玉亭、谢怀德、张毅忱 4 位干部,分别参加商洛、咸阳、渭南、宝鸡 4 个分区的整风会议。④

第二,审查整风计划。一般地,各地都要求整风计划要经过上级党委审查和批准。如东北局规定,省委及直属市委的计划送东北局审查批准,县、市级

---

① 《华东整风委员会关于〈华东局关于整党工作的指示〉中若干问题的解答》(1950 年 8月),《斗争》1950 年第 50 期。

② 《汉口铁路分局党委举行党代会》,《人民日报》1950 年 9 月 17 日第 3 版。

③ 《西南局组织部半年工作计划大纲(1950 年 8 月—12 月)》,《西南工作》1950 年第12 期。

④ 《陕西省委关于整风运动的报告》(1950 年 9 月 5 日),《党内通讯》1950 年第 57 期。

和地委级的计划由省委审查批准。① 华东局规定,各学习单位应由上而下订出切合实际情况的整风学习计划,经上级党委审查批准。②

各地贯彻上级要求,结合本地情况,制定符合实际的整风计划。但部分地区的整风计划也存在问题,主要是整风缺少重点,计划笼统、一般化,对本地情况分析不足,与实际结合不够,对整什么、怎么整不明确,整下不整上,有的甚至照搬过去整风整党计划,采取整人的办法等。最恶劣的是把上级整风指示和整风报告摘要或重述一遍,或再加上一些片段的零碎事实。③ 有的整风计划很少从分析自己的实际情况出发,而是照抄上级的指示和决议,有的几乎是上级决议的翻版;有的县长篇大论,洋洋万言,如河北省云寿(某)县委整风计划长 8000 字,涂则县 6000 字。④ 对此,各中央局和上级党委一般都及时作出了纠正(见表8)。

表8  各级党委审查和修正部分地区整风计划情况

| 序号 | 时间 | 文件名称 | 资料来源 |
|---|---|---|---|
| 1 | 6 月 1 日 | 《华北局对各省委整党整干计划的意见》 | 《中共中央文件选集(1949年 10 月—1966 年 5 月)》第 3 册 |
| 2 | 6 月 | 《华东局对皖北区党委整风整干计划的修正意见》 | 《斗争》1950 年第 41 期 |
| 3 | 6 月 18 日 | 《华北局对各地整党整干工作的几点意见》 | 《建设》1950 年第 67 期 |
| 4 | 6 月 20 日 | 《东北局对各省市委整风计划的意见》 | 《党的工作》1950 年第 46 期 |

① 《中共中央东北局关于整党工作指示》(1950 年 6 月 8 日),《党的工作》1950 年第 44 期。
② 《中共中央转发华东局关于整党工作的指示》(1950 年 5 月 27 日),中央档案馆、中共中央文献研究室编:《中共中央文件选集(1949 年 10 月—1966 年 5 月)》第 3 册,人民出版社 2013 年版,第 73 页。
③ 《检查主要工作中的主要问题——中共吉林榆树县委整风计划》,《人民日报》1950 年 8 月 15 日第 3 版。
④ 《纠正整风计划中的形式主义偏向》(华北局 1950 年 8 月 16 日通报),《建设》1950 年第 84 期。

| 序号 | 时间 | 文件名称 | 资料来源 |
|---|---|---|---|
| 5 | 7月 | 《中南局对广西整风指示》 | 《华南通讯》1950年第6期 |
| 6 | 7月4日 | 《不要以突击运动方式审查政治问题——甘肃省委对临夏地委整干指示的意见》 | 《党内通讯》1950年第52期 |
| 7 | 7月16日 | 《西北局宣传部关于整风学习的通报》 | 《西南工作》1950年第16期 |
| 8 | 7月 | 《西北局对宁夏省委整党计划的指示》 | 《党内通讯》1950年第51期 |
| 9 | 7月19日 | 《华北局关于整党整干中应加注意的两个问题给山西省委的指示》 | 《建设》1950年第79期 |
| 10 | 8月7日 | 《华北局对绥远省整党整干工作的指示》 | 《建设》1950年第81期 |
| 11 | 8月16日 | 《纠正整风计划中的形式主义偏向》（华北局1950年8月16日通报） | 《建设》1950年第84期 |
| 12 | 8月20日 | 《河北省委关于各地整风计划审查报告》 | 《建设》1950年第84期 |
| 13 | 8月29日 | 《东北局整风委员会关于尚志县委整风计划的通报》 | 《党的工作》1950年第55期 |

6月，华东局在《对皖北区党委整风整干计划的修正意见》中提出3点意见：一是须根据中央所批准的《华东局关于整党工作的指示》（5月20日）所规定的各项内容，按上述原则加以修改，订出适合皖北具体情况的整党整干计划。二是皖北的整党整干，除一般要求外，还须密切联系克服铺张浪费的作风，并应首先在领导上作自我批评，作为干部整风学习示范。三是除了订出整党整干计划外，应按照上次指示原则和内容，准备一个作引导学习和启发反省的主要报告，其重点应该放在反对各种不良倾向与不良作风。①

6月20日，东北局向各省委、直属市委、旅大区党委、铁路党委发出《对各

① 《华东局对皖北区党委整风整干计划的修正意见》（1950年6月），《斗争》1950年第41期。

省市委整风计划的意见》,要求各地根据中央与东北局整党指示,结合当前的具体情况与工作中的主要问题,加以修正补充,并提出修正意见。针对有的地区整风计划与工作结合不明确,东北局强调,必须围绕当前主要工作和贯彻党的基本政策进行,不能离开当前工作抽象、孤立地整风。根据以上不同部门、不同地区在执行各种政策中所发生和存在的问题,用开展批评与自我批评的方法,检查与总结工作,特别要从政策上检查党与群众的联系,哪些为群众所拥护? 哪些是由于政策上的错误或在执行中出了偏差,或没有采取群众路线的工作方法而脱离了群众,为群众所反对? 从检查工作中,总结经验,找出问题根源,提出解决办法。

关于整风重点对象,东北局指出,应以党政、财经、群众团体等领导机关及这些机关的负责干部为主,针对这些机关与干部在贯彻政策中的主要不良作风(如官僚主义——主要表现为形式主义,局部观点,以功臣自居,骄傲自满,缺乏民主作风等)加以整顿,动员这些机关的负责干部以主动积极的态度,发扬民主,以身作则,进行批评和自我批评,带动下级干部展开这次整风运动。

最后,意见强调了整风中须注意的几个方面:一是党内整风,应与党外各行政部门、群众团体的检查工作、整训干部相结合,各行政部门、群众团体应在各该上级机关与当地党委领导下,由党组、党委进行这一工作。各省市地区的国营企业机关的整风由各省市党委负责领导。二是总的整风时间与步骤,仍按东北局指示执行,在每一具体单位的干部整风时,不应拖太长,拖长可能影响工作。注意避免不解决当前实际问题的形式主义的"反省""坦白""写笔记""开大会""做鉴定"等偏向。三是在整风中,各省市党委应特别加强对财经部门的领导。四是在整风过程中,领导上必须注意及时防止与纠正各种可能的偏差。五是一般地不进行查成分、查历史(这个工作应由组织部当作经常工作去做),整风中发现严重错误,需要给以纪律处分的,或有政治问题的,均应按正常手续分别由有关部门处理,以防发生偏向。六是整风阅读文件,按东北局指示执行,并增加毛泽东在中共七届三中全会上的报告。各地区、各部门还可参看与自己业务有关的中央、东北人民政府等领导机关所发的某些文件,但内容不要太多。有些省市的计划文件太多,应加以改正。①

第三,建立汇报、会议等制度。为加强对整风运动的领导,各地一般都建立定期汇报、会议制度,要求下级单位及时汇报整风进展情况(见表9),对于临时发生的重大问题与重要经验,则随时请示报告,以便于上级党委掌握。

表9　部分地区报告整风运动情况

| 序号 | 时间 | 报告名称 |
|------|------|----------|
| 1 | 7月5日 | 西康军区政治部初步整风总结报告 |
| 2 | 7月5日 | 西康区党委转发康定地委关于干部整风的报告 |
| 3 | 8月2日 | 川西区党委关于整风情况的报告 |
| 4 | 8月3日 | 川东区党委关于县以上主要干部整风情况的报告 |
| 5 | 8月4日 | 川北区党委关于两个月的整风报告 |
| 6 | 8月5日 | 云南省委关于干部整风的报告 |
| 7 | 8月5日 | 贵州省委宣传部关于整风学习的报告 |
| 8 | 8月7日 | 北京市委关于各区人民代表会议经验总结的报告 |
| 9 | 8月10日 | 川南区党委关于整风情况的报告 |
| 10 | 8月15日 | 西南局组织部整风总结报告 |
| 11 | 8月 | 中南局关于整风情况向中央的报告 |
| 12 | 8月 | 四十一军党委关于扩大整风会议情形的报告 |
| 13 | 8月 | 桂林地委整风报告摘要 |
| 14 | 8月 | 华北局关于河北、山西两省整风情况的报告 |
| 15 | 8月 | 西北局关于整风经验的报告 |
| 16 | 8月 | 华南分局关于整风运动中情况的报告 |
| 17 | 8月 | 川西区党委整风情况报告 |

---

① 《东北局对各省市委整风计划的意见》(1950年6月20日),《党的工作》1950年第46期。

| 序号 | 时间 | 报告名称 |
|---|---|---|
| 18 | 8月 | 川南区党委整风情况报告 |
| 19 | 8月 | 川东区党委整风情况报告 |
| 20 | 8月7日 | 察哈尔省委关于七月整党扩干会议向华北局的报告 |
| 21 | 8月10日 | 西南局关于整风经验的报告 |
| 22 | 8月15日 | 中共中央东北局关于各省市整风情况向中央的报告 |
| 23 | 8月14日 | 中共黑龙江省委关于省级领导领导机关整风情况的报告 |
| 24 | 8月15日 | 西安市宣传部关于整风学习的报告 |
| 25 | 8月23日 | 华北局关于察哈尔省整风经验的报告 |
| 26 | 8月25日 | 建阳地委会整风学习委员会关于整风情况向福建省委的报告 |
| 27 | 8月29日 | 马国瑞同志关于整风问题给刘澜涛同志的信 |
| 28 | 8月30日 | 寿昌县第一期整风训练班总结报告 |
| 29 | 8月31日 | 东北总工会关于初步整风情况给东北局的报告 |
| 30 | 8月 | 华东局直属机关整风经验的报告 |
| 31 | 9月1日 | 唐山市委整风中召开非党人士座谈会的情况 |
| 32 | 9月2日 | 西康区党委主要干部整风情况报告 |
| 33 | 9月 | 绥远省委关于吸收非党干部进行整风的情况和办法的综合报告 |
| 34 | 9月5日 | 甘肃省关于整风学习的报告 |
| 35 | 9月5日 | 陕西省委关于整风运动的报告 |
| 36 | 9月5日 | 新疆分局关于整风情况的报告 |
| 37 | 9月6日 | 西北局给中央关于整风情况和经验的报告 |
| 38 | 9月9日 | 辽宁省委整风报告 |
| 39 | 9月9日 | 上海市委关于整风情况的报告 |
| 40 | 9月12日 | 河北省政府直属机关党与非党干部合组整风经验的报告 |
| 41 | 9月12日 | 华北局关于河北省政府直属机关党与非党干部合组整风经验的报告 |
| 42 | 9月20日 | 宁夏省委关于整风运动的报告 |

续表

| 序号 | 时间 | 报告名称 |
|---|---|---|
| 43 | 9 月 23 日 | 华北局关于整风中发现的问题和经验的报告 |
| 44 | 9 月 26 日 | 东北局给中央的整风报告 |
| 45 | 9 月 28 日 | 中共甘肃省委第一次代表会议总结报告 |
| 46 | 9 月 30 日 | 贵州省第一届党代表会议报告 |
| 47 | 10 月 | 东北局关于商业工作会议给中央的报告 |
| 48 | 10 月 | 华南分局关于最近整风情况综合报告 |
| 49 | 12 月 27 日 | 西北县区乡三级干部会议整风情况——西北局给中央的报告 |

资料来源:《中共中央文件选集(1949 年 10 月—1966 年 5 月)》第 3—4 册,各地党刊党报。

各地要求定期汇报的时间不一。如西北局规定,各省委、各机关的大学委,每月应向西北局作一次署名报告;①甘肃省委要求,每半月应向省委作一次整风学习进行情况的报告。② 东北局工业部要求,每个星期各局长、经理必须写一整风情况向部长汇报。③ 察哈尔省要求,各地委与省委间建立周报制度。④ 华东局直属单位整风委员会要求,每周向整风学委会经常汇报一次。⑤ 寿昌县在整风运动中,每天进行书面和会议汇报各一次,必要时口头汇报两次。

有的地区则要求随时报告。如 7 月 12 日,华北局发出《关于写整风工作报告的通知》,要求各地将"最近进行情况和发现的问题,有何困难及经验电告我们。不要等得经验成熟,不要等得告一阶段再报告。最好随时发现问题随时反映,不拘形式不论长短,电报电话写信皆可"⑥。中南局要求,各级党委

① 《西北局关于整顿干部作风的指示》,《党内通讯》1950 年第 50 期。
② 《中国共产党甘肃省委员会关于整顿干部思想作风的计划》,《团结报》1950 年 6 月 26 日第 1 版。
③ 《东北工业部门整风运动开始进入检查工作》,《人民日报》1950 年 6 月 9 日第 2 版。
④ 《华北各地整党整干工作的初期情况和经验》(华北局 7 月 29 日向毛主席并中央的报告),《建设》1950 年第 81 期。
⑤ 《华东局直属单位整风计划》(1950 年 7 月 25 日),《斗争》1950 年第 46 期。
⑥ 《华北局关于写整风工作报告的通知》(1950 年 7 月 12 日),《建设》1950 年第 79 期。

必须与中南局保持密切联系,并经常注意用电话、电报、交通员,随时送来报告,不要等到工作报告一段落后,才做综合报告。① 甘肃省委要求,临时发生的重大问题与重要经验,均须及时请示报告。②

有的地区还规定,下级单位的整风报告或总结须送上级审查。比如,华东局直属单位整风委员会规定,所有带部门性质的检讨与报告,均须经过上级整风学委会审查;主要部门整风报告须送华东局直属单位整风学委会备查。③ 福建省委规定,地委委员反省总结送省委,县委委员反省总结送地委,区委委员反省总结送县委。④

各地一般还建立定期会议制度。比如,华东局机关整风学习委员会规定,为交流经验,各级整风学委会每星期召开例会一次。⑤ 西北总学委规定,办公机关会议每周一次(星期三),但书面汇报为每周两次(星期二、五交,须具体扼要)。⑥ 东北局规定,为了研究整党工作经验,可由组织部、宣传部、研究室、政府党组、军区党委等定期举行会议,反映情况,总结经验。⑦

比如,6月21日上午,西北总学委办公机关召开第二次会议。会议简要谈了学习进行情况及党内外的一些反映外,还解决了下列问题:关于非党干部参加整风的问题,明确阅读文件,检查工作,则不应局限于党员的范围内,应和党外干部一道进行。关于整风的时间和第一阶段应有的目的,明确整风主要是整顿进入新区以来这一阶段过程中所存在的思想作风,过去的(包括三查以前)问题,如果一向未解决与现在的严重错误有密切关系,则可以涉及过

① 《中南局对抓紧整风领导问题的指示》,《华南通讯》1950年第6期。
② 《中国共产党甘肃省委员会关于整顿干部思想作风的计划》,《团结报》1950年6月26日第1版。
③ 《华东局直属单位整风计划》(1950年7月25日),《斗争》1950年第46期。
④ 《福建省委关于执行华东局整风指示的计划》(1950年7月12日),《斗争》1950年第48期。
⑤ 《华东局机关整风学习委员会整风学习计划》(1950年7月28日),《斗争》1950年第46期。
⑥ 《整风学习中几个问题——西北总学委通报》(1950年6月21日),《党内通讯》1950年第51期。
⑦ 《中共中央东北局关于整党工作指示》(1950年6月8日),《党的工作》1950年第44期。

去,但一般不要算老账,至于第一阶段的目的,应深入动员,消除顾虑,领会文件精神,暴露问题。①

在第二阶段暴露问题结束、开始第三阶段解决问题时,9月6日,西北区一级机关总学委召集各机关负责人座谈整风第二阶段经验。会议由西北局第一书记彭德怀主持。民政部、水利部、农林部、监察委员会等机关负责人,着重介绍本机关解决问题的方法及经验。会议确定,关于结束整风第二阶段及开始第三阶段,将大体采取下列步骤:在第二阶段中,各机关集中力量,抓紧时间,解决几个有关基本政策及主要工作任务之执行的重要问题,以提高领导思想,改善工作作风,并订出改进工作的具体办法。明确此阶段将不超过9月20日。第二阶段没有解决的问题,在第三阶段解决。②

## (三) 党刊党报的宣传

宣传工作是中国共产党实现思想领导的重要手段,起着政治动员、舆论引导、交流经验、统一思想、推进工作等作用。对这次整风运动的宣传,各级党委十分重视,通过报纸、党刊、简报、黑板报等各种方式对整风进行宣传。胡乔木在作整风具体部署时指出,各级和各部门负责人都要"写文章,在报纸上发表"③。

比如,华东局要求,要特别注意加强对党报、党刊与墙报的领导,使之成为推动学习的有力工具。④ 华东局直属单位整风委员会要求,编发党内整风通报,发表重要检讨材料及党员与党外人士对整风的意见,介绍经验方法;各级整风委员会设立通讯员,向党报党刊及整风通报投稿;各单位应建立整风壁

---

① 《整风学习中几个问题——西北总学委通报》(1950年6月21日),《党内通讯》1950年第51期。

② 《西北大行政区一级机关　座谈整风中解决问题经验》,《人民日报》1950年9月20日第3版。

③ 胡乔木:《整党问题》(一九五〇年六月在中共七届三中全会上的发言),《胡乔木文集》第2卷,人民出版社2012年版,第7页。

④ 《中共中央转发华东局关于整党工作的指示》(1950年5月27日),中央档案馆、中共中央文献研究室编:《中共中央文件选集(1949年10月—1966年5月)》第3册,人民出版社2013年版,第73页。

报,以便交流经验,开展批评与自我批评。① 河北省编发《党风通讯》,平原省编发《整党通讯》,及时交流经验。② 西南局组织部利用党刊刊载各地整风情况,并撰写关于整风的文章,在党刊或《新华日报》发表。③《川北日报》则组织学习专刊,交流经验。④ 西北局除经常以《群众日报》、《党内通讯》作为指导整风运动的经常刊物外,还另行编辑《整风运动通报》,作为及时指导整风运动的辅助材料。⑤

　　部分地区还专门发出通知,要求加强宣传报道。比如,7 月 11 日,西南局宣传部、组织部联合发出《关于组织与充实党刊整风稿件的通知》。通知要求,各直属党委及各负责干部应组织专人负责向党刊投稿,以充实党刊内容,使其确能起指导作用。对下列内容的稿件,应有计划有组织向《西南工作》寄稿。具体如下:一是对不同对象不同工作性质及不同情况的整风经验介绍(如机关、部队、地方等),特别着重如何与检查改进工作相结合。二是对整风领导经验的介绍,特别是思想领导,从开始、发展到结束,在每一个环节上,如何不断克服思想上的障碍,并不断提高干部的政策思想水平,以及各种好的与坏的经验教训。三是对各种类型不良思想作风的分析批判及研究,特别着重于有教育意义的个人检讨与反省。四是从整风中所反映处理的带有一般性的主要问题,以及解决这些问题的意见。《通知》最后指出,为有效执行上述要求,负责编辑各级党刊的编辑应与各有关部门取得工作上的联系,并及时跟进运动发展情况和组织稿件。⑥

　　7 月,川南区委也专门发出通知,要求各级党委根据具体情况组织整风有

---

① 《华东局直属单位整风计划》(1950 年 7 月 25 日),《斗争》1950 年第 46 期。

② 《华北各地整党整干工作的初期情况和经验》(华北局 7 月 29 日向毛主席并中央的报告),《建设》1950 年第 81 期。

③ 《西南局组织部半年工作计划大纲(一九五〇年八月——十二月)》,《西南工作》1950 年第 12 期。

④ 《川北区党委关于两个月的整风报告》(1950 年 8 月 4 日),《西南工作》1950 年第 13 期。

⑤ 《西宣部一年来工作情况与一九五一年工作目标》(1951 年 1 月 20 日),《党内通讯》1951 年第 65 期。

⑥ 《西南局宣传部、组织部关于组织与充实党刊整风稿件的通知》(1950 年 7 月 11 日),《西南工作》1950 年第 9 期。

关材料,按时寄交《川南日报》,具体内容包括:进展状况及问题,着重于官僚主义、命令主义、关门主义及其他违反政策不良倾向的典型反省检讨,地委或县委领导的检讨,整风学习方法典型经验的检讨,整风学习方法与经验,整风后干部作风的转变等。①

按照要求,各地党刊大量刊载有关整风的文件,以整风计划、指示、经验、总结为主。以华东局党刊《斗争》为例,据不完全统计,从第41期到第67期刊载了有关报道共40篇。从内容上看,主要有:一是各地整风计划,如《苏北区党委关于开展整风运动的决定》《皖南区党委关于执行中央和华东局整风整党工作的补充计划》《浙江省委关于执行华东局整党指示与土地改革教育方案》等。二是华东局修正各地整风计划指示,各级党委纠正整风偏差的文件,如《华东局对皖北区党委整风整干计划的修正意见》《华东局关于整党整干必须掌握时间、重点和密切联系当前实际工作的指示》《华东局关于作整风动员报告应注意事项的指示》《苏南区党委关于无锡县整风发生偏向的通知》《华东局关于纠正池州地委在农代会上发动检查干部的偏向的指示》等。三是各地整风的总结和经验。如《吴江县县区乡干部会议检查干部作风报告(摘要)》《华东局关于华东直属机关整风初步经验的通报》《浙江省委关于各地开党代会及办干训班几点经验的通报》等。

表 10　华东局党刊《斗争》1950 年刊载整风的有关报道

| 序号 | 题目 | 期数 |
| --- | --- | --- |
| 1 | 《华东局对皖北区党委整风整干计划的修正意见》 | 第 41 期 |
| 2 | 《苏北区党委关于开展整风运动的决定》 | 第 41 期 |
| 3 | 《华北局对各省、市委整党整干计划的指示》 | 第 41 期 |
| 4 | 《华东局纪律检查委员会关于加强对村干民兵纪律检查的指示》 | 第 41 期 |
| 5 | 《皖南区党委关于执行中央和华东局整风整党工作的补充计划》 | 第 43 期 |
| 6 | 《内蒙分局整党计划草案要点》 | 第 43 期 |

---

① 《中共川南区党委通知》,《川南日报》1950 年 7 月 21 日第 1 版。

| 序号 | 题目 | 期数 |
|---|---|---|
| 7 | 《浙江省委关于执行华东局整党指示与土地改革教育方案》 | 第43期 |
| 8 | 《一野前委关于执行〈中央整党指示〉的决定》 | 第43期 |
| 9 | 《华东局关于整党整干必须掌握时间、重点和密切联系当前实际工作的指示》 | 第44期 |
| 10 | 《华东局直属单位整风计划》 | 第46期 |
| 11 | 《华东局机关整风学习委员会整风学习计划》 | 第46期 |
| 12 | 《华东局对皖北区党委区党委一九五〇下半年整风计划的修正意见》 | 第46期 |
| 13 | 《苏南区党委关于执行中央、华东局整风指示的通知》 | 第46期 |
| 14 | 《新华总社关于各总分社、分社如何进行整风的指示》 | 第47期 |
| 15 | 《华东局关于作整风动员报告应注意事项的指示》 | 第48期 |
| 16 | 《福建省委关于执行华东局整风指示的计划》 | 第48期 |
| 17 | 《苏北区党委关于党校第一期整风学习情况和经验的报告》 | 第48期 |
| 18 | 《吴江县县区乡干部会议检查干部作风报告(摘要)》 | 第48期 |
| 19 | 《华东整风委员会关于〈华东局关于整党工作的指示〉中若干问题的解答》 | 第50期 |
| 20 | 《华东局关于华东直属机关整风初步经验的通报》 | 第50期 |
| 21 | 《华东局关于介绍浙江嘉兴高照区整风经验问题给浙江省委的指示》 | 第50期 |
| 22 | 《福建省委整委会关于福建省八月份整风工作综合报告》 | 第51期 |
| 23 | 《建阳地委会整风学习委员会关于整风情况向福建省委的报告》 | 第51期 |
| 24 | 《浙江省委关于各地开党代会及办干训班几点经验的通报》 | 第51期 |
| 25 | 《华东局关于浙江临安地委八九月份工作计划中有关整风的几个问题的指示》 | 第51期 |
| 26 | 《青岛市委关于在各垂直企业部门中进行整党的几个问题的报告》 | 第52期 |

| 序号 | 题目 | 期数 |
|---|---|---|
| 27 | 《皖北区党委宣传部对皖北行署文教处拟中小学教职员整风学习计划的意见》 | 第 53 期 |
| 28 | 《苏南区党委关于无锡县整风发生偏向的通知》 | 第 53 期 |
| 29 | 《东北局关于沈阳农学院整风情况的通报》 | 第 54 期 |
| 30 | 《绥远省委关于吸收非党进行整风的情况和办法的综合报告》 | 第 55 期 |
| 31 | 《中央军委民航局党委关于整党中应注意检查统一战线工作的指示(摘要)》 | 第 55 期 |
| 32 | 《浙江省委关于区乡干部轮训班工作的指示》 | 第 55 期 |
| 33 | 《华东局直属单位整风委员会关于如何把整风推及党外及作整风总结问题的通知》 | 第 56 期 |
| 34 | 《福建省整风委关于福建省九月份整风主要情况及经验的综合报告》 | 第 56 期 |
| 35 | 《福建龙岩地委整风中改进党群关系改进工作的经验》 | 第 56 期 |
| 36 | 《上海市委关于整风班工作的总结报告》 | 第 56 期 |
| 37 | 《华东局关于纠正池州地委在农代会上发动检查干部的偏向的指示》 | 第 58 期 |
| 38 | 《浙江省关于通过总结检查工作评比工作方法整顿乡村干部作风的指示》 | 第 58 期 |
| 39 | 《华东局关于整风情况向中央的报告》 | 第 67 期 |
| 40 | 《华东局关于华东八月份整风情况和经验向中央的报告》 | 第 67 期 |

值得注意的是,华东局党刊《斗争》不仅刊载本地区(华东局、华东局直属单位、各省市区等)有关整风的文件,还转载中央有关单位及其他地区整风情况,以指导本地整风。比如第 55 期的《中央军委民航局党委关于整党中应注意检查统一战线工作的指示(摘要)》、第 47 期的《新华总社关于各总分社、分社如何进行整风的指示》、第 43 期的《内蒙分局整党计划草案要点》、第 52 期的《青岛市委关于在各垂直企业部门中进行整党的几个问题的报告》、第 55

期的《绥远省委关于吸收非党进行整风的情况和办法的综合报告》等。

各级党委的党报也积极宣传。从内容上,大致围绕以下几个方面:

一是发表社论。社论,即以报社名义,发表党委对阶段性工作的部署,能够起到解释政策、号召动员、推动工作的作用。《人民日报》及各级党报针对整风中的情况,发表社论,部署整风。比如,8月23日,《人民日报》发表题为《在整风运动中加强与健全人民监察工作》的社论。指出,在人民政府中建立系统的人民监察工作,这件事情和整风应该紧密配合起来,并且应该在整风中,更加健全人民监察工作,以达到改进各项工作的共同目的。当官僚主义和命令主义成为国家建设工作中的主要危险时,更应该充分运用人民监察机关的权力,进行广泛的监督与纠举,以防范这些主要的危险倾向。一方面,各级人民政府应该重视这一工作,迅速建立与健全人民监察机构,以便他们执行自己的任务。另一方面,各级人民监察委员会,在进行工作时应与广大人民群众保持密切联系,使广大人民随时随地都能监督政府机关和公务人员的工作。①

9月14日,《人民日报》发表题为《坚决反对命令主义》的社论,分别针对部分干部关于命令主义的错误认识,如"我命令群众,就是执行人民政府的法令""任务紧急繁重,不能按政策办事,只能强迫命令""向群众要东西非强迫不可,只有拿东西给群众才不必强迫""群众太落后,不强迫命令不行""新区情况特殊,难免不犯强迫命令的错误""因为上级犯了官僚主义,下级才犯命令主义""我是工农干部,老粗,不会那一套"等,一一作了反驳,指出其错误,并指出应有的正确态度。②

10月14日,《人民日报》发表题为《坚决肃清恶霸作风》的社论。社论在分析恶霸作风的种种表现、成因后指出,在通常情形下首先应该从思想上解决问题,动员群众起来纠正他们的狂妄行动,并且向他们分清是非,说明利害,指出这种作风给予革命事业与干部自身的损害,以便使他们彻底改正自己的错误。对于某些违犯党纪和人民政府法令的违法分子或屡教不改、坚持错误的分子,还需要处分或清洗。当然,处理这种问题应该十分谨慎、十分严肃,以实

---

① 《在整风运动中加强与健全人民监察工作》,《人民日报》1950年8月23日第1版。
② 《坚决反对命令主义》,《人民日报》1950年9月14日第1版。

事求是的精神,掌握恰当的分寸,做到心服口服,避免一概排斥或一律惩办的错误。但是,这一切都是为了更有效地肃清恶霸作风,而不应该对它有任何宽容。①

地方党报也就本地整风中的情况发表社论,指导下一步运动的推进。如,8月18日,西北局党报《群众日报》发表题为《把整风学习推向前进》的社论。文章归纳了第一阶段中暴露的主要问题,并提出,进入解决问题阶段后,应当来做好以下几件事情:一是每个机关领导者要郑重而实事求是地根据前一阶段暴露出来的问题,进行分析,提出办法,向大家作报告。报告不仅主要指出缺点,也要恰当估计成绩;不仅要指出前进方向,而且要有具体步骤、具体改进办法。二是要立即抛弃那种拖延作风,必须把大家提出的正确意见,马上实行起来。三是必须订出一系列切合实际的便于提高工作效率的工作制度。四是对于一些严重违法渎职的官僚主义者,在弄清事实后,应该提交党的纪律检查委员会和西北军政委员会监察机关,给予必要的纪律处分。五是继续发扬自我批评的精神,每个参加整风学习的干部,都要联系自己的工作和思想作一个系统检查,作为自己参加整风学习的总结。②

二是报道各级党委关于整风的重要部署和动态。比如,9月21日《人民日报》报道许昌地委整风会议的情况:"中共河南许昌地委整风会议于八月十六日开始,九月五日结束。会议经过学习文件,检查了政策执行情况与干部作风,首先着重批判了干部中的农业社会主义思想"。"其次,揭发了工作中的命令主义和官僚主义作风,干部中的强迫命令作风","会议中,领导上注意了随时纠正偏向"。③

地方党报也对整风进行广泛宣传。以延安地委党报《延安报》为例,涉及的相关报道有:《延安举行党员干部大会 纪念"七一"动员整风》(1950年7月2日)、《宜君召开区记区长会议 检讨过去轻税思想 建立今后工作制度》(1950年7月8日)、《抓住中心解决主要问题——黑书记9月11日在地

---

① 《坚决肃清恶霸作风》,《人民日报》1950年10月14日第1版。
② 《西北大行政区一级整风进入新阶段》,《人民日报》1950年8月26日第1版。
③ 《中共许昌地委整风会议上批判农业社会主义思想》,《人民日报》1950年9月21日第3版。

委机关干部学习会上的报告》(1950 年 9 月 20 日)、《专署整风中订出改进制度》(1950 年 10 月 18 日)、《开始重点检查工作》(1950 年 10 月 16 日)等。

九江地委党报《九江日报》对整风的动态作了大量报道,如:《地委召集直属机关干部会　陈政委作整风动员报告》(1950 年 6 月 27 日)、《陈政委整顿干部思想作风动员报告全文》(1950 年 6 月 27 日)、《纪念"七一",贯彻整顿干部思想作风》(1950 年 7 月 1 日)、《九江县粮食局整训干部》(1950 年 7 月 5 日)、《地委召开各县组宣联席会》(1950 年 7 月 14 日)、《彭泽六区整风初步有收获》(1950 年 7 月 16 日)、《本市招商局整风　干部自动订出整风学习公约》(1950 年 8 月 11 日)、《武宁县农干班整顿命令主义作风》(1950 年 8 月 15 日)、《武宁召开区书区长联席会　总结工作结合整风》(1950 年 8 月 24 日)、《九江八区开乡干联席会　贯彻整风检查工作》(1950 年 12 月 5 日)等。

三是介绍整风的具体做法、经验。针对各地、单位整风中常见的问题,各级党报积极宣传,介绍有益经验和做法。如 8 月 16 日,《人民日报》发表题为《整风应密切结合实际——新华社总社对西南总分社整风意见》的文章,介绍了整风如何密切结合实际的做法。文章指出,作为国家新闻机关的新华通讯社的各级组织,在整风中不仅不应妨碍报道工作,而且应与报道工作密切结合,切实解决与报道工作有关的迫切而又可以解决的工作态度、观点、作风、方法等方面的重要问题,以便随着整风进展,报道工作即能逐步地提高。整风的项目之一,是检查工作方法是否正确,工作中是否抓紧中心环节,分清轻重缓急。主要检查是否把大部分和主要部分的力量用在新闻报道业务上,组织机构是否合理。整风就是要整工作,整思想,两者应很好结合。必须从总结工作着手,来检讨思想,发现在工作中所犯的错误和缺点的思想根源;而总结工作和检讨思想结果,应使工作有所改进。工作检查与每个同志的检查应很好地结合,先进行工作检查,找出工作中的主要问题后,即转入个人检查;个人检查中,又要密切联系到工作。要反对孤立检查工作与孤立检查思想的偏向,两者结合是最重要的。总结工作的项目不要列得太多,可以抓紧几个主要问题,作透彻的检查把思想弄清楚。办法可先由领导同志作工作总结报告,然后发动由下而上的讨论,来检查工作。工作总结和讨论中,就应联系着检查思想作风。如果根据这种方针和办法进行整风,把整风的成果及时地用到工作中去,就不会妨碍业务计划的完成;相反地,还可使业务做得更好。整风一定会占据一部分时间,使时间很紧凑,但它应该占据经常的理论学习或文化学习的时间,不应该占据工作时间,更不应该把业务停止一部分来进行整风。要利用学习时间,总结工作,检讨思想,稳步地而又毫不松懈地进行,做到既保证经常业务的完成,又认真地进行整风,使整风有所收获。①

以西南局的川北区党委党报《川北日报》为例,有关报道有:《谈谈整风学习态度问题》(1950 年 6 月 13 日)、《放下包袱,认真整风》(1950 年 6 月 19日)、《发展批评与自我批评是整风运动展开和深入的关键》(1950 年 7 月 4日)、《检讨工作深入整风》(1950 年 7 月 8 日)、《坚决克服关门主义、官僚主义、命令主义作风,展开批评与自我批评!》(1950 年 7 月 19 日)、《克服批评与自我批评中的几种思想顾虑》(1950 年 7 月 21 日)、《我们是这样进行整风的》(1950 年 8 月 22 日)、《如何展开整风检查运动》(1950 年 8 月 22 日)、《整风检查要与工作相结合》(1950 年 8 月 22 日)、《川北公安厅怎样检查工作》(1950 年 9 月 5 日)等。

其中,8 月 22 日,《川北日报》第 3 版专门报道了开展检查和总结工作的做法,即:一是要彻底明确整风检查的目的;二是要有"脱掉裤子割尾巴"的精神;三是对别人的批评不红脸不报复;四是在检查整风中要以与人为善、治病救人的态度批评人,纠正缺点。②

值得注意的是,各地党报不仅宣传整风中的好做法、好经验,对于部分地区整风中发生的问题和偏差没有回避。以华东局党报《解放日报》为例,涉及的报道有:《杨思区卫生事务所所长 掩饰工作缺点压制批评》(1950 年 7 月 10日)、《华东局机关少数支部 孤立学习文件生硬联系实际》(1950 年 8 月 20日)、《我对区乡干部学习的一些意见》(1950 年 9 月 2 日)、《鹿水地委直属机关整风发生偏差》(1950 年 9 月 12 日)、《芜湖市整风两种方式效果不同》(1950 年 9 月 22 日)、《云和干部整风后三种做法不同效果》(1950 年 10 月 16日)等。

---

① 《整风应密切结合实际——新华社总社对西南总分社整风意见》,《人民日报》1950 年 8月 16 日第 5 版。

② 《如何展开整风检查运动》,《川北日报》1950 年 8 月 22 日第 3 版。

9月22日，《解放日报》报道了常熟在职干部整风中脱离实际不掌握重点的情况，具体内容如下：常熟县在职干部整风，由于分会领导上对整风的方针、任务认识不够明确，因此走了弯路，表现在整风对象上失去重点、新老干部一把抓，整风与实际工作脱节、不从通过检查总结工作来发现问题找出要害，而是从工作历史，一直到生活细节漫无边际、东拉西扯。有些领导干部带有经验主义，硬搬教条、硬套，不善于联系实际。而部分新干部又不知从何整起，心里盘算"不整可不好"，就先戴上一个官僚主义的帽子，再自觉找错误，实际基本问题得不到解决，反增加了思想负担。部分领导对通过整风来推动与提高工作效率的认识同样不够明确，表现在个别单位的领导怕整风。由于产生了以上情况，整风学习热潮不能普遍掀起。县整风委员会发觉问题后，立即召开县整风委员会扩大会议，提出纠正方向，并分别召集县市直属机关干部作报告，搞清整风目的、方法，继续端正整风态度，开展批评和自我批评。①

四是有关整风中发现的好典型。值得注意的是，各地党报在开展批评和自我批评的同时，也积极报道整风中发现的好典型。10月13日，《解放日报》发表题为《学习沙溪区和横塘乡干部的好作风》的文章，宣传太仓沙溪区干部走群众路线完成修塘任务，和嘉定横塘乡干部在领导群众度过春荒，进一步搞好春夏两季生产工作中的优良作风。文章要求各地在整风中，认真搜集和研究这种实际事例，表扬好的，批评坏的，借以提高干部的思想和政策水平，改进工作，改善党与人民群众的关系。主要内容如下：太仓沙溪区区长迟吉信在修盖给修堤民工的住房时，虚心倾听群众意见，在不妨碍总要求的原则下，根据群众意见修正原先的计划，结果不但同样解决了民工住宿的困难，并且节省了开支。在处理造谣破坏分子的问题上，他把群众的意见集中起来，冷静分析研究，然后再耐心教育群众正确处理，结果不但提高了一般群众的觉悟程度，而且也教育和改造了落后分子；在民工转运砌塘石料迟缓影响工程进行时，他深入研究，带头干，创造经验，以事实教育民工，提高了大家的工作积极性，结果使运石效率较前提高一倍半。②

---

① 《常熟在职干部整风中脱离实际不掌握重点》，《解放日报》1950年9月22日第1版。
② 《学习沙溪区和横塘乡干部的好作风》，《解放日报》1950年10月13日第3版。

## （四）纠正整风中的偏差

由于整风的具体方法不明确、照搬过去经验、思想上不重视、准备和动员不足、领导带头作用发挥不够等原因,整风初期发生了一些偏差,如脱离实际工作、重点不突出、批评方法不当等。一般地,各级党委对本地区或单位发生的问题和偏差,都能及时进行纠正,通过党刊党报宣传、发布文件、召开会议等方式,纠正对整风中可能发生以及已经发生的普遍性偏差和问题。

第一,在整风计划和动员中强调正确方法。为防止发生偏差,中共中央在"五一指示"中提出,要"避免过去整党时所犯的错误"①。各级党委在制定的整风计划中,对整风的具体做法作出明确规定,以防止偏差的发生。

西南局规定,整风的目的在于提高觉悟、改正缺点,故不宜着重组织结论。只有对个别品质很坏、错误严重、屡经批评毫不改正的干部,才应给以必要的处分。对于那些正确执行政策、作风纯正、联系群众的干部,应予鼓励,以资示范。② 广西省委在整风计划中要求,整风过程中如发现来历不明,政治面目不清,或有其他活动嫌疑分子时,即应由组织部门、公安部门组织专门审查,并按规定程序报告上级处理,不得在整训时发动追究干部。由于批评与自我批评的展开,而觉悟坦白痛改前非者,应予以欢迎,但不得专门组织坦白运动;严重贪污蜕变、违法乱纪、明知故犯、屡教不改者,应严肃对待,分别交由纪律检查委员会和人民监察委员会处理,严重违法犯罪分子应原地法办,但均不在整风班中直接处理。③

西北局规定,一切与整风目的相违背的言论和行动都是不正确的。各级党委的领导要充分接受过去整党、"三查"的经验与教训,避免发生错误。要透彻了解干部思想作风的改造,决不是简单、急躁的命令方式能够解决问题的,而必须采取严肃的方针,通过干部自觉自愿,才可能丢掉旧的思想作风,建

---

① 《中共中央关于在全党全军开展整风运动的指示》(1950年5月1日),中共中央文献研究室编:《建国以来重要文献选编》第1册,中央文献出版社1992年版,第218页。

② 《中共中央转发西南局关于干部整风的指示》(1950年5月27日),中央档案馆、中共中央文献研究室编:《中共中央文件选集(1949年10月—1966年5月)》第3册,人民出版社2013年版,第77页。

③ 《广西省委关于整党问题的指示》(1950年6月),《华南通讯》1950年第5期。

立或增加新的思想作风。必须严格遵守实事求是、学会分析具体情况的科学方法,坚持自觉自愿,不追不逼的原则;教育每个干部采取诚恳坦白、实事求是的老实态度。对犯错误的干部,坚持"惩前毖后,治病救人"的精神,欢迎其每一微小的进步,要把最大多数愿意进步愿意改过的干部争取教育过来。一切批评均应是积极的,有原则性、有建设性、与人为善的批评。为使批评和自我批评在学习运动中正确开展,对于犯有严重错误的干部应向群众公开承认错误。必须严格制止目前许多干部不准群众控告,对群众批评采取打击报复的蛮横态度,应明确宣布并采取有效方法,保障人民有控告、批评和一切民主合法权利。①

东北局规定,整风的方针应当是在生产运动与贯彻党的各种政策中,以批评和自我批评的方法,开展自上而下、自下而上,党内与党外相结合的群众性检查工作运动,不是离开当前工作任务与政策,抽象地孤立整风。在检查工作贯彻政策中,要着重分析与总结,防止一般化与简单化的偏向。要表扬好的,批评坏的;提倡正确的,反对错误的,并帮助党员干部分清是非,知所遵循与借鉴,以收教育之效。为使整风不致流于形式或无领导,防止发生偏差,必须实行首长负责,以身作则,充分发扬民主,开展批评和自我批评,并紧紧掌握联系群众、改进工作、治病救人的原则。防止滥用惩罚,或把整风重点放在追究个人生活历史等问题上,对于某些错误严重屡教不改的,应当给以必要处分;个别品质恶劣或蜕化变质的,应当清洗;但这只限于极少数,并须严格执行经上两级党委审查批准。整风中如发现反革命嫌疑分子,亦不得采取群众性审干或坦白运动的方式,应将材料交党委组织部与公安机关慎重处理。②

另外,胡乔木在中共七届三中全会布置整风时也进一步指出:"各级领导者应以身作则,作恳切的自我批评,保证下级有完全的批评自由,禁止压制报复;另一方面,又须加强领导,防止批评走入歧路,陷于无政府。这种经验,是前两次整党所证明了的。至于惩办清洗犯错误分子、投机分子和追究嫌疑分

---

① 《西北局关于整顿干部作风的指示》,《党内通讯》1950 年第 50 期。
② 《中共中央东北局关于整党工作指示》(1950 年 6 月 8 日),《党的工作》1950 年第44 期。

子的工作,不应由整风会整风班来直接处理,而应作为整风学习的结果,按经常手续由经常负责机关来处理,但是一定要处理。"①

各地在整风动员和布置整风时,亦一再强调整风的正确方针、步骤和方法,以防止偏差的发生。比如8月,在武汉市整风开始进入总结工作阶段时,为防止出现偏差,武汉市委书记张平化在市党内干部会议上作关于总结工作整顿思想作风的报告,强调要防止几种片面性:一种是只讲成绩不讲缺点,自满自足;或只讲缺点,不讲成绩,悲观惨淡。二是上面只"领导整风",自己不检讨;或下面只"整领导之风",发一顿牢骚完事。三是零零碎碎,把检查停留在流水账上;或空谈原则,不着实际。领导要善于引导大家全面分析情况,得出正确结论。②

第二,党刊党报发表社论、评论文章,倡导正确方法。各级党委的党刊党报对整风中的问题和偏差一直保持高度关注,除进行报道外,还通过刊载有关文件,特别是发表评论文章、社论,以纠正整风运动中的各种偏差。

针对临夏县整风座谈会的偏差,10月10日,《党内通讯》第57期发表聂景德题为"临夏县整风发生偏差的教训"的评论文章,要求各地吸取这个教训。同时,各地党报也发表大量文章,纠正整风中的偏差(见表11)。针对整风中的各种思想顾虑和态度问题,各地党报发表了一系列评论文章或社论,其中,《川南日报》7月23日第1版发表的《必须端正整风态度》一文,分析了部分党员干部中存在的不正确态度和抵触情绪,以及整风中存在的缺点,最后强调:正确的态度应该是"结合总结工作,联系个人,认真严肃,实事求是地揭发缺点和错误,挖掘缺点和错误的思想根源,并提出改正的办法,然后在实际工作中切实予以纠正。必须明白:学习文件的目的,主要是为了掌握武器,以便正确地开展批评和自我批评"③。

---

① 胡乔木:《整党问题》(一九五○年六月在中共七届三中全会上的发言),《胡乔木文集》第2卷,人民出版社2012年版,第6页。
② 《张平化同志在武汉市党内干部会议上关于总结工作整顿思想作风的报告》,《长江日报》1950年8月22日第1版。
③ 《必须端正整风态度》,《川南日报》1950年7月23日第1版。

### 表11　各地党报发表社论、评论文章纠正整风偏差情况

| 序号 | 标题 | 资料来源 |
|---|---|---|
| 1 | 贯彻正确的批评和自我批评 | 《九江日报》1950年6月10日 |
| 2 | 谈谈整风学习态度问题 | 《川北日报》1950年6月13日 |
| 3 | 放下包袱，认真整风 | 《川北日报》1950年6月19日 |
| 4 | 把批评与自我批评坚决贯彻到底 | 《湖北日报》1950年6月22日 |
| 5 | 发展批评与自我批评是整风运动展开和深入的关键 | 《川北日报》1950年7月4日 |
| 6 | 整风中要注意克服的几个偏差和缺点 | 《湘西日报》1950年7月4日 |
| 7 | 检讨工作深入整风 | 《川北日报》1950年7月8日 |
| 8 | 保证正确的批评与自我批评 | 《天津日报》1950年7月10日 |
| 9 | 摧毁躲闪批评的堡垒 | 《奋斗日报》1950年7月17日 |
| 10 | 整风学习中看到的几个问题 | 《川北日报》1950年7月20日 |
| 11 | 克服批评与自我批评中的几种思想顾虑 | 《川北日报》1950年7月21日 |
| 12 | 正确估计我们的工作成绩　严格批判工作中错误缺点 | 《川南日报》1950年7月21日 |
| 13 | 必须端正整风态度 | 《川南日报》1950年7月23日 |
| 14 | 领导整风运动的基本环节 | 《人民日报》1950年7月29日 |
| 15 | 关于整风学习的几点意见 | 《内蒙古日报》1950年8月5日 |
| 16 | 正确掌握整风精神 | 《吉林日报》1950年8月7日 |
| 17 | 把整风深入一步，切实地检查工作 | 《吉林日报》1950年8月8日 |
| 18 | 结合总结工作进行整风 | 《湖北日报》1950年8月11日 |
| 19 | 把武汉市的整风运动深入一步 | 《长江日报》1950年8月16日 |
| 20 | 论在整风运动中党员应有的态度和整风与个人的关系 | 《奋斗日报》1950年8月17日 |
| 21 | 整风检查要与工作相结合 | 《川北日报》1950年8月22日 |
| 22 | 报纸上的批评和自我批评 | 《人民日报》1950年8月30日 |

| 序号 | 标题 | 资料来源 |
|---|---|---|
| 23 | 谈我们的批评与自我批评 | 《新黔日报》1950 年 8 月 30 日 |
| 24 | 正确对待报纸上的批评 | 《长江日报》1950 年 8 月 31 日 |
| 25 | 克服形式主义推进整风运动 | 《东北旅大人民日报》1950 年 9 月 4 日 |
| 26 | 西南整风运动中几个问题 | 《人民日报》1950 年 9 月 9 日 |
| 27 | 在整风班中如何开展批评与自我批评 | 《山西日报》1950 年 9 月 10 日 |
| 28 | 坚决反对压制善意的批评 | 《人民日报》1950 年 9 月 16 日 |
| 29 | 深入开展整风运动 | 《团结报》1950 年 9 月 16 日 |
| 30 | 正确地掌握批评与自我批评 | 《中南工人报》1950 年 9 月 17 日 |
| 31 | 防止单纯反省的偏向 | 《云南日报》1950 年 9 月 19 日 |
| 32 | 掌握主要环节认真开展整风运动 | 《湖北日报》1950 年 9 月 22 日 |
| 33 | 目前整风中应注意的问题 | 《九江日报》1950 年 9 月 23 日 |
| 34 | 加强对区乡干部整风学习 | 《长江日报》1950 年 10 月 5 日 |
| 35 | 陕南日报的批评与自我批评 | 《群众日报》1950 年 10 月 11 日 |
| 36 | 整风必须充分发扬民主 | 《天津日报》1950 年 10 月 12 日 |
| 37 | 整风必须是为着改进工作,建立优良的作风 | 《南方日报》1950 年 10 月 16 日 |
| 38 | 整风进入检查工作时　应注意什么问题 | 《天津日报》1950 年 10 月 17 日 |
| 39 | 各级干部都有责任整顿作风 | 《人民日报》1950 年 10 月 18 日 |
| 40 | 临夏县整风学习亟待深入改进 | 《团结报》1950 年 10 月 26 日 |
| 41 | 纠正"虚心"检讨坚决不改的偏向 | 《解放日报》1950 年 11 月 1 日 |
| 42 | 重视报纸批评稿件　被批评机关或干部应即时检讨答复 | 《团结报》1950 年 11 月 6 日 |
| 43 | 端正对报纸上批评的态度 | 《湖北日报》1950 年 11 月 14 日 |

针对整风中部分地区没有把总结工作作为中心环节的问题,各级党报也发表了一系列文章,如:《整风中要注意克服的几个偏差和缺点》(《湘西日报》

7月4日)、《领导整风运动的基本环节》(《人民日报》7月29日)、《把整风深入一步,切实的检查工作》(《吉林日报》8月8日)、《结合总结工作进行整风》(《湖北日报》8月11日)、《整风检查要与工作相结合》(《川北日报》8月22日)、《防止单纯反省的偏向》(《云南日报》9月19日)、《整风进入检查工作时应注意什么问题》(《天津日报》10月11日)等等。

其中,7月29日,《人民日报》在头版发表题为《领导整风运动的基本环节》的社论文章,被各地党报转载。文章从历史的角度,强调"我们党从来也没有提倡过脱离实际的整风",在当前复杂繁重情况下,离开实际工作整风"就完全是不可想象的了"。针对部分地区和个别单位存在的脱离实际整风的情况,指出,只有在检查与总结工作中,才能更清楚地看到各项工作的成绩和伴随着成绩而来的缺点和错误所在;才能系统地提出好的工作经验,发扬优点,并系统地改正缺点和错误,使党员干部的思想水平、政治水平和工作能力提高一步,使工作前进一步。

根据什么进行检查与总结工作呢? 文章指出,首先是毛泽东在党的七届三中全会上的报告。所有的共产党员和干部,必须随时随地按照党纲党章来检查自己的思想和作风。人民政权工作系统应根据《共同纲领》和全国政协一届二次会议中的报告及决议,经中央人民政府颁布的土地改革法等重要法令衡量工作好坏。

文章强调,检查与总结工作的目的,不是为了算旧账,而在于从检查与总结过去的工作中改进工作。因此,不但应该防止与反对那种与实际工作毫无联系的空谈,反对琐碎的单纯技术性检查,也要反对无目的清算那些不必要的、亦无结果的旧账;应该集中力量检查与总结各项工作及与工作有直接关系的过去若干重要的问题,以求积极改进工作;应该实事求是地分析情况,弄清是非;各级党的领导机关应就自己管辖内的工作,从自己的领导思想和作风方面主动进行检查与总结,然后自上而下逐级深入,配合自下而上的检查与总结;各单位首长应亲自动手,在与当前各项工作密切结合的条件下,有计划、有准备地去领导整风运动。①

---

① 《领导整风运动的基本环节》,《人民日报》1950年7月29日第1版。

针对批评和自我批评中存在的问题,各级党报发表了一系列文章。其中,8 月 30 日,贵州《新黔日报》第 3 版发表了陈廷瓒题为《谈我们的批评与自我批评》的评论员文章。文章分别针对批评中的偏向,提出了应有的态度和方法。针对自我批评的几个偏向指出,自我批评不是自我表扬、不要避重就轻。针对批评时所发生的几个偏向,指出:"批评时不要采取温情主义。""批评时不要隐约闪烁。""批评时要态度庄重,语言明确,开门见山,一针见血","批评不是谩骂,不是攻击,也不是指责,不是教训。批评只是一种善意的纠正,诚恳的领导。如果把批评当作乘机报复,那就大错特错了"。批评"的语言必须鲜明,必须准确","态度必须诚恳,必须亲切"。①

针对整风中的领导问题,《人民日报》10 月 18 日第 1 版发表了题为《各级干部都有责任整顿作风》的文章。文章首先指出:"整风应由党内到党外、由干部党员到一般党员、由上级到下级,重点放在各级负责领导工作的干部党员身上;对于一般党员和非党干部,则应根据不同对象去组织和领导他们参加整风学习和工作检查。"针对整风中领导上的问题,一一作了详细分析和阐述,明确指出这是不对的,还指出"不分党内党外,'眉毛胡子一把抓'的整风方式一定要纠正"。②

第三,召开会议进行再动员。部分地区针对整风中的问题和偏差,专门召开会议进行再动员,并有针对性地纠正错误做法。

针对整风中的不正确态度,8 月 20 日,浙江省建德县机关学委负责人召集全体干部作了第二次整风动员报告,着重批判几种不正确的思想和态度,提倡"知无不言,言者无罪",严禁机关负责人对干部的批评采取报复行为,并由整风训练班机关分队,公安小组的干部作典型报告,检查官僚主义、强迫命令、脱离群众的工作作风,实现对整风怎样都无所谓到有所谓,从无风可整到有风可整,从害怕整风到不害怕整风。专门强调如何总结检查工作,肯定成绩,找出缺点、错误,分析其产生根源和主要思想,今后如何纠正等。

多数地区通过定期召开座谈会、整风委员会会议等方式,分析研究整风中

---

① 陈廷瓒:《谈我们的批评与自我批评》,《新黔日报》1950 年 8 月 30 日第 3 版。
② 《各级干部都有责任整顿作风》,《人民日报》1950 年 10 月 18 日第 1 版。

的问题和偏差,并确定下一步改进办法。比如,8月4日至5日,西北局总学委召开扩大会议,检查前一阶段的学习成果,检讨与分析运动中的一些偏向。西北局书记习仲勋主持会议并讲话。习仲勋在讲话中批评了整风脱离实际、乱戴帽子、从生活细节检查工作等问题,强调整风学习是对事不对人;整风步骤应是由上而下,先整好领导,然后再深入到下边去;领导上要善于发现新鲜事物,巩固成绩与改正缺点同样重要;总学委要切实加强对各单位学习的领导,具体帮助总结经验,选择解决问题的重点,研究深入整风学习的方法,避免一般化的领导方法;检查工作,解决问题,每个部门、单位都要有重点,有具体计划,围绕主要工作,反对零乱无计划及有计划又一般化的毛病;在检查工作中,必须掌握从全面检查工作,联系到改造个人,提高干部,而不是以检查个人为重点,再联系到全面检查工作,这样势必妨碍全面检查工作;凡在整风学习涉及到违犯党和人民政府纪律的问题,或其他组织问题,可交由专门机关处理;凡工作中一般的问题均应通过和依靠有关的各级组织在整风学习中去处理,至于带有普遍性的重大政策问题,则更应组织干部反复酝酿,开展讨论,求得打通思想,彻底解决,以改进工作。①

　　整风中,针对前期偏差,浙江省临安县召开各机关股长以上老干部会议,检讨整风中的偏差,并确定克服偏向贯彻整风的方针。首先,向全体干部进行整风动员,检讨整风领导的偏向,明确整风目的。根据临安县机关的具体情况,除检查领导上的官僚主义外,还必须很好掌握解决新、老干部之间的团结问题。整风的方针是自上而下的自我检讨与自下而上的批评。为克服一般干部对领导不敢批评的思想障碍,领导首先诚恳表明态度,保证虚心听取与接受大家的批评,并保证不报复。其次,召集各机关部门负责干部会议,主要检查县委的领导并结合检查部门的领导。县委根据初步检查结果,向全体干部作一综合性的检讨报告。一方面指出工作中的成绩和优点,另一方面着重对领导作风上的缺点作自我批判,分析其根源,找出克服办法。然后在一般干部中广泛展开自我检讨和互相批评。在检查中表扬好的,批评坏的,达到使干部从

　　① 《结合实际解决问题——习仲勋同志在西北大行政区一级机关总学委扩大会议上的总结》,《人民日报》1950年9月11日第1版。

思想上认识自己与提高自己。①

第四,发布相关文件进行再部署。针对整风中的问题和偏差,特别是具有典型性、普遍性的偏差,各级党委专门发出指示、通报、通知等,进一步对整风的方式方法作出具体规定(见表12)。据不完全统计,这些文件主要是集中在8月至9月份,正是整风的开展阶段。

从文件主体看,中共中央层面制定的文件较少,只有《中共中央关于各地应作地方整风报告的指示》《中宣部转发东北局关于学校整风的指示》、转发《西北局宣传部关于整风学习的通报》等,各中央局、省市地委较多。就文件内容而言,既有较全面针对各种偏差,重新布置整风,如《中南局对抓紧整风领导问题的指示》《绥远省学委总会对整风学习中几个问题的意见》《湖北省委整党整干补充指示》《华南分局对目前整风情况的指示》《东北局关于深入整风的指示》等,又有专门针对某项问题的,如《华东局关于整党整干必须掌握时间、重点和密切联系当前实际工作的指示》《中共中央中南局组织部关于整风运动不正确认识情况的通报》《华东局关于作整风动员报告应注意事项的指示》《华北局对全区整党工作步骤的指示》等。

表12 各级党委纠正整风偏差的文件

| 序号 | 文件名称 | 时间 | 资料来源 |
| --- | --- | --- | --- |
| 1 | 中共中央关于各地应作地方整风报告的指示 | 6月2日 | 《中共中央文件选集(1949年10月—1966年5月)》第3册 |
| 2 | 整风学习中几个问题——西北总学委通报 | 6月21日 | 《党内通讯》1950年第51期 |
| 3 | 华东局关于整党整干必须掌握时间、重点和密切联系当前实际工作的指示 | 7月 | 《斗争》1950年第44期 |
| 4 | 中共中央东北局对热河省委关于整风工作的复示 | 7月11日 | 《党的工作》1950年第48期 |

① 《临安县委机关整风走了弯路》,《浙江日报》1950年9月21日第2版。

| 序号 | 文件名称 | 时间 | 资料来源 |
|---|---|---|---|
| 5 | 中共中央中南局组织部关于整风运动不正确认识情况的通报 | 7月15日 | 转引自丁俊萍、聂继红：《一九五〇年的湖北整风运动》，《党史研究与教学》2015年第1期 |
| 6 | 临夏地委宣传部关于整风学习问题的指示 | 7月22日 | 《团结报》1950年7月26日 |
| 7 | 中共吉林省委关于省级机关整风重点的指示 | 7月24日 | 《吉林日报》1950年7月25日 |
| 8 | 华东局关于作整风动员报告应注意事项的指示 | 8月 | 《斗争》1950年第48期 |
| 9 | 华东局关于介绍浙江嘉兴高照区整风经验问题给浙江省委的指示 | 8月 | 《斗争》1950年第50期 |
| 10 | 整风应密切结合实际——新华社总社对西南总分社整风意见 | 8月9日 | 《人民日报》1950年8月16日 |
| 11 | 绥远省学委总会对整风学习中几个问题的意见 | 8月 | 《奋斗日报》1950年8月18日 |
| 12 | 绥远省委关于检查工作的指示 | 8月 | 《奋斗日报》1950年8月24日 |
| 13 | 整风中须加注意的三个问题（华北局给察哈尔省委） | 8月23日 | 《建设》1950年第85期 |
| 14 | 察哈尔省委关于整风领导问题的几点意见（华北局通报） | 8月29日 | 《建设》1950年第85期 |
| 15 | 华东局关于浙江临安地委八九月份工作计划中有关整风的几个问题的指示 | 9月 | 《斗争》1950年第51期 |
| 16 | 浙江省委关于区乡干部轮训班工作的指示 | 9月 | 《斗争》1950年第55期 |
| 17 | 湖北省委整党整干补充指示 | 9月 | 《湖北日报》1950年9月24日 |
| 18 | 华北局对全区整党工作步骤的指示 | 9月6日 | 《建设》1950年第87期 |

续表

| 序号 | 文件名称 | 时间 | 资料来源 |
|---|---|---|---|
| 19 | 中宣部转发东北局关于学校整风的指示 | 9月9日 | 《建国以来毛泽东文稿》第3册 |
| 20 | 苏南区党委关于无锡县整风发生偏向的通知 | 9月9日 | 《斗争》1950年第53期 |
| 21 | 中共云南省委关于加强干部整风的补充指示 | 9月9日 | 《云南日报》1950年9月10日 |
| 22 | 华北局关于总结检查工作是整风的中心环节的指示 | 9月11日 | 《建设》1950年第87期 |
| 23 | 中共九江地委直属机关整风计划 | 9月17日 | 江西省武宁县档案馆 |
| 24 | 对旅大区党委整风报告的复信 | 9月18日 | 《党的工作》1950年第56期 |
| 25 | 东北局关于深入整风的指示 | 9月22日 | 《党的工作》1950年第58期 |
| 26 | 浙江省委关于正确贯彻目前机关在职干部整风的指示 | 9月25日 | 《中共浙江省委文件选编》(1949年5月—1952年12月) |
| 27 | 华东局直属单位整风委员会关于如何把整风推及党外及作整风总结问题的通知 | 10月 | 《斗争》1950年第56期 |
| 28 | 华东局关于纠正池州地委在农代会上发动检查干部的偏向的指示 | 10月 | 《斗争》1950年第58期 |

7月16日,西北局宣传部发出《关于整风学习的通报》,专门通报有关情况,要求"各地在整风中严重警惕",并提出四点建议,要求各地研究执行。具体内容如下:一是全体干部特别是领导干部,务须彻底纠正过去不重视党中央和上级文告指示的坏倾向,在整风中务必精研细读指定文件。二是在整风中所发现的政治上可疑分子及贪污腐化等问题,除一般地进行思想启发教育外,不必进行群众性斗争和追逼,均应交由经常负责的专门机关处理。三是自上而下的检查领导,主要指自上而下逐级召开整风会议检查工作,大行政区一级机关中某些党的领导薄弱的附属单位可推后进行,首先集中党员干部到领导机关整训。区以下干部由县或分区集中采取轮训或短期训练班的方式进行,

更重要的是在各项实际工作中由领导进行典型示范,在经常检查和具体指导及建立经常的学习制度中逐渐解决。四是各地整风学习计划,由各级党委根据中央及西北局历次文电精神重新审查修正,并须经上级批准,整风中所发生重大问题须随时报告请示,在检查工作开始时须作整风报告。这一通报受到中共中央的重视和肯定,还将通报转发各地,要求检查所属有无同样现象。①

7月,中南局发出《对抓紧整风领导问题的指示》,强调整风运动是一个极其重要而又复杂的任务,在很短时期内解决干部思想作风问题是不容易的,必须切实抓紧领导,掌握住随时发生的情况,加以研究指导,才能收到良好效果。中南局将陆续选择各地重要经验,加以通报,以资各省能及时得到借鉴,少走一些弯路,请经常注意用电话、电报、交通员随时送来报告,不要等到工作报告一段落后,才做综合报告。②

8月,华南分局在《关于整风运动中情况的报告》中指出,分局发现了这些问题,由统战部和宣传部帮助广州市民主党派解决,着重指出共同纲领的执行与加强团结民主人士检查的中心方面,在整风中发现的各种偏差,经研究指出,有些已纠正。及时注意发现的这些偏向后,并由广州市各机关总学委发出通知,指出这次整风以检查工作为中心环节,应根据中共七届三中全会的精神来检查工作,开始应由各级领导机关的负责人作全盘总结报告,启发下面,然后开展讨论作出结论,这样一层一层地推下去,同时对于许多同志不知从何着手检查工作,提出三点内容作为参考:一是在总的方针任务下工作有无中心?中心的规定是否适当? 是否抓住中心? 如何贯彻中心点、面结合? 二是政策的执行有没有偏差? 三是工作作风和关系问题(上下、同级、新老、外来与本地和党群等关系)。检查方法虽然规定了,但在进行过程中还要密切注意。③

9月10日,华南分局发出《对目前整风情况的指示》,强调关于今后整风的进行,必须掌握下列几点:一是检查工作要实事求是,要从改进工作出发。

---

① 《西北局宣传部关于整风学习的通报》(1950年7月16日),《西南工作》1950年第16期。

② 《中南局对抓紧整风领导问题的指示》(1950年7月),《华南通讯》1950年第6期。

③ 《华南分局关于整风运动中情况的报告》(1950年8月),《中南通讯》1950年第15期。

这就必须照顾工作中的全面情况,要揭发缺点错误,批评坏的,同时也要发扬工作中的优点,鼓励好的,尤其要着重在积极性的工作建议,根据检查工作的结果,定出具体步骤,以巩固成绩,改进工作,提高工作信心,改进同志间的关系。二是如果第一次没有整好,在不妨碍工作的情况下,可来第二次,以求真正解决思想和作风问题,以后还要注意经常检查工作。并要注意发扬有领导的民主,反对技术批评和唯心观点。三是个别单位因种种原因尚未进行整风的,必须抓紧时间进行,并想出办法克服各种困难,党员人数太少时,可与别的机关合并进行。四是在检查总结结束后,地方干部经过夏征的考虑,机关干部经过自我深刻反省,在工作情况有可能时,可转入个人思想总结,即每个人对这次整风的态度和认识,在整风中的表现,以及解放以来的工作态度、工作作风和工作关系等,经过检讨后,可记录下来。应着重思想上的总结,而不是一般的组织鉴定。五是地委和县委要注意办好训练班,把整风精神贯彻下去。六是在初整阶段结束后,如时间许可,各学委可组织土改政策和结合共同纲领的学习,在无论什么情况下,所有干部均应经常看报,注意对时事问题的学习。①

10月,华南分局在《关于最近整风情况综合报告》中也指出,在省人代会结束后,留下各专署各县的主要干部(因工作关系,主要是政权干部)集中整风,时间为一周。主要是总结分局一年工作,特别是群众工作。在总结中说明党的各种政策,方式采取大会报告,小组讨论与个人反省相结合,发扬批评与自我批评,并订出今后改进工作的各种步骤和计划。各县干部则依照分局的政策检查写反省报告,然后回去进一步整风。在夏征后、秋征前,以地委为单位,集中县的干部,检查总结夏征工作,进一步推进深入的整风,老的区级干部也可参加。对各地的工作应作重大的检查,找一个县或一个区的典型,进行深入的全面检查,着重分析对政策执行的情形,然后联系个人思想作风的检查。要揭发缺点偏向,同时也要表扬优点,找出模范事例(特别是群众观点、群众路线的模范事例)的干部,提高干部的工作信心和前进的

---

① 《分局对目前整风情况的指示》(1950年9月10日),《华南通讯》1950年第8期。

勇气。①

为纠正动员报告时出现违背事实等偏向,8月,华东局作出《关于作整风动员报告应注意事项的指示》,要求各地党政负责同志在作整风动员报告与揭发党内缺点错误时,应同时注意事实的真实性和准确性,以免事实出入太大,使部分干部在整风初期即背上包袱,反为不利。一般的说,负责干部对党内具体缺点错误的典型事例的暴露,最好放在整风总结时去报告,这样对教育意义更大。在动员时,仅将目前党内主要错误倾向及意见检讨并有了一致结论的若干典型事例作为例证,这对启发同志作用较大,又可避免过早做结论引起同志对整风存在顾虑的缺点。因为我们在过去一年中,各地由于接管工作繁忙,对党内许多主要或次要错误偏向或事例,多数未能很好展开讨论和正式做出结论,故对许多党内偏向或错误事例的材料可能不完整或与事实有出入,故负责同志在整风初期展开党内错误偏向的批评与引证具体事证时,以审慎为好。②

毛泽东对整风中的偏差也十分重视。9月9日,毛泽东为转发东北局9月3日关于沈阳农学院整风情况的电报,起草中央宣传部给各中央局并各省市委宣传部的批语,指出:"关于学校整风问题,东北局九月三日指示是正确的,请转所属学校党委参考。你们那里学校整风是否发生过像沈阳农学院那样的不良现象,望加注意并向中央作报告"。

东北局的电报中,讲到沈阳农学院整风,未在党内及领导干部中首先进行,就发动非党教职工检查工作,结果形成群众整干部,干部之间闹对立。而所提意见多限于生活作风问题,没有引导教职员对贯彻教育方针和执行党的教育政策问题提意见。为此,东北局指示专科以上学校的整风应当注意以下问题:一是领导上必须弄清学校整风的主要目的是使党员干部善于团结全体师生正确地贯彻教育方针,把学校办好。应以教学方针及党对学校教育政策的执行情形为整风重点,并总结经验。二是整风应限于担任行政工作的党员

---

① 《华南分局关于最近整风情况综合报告》(1950年10月),《中南通讯》1950年第22期。
② 《华东局关于作整风动员报告应注意事项的指示》(1950年8月),《斗争》1950年第48期。

干部,主要是领导干部。三是领导干部在整风中可结合征求非党教职工的意见,条件准备成熟时,可吸收参加检查工作,但对他们不要进行像干部那样的整风,主要是经常的团结教育问题。四是严格防止及纠正在整风中那种离开原则、闹私人成见和宗派斗争的行为。①

# 小　　结

从各地情况看,新中国成立初期党的作风建设(1949—1950)主要有三种形式。

一是召开会议,即集中一段时间召开会议整顿作风。具体会议形式有整风会议和结合党代会、各界人民代表会议、工作会议(东北地区最为典型)、县区乡三级干部会议进行整风,会议内容主要是通过总结过去工作,结合学习文件掌握党的有关政策,查找作风上的突出问题,明确下一步改进办法。

二是开办轮训班,即抽调干部到党校或干部学校轮训整风。这种轮训班,主要分为四种,包括:培养土地改革干部的轮训班,以华东、中南地区为主,一般先进行整风学习,然后学习土改政策和文件;培养整风骨干的轮训班,即对各地、单位的主要领导干部进行轮训,先进行整风学习,结束后再以其为骨干,回去领导其所在地或单位的整风运动;县以下干部的轮训班,针对县区乡基层干部,时间较短,学习文件较简单,整顿命令主义为主;中南地区财经干部的轮训班,由中南财委负责。

三是在职的方式即不脱离工作岗位,每天抽出一定时间,一边工作一边整风学习。这主要为各级党政机关干部采用,非党务机关一般采取党委与行政相结合的方式进行。

关于整风的领导。中共中央起的是总领导的作用,即在原则方法上作出规定。中央层面,专门成立三人委员会,通过审查和批转各地计划、批转各地

---

① 毛泽东:《中宣部转发东北局关于学校整风的指示的批语》(1950年9月9日),中共中央党史和文献研究院编:《建国以来毛泽东文稿》第3册,中央文献出版社2023年版,第20—21页。

经验的办法推进整风。中央局和各级党组织直接领导本地区、单位的整风,通过建立专门的领导机构,审查地方整风计划,建立汇报、会议等制度推进整风。另外,各级党刊党报的宣传,是从思想上领导的重要方式,具体包括对部署、动态、经验等方面的宣传,深入动员,营造氛围,推广经验等。对于整风中出现的问题和偏差,各级党委都采取相应措施,使其回到正轨。

# 第五章　党的作风建设的深入推进

虽然部分地区在作风建设中发生了一些偏差,经过一段时间摸索,各级党委及时采取各种方式纠正,基本上使作风建设又步入正轨,使批评和自我批评更加广泛、深入地开展,总结工作也更加深入,进而发现在作风、思想和工作等方面的更多问题。对这些问题,一般地,各地区、单位都研究制定相应具体办法,认真加以改进。部分地区逐步把具体措施贯彻到实际工作中去,以巩固和发展作风建设的成果。华北、华东、东北等地区还整顿乡村干部的作风。

## 一、对作风问题的初步改进

通过总结过去一段时间的工作,查找出来的问题更为广泛、具体。对此,各地区、单位都进行了认真的分析研究,找出关键和主要的问题,按照轻重缓急、主要与次要,查找原因,有计划有步骤加以解决。主要是通过学习文件,解决思想问题,提高思想认识和政策水平,认识到问题的严重性,形成改进不良作风的行动自觉。同时,各地区、单位对于比较紧急的、能够解决的问题,一般在整风中直接进行处理。比如,根据各地反映中央及大区系统下发文件过多的问题,8 月 17 日,中共中央发出指示,要求上面文件凡与本身工作无关的,一律不要转发。[①] 对于比较普遍性的问题,仅靠个人或某个部门自身无法解决而又关系到整个单位或地区全局性的问题,则由各级党委专门研究,经过分

---

① 《中共中央关于与本身工作无关的文件一律不要转发的指示》(1950 年 8 月 17 日),中央档案馆、中共中央文献研究室编:《中共中央文件选集(1949 年 10 月—1966 年 5 月)》第 3 册,人民出版社 2013 年版,第 293 页。

析、综合、比较和反复讨论,制定相应改进办法,逐步加以整改。比如,西北局要求:"属于个人的,将由个人作检讨;牵连几个机关而一个机关不能解决者,按系统(如财委系统、文委系统等)召开座谈会,协同进行解决;本系统不能解决或有关整个西北全区的重大问题,最后由西北局作总的检讨、解决。"①综合各地区、单位制定的改进办法,主要来看,大致有以下几个方面。

### (一) 加强教育,提高素质

各地对工作中的问题和作风问题发生的原因,首先一般都归结为思想认识不足,为人民服务的宗旨意识不强,政策水平不高,把政策和任务对立起来,掌握方法不够,而且将此作为根本原因。于是,各级党委不仅启发思想,提高认识,而且在制定的改进办法中,都特别强调要加强学习教育,提高干部的思想认识和政策水平。

比如,西北军政委员会民政部的改进办法,首先是加强学习研究,民政处学习土改政策和有关建政的文件,社会处学习减租和救济失业人员等政策、文件。② 平原省委确定,要系统地加强干部学习,尤其是工农干部的学习。③ 湖南省溆浦县委明确,要加强学习制度。以工作划分小组,指定一小组长负责领导学习。文件翻印,确保每个干部一份,一个人分散时也要学习,小组集中时大家讨论,区干部会时全区干部集中检查过去工作,联系思想检讨,做到理论和实际联系起来。④

在华北地区,北京市政府提出,除现在已经改进或正在着手改进者外,还必须加强政策、业务的教育和学习。具体办法是:由学委会改进领导学习的工作,扩大听报告的范围,学习讨论一定要有解答;由人事处加强经常的教育、考核工作;行政干部学校有计划地分批轮训干部;定期举行科长以上干部会议,

---

① 《西北大行政区一级机关　座谈整风中解决问题经验》,《人民日报》1950 年 9 月 20 日第 3 版。

② 《西北大行政区一级整风第二阶段结束》,《人民日报》1950 年 10 月 14 日第 3 版。

③ 《中共中央转发平原省委关于干部整风情况的报告摘要》(1951 年 2 月 8 日),中央档案馆、中共中央文献研究室编:《中共中央文件选集(1949 年 10 月—1966 年 5 月)》第 5 册,人民出版社 2013 年版,第 130 页。

④ 《溆浦县整风后规定各种制度》,《湘西日报》1950 年 7 月 12 日第 2 版。

传达和讨论政策、方针及重要决定。① 河北省直各机关要求,加强政策、理论的学习,加强对干部政策思想的领导,提高干部政策思想水平。省人民法院规定每星期要抽出两个晚上的时间进行政策学习。省人民政府提出负责同志要建立定期的学习讨论制,同时领导同志一定要亲身领导学习,通过学习解决干部工作、思想上存在的问题。省府财政厅规定今后定期组织专人报告政策问题,以便有效地提高干部的政策思想。②

上海市委在重点检讨后提出的工作方向中,强调对干部的思想教育和政策教育。如:拟抓住思想教育、政策教育的主要环节来改进上海工作;拟开始有计划培养干部、提拔干部,把党校办好,使老干部的文化程度与业务知识能逐步提高,使新干部能继续增强其政治觉悟,保持其工作热情,更要以互相学习和工作联系互助的办法,形成新老干部更紧密的团结和更好地为人民服务;拟加强全市干部的马列主义理论教育和毛泽东思想教育,加强一般党员对党的基础知识的教育和业务教育。理论学习和宣教工作要特别加强,建立经常的宣传制度,使宣教工作不会长期沉没在临时突击任务之中。一般文化教育工作的加强应成为党的宣教工作的中心之一。③

东北局宣传部专门研究干部的教育工作,提出必须仔细研究各种工作与业务不同的高级干部如何进行理论自修,中、下级老干部的政策、文化教育,大量新干部技术人员中的基本思想教育,各应采取何种组织形式、教学方法与考核制度,才能使在职学习成为一种风气和制度,且能经常与持久贯彻下去。在职干部和群众中时事政策的教育和宣传,也必须加强,研究出适当的组织与方法,使之成为党的经常工作之一。明确拟充实干部教育处组织,注意对这两方面的了解和研究:首先拟协同教育部研究提高学校政治课的教学质量;协同组织部办好东北党校高级部,培养一批中级宣传教育干部。④ 辽东省委决定,为加强对报纸工作的思想领导与政策领导,使之在检查与贯彻中心工作上起到

---

① 《北京市张友渔副市长报告市府检查工作的初步总结》,《人民日报》1950年10月8日第1版。
② 《河北省直属机关巩固整风成果》,《人民日报》1950年10月19日第3版。
③ 陈毅:《中共上海市委整风报告》,《人民日报》1950年10月11日第1版。
④ 《东北局宣传部整风初步总结》(1950年8月19日),《党的工作》1950年第57期。

更多推动与指导作用,由办公室及各部门多写一些富于指导作用的社论与短评。《辽东通讯》改为每 10 天出刊一期,内容以总结传播工作经验与介绍具体领导方法为主,文字力求精简、通俗,以发挥党刊的指导作用。①

吉林省委根据整风中发现的问题,提出的解决办法中第一条,就是要"加强政策学习,贯彻政策教育,提高干部的政策水平,明确工作方向,布置任务同时交代方法,领导上作典型示范,找出真人真事做样子,以群众教育群众"②。辽东七县明确,县委主要是加强对区村干部的政策教育与工作方法的具体帮助,给下面布置任务要具体,讲清政策、教给工作办法。对区村干部来说,主要是加强干部为人民服务观点、当人民勤务员的观点。③

各地发现,工作、思想、作风上的问题,都与干部素质有关,特别是对新干部的选拔和培养还做得不够。鉴于此,很多地区和单位决定,大力培养提拔新干部,提高干部能力。只有提高干部,工作才能开展。这是改进领导工作的中心问题。④　西北局政策研究室在整风中,专门对如何提高老干部、培养新干部提出了一系列办法。主要有:一是不但要经常在思想方法上帮助他们,更需要对他们每一项工作、每一份写出的东西,具体帮助他们研究、修改和总结经验。二是不但要让每个干部刻苦钻研材料,独立思考,不使他们做每个工作前都通过自己的脑子是不好的;而且又要事先说明目的,并及时在工作方法上具体加以指点。三是不但要个别指导,而且要集体研究。四是对新干部不但要培养他们有不讲价钱埋头做好每一件细小工作的习惯,而且要让他们有明白的方向,懂得组织上的要求,主动给自己找工作做,并在每一件工作中主动发现问题、提出问题。缺乏后者,加上工作常常分配得不适当,干部力量就不可能发挥得很好。⑤

---

①　《辽东省委关于改善省委领导问题的报告》(1950 年 9 月 26 日),《党的工作》1950 年第 58 期。

②　《县以上领导机关整风告一段落　中共吉林省委作出初步总结》,《吉林日报》1950 年 11 月 5 日第 2 版。

③　《辽东七县整风情况检查》(1950 年 9 月 27 日),《党的工作》1950 年第 58 期。

④　《结合实际解决问题——习仲勋同志在西北大行政区一级机关总学委会扩大会议上的总结》,《人民日报》1950 年 9 月 11 日第 1 版。

⑤　《西北局政策研究室工作总结》(1950 年 9 月 23 日),《党内通讯》1950 年第 58 期。

## （二）发扬民主,加强监督

通过自上而下与自下而上的总结和检查工作,开展批评和自我批评,充分发扬党内外民主,吸收各方面意见,进而暴露出各方面问题。这让各级党委认识到,只有发扬民主,经常开展批评和自我批评,才能够及时发现并解决党内存在的问题。鉴于此,各级党委在制定的改进办法中,一般都提到要健全党内外各种民主制度,加强党内外各种监督。

比如,平原省委提出,要建立党内外各种民主制度。① 湖南省溆浦县委明确,要严肃组织生活,乡的每个小组 10 天开 1 次会,将记录交区,区干部大会最少每月一次,将记录交县。② 上海市委提出,要善于运用民主协商方法团结各民主党派、各民主阶层。③

东北局要求,必须树立经常不懈地批评和自我批评作风,把批评和自我批评作为党内生活的经常内容。④ 东北局发现某些部门尚有部分负责人既不请假,也不参加支部活动,而支部活动也往往不通知他们参加,以致形成某些党员的松懈特殊现象。8 月 8 日,东北局发出《关于各级党政负责同志必须参加机关支部生活的通知》,要求各部门负责人必须遵照中央指示,认真参加支部会议和支部工作,过严格的组织生活,不得例外。⑤

华北局机关总支提出,要健全党的组织生活,使批评和自我批评的武器成为每个党员的日常生活习惯,便于及时解决问题,通过经常的小组会和支部大会,不断检查各种制度执行情况。⑥ 河北省直各机关党支部都注意严格党员组织生活,并规定组织生活应以整风中所检查出来的问题为主要问题,通过组

---

① 《中共中央转发平原省委关于干部整风情况的报告摘要》(1951 年 2 月 8 日),中央档案馆、中共中央文献研究室编:《中共中央文件选集(1949 年 10 月—1966 年 5 月)》第 5 册,人民出版社 2013 年版,第 130 页。

② 《溆浦县整风后规定各种制度》,《湘西日报》1950 年 7 月 12 日第 2 版。

③ 陈毅:《中共上海市委整风报告》,《人民日报》1950 年 10 月 11 日第 1 版。

④ 《中共中央东北局总结整风经验》,《人民日报》1950 年 9 月 4 日第 3 版。

⑤ 《中共中央东北局关于各级党政负责同志必须参加机关支部生活的通知》(1950 年 8 月 8 日),《党的工作》1950 年第 52 期。

⑥ 《华北局机关总支整风总结》(1950 年 9 月),《建设》1950 年第 87 期。

织生活的监督,帮助干部改正错误,提高工作。① 河南各县决定开好代表会,密切党和人民群众的联系,向代表会报告工作,虚心接受代表的批评和监督。② 许昌专区明确,要开好代表会,认真向各级代表会报告工作,鼓励代表大胆批评检查工作,密切党和政府与群众的联系,经常接受人民的监督。把批评和自我批评的精神贯彻到日常工作中去,经常检查工作了解情况,组织检查小组,成为县委领导的助手。检查中多开小型座谈会、积极分子代表会,倾听各阶层群众意见。③ 蓟县地委确定:一是要加强党的小组生活,以批评和自我批评的方法,批判与检讨在思想作风及工作方法上产生的缺点,表扬干部中的典型模范事迹,批判与教育干部作风与工作过程中违反政策的不良倾向。二是要加强党委制,书记要当好班长,通过党委的集体领导,系统研究情况,掌握政策,以保证各种工作任务的胜利完成。三是要按照党章规定,各县应在一年内召开两至三次党的代表会议(最好能与人民代表会议结合召开),开展党内民主,贯彻党的政策。四是要根据华北局及省委指示,按时召开人民代表会议,发扬民主,加强党与群众的联系。

西北局要求,积极发扬群众民主监督作用,教育干部重视群众呼声和要求,在发动群众基础上健全区乡民主制度,开好农代会、人民代表会,上级任务及乡村中重大问题均经过会议讨论转为群众力量,克服包办代替、自作主张的恶劣作风。从各种制度和领导方法上有效地去实际体现、加强和群众的联系,使干部从实际民主生活中学习群众路线的工作作风,彻底反对命令主义,防止已经产生或可能产生的束手束脚现象。④

## (三) 健全制度,提高效率

部分地区认识到制度的重要性,认为"假使没严格而适当的组织制度,则思想上已经解决了的问题也是没有保证的"⑤,必须把党内外的各种民主制度

① 《河北省直属机关巩固整风成果》,《人民日报》1950年10月19日第3版。
② 《河南各县一期整风结束》,《长江日报》1950年11月5日第3版。
③ 《河南许昌专区整风运动推向基层》,《人民日报》1950年11月13日第3版。
④ 《西北局关于西北区整风运动结束情况给中央的报告》,《党内通讯》1951年第64期。
⑤ 《溆浦县整风后规定各种制度》,《湘西日报》1950年7月12日第2版。

建立和健全起来,坚持"经常打扫"与"清洁运动"相结合,①确定一套新的工作制度与办事规则,坚决贯彻下去,也就是由清洁卫生运动转为经常打扫。

针对机关工作和领导上的无序状态,各地一般都专门制定一系列工作制度,用制度形式把整风成果固化,以提高工作效率,改进党的作风,加强党的领导。比如,西北大行政区一级机关总学委发现,西北区一级机关领导工作中存在最普遍的是忙、乱、慢的现象。根据这一情况,总学委强调必须实行统一领导下的分工负责,建立新的制度和办事方法,使领导干部能够静心地考虑全盘工作,多想一些方针性、原则性问题。② 福建省直各机关都从检讨中订出若干需要的工作制度,如集体领导、研究上级指示、部门联系、上下通气等制度。③ 综合来看,各地确定要建立健全的制度主要如下。

一是公文、会议制度。西北大行政区在公文处理方面,建立集体办公制度,明确上午 12 时来的公文,下午 2 时就可到达办稿人的手里。过去一件便函要办 1 天到 2 天;实行新制度后 1 件批答 1 天半就可办结。④ 西南区工业部决定,公文制度要简化,一般公文无需经部判行;实行催办制度,各单位设专人负责催办。各单位要尽量使用电话,并建立电话登记制度。⑤ 针对会议多的问题,北京各区决定,同类性质会议,可合并召开;不必要的会议不开。党内小组会、支委会一个月开两次,支部党员大会每月月底召开一次。⑥

辽东省委对公文、会议制度作了明确规定。关于审阅制度,省委向东北局的请示报告,由常委传阅修正或由常委会讨论后送上。省委各部委(处、室)发出文件,如属于自己业务范围内的问题,而又不与中心工作发生抵触者,由

---

① 《河北省委召开首次党代表会议订出全省整风方法步骤》,《人民日报》1950 年 7 月 8 日第 3 版。

② 《结合实际解决问题——习仲勋同志在西北大行政区一级机关总学委会扩大会议上的总结》,《人民日报》1950 年 9 月 11 日第 1 版。

③ 《福建省整风委关于福建省九月份整风主要情况及经验的综合报告》(1950 年 9 月),《斗争》1950 年第 56 期。

④ 《西北大行政区一级整风第二阶段结束》,《人民日报》1950 年 10 月 14 日第 3 版。

⑤ 《西南区工业部整风漫谈会上揭发文牍主义恶劣作风》,《人民日报》1950 年 7 月 17 日第 3 版。

⑥ 《京郊二十区街、村党员干部　会议多兼职多影响生产》,《人民日报》1950 年 6 月 16 日第 3 版。

各部委(处、室)负责人亲自审阅发出;如属于上级与省委尚未解决的政策方针问题,先送秘书长审阅后,由秘书长交常委传阅、提出意见交常委会讨论通过,最后请示东北局。省政府及其厅、局、处发出的文件属于本身业务而又不脱离中心工作者,由省政府主席高扬、副主席李涛审阅后颁布;如属于尚未经上级或者省委确定的政策、方针问题,由党组讨论确定后,交常委传阅或开会讨论,请示东北局,并做到简化统一。至于上级指示,一般不依样画葫芦照转,应根据实际情况认真讨论后发出。

关于批答制度,省委和省委各部委(室),对下级党委和下级党委各部委的批答要及时、简要、明确,如带普遍性的、对其他各市县工矿有指导意义的问题,采取通报形式发出;但各部委对下边的批答必须根据中央、东北局、省委业已确定的原则批答,并告以如何具体执行的办法。

关于会议制度,每逢星期一、星期五为常委会例会时间,讨论上级指示、研究专门问题及处理必须经过常委会议讨论的日常工作。讨论问题之前由专人负责作充分准备,并写出草案印发到会人员,使到会人员在会议前有充分考虑的时间,以便作出更加切合上级指示与本身实际情况的决定与指示,并节省会议时间。省委全体委员会议,每三个月召开一次例会,以听取与审查常委会三个月来工作报告,并确定下一阶段的工作计划及其他重要问题的决定。全省县委书记以上干部会议,每三个月召开一次,每六个月召开一次省的党代会(开党代会时不另开县委书记以上干部会议),以检查、总结和布置全省工作。省委各部委如召开全省干部会议,得经过秘书长。省政府各厅、局、处召开全省干部会议时,得经过省政府主席高扬批准,并通知秘书长,以免会议重复与互相冲突。各个会议事前必须充分准备,以切实解决一两个主要问题为宜,决不轻易召开无充分准备的会议。省政府各厅、局、处长及省委科长以上的干部会议,每一两个月召开一次,由常委负责传达上级重要指示、报告当前省的工作任务或重要政策问题,以提高干部政策思想水平。①

二是制定部门工作职责和分工制度。西北大行政区决定,关于整个部的

---

① 《辽东省委关于改善省委领导问题的报告》(1950 年 9 月 26 日),《党的工作》1950 年第58 期。

分工方面,由一个专门小组拟出制度草案,在大会上公布,组织讨论,并根据意见订出各部门办事细则。① 北京市政府增设副秘书长一人,并设立指导区政府工作的区政组;取消交际处,在行政处内增设交际科;改组业余教育委员会,在文教局内增设工农教育处等。② 浙江省委明确提出,根据需要与可能,有步骤有重点建立部门工作,结束过去不要部门一揽子的工作方法,代之以适应新形式要求、科学的工作方法,并与领导一元化相结合。③ 西南区工业部决定,各局、处、公司与部的关系,相互关系及职权要明确。④ 河北省直机关制定了各部门工作范围及干部职责。⑤

东北局宣传部明确要求,要规定业务分工,使每个干部都知道自己所负责的任务与完成这些任务的主要方法步骤。必须使一般行政工作与研究工作有适当的分工与联系,纠正忽视研究工作的倾向。初步规定李卓然(东北局宣传部部长)和干教处以研究马列主义基础理论和中国革命问题为主;刘芝明(东北局宣传部副部长)和宣教处除参加理论研究工作外,以研究时事政策宣传为主;办公室以研究东北经济建设的思想政策问题及省、市宣传部的业务为主。⑥ 辽东省委决定,办公室城市工作组改为工业组,以便专门研究工矿业问题;改城乡互助组为城市工作组,以便研究贸易、合作、税务、金融、城市组织管理等问题;为充实办公室工作,应设法增加一两个研究员;撤销省直属党委的组织,在省政府设机关党委,各厅设总支,省委设机关总支,切实加强与健全支部生活,认真开展批评与自我批评;省政府成立党组干事会,各厅成立党组小组,以便于更好研讨和保证党的政策的贯彻执行,及时反映党的政策在贯彻执

---

① 《西北大行政区一级整风第二阶段结束》,《人民日报》1950 年 10 月 14 日第 3 版。

② 《京市府各单位整风初步总结》,《人民日报》1950 年 10 月 29 日第 3 版。

③ 《省委关于一九五〇年浙江省干部整风的总结报告》(1950 年 12 月),中共浙江省委党史研究室、浙江省档案馆编:《中共浙江省委文件选编》(1949 年 5 月—1952 年 12 月),2011 年,第 222—223 页。

④ 《西南区工业部整风漫谈会上揭发文牍主义恶劣作风》,《人民日报》1950 年 7 月 17 日第 3 版。

⑤ 《河北省直属机关巩固整风成果》,《人民日报》1950 年 10 月 19 日第 3 版。

⑥ 《东北局宣传部整风初步总结》(1950 年 8 月 19 日),《党的工作》1950 年第 57 期。

行中的情况。①

三是加强工作检查制度。政务院人民监察委员会决定,应使经常检查与事故检查有很好的结合;建立监察通讯员制度,以便联系群众,掌握情况。为使各级监察机关及其人员在工作中有所遵循,应根据半年来之工作经验,将各级监察委员会组织条例加以修正,呈政务院公布施行,制定公务员惩戒条例,使处分办法、惩戒程序等有统一规定,以防止实行惩戒时发生畸轻畸重现象。② 西北局要求,上级机关建立巡视检查制度,监察工作深入农村,严肃处理压制人民民主权利的事件。③ 河北省直机关建立严格的检查制度,各机关工作计划、指示下达后,定期检查与总结执行的程度和结果;省人民法院建立对判决书、公文的检查制度,做到不错一字,有的机关规定每天清理办公桌,防止继续发生积压下级信件的问题。④ 湖南省溆浦县委决定,迅速成立纪律检查委员会,有权检查各种工作,发现错误、偏向,要毫不拖延地及时处理,对真正工作积极埋头苦干的干部,根据成绩大小记功表扬,或评定模范工作者;建立鉴定指导制度,每当工作告一段落时,必须作一次鉴定,对每一名干部从工作、思想、作风各方面,作一评定,及时总结工作。⑤

东北局明确,建立系统的检查工作制度。⑥ 东北局宣传部提出,对本部各处室及各地宣教部门实行定期检查、实地考察及其他检查制度,经常注意经验的总结与方法的指导。仍须贯彻执行每个主要干事以上的干部每年须有四分之一的时间到工厂或农村去作实地调查的规定。⑦ 辽东省委要求,定期组织各部门的力量深入工矿、农村中去,了解情况,发现问题,帮助下面总结经验,改善领导方法。在下去之前,必须有具体计划和目的;回来后,必须研究总结

---

① 《辽东省委关于改善省委领导问题的报告》(1950年9月26日),《党的工作》1950年第58期。

② 《政务院人民监察委员会半年工作初步总结及今后工作任务的报告》,《人民日报》1950年8月23日第1版。

③ 《西北局关于西北区整风运动结束情况给中央的报告》,《党内通讯》1951年第64期。

④ 《河北省直属机关巩固整风成果》,《人民日报》1950年10月19日第3版。

⑤ 《溆浦县整风后规定各种制度》,《湘西日报》1950年7月12日第2版。

⑥ 《中共中央东北局总结整风经验》,《人民日报》1950年9月4日第3版。

⑦ 《东北局宣传部整风初步总结》(1950年8月19日),《党的工作》1950年第57期。

并写出指导性文件。在省级整风结束后,应有组织地下去,在农村中了解帮助整风与合作社工作,在工矿中了解帮助贯彻技术责任制、质量责任制或成本管理,去矿山中了解帮助安全生产工作。此外,省委在必要时指定某些县(市)与工矿党委作专门问题的调查研究,经常派人去参加他们的重要工作会议与经常去了解帮助他们的工作,从中吸收经验,指导其他各市县及工矿。加强请示报告制度,省委各部委(处、室)及省政府党组,每月底向常委会作 20 至 30 分钟关于工作概况的口头报告;每一季度作一次综合性的 2000 至 3000 字的文字报告。此外,省委办公室每月看完各市县工矿月终报告后,须将全省工作概况与思想动态、政策执行问题等,向常委会作一个简要文字报告;从各市县及工矿的报告中抽出几份典型(好的和坏的)的报告,交常委传阅。对于日常工作中所发生的新情况、新问题与其他重要问题以及工作中的困难,得随时向省委报告,并提出自己的处理意见。①

对于这些整风中建立的工作制度,各地都比较重视,要求继续坚持和贯彻。比如,东北局要求,在整风中已建立的各项制度,适合于实际任务者应继续坚持贯彻,不适合者应适当改正;要随时随地发现工作中的缺点和错误,迅速解决,并建立必要的制度以保证贯彻。② 河北省委组织部要求,支部整风后建立的制度,区委不仅要抓紧领导与有计划地加以检查,而且区委本身就要坚持这种制度,这就需要区委把经常的组织工作建立起来,加强区委本身的科学分工与党委制,纠正一揽子的工作方式。

## 二、作风建设成果的巩固发展

中央局、省、市的整风大规模开展、告一段落后,部分地区和单位及时制定整改办法,还提出了巩固和发展整风成果的任务,以把整风形成的成果加以固化并贯彻到实际工作中,也就是落实整风中制定的改进办法。6 月至 10 月,

---

① 《辽东省委关于改善省委领导问题的报告》(1950 年 9 月 26 日),《党的工作》1950 年第 58 期。

② 《东北局关于结束干部整风加强时事教育的指示》(1950 年 11 月 17 日),《党的工作》1950 年第 64 期。

省、市、县的整风大致都已开展起来,通过动员学习、总结工作、批评和自我批评,暴露了工作、思想、作风上的突出问题,并有针对性地提出了相应的改进办法。同时,部分地区也存在一些问题,没有把党员、干部发动起来;或者是检查出了问题,却没有分析研究,没有订出改进办法;有的虽制定了改进办法,但是针对性、可操作性不够,还需要完善,落实到实际工作中。由此,部分地区提出了巩固和发展整风成果的任务。

10 月 8 日,华北局发出《关于巩固与扩大整风成果的指示》,要求各级党委在检查工作中对所揭发出来的材料和问题,分类加以整理,找到问题的本质及产生的根源,加以认真解决,是思想问题就搞清思想,是组织问题便整顿组织,是领导问题则改善领导。指示强调,这是干部整风结束阶段时的中心和关键。改进工作计划,必须从实际出发,反对要求过高以致不能贯彻执行,也反对检查枝叶而不从根本上改善。对检查工作不深刻或未解决主要问题的单位应进一步检查,在研究改进工作时加以补救,总结时对模范党员干部要表扬,对检查出的违法犯纪问题移交纪委、人民监察委员会处理。为巩固和发展整风成果,在整风中规定的制度办法,须认真贯彻,随时检查,并补充发挥,坚决克服只布置执行而无检查总结。①

按照华北局要求,华北各地根据自身实际,对巩固和发展整风成果进行部署。针对整风中部分干部思想没有完全打通,以及整风中的不平衡性、不深入性等问题,10 月 20 日,察哈尔省委发出《关于巩固和发展整风成果的指示》,分析了整风中存在的问题,特别是存在的不平衡性和不深入性问题。指出,有的干部思想半通不通,知道强迫命令是错的,但不知怎样走群众路线,遇事束手束脚,缺乏勇气,一时消沉;有的思想根本未通,自命不凡,自以为是,强调"群众落后""任务急,不强迫不行""向群众要东西非强迫不可""我强迫命令,是你上边官僚主义造成的",为自己辩护;有的同整风对抗,甚至边整风边打骂群众;有的一向消极,不做工作,整风中未敢深入,别人也未注意,洋洋得意,认为自己"没错",这种不平衡除了各部门和干部外,还表现在对几项重要

---

① 《华北局关于巩固与扩大整风成果的指示》(1950 年 10 月 8 日),《建设》1950 年第 89 期。

政策、思想问题的解决上,对调整工商业、农村、镇反等政策较好,而对统一战线的检查和解决则较差(未订出办法)。

指示还把各地整风进展的不同情况分为四类:第一类是学习文件,检查工作,查出了本部门执行政策、干部思想和工作方法上的主要问题,分析根源,订立改进的计划和制度,工作正在改进;第二类是检查工作,找出了毛病,但学习后,未订出具体克服办法,或是提了办法,但不够具体,工作改进不大;第三类是领导干部未积极参加,干部未动员起来,虽检查了一下,但没解决问题,工作上没起色(自以为是,认为没什么可整);第四类,还没投入整风中来。其中,第一、二类占多数,第三、四类占少数。

如何巩固和发展整风成果?指示提出:一是要继续加强领导,尤其是思想领导。鼓励经整风有实际改进和进步的单位、个人,继续批评那些强调客观原因、坚持强迫命令的顽固思想和“宁不完成任务,也不犯强迫命令”的消极对抗思想,批评一向不积极工作、推一下动一下的消极分子和看风头办事、人云亦云、无甚可整、只说空话、工作没实际改正的分子。二是各级党委、直属党组对所属单位、干部进行普遍检查,查明属哪一类,并向其宣布,指出努力方向。凡第一类,应按计划和制度,坚持下去,并于一定时间检查总结;凡第二类,应继续学习文件,提高思想,并帮其找出主要问题,分析根源,订出克服办法,认真贯彻;凡第三、四类,应首先将其领导动员起来,带动其他,从头做起,进行文件学习,检查工作,并限其一定时间完成,不得拖延。三是继续强调整风和工作相结合,批评那些放松工作、集中干部、关门整风的倾向,和非开会就不能整风的倾向。四是对提出的问题应认真负责地逐条解答处理,对的接受改正,发生误会的要解释,错误的要适当批评。五是建立各种民主制度,并加以健全坚持。六是健全党的民主生活制度。①

华东部分地区通过召开农代会、人代会等各种方式,进一步巩固整风成果,并把整风成果转化为推动工作的实际行动。比如,福建龙岩地委采用人民代表会议和农代会方式,把检讨的主要结果结合夏征任务报告出来,许多代表

---

① 《察哈尔省委关于巩固和发展整风成果的指示》(1950年10月20日),《政策研究》1950年第52期。

反映:"只有真正为人民办事的政府才能这样自我批评","许多毛病不单是政府要负责,我们代表也要负责",有80%的代表对夏征表示:"这次如果完成不了任务或做不好,再开人代会,我们都来作检讨。"①

在东北地区,部分领导机关整风告一段落后,还调派干部深入基层,检查工作,贯彻整风精神,不仅帮助下级整风,进一步寻求改进工作办法。东北工业整风会议后,东北局协同工业部、总工会等部门组成工作组,下去帮助厂矿贯彻工业会议精神,创造改进经营管理的具体经验;东北总工会派专人调查研究团结技术人员与职员和基层工会如何进行工作的具体经验,以便帮助下级工会把团结全体工人阶级和工会工作面向生产的精神逐渐变为实际行动。②吉林市工业整风会议后,市委将会议精神,结合各厂实际情况,贯彻到全体职工中去,使这些政策变为职工群众的自觉行动。市委抽调干部深入各厂,具体帮助进一步检查工作,深入分析原因,提出改进办法,认真加以贯彻。③

东北地区的这一做法,引起了中央注意,《人民日报》不仅作了报道,还发表评论员文章充分肯定。指出,在领导机关整风告一段落后,应立即组织力量,深入基层,检查工作,这是领导机关巩固整风成果的重要方法之一。巩固整风成果的方法,首先是在机关内部制定出一些改进工作的制度,使整风中发现的重要问题能够在工作中逐渐纠正,或防止其继续发生。但是,仅仅限于这个方法是不够的。东北整风经验中提出"为了使这些办法切合下面具体情况,就必须下去检查工作,必须总结群众中的经验加以推广"。这是保证整风所得成果进一步扩大与巩固的更重要方法。其次,领导机关为巩固整风成果,必须帮助下级机关进行整风。在领导机关整风初步结束时,正是下级机关整风开始或正在进行检查总结工作的时候。领导机关在这时深入基层检查工作,正可以适时地具体帮助下级检查工作,分析情况,解决问题。文章最后指出,应该使深入基层检查工作成为一种经常制度。④

① 《福建省整风委关于福建省九月份整风主要情况及经验的综合报告》(1950年9月),《斗争》1950年第56期。
② 《东北多数领导机关深入基层检查工作》,《人民日报》1950年10月19日第3版。
③ 《吉林工业整风会议开得好》,《人民日报》1950年10月20日第2版。
④ 《怎样巩固整风成果?》,《人民日报》1950年10月19日第3版。

对于整风成果的巩固和发展,中共中央也十分重视,要求对已经制定的解决办法立即予以实施。12月30日,中共中央向各中央局、分局和大军区批转《中南局关于整风运动的指示》,强调"指示中的第三项规定必须就整党中所发现的具体问题定出具体解决办法并立即予以实施"①。其中,第三项提出,巩固和发展整风中已有的收获。必须根据在整风过程中所暴露出来的,在各级领导作风上所存在的问题,定出具体克服的办法,并立刻求其实现,以提高工作效率。只有对每人暴露出来的问题定出具体克服的办法,并立刻加以改进,整风才能收到实效,干部对整风的信心才能提高和加强,否则,必定是华而不实。②

## 三、加强乡村干部的作风建设

按照自上而下的步骤,部分地区整风深入到乡村一级的党员、干部中。一般来讲,乡村干部整风由县委领导,以短期轮训方式进行,结合会议整风的方式,经过整风动员、从正面加强政策观点与群众路线教育、检查总结主要工作、集中解决主要问题等,克服乡村干部存在的命令主义作风。

比如,东北局规定,区、村与支部干部以短期轮训结合检查工作的方式为主,支部党员主要是加强教育,学习有直接关系的基本政策、党的基本知识(什么是共产党,怎样做一个好党员,党与群众的正确关系等),以及搜集厂矿、企业、城市与农村中脱离群众、违反政策的实际材料,加以总结。③ 中南局规定,对区乡组织、区乡干部的整风,应注意与紧急任务结合进行,着重纠正中

---

① 《中共中央批转中南局关于整风运动的指示》(1950年12月30日),中央档案馆、中共中央文献研究室编:《中共中央文件选集(1949年10月—1966年5月)》第4册,人民出版社2013年版,第443页。

② 《中共中央批转中南局关于整风运动的指示》(1950年12月30日),中央档案馆、中共中央文献研究室编:《中共中央文件选集(1949年10月—1966年5月)》第4册,人民出版社2013年版,第444—445页。

③ 《中共中央东北局关于整党工作指示》(1950年6月8日),《党的工作》1950年第44期。

心工作中所发生的主要偏向。①

　　7月26日,河北省蓟县地委对区村级整党整干步骤与方法作出具体规定:第一,按照省委指示,除在中心工作中贯彻整党整干精神外,应即学习毛泽东七届三中全会报告、省委《关于整党整干的决议》、毛泽东《反对自由主义》、刘少奇《关于党的群众路线问题》,以打下秋后整党的思想基础。学习方法主要是自学与县委到区报告讲解相结合。第二,秋后全分区召开党的代表会议,在布置冬季生产、结束土改(有2241个村需进行结束土改工作)及新区土改工作(只有香河186个村)中贯彻整党整干精神,主要解决区委对整党整干工作的认识,时间约10天左右,实际也是一个大训练班。党代会结束后,地委即开始轮训区干部,贯彻整党整干精神及计划。第三,农村党员整党整干方法,主要采取集训方法进行。但在不同地区,应根据不同的工作任务有所区别。在土改已经完全结束的地区,应以检查支部领导生产、评选模范、公开党的工作方法进行。在土改遗留问题尚多的地区,则需完成结束土改工作,贯彻整党整干精神。重点放在对党员的教育、提高、改造,辅之以必要的纪律处分,对少数组织不纯的支部,需进行必要的整顿改造。为了吸收经验,各县可选择一两个村庄,进行整党试验,为秋后整党工作做准备。

　　华东局规定,区乡干部于整风、土改训练完毕回乡后,应分别召集区乡农民代表会,或区乡各界群众代表会(在有党支部组织的乡,可经过党支部邀请党外群众参加党的会议),本着实事求是的精神进行自我批评与自我检讨,并欢迎群众代表提出意见和批评。②

　　7月,浙江省委对通过总结检查工作、评比工作方法整顿乡村干部作风专门作出指示,要求各土改工作队于到达该乡工作时,首先必须抽出一定时间(大约7天至10天左右),从总结检查该乡工作入手,运用由上而下自我批

　　①　《中共中央批转中南局关于整风运动的指示》(1950年12月30日),中央档案馆、中共中央文献研究室编:《中共中央文件选集(1949年10月—1966年5月)》第4册,人民出版社2013年版,第445页。
　　②　《中共中央转发华东局关于整党工作的指示》(1950年5月27日),中央档案馆、中共中央文献研究室编:《中共中央文件选集(1949年10月—1966年5月)》第3册,人民出版社2013年版,第73页。

评、发扬成绩、纠正缺点、评比工作的方法。具体要求如下:一是首先必须善于分析具体情况,根据不同类型的乡村①采取不同的方针。对第一、二两种类型,主要是通过总结检查工作,从领导上采取自我批评,发扬成绩,纠正缺点,评比工作的方针。对第三种类型,应进一步了解分析具体情况,根据群众迫切要求,为群众办好一两件好事。二是方法上一般应从上而下。三是总结工作必须实事求是。四是领导人应冷静分析该乡村干部产生这些缺点毛病的各种原因,必须从分析情况中教育提高他们。五是必须向农民揭发匪特、地主、恶霸的阴谋,提高农民的警惕。六是暴露出的乡村干部贪污问题,必须慎重处理。②

10月,苏北区建阳县委还专门对乡村支部整风作出规定,要求各区乡除认真执行全县整风计划中关于支部整风的规定外,还对整风的重点、要求、时间、步骤、注意事项等作出规定。

关于支部整风重点和要求。根据农村支部情况,支部整风重点应以检查命令主义作风及特权、自私思想为主,并联系其他各种不良倾向。检查以乡村领导、乡村干部为重点,对一般党员要求通过开好党的小组检讨会,作一般的整风教育。

关于整风的时间和步骤。规定支部整风时间自 10 月 5 日至 10 月 20 日,共半个月。在这期间,必须要开好三个会议,共分三个步骤进行:第一步,酝酿准备动员布置和带头开始整风。各乡要把在区初步检查的材料,在支委会上进一步修改和补充,做好领导检查的准备工作。召开第一次支部党员大会,时间一天,内容是解决整风思想和部署秋季工作。回村后,根据报告,充分酝酿意见,准备检查乡的意见和乡的领导。支部大会结束后,支委有重点地分工到村,除了大力部署秋季工作,同时还不断搞通党员、干部的思想,逐步扫清整风的思想障碍。

---

① 第一种类型,群众发动较充分,组织成分、干部作风纯洁;第二种类型,群众虽有发动,但不够充分,组织成分与领导干部存在某些不纯;第三种类型,群众基本上还未发动,组织成分与领导干部严重不纯或大多数为匪特、地主恶霸所掌握。

② 《浙江省关于通过总结检查工作评比工作方法整顿乡村干部作风的指示》(1950 年 9 月),《斗争》1950 年第 58 期。

第二步,在第一次支部大会开后5天,召开全乡村以上干部会,时间2天。主要内容是初步检查乡村领导(重点是乡),继续打通到会干部整风思想,端正整风态度。为了便于区委掌握,仍以两个乡联合召开。首先由区委进行动员。然后,检查乡的领导和个人。接着,党支部书记对整体意见,代表支委会作进一步检查。接下去即有重点依次帮助村干部进行检查,并做好下一次支部大会整风检查的一切准备工作。会议结束后,村干部回去再度检查秋季工作。

第三步,在村干会结束后5天,以乡为单位召开第二次支部大会,会议时间为2天,两个乡召开的时间穿插开来,由区委直接领导掌握。开会时请党外群众代表参加(结合公开支部工作)。会上正式全面检查乡的领导,做检查报告,要支部党员提意见,并请党外群众对乡领导提意见。乡领导检查后,有关个人问题的解答,如问题较多的重点进行深刻检查和解答。检查后,对乡提出改进工作的意见,随后村干部在会上重点作检查。一般问题不大的职位和村干部,即分组检查,最后在会上再度督促秋季工作。第二次支部大会结束后,支委分工参加各村党小组会,领导党员开整风检查会,对党员作一般的整风教育。①

在华北地区,10月底县以上干部整风基本结束后,11月份进入到一般农村地区。农村干部整风一般经过省、市委传达中央整风指示精神和毛泽东在七届三中全会上的报告,布置具体工作,如调整工商业、合作社特别是秋季工作,结合初步检查工作,培养整风骨干,然后以在职整风为主,辅之以少数干部的集训办法(有些地区以分批轮训为主,辅之以短期的在职整风)。② 河北省在6月召开省党代表会议之后,各地均进行了支部整风重点示范工作,包括7个地委27个县村支部。

---

① 《乡村支部整风办法》,《解放日报》1950年10月15日第3版。
② 《中共中央转发华北局关于农业生产成绩和整风情况的报告》(1950年9月24日),中央档案馆、中共中央文献研究室编:《中共中央文件选集(1949年10月—1966年5月)》第4册,人民出版社2013年版,第129页。

# 小　　结

对于在总结工作中发现的主要问题,一般地,各地区、单位都进行了认真的分析研究,按照轻重缓急、主要与次要,查找原因,有计划有步骤加以解决。各地区、单位对于比较紧急的、能够解决的问题,一般在整风中直接处理。对于较普遍性的问题,仅靠个人或某个部门自身无法解决而又关系到整个单位或地区全局性的问题,则由各级党委进行专门研究,经过分析、综合、比较和反复讨论,并制定相应改进办法,逐步加以整改。综合各地区、单位制定的改进办法,主要来看,大致包括:一是加强学习教育,提高思想认识和政策水平。二是发扬民主,加强监督。三是健全工作制度,提高领导水平。四是加强干部培养,提高干部素质。

部分地区和单位开始把作风建设成果运用到实际工作中,以巩固和发展整风成果。华北、华东、东北等地还深入到乡村,整顿乡村干部的作风。

# 第六章　党的作风建设的总结与评价

进入 10 月,随着中共中央作出抗美援朝决定,各级党委注意力开始转移。1950 年 12 月 28 日,中共中央发出《关于各地迅速向中央作整党总结报告的指示》,标志着新中国成立初期党的作风建设进入到总结和结束阶段,一直持续到 1951 年年初。

## 一、作风建设的总结

在各地整风接近尾声时,中共中央要求各中央局、中央分局、省委及时总结整风,这标志着这次整风开始进入结束阶段。一般地,各地区、单位在整风进行中,都对阶段性情况进行初步总结(见表 13),以发现问题,纠正偏差,推广经验,更好指导下一步整风。如 8 月 19 日,东北局宣传部对整风以来的情况进行初步总结。总结首先简要回顾整风开展的过程,在肯定过去工作成绩的同时,概括整风检查中发现的缺点,在此基础上对提高今后工作提出了五点意见。①

表 13　部分地区整风总结情况

| 序号 | 时间 | 文件名称 |
|------|------|----------|
| 1 | 1950 年 7 月 | 彭泽县城区整干总结 |
| 2 | 1950 年 8 月 | 重庆市委干部整风队第一期整风初步总结 |

---

① 《东北局宣传部整风初步总结》(1950 年 9 月 25 日),《党的工作》1950 年第 57 期。

| 序号 | 时间 | 文件名称 |
|---|---|---|
| 3 | 1950 年 8 月 15 日 | 西南局组织部整风总结报告 |
| 4 | 1950 年 8 月 19 日 | 东北局宣传部整风初步总结 |
| 5 | 1950 年 8 月 23 日 | 张明远同志关于整风主要经验的总结 |
| 6 | 1950 年 8 月 | 中共桂林地委整风会议总结 |
| 7 | 1950 年 8 月 30 日 | 寿昌县第一期整风训练班总结报告 |
| 8 | 1950 年 9 月 | 华北局机关总支整风总结 |
| 9 | 1950 年 9 月 | 贵州遵义地委、专署直属机关整风学习总结 |
| 10 | 1950 年 9 月 | 西南军区直属机关部队第二阶段整风总结简要报告 |
| 11 | 1950 年 9 月 14 日 | 西南军政委员会直属党委整风总结报告 |
| 12 | 1950 年 9 月 21 日 | 吉林市委工业整风会议总结 |
| 13 | 1950 年 9 月 25 日 | 东北合作总社整风初步总结 |
| 14 | 1950 年 9 月 25 日 | 松江省委工业整风会议总结报告 |
| 15 | 1950 年 10 月 | 东北贸易部整风初步总结 |
| 16 | 1950 年 10 月 | 中南区九月整风情况 |
| 17 | 1950 年 10 月 13 日 | 吉林省委关于全省整风初步总结 |
| 18 | 1950 年 10 月 21 日 | 川北区整风学习总结报告 |
| 19 | 1950 年 11 月 7 日 | 建德县整风总结 |
| 20 | 1950 年 11 月 | 华南分局县级干部整风总结 |
| 21 | 1950 年 11 月 13 日 | 华北局关于县以上干部整党结束情况的报告 |
| 22 | 1950 年 11 月 20 日 | 河北省农村支部整风示范总结 |
| 23 | 1950 年 12 月 | 省委关于一九五〇年浙江省干部整风的总结报告 |
| 24 | 1951 年 1 月 | 华东局关于整风情况向中央的报告 |
| 25 | 1951 年 1 月 | 西北局关于西北区整风运动结束情况给中央的报告 |
| 26 | 1951 年 2 月 8 日 | 中共中央转发平原省委关于干部整风情况的报告摘要 |

资料来源:各地党刊党报、《中共中央文件选集(1949 年 10 月—1966 年 5 月)》第 3—5 册。

在整风接近结束时,部分地区专门对整风总结作出部署。比如,10 月 6 日,华东局直属单位整风委员会发出《关于如何把整风推及党外及作整风总结问题的通知》。通知要求,各单位应在整风总结中注意下列问题:慎重修正原报告的内容及所举典型例证;对主要问题作出几种结论,对尚不能一致的分歧意见予以保留,不去勉强草率作出结论;把两个月来整风运动的内容有重点作出总结,并连同前面要点,在本部门本单位的适当会议上进行报告。①

10 月 8 日,华北局在《关于巩固与扩大整风成果的指示》中指出,整风结束时,县以上各级各部门,均应作出总结。内容包括:所发现的主要问题及其表现的主要形态和对这些问题的分析;改进工作的主要办法;整风的主要成果和经验;用什么办法获得了成绩。总结必须首长负责,亲自动手,由负责同志在全体干部中作整风报告,加以认真讨论并作出总结,然后报上级批准,必要的党员干部(不是所有)写出整风小结,经小组或支委会讨论通过,作为个人在一定时间内努力的目标。②

有的地区要求整风总结与当时的形势、干部思想中存在的问题结合起来。比如,11 月 17 日,东北局对整风总结进行布置,要求县以上各级的整风总结,应针对当前形势任务要求与党员干部中实际思想状况来进行,使总结整风的工作和克服当前干部思想中存在的问题联系起来,以进一步提高党的战斗性,更好做好当前的工作。这就是说,一方面,要克服某些干部的麻痹苟安、缺乏警惕、组织松懈、工作疲沓以及留恋和平生活、缺乏斗志的现象;另一方面,又要克服某些干部(尤其是某些新的知识分子干部)对人民力量估计不足,夸大敌人力量的"恐美"情绪,甚至惊慌失措、悲观消极等现象。各地和各机关单位,应抽出十天至半月时间,结合时事政治动员,根据上述各点总结本部门的整风。在总结整风时,一方面要继续巩固与贯彻整风的成绩,同时又应结合当前中心工作,解决整风中没有解决或遗留的问题。③

---

① 《华东局直属单位整风委员会关于如何把整风推及党外及作整风总结问题的通知》(1950 年 10 月 6 日),《斗争》1950 年第 56 期。

② 《华北局关于巩固与扩大整风成果的指示》(1950 年 10 月 8 日),《建设》1950 年第 89 期。

③ 《东北局关于结束干部整风加强时事教育的指示》(1950 年 11 月 17 日),《党的工作》1950 年第 64 期。

　　从华东局直属单位整风委员会和华北局关于整风总结的要求中,可以看出,整风总结就是对整风运动开始以来的情况进行总结,具体内容包括整风的基本情况、过程,取得的成果和经验,查找的主要问题,改进办法,等等。整风总结的书面报告一般要经上级批准,并在全体干部中进行报告,部分党员干部也要进行个人的总结。各地基本照此办法进行总结。

　　有的地区和单位还专门召开大会,由党委负责人作整风总结报告。比如,10月21日,川北总学委员会召开评功奖模大会,川北区党委书记作整风学习总结报告,对川北区党委、川北人民行政公署一级机关(包括市级)历时四个多月的整风运动进行全面总结。总结内容包括整风经过和采取的主要方法、整风中的收获、缺点和错误等。①

　　11月17日,察哈尔省委作出《关于干部整风的基本总结》。总结内容包括全省整风的基本情况、偏差、整风缺陷等内容。总结指出,关于基本情况,全省已整过风的干部17341人(非党56%,有非编教员7000人),占干部总数80%多;检查了调整工商业、农村防汛、镇反、统一战线等四个问题;整风中的偏差,主要是开始时学习文件死啃名词,有些人不先检查领导,而检查群众,对群众与党员作一样要求,检查工作包罗万象、面面俱到;整风的缺陷主要是县区时间仓促,一般不够深入,领导先紧后松,发展不平衡,整风中放松了理论学习,整风后未迅速恢复,学习空气不浓厚。②

　　中共中央十分重视整风总结,多次作出部署。12月21日,中共中央给各中央局和分局转发《华北局关于县以上干部整党结束情况的报告》,要求于半月内将结束情况写出同样报告给中央。③ 12月28日,中共中央发出《关于各地迅速向中央作整党总结报告的指示》。指示指出,各区整党情况除华北局在11月13日将县级以上干部整风结束情况作了报告,中南局在12月6日将

---

　　① 《川北总学委　举行评功奖模大会　赵书记作整风学习总结报告》,《川北日报》1950年10月26日第1版。

　　② 《察哈尔省委关于干部整风的基本总结》(1950年11月17日),《政策研究》1950年第54期。

　　③ 《中共中央转发华北局关于县以上干部整党结束情况的报告》(1950年12月21日),中央档案馆、中共中央文献研究室编:《中共中央文件选集(1949年10月—1966年5月)》第4册,人民出版社2013年版,第427页。

发给分局、各省市委、铁委、直属党委的指示电同时发给中央外,在 11 月、12 月均未向中央作过报告。望各地即于半个月至一个月内作一报告,在此报告中应将哪些组织已结束,有何收获,发现的重要具体问题(例如领导作风、工作制度、干部关系、干部教育、某些干部的堕落、党内组织不纯等),做了何种处置,哪些组织尚在整党,预计何时可以整完的情形,作一总结性说明。由于大部分新区工作中心已开始转入土改,其余各区新的任务亦日渐增加,望各地抓紧时间,督促已结束的各级党委,迅速作出总结,以便取得经验,并切实处理所发现的具体问题,勿使悬而不决,是为至要。①

　　12 月 30 日,中共中央向各中央局、中央分局和大军区批转《中南局关于整风运动的指示》,强调"第五项规定各级党委必须作出整风总结两种意见很对,各地均应照此办理"②。其中第五项提出,注意对整风的总结,各级党委必须在年前作出整风总结。省市党委、直属党委,必须于 1951 年 1 月 20 日以前作出自己所属范围的整风总结。总结应包括参加整风的人数(党员、非党员、各级干部各多少),整风的简要经过,整风的收获(在哪一级组织、哪一级干部中解决了哪些问题,没有解决的还有哪些问题,整风以后在作风、干部关系和群众关系上有些什么具体的改进和加强),如何巩固整风中既得的收获及整风的主要经验等。③ 相比此前的要求,整风总结增加了一个新的内容,即如何巩固整风中既有收获。

　　根据中央要求,各地陆续进行整风总结,各中央局、省委等向中央作了报告。同时,各地在整风总结中,对如何巩固整风成果,解决整风中存在的问题明确了相应的办法。比如,西北局指出,此次整风尚不深入及存在问题尚未适当解决者,通过总结整风及年终干部鉴定、总结工作等加以弥补。区、乡整风

　　① 《中共中央关于各地迅速向中央作整党总结报告的指示》(1950 年 12 月 28 日),中央档案馆、中共中央文献研究室编:《中共中央文件选集(1949 年 10 月—1966 年 5 月)》第 4 册,人民出版社 2013 年版,第 435 页。
　　② 《中共中央批转中南局关于整风运动的指示》(1950 年 12 月 30 日),中央档案馆、中共中央文献研究室编:《中共中央文件选集(1949 年 10 月—1966 年 5 月)》第 4 册,人民出版社 2013 年版,第 443 页。
　　③ 《中共中央批转中南局关于整风运动的指示》(1950 年 12 月 30 日),中央档案馆、中共中央文献研究室编:《中共中央文件选集(1949 年 10 月—1966 年 5 月)》第 4 册,人民出版社 2013 年版,第 445 页。

则应于三级干部会后,以区为单位,集中全部区乡干部加以短期整训,使整风成果普遍扩展。在配合土改减租运动进行的整党工作中,应继续以整风精神彻底纠正命令主义作风,从思想上、组织上纯洁党的组织。①

随着各级党委开始进行总结,整风逐步进入结束阶段。中央政治局,于10月5日作出"抗美援朝,保家卫国"的战略决策,②党的领导人和各级党委的精力转移到抗美援朝。10月26日,中共中央发出《关于在全国进行时事宣传运动的指示》,要求各地展开关于时事的宣传运动,以使全体人民正确认识当前形势,确立胜利信心,克服恐美心理。③ 这一运动的开展,加之新区准备土地改革、镇压反革命等各项任务,直接影响到各地的整风总结。

比如,鉴于时事宣传运动、抗美援朝动员准备等各项繁重的动员工作,11月17日,东北局发出《关于结束干部整风加强时事教育的指示》。指示说,由于最近各种动员工作繁重,各地干部整风需要提前结束,以便更加集中力量完成新形势下新的任务。东北一级、各省市县级机关的整风一般即可初步结束,以便在此基础上全力进行抗美援朝卫国保家的政治动员和各项战勤动员工作与生产及供销工作。但战勤动员任务较少的地区和某些企业单位,其整风工作尚未告一段落的,则应结合当前中心工作在短期内继续完成整风计划。县以下区村干部的整风,一般应采取轮训的方式结合备战动员与冬季工作进行。④

至于1950年整风结束的具体时间,并不十分明确。学界一般都认为1950年整风结束的时间是1950年年底。但这一判断值得商榷,关键是以什么为标准。如果是按照整风的主要环节,即总结工作完成,已经制定好改进办法并开始付诸实施,那么,1950年年底整风运动基本结束,这是没有疑问的。但是,毕竟整风总结是关键性标志,如果以整风总结作为标准,那么,1950年

---

① 《西北局关于西北区整风运动结束情况给中央的报告》,《党内通讯》1951年第64期。

② 中共中央党史和文献研究院编:《毛泽东年谱》第4卷,中央文献出版社2023年版,第205页。

③ 《中共中央关于在全国进行时事宣传运动的指示》(1950年10月26日),中央档案馆、中共中央文献研究室编:《中共中央文件选集(1949年10月—1966年5月)》第4册,人民出版社2013年版,第203页。

④ 《东北局关于结束干部整风加强时事教育的指示》,《党的工作》1950年第64期。

整风的结束时间恐怕要推迟到 1951 年 2 月甚至是 3 月。从已有材料看,1951年 1 月 31 日,西北局党刊《党内通讯》第 64 期,刊登了《西北局关于西北区整风运动结束情况给中央的报告》。由此可推测,西北局作出整风总结的时间大致是在 1951 年 1 月。1951 年 2 月 8 日,中共中央向各中央局、各分局转发《平原省委关于干部整风情况的报告摘要》,再次要求各省迅速作出同样的整风总结。① 可见,直到 1951 年 2 月 8 日,仍然有部分省份没有作出整风总结。

## 二、作风建设的成效

新中国成立初期的作风建设虽然存在着不平衡性,如部分问题解决不够、常规工作受冲击、有的干部缩手缩脚,但是,总体来讲,作风建设的问题和偏差较小,大体上沿着正确道路发展,没有多走弯路,取得了明显成效。有的地区在整风总结中说,整个过程严肃紧张,但并未使干部感到有沉重压力,总体上达到了红脸、出汗、排毒的效果。据西南局组织部报告,经过大规模整风,干部工作中懂得执行政策,依靠群众,秋后全区征粮任务迅速完成,普遍超过任务,违犯政策事件较少;土匪基本消灭,广大地区已经净化,群众发动起来。由于形势好转,工作有了办法,干部的劲头就很大。② 华南分局有干部表示,整风后感觉帮助很大,弄通了许多问题,而要求以后三个月或半年能够继续再整。③ 具体来看,整风的成效分别主要体现在思想、作风、工作、党内团结、党群关系等五个方面。

### (一)思想认识得到提高

在一定程度上,整风是一个思想改造的过程,实现党员内心深处与党的一

---

① 《中共中央转发平原省委关于干部整风情况的报告摘要》(1951 年 2 月 8 日),中央档案馆、中共中央文献研究室编:《中共中央文件选集(1949 年 10 月—1966 年 5 月)》第 5 册,人民出版社 2013 年版,第 128 页。
② 《西南局组织部关于 1950 年西南组织工作的综合报告》(1951 年 2 月 4 日),《西南工作》1951 年第 39 期。
③ 《华南分局县级干部整风总结》(1950 年 11 月),《中南通讯》1950 年第 24 期。

致①。1950 年整风,也是如此。具体就是通过学习文件,掌握党的政策,提高思想认识,结合总结工作,认识到工作中违背政策的缺点和不足,查找思想上的根源,以此达到改进工作作风的目的。广大党员干部不仅学习了文件,提高了政策观点和群众观点,总结工作中联系领导和个人检查思想、作风上的问题。如,浙江省在整风中大部分老干部都检讨了骄傲自满、功臣自居、麻痹轻敌、不相信江南群众等思想;新干部一般检讨了阶级立场不稳,认识了无组织无纪律的严重危害;机关干部大部认识到过去被动应付,对工作不负责这一态度的危害性;区乡干部大部向群众检讨过去强迫命令、自私自利、贪污浪费等不良作风。通过思想检查,加强政策学习,守法观念及组织性、纪律性显著进步。② 又如,皖南太平县委书记万振三经过整风,实现了从原谅自己错误到批评自己错误的转变,提高自己对批评和自我批评、群众路线等方面的认识。③

各地组织党员干部认真学习党的理论和政策,批判了把政策和任务对立起来的错误观点,特别批判了某些基层干部所谓不强迫命令就不能完成任务的观点,批判了忽视政策或违犯政策的单纯任务观点,使党员干部认识到政策的重要性,认识到执行政策和完成任务的一致性,认识到对上级负责和对人民负责的一致性。如华南地区的党员干部普遍认识到政策作风的不正与基层不纯的严重,政策和立场、政策和任务是不可分割的,批判了单纯任务观点等错误认识,初步了解应如何掌握政策,对群众进行思想领导,依靠群众,从发动群众中完成党的任务。④ 辽东七县经过整风,县级干部了解到学习与掌握政策的重要性,认识到政策是完成任务最基本的保证,离开政策行不通。⑤ 川东区干部明白"不按政策办事,恰恰不能完成任务",开始接受"政策与任务的统一性"⑥。

① 黄道炫:《整风运动的心灵史》,《近代史研究》2020 年第 2 期。
② 《省委关于一九五○年浙江省干部整风的总结报告》(1950 年 12 月),中共浙江省委党史研究室、浙江省档案馆编:《中共浙江省委文件选编》(1949 年 5 月—1952 年 12 月),2011 年,第 278 页。
③ 万振三:《从原谅自己错误到批评自己错误》,《人民日报》1950 年 8 月 21 日第 7 版。
④ 《华南分局县级干部整风总结》(1950 年 11 月),《中南通讯》1950 年第 24 期。
⑤ 《辽东七县整风情况检查》(1950 年 9 月 27 日),《党的工作》1950 年第 58 期。
⑥ 《中共中央转发西南局摘报的川东区党委整风情况报告》(1950 年 9 月 6 日),中央档案馆、中共中央文献研究室编:《中共中央文件选集(1949 年 10 月—1966 年 5 月)》第 4 册,人民出版社 2013 年版,第 32 页。

在福建龙岩,整风后,不仅县区干部知道"要照政策办事",以至村干部也普遍知道。① 西康区干部认识到违反政策不但不能完成任务,而且使党脱离群众,使党的威信受到损失;认识到只有贯彻政策,正确掌握政策,才能更好完成任务。② 珠江区以下干部反映:"如大梦初醒,以前靠吓去完成任务,现在才知道要讲政策。"广州市有些机关过去长期存在政策上原则上的问题,未能得到解决,这次在整风中揭露出来,大家在政策水平上提高了一步。③

不仅干部认识到政策的重要性,政策与任务的统一性,而且通过加强政策学习,批判具体工作中违犯政策的现象,使党员干部进一步掌握某方面的具体政策,提高了按政策办事的水平。如山西将过去侵犯中农、过度强调互助、反对单干、怕富、怕变成分等偏向,以及借贷自由、雇佣自由中存在的问题,结合政策学习,用检查工作、典型分析等办法,作了较深入的解决。④ 还提高了干部对宗教问题的认识,认为到少数民族宗教问题处理适当与否,关系着党的事业的成败。浙江省寿昌县经过整风,认识到为什么要保存富农经济,过去土改时为什么不保存,明确了对待富农的新政策,初步了解土改政策、征粮、土地整理、评产的精神和意义,对党的统一战线政策有了较好的了解。中原大学财经学院财经干部整风,抓紧了税收政策的学习。学习后有干部说:"税收不仅是保证国家财政收入的关键,而且在经济工作中,还有它的积极作用。"⑤

东北局重点批判了经济建设中违犯政策的错误认识,解决了干部们的思想问题,增强了工作信心。如工会干部对工会的基本任务与性质及其与各种不同职工的关系、工会的地位与责任、工会工作作风等,工业工作干部对如何加强经营管理、贯彻经济核算以搞好企业,商业工作干部对国营商业如何结合

① 《福建龙岩地委整风中改进党群关系改进工作的经验》(1950年9月),《斗争》1950年第56期。
② 《西康区党委主要干部整风情况报告》(1950年9月2日),《西南工作》1950年第20期。
③ 《分局对目前整风情况的指示》(1950年9月10日),《华南通讯》1950年第8期。
④ 《中共中央转发华北局关于县以上干部整党结束情况的报告》(1950年12月21日),中央档案馆、中共中央文献研究室编:《中共中央文件选集(1949年10月—1966年5月)》第4册,人民出版社2013年版,第428页。
⑤ 梁维直:《中原大学财经学院财经干部整风轮训队结业》,《长江日报》1950年9月5日第3版。

各种经济力量、充分发挥纽带作用、促进城乡内外物资交流、扩大与加速商品流通，合作社要面向基层社、为社员服务的思想等，均有较明确的认识。① 松江省委工业整风会议，使干部认识到搞好成本管理、资金管理是企业管理的基本政策与基本方法，是国家积累财富的基础与扩大再生产的最主要源泉；明确认识到地方工业性质是社会主义的，开始克服普遍存在的、妨碍成本的单纯任务思想、供给思想、保守不前思想与专卖垄断思想，使许多干部都感到"再不搞好成本，以后不要说发展工厂，就连现状也不能维持了"。转变了轻视地方工业，认为小厂、季节性、混合性的工厂不能搞成本核算，以及不安心地方企业工作的思想，纠正了地方企业（粮、油、酒等）以生产为名、商业为实的残余思想，克服了对成本管理的片面看法；明确认识到要搞好成本管理必须依靠领导，但同样重要的是依靠全体职工。② 吉林市通过召开工业整风会议，普遍提高了到会人员对经营管理工作这一基本政策的重视，批判了只管生产不管成本、只注意数量忽视质量等不正确观点和供给制思想。很多干部说："上了一课"，"回去要好好学，不学不行了！"③

各地批判了违背群众路线的错误看法，加强了群众观点和群众路线教育。如河北省对群众路线的学习较为深入，采用专人讲授、集体阅读、小组讨论、大会典型讲解，展开检讨与批评，通过学习群众路线，使干部懂得有事和群众商量，根据群众觉悟程度办事，广大干部觉得不强迫命令也有把握能够完成任务了。④ 新疆喀什区通过召开整风会议，使党员干部认为一定要耐心地去做艰苦的群众工作，关心群众利益，密切联系群众，系统做调查研究工作，按具体情况去贯彻落实党的政策。⑤ 福建省建阳地委会批判了对正确执行群众路线认

---

① 《东北局给中央的整风报告》（1950 年 9 月 26 日），《党的工作》1950 年第 58 期。
② 《松江省委工业整风会议总结报告》（1950 年 9 月 25 日），《党的工作》1950 年第 59 期。
③ 《吉林市委工业整风会议总结》（1950 年 9 月 21 日），《党的工作》1950 年第 58 期。
④ 《中共中央转发华北局关于县以上干部整党结束情况的报告》（1950 年 12 月 21 日），中央档案馆、中共中央文献研究室编：《中共中央文件选集（1949 年 10 月—1966 年 5 月）》第 4 册，人民出版社 2013 年版，第 428 页。
⑤ 《端正政策、改进作风、做好民族工作——喀什区党委关于机关干部整风会议的报告》（1950 年 10 月 17 日），《党内通讯》1950 年第 62 期。

识不清等糊涂想法,以具体事例划清界线,说明工作成绩是靠走群众路线得来的。①

部分地区还结合对形势和时局的学习,批判了错误观念,增强了时局观念。如山西忻县地委通过整风,使干部认识由战争转向和平后,党面对的现实困难和全党工作的奋斗目标。从认识国内外敌我斗争形势中,认识了敌人仍然存在,还有严重的斗争任务,体会到"万里长征走了第一步"的意义。干部们说:"想不到胜利后,还有这么许多工作。"反过来看自己,赶不上形势和工作的需要,便决心加强学习,提高自己。② 浙江省寿昌县第一期整风训练班经过形势学习,初步改变了过去形势模糊的观点,初步认识了新的形势特点,认识了世界人民力量的强大,美帝纸老虎是不可怕的。知道战事已基本结束,现在是和平建设,过去一切为战争胜利,现在一切为生产建设胜利,一切要从生产建设出发,同时消除了个别干部的变天思想。西康区干部对和平阵线力量的壮大,帝国主义之间的矛盾以及美帝国主义是纸老虎等,有了更进一步的认识。③

各地还对部分干部存在的消极蜕化思想进行了批判,提高了工作积极性。苏北海安县据 11 个区 96 个乡统计,整风前工作积极的干部为 555 人,整风后增至 768 人;整风前工作积极的村干部 877 人,整风后增至 1176 人;整风前工作积极的党员 441 人,整风后增至 723 人。④ 新疆喀什区党委在机关干部整风会议中,首先批评了不愿长期在新疆做地方工作的思想,不但从思想上打通,而且作出明确规定。⑤ 山西忻县地有力地批判了消极退坡思想,提高了工

---

① 《建阳地委会整风学习委员会关于整风情况向福建省委的报告》(1950 年 8 月 25 日),《斗争》1950 年第 51 期。
② 《忻县地委整风班在学习政策文件中的收获与经验》,《山西日报》1950 年 9 月 7 日第 3 版。
③ 《西康区党委主要干部整风情况报告》(1950 年 9 月 2 日),《西南工作》1950 年第 20 期。
④ 《华东局关于整风情况向中央的报告》(1951 年 1 月),《斗争》1951 年第 67 期。
⑤ 《端正政策、改进作风、做好民族工作——喀什区党委关于机关干部整风会议的报告》(1950 年 10 月 17 日),《党内通讯》1950 年第 62 期。

作积极性。① 据统计,忻县地委 805 个干部中,起初有 111 个有消极回家思想,最后只剩一人未解决。② 中原大学财经学院财经干部整风轮训队经过学习文件,检查工作,展开批评与自我批评,很多老干部认识到党很爱护和器重自己,政治觉悟提高,对自己的错误不但愉快承认,而且检讨得很深刻。③ 河北省通县大高力庄、台湖等党支部整风后都积极推进未完成的夏征尾欠和护秋等工作,新河周家尧 5 名工作消极的干部又干起来,消极的党员也开始学习,主动工作。

### (二) 命令主义等明显减少

在掌握政策、提高思想认识的同时,党员干部意识到强迫命令、官僚主义等作风问题的危害性,使作风问题开始得到改进,并学会运用群众路线的工作方法,按照制度和政策规定办事。而且,作风的改进在整风过程中就已经开始,取得了较好效果。主要来看,有两大成果,一是强迫命令作风大大减少,二是官僚主义作风开始克服。具体情况如下。

一是强迫命令大为减少。各地一般都对强迫命令作风进行了严厉批判,克服把任务和政策对立起来的单纯任务观点,使得强迫命令作风大为减少,部分地区基本停止了恶劣作风。

在中南地区,广东省经过整风,1950 年的夏征工作,群众相当积极,收粮工作亦较顺利。干部在评产量开会动员时都较谨慎,尊重群众意见。东莞、顺德等县反映未再抓过人、打过人,群众送公粮都挑干、净、饱的谷子交。番禺 1949 年 200 个干部征粮还不够,1950 年夏征时 50 个干部已可胜任。④

---

① 《忻县地委整风班在学习政策文件中的收获与经验》,《山西日报》1950 年 9 月 7 日第 3 版。

② 《中共中央转发华北局关于县以上干部整党结束情况的报告》(1950 年 12 月 21 日),中央档案馆、中共中央文献研究室编:《中共中央文件选集(1949 年 10 月—1966 年 5 月)》第 4 册,人民出版社 2013 年版,第 428 页。

③ 梁维直:《中原大学财经学院财经干部整风轮训队结业》,《长江日报》1950 年 9 月 5 日第 3 版。

④ 《方方同志关于一年来广东农村群众运动初步总结报告》(1950 年 10 月),《华南通讯》1950 年第 11 期。

　　湖南省平江六区秋征工作中,自始至终注意发动群众,正确运用召开农代会的方式,前后共开4次。该区在秋征中没有发生过强迫命令现象。如区干部彭国才,以前工作强迫命令作风很严重,经过整风学习后,认识到乱打乱扣是违犯政策的行为,检讨了错误。秋征中,他改变作风,有事和群众商量,没有乱打乱扣过一个人,他工作的双江乡10月11日便提前完成任务,群众对他很满意。三联乡的群众说:"现在的工作同志态度好多了,有事总是和和气气找我们一起商量。"①《长江日报》记者刘石青专门对这一典型作了采访,并在《长江日报》11月5日进行报道,记录了彭国才作风的转变过程。文章介绍说:整风中,彭国才认识到"工作光积极还不行,不发动群众,就没有力量;强迫命令就会脱离群众,而且不能很好完成任务"。秋征中,彭国才每做一件事情,总要先和乡干部商量研究,再开农代会充分讨论,通过代表宣传政策,发动群众。这让群众很感动,都说"国才立场稳,工作积极,只要作风改好了,是个很好的干部"。彭国才高兴地说:"感激共产党对我的教育和培养,不是整风学习,这次秋征还要犯错误,使工作受损失。以后我一定要努力学习,密切联系群众,把工作做好。"②

　　在华东地区,苏北在夏征时强迫命令作风尚属严重,但一到秋征,此种现象大为减少。土改开始后,南通地委第一批结束的466个乡中,没有发生打骂群众现象。皖南铜陵九区整风后,三个月来未发生过打扣群众事件。福建在夏征中乱抓乱罚现象已基本被克服,群众看到区乡干部作风转变,反映是"毛主席下乡了"。浙江金华地委过去征粮时,只注意写任务"保证书",而放松了政策研究和解释,以致造成乡村干部普遍强迫群众写"保证书"的命令主义作风。这次党代会整风后,紧接着学习减租与征粮指示,逐条逐句研究,解决了数十个具体政策问题,弄清计算方法。一般干部反映:"过去是盲目的进行工作,如果这样的具体学会办法,错误就会少犯了。"③浙江省云和县委召开县、区、乡干部大会后,部分干部下去工作时,耐心与群众商量,从群众迫切要求做起,逐步提高群众觉悟。群众反映:"共产党领导群众有力有法,对老百姓的

---

① 《平江六区干部征粮中遇事都和群众商量》,《长江日报》1950年11月5日第3版。
② 《整风前后的彭国才》,《长江日报》1950年11月5日第3版。
③ 《华东局关于整风情况向中央的报告》(1951年1月),《斗争》1950年第67期。

关心样样到家。"如小顺镇的干部回去时,正当天旱,稻苗枯萎;群众着急秋后无望,立即主动开会,商讨请菩萨"求雨"。干部根据群众这一迫切要求,即找群众中的领头人和有威信的村干,用实例算账比较,耐心进行教育,使大家知道疏沟、顺水灌田最可靠,于是全村男女老少都参加疏灌工作。一天半时间便修好了一里多长的水沟,使 300 多亩田有了保障。群众个个满面笑容地说:"共产党有办法。"老年人说:"共产党来了,鬼邪都没了。"①

浙江省金华地委三源重点乡乡长虞家贞,整风前一贯工作积极,埋头苦干,但遇事却缺乏深入研究及耐心、细心,动不动就发火,与群众关系常常搞不好。8月,虞家贞从金华地委整风训练回来后,认识到自己以前官僚主义、命令主义作风的严重性和危害性,在三潇重点乡农代会上向群众代表作了深刻检讨,批判了自己的官僚主义、强迫命令作风,向群众认错。接着又到十里铺代表小组作了检讨,当时就得到了代表们的原谅。在三源重点乡农代会贯彻减租征粮政策时,部分代表思想不通,埋怨负担重。当时虞家贞本想发火,但想起整风时的自我检讨及同志们的批评,火气便消除,转变为用细心耐心的具体算账的方式来教育代表,把当时的负担和国民党时负担的根本不同加以分析批判和对比。经虞乡长一番耐心教育后,代表们明白了为什么要缴农业税?该不该缴? 缴农业税是为了谁? 并且在具体算账中使农民认识负担的合理。虞家贞自整风回来,向群众承认错误,群众提了意见,密切了干群关系,为群众所拥护。积极分子也积极起来,群众也信任了,有什么问题都愿去找他,坏分子在群众的抨击下也低头,三源乡群众谈论着:"虞乡长整风整变了。"更重要的是,工作作风的改进还推进了具体工作。如十里铺以前三次评产都没成功,现在在代表带头、群众公平的评议下,一上午便评好了。②

二是官僚主义开始克服。各地对官僚主义进行了批判,部分地区还研究制定相关工作制度,加强对基层工作的检查和指导,提高了领导机关的工作效率。

对基层工作的检查和指导得到了加强。东北多数领导机关开始建立经常

---

① 《云和干部整风后三种做法不同效果》,《解放日报》1950 年 10 月 16 日第 1 版。
② 《整风帮助虞乡长改善了工作作风》,《浙江日报》1950 年 10 月 11 日第 4 版。

的检查工作制度,并且研究改进检查的方法。如农林部规定各级领导干部必须定期亲自下去检查工作。东北总工会和邮电总局都建立健全了检查机构,调配了检查干部。① 辽东七县秋收中许多县委干部下到村屯工作。② 上海市委专门成立基层工作研究委员会,深入 8 个工厂工作。山东分局组成工矿检查团,分赴青岛、济南、徐州、淄博检查工作。此外如浙江,自整风开始,即由省委、省政府主要干部轮流分赴各地工作,改变过去很少有人下去的情况。③ 山西寿阳县委扩大干部会后,领导上重视检查工作,因而可以及时发现与解决工作中的问题,减少了向下的行文与调查统计表格;同时,机关工作制度也开始趋向健全,从而有腾出干部下去的可能。如 8 月 24 日一、五、七区遭受冰雹灾害后,县级机关先后组织 19 个干部(占县委、县政府三分之一)到达灾区,很快摸清了灾情,安定了群众情绪。七区陈某遭灾后不安,随即卖了 19 头牲口,经过安慰与解释,稳定了情绪,又买回 5 头牲口来。此外,深入检查工作与解决问题,还解决了区干部忙于写报告、苦于填表格的难处。④

西北区整风后,领导工作深入基层,重视调查研究,了解下情,加强具体指导,初步改变了以感想代替政策的主观主义领导作风。民政部抽调部长、处长等干部,组织 8 个工作组下乡;法院组织干部下乡清理积案,11 天清结了 134 件上诉案;水利部组织检查组到青海、甘肃检查水利工程;贸易部建立经常的检查机构;某些财经业务机构认识到一般化乱发表格,使下面忙于作假报告,拿来用不上的坏处,提倡业务机构亲自动手作典型了解;大行政区、陕西甘肃两省抽调大批机关干部参加土改减租等群众工作。⑤ 西北局纪委整风前半年只发过一次通报,而这次整风中即发出关于处分党的组织及党员的暂行规定(草案)以及及时处理违犯纪律问题的指示,并出版《纪律检查工作汇编》;教育部加强《教育通讯》的编辑工作,从编辑方针、通讯组织、发行工作等方面加以改进,使之密切与扩大学生及教育工作者联系,切实起指导作用。向下边发

① 《东北多数领导机关　深入基层检查工作》,《人民日报》1950 年 10 月 19 日第 3 版。
② 《辽东七县整风情况检查》(1950 年 9 月 27 日),《党的工作》1950 年第 58 期。
③ 《华东局关于整风情况向中央的报告》(1951 年 1 月),《斗争》1950 年第 67 期。
④ 《转变中的寿阳干部作风》,《山西日报》1950 年 9 月 15 日第 2 版。
⑤ 《西北局关于西北区整风运动结束情况给中央的报告》,《党内通讯》1951 年第 64 期。

指示、要材料时,有些机关已开始注意下边的实际情况,如水利部 7 月以来,向下边要材料的现象已经大大减少。①

机关工作效率得到提高,开始克服忙、乱、拖现象。据东北局反映,某些干部重视了对实际情况的调查研究及对上级决议指示的研究学习,形式主义、文牍主义和忙忙乱乱、老一套、单打一的作风减少。② 华东地区机关的各种工作制度,在整风中都作了整顿,大部分单位都能制订工作计划并确立检查制度;一些新建立的部门,特别明确规定自己的任务职责。皖南行署 1950 年 6 月 1 日至 23 日发出通知、指示达 1300 多件;到 7 月整风开始后即减少一半,指示本身也更切合实际。③ 济南铁路局青岛铁路分局每日发文已由过去平均 20 件以上,减少至 8 件至 10 余件。④ 河北取消或合并不必要的会议,精简许多表格(从几十种减到五六种),规定发表格须经一定机关的批准。⑤ 川北区各单位经过整风学习,一般都坚持每天 4 小时的学习制度,还建立了检查工作制度、科学分工制度与办公制度,并能坚持下来。⑥

随着作风和工作的改进,党群关系也得到改善。特别是党员干部对整风的态度和做法进行批评和自我批评,勇于承认错误,改正缺点,为群众所感动,不少曾经对党有错误认识和不良印象的群众也开始转变态度,纷纷接近党,支持党的工作。黑龙江省在党群关系上较过去大大前进一步,党群隔膜和对立现象初步消除。报社的一个非党编辑过去与领导不大接近,整风后经常主动找负责人谈工作、提意见。一部分进步群众经过整风后,要求入党,一般群众也积极起来。甚至一部分落后群众,也开始对党有了新的看法,认为"从文化

① 《西北区级机关整风结束》,《群众日报》1950 年 10 月 5 日第 1 版。

② 《东北局关于结束干部整风加强时事教育的指示》(1950 年 11 月 17 日),《党的工作》1950 年第 64 期。

③ 《华东局关于整风情况向中央的报告》(1951 年 1 月),《斗争》1951 年第 67 期。

④ 《各地简讯》,《人民日报》1950 年 8 月 8 日第 2 版。

⑤ 《中共中央转发华北局关于县以上干部整党结束情况的报告》(1950 年 12 月 21 日),中央档案馆、中共中央文献研究室编:《中共中央文件选集(1949 年 10 月—1966 年 5 月)》第 4 册,人民出版社 2013 年版,第 429 页。

⑥ 《川北总学委举行评功奖模大会》,《川北日报》1950 年 10 月 26 日第 1 版。

程度上看,他们强些。但政治上强,特别是有错误就讲。"①北京市有些干部根据群众所提意见在区代表会议上作了检讨后,群众的看法也立刻转变,说:"人民政府真是我们自己的","干部有了错,我们也可以管!"②

在华东地区,苏南干部整风后向群众作了公开检讨,在整理基层组织中绝大多数干部仍然继续当选。新区群众普遍认识了共产党与人民政府的本质,以前那种不满情绪为之一扫而空。③ 福建龙岩地委县人大代表听了县长报告及其他县区干部发言,由于诚恳和严肃进行自我批评而普遍表示很受感动,认为"只有真正为人民办事的政府才能这样的自我批评"。④ 浙江省有些乡干向群众检讨后,群众反映:"办法真好,干部做错了还要向老百姓作检讨。"甚至过去挨过干部打的人也反映:"怪不了你们,我们自己也有错误。"因此原来因犯错误组织上打算调走的干部,经自我检讨后群众均要求组织上不要调走。⑤ 寿昌县经过整风,转变了群众以往对党、政府与干部不正确的认识,认识到干部有了缺点可以批评检举,认识到干部都是真心为群众服务的。群众纷纷反映说:"共产党和国民党不大相同,当干部犯了错误还可以批评,还叫我们批评,国民党当乡长犯了错误你要说一说他不骂你打你就怪了,别说叫批评他了!"建德县整风后,一般干部(尤其是区乡干部)都有了显著的转变,按照县委的指示,把整风贯彻到群众中去,获得了群众的拥护。有的群众说:"共产党真好,做错一点事还向大家道歉。"

华南地区在整风后有些地方干部主动向群众自我批评,得到群众的拥护。如番禺县长陈江天和一个妇女工作干部在农代会、妇代会上对 1949 年秋征缺

---

① 《省委关于省级整风总结》,黑龙江省档案馆编:《中国共产党黑龙江省委员会重要文件汇编》第 1 册,1987 年,第 212 页。

② 《中共中央转发北京市委关于各区人民代表会议经验总结的报告》(1950 年 8 月 9 日),中央档案馆、中共中央文献研究室编:《中共中央文件选集(1949 年 10 月—1966 年 5 月)》第 3 册,人民出版社 2013 年版,第 274 页。

③ 《华东局关于整风情况向中央的报告》(1951 年 1 月),《斗争》1951 年第 67 期。

④ 《福建龙岩地委整风中改进党群关系改进工作的经验》(1950 年 9 月),《斗争》1950 年第 56 期。

⑤ 《省委关于一九五〇年浙江省干部整风的总结报告》(1950 年 12 月),中共浙江省委党史研究室、浙江省档案馆编:《中共浙江省委文件选编(1949 年 5 月—1952 年 12 月)》,2011 年,第 278 页。

点进行自我批评讲至流泪时,到会代表大受感动,争先主动向大会检讨自己过去如何瞒田、拖交公粮,说这个政府才是真正人民的政府,并保证回去完成征粮任务。会后传遍,成为一时美谈。珠江、番禺、东莞等县群众认识到"共产党的整风是好的",所以碰到工作队就问:"你们有没有经过整风?"①

### (三) 各方面工作得到改进

随着党员干部思想认识的提高,作风的初步改善,各方面工作也相应得到了改进。这是因为,具体工作层面的实际成效,与从事工作的实践主体密切相关,也就是说,实践主体的思想、作风直接影响着实践的成效。这次整风以总结工作为中心,通过检查工作,暴露工作中存在的突出问题,引起领导上的重视,并据此检讨思想和作风,制定相应的改进办法,从而达到推进工作的目的。

在西北地区,各系统各部门普遍暴露了不少问题,引起各级领导干部对许多严重问题的重视。西北局在整风总结报告中指出,7月后生产恢复正常,市场重趋活跃,少数民族地区武装骚乱基本停止,改变了前次严重情况,党的领导工作循着正轨前进,这就是整风的最大收获。②

在华北地区,整风后干部情绪饱满,工作学习都开始表现出新气象。如各地法院采用巡回审理办法,清理积案,束鹿县很快清理了400多件积案。察哈尔省政府各厅建立逐级负责制,领导干部减少了文牍事务主义。整风后各地均加强了对下层工作的检查,如清理仓库,翻晒粮食,市镇检查工厂,改善民主管理,各县检查负担政策等。临清镇东丰油厂,明确依靠工人阶级思想,解决了不团结的问题,生产效率由每人每天打豆饼945斤,增至1260斤。石庄专区协同工人冒雨检查粮库,一连七夜翻动粮食110万斤。③

在西南地区,川北区整风收获表现在工作效率上更高。如人民剧场在国庆节的前十天还很破烂,由于文工团干部依靠群众与发动群众,工人们用九天

① 《华南分局关于最近整风情况综合报告》(1950年10月),《中南通讯》1950年第22期。
② 《西北局关于西北区整风运动结束情况给中央的报告》,《党内通讯》1951年第64期。
③ 《中共中央转发华北局关于县以上干部整党结束情况的报告》(1950年12月21日),中央档案馆、中共中央文献研究室编:《中共中央文件选集(1949年10月—1966年5月)》第4册,人民出版社2013年版,第429页。

七夜的工夫,就把整修剧场任务突击完成。文工团干部反映:要不是经过整风学习,提高干部工作责任心,并明确了走群众路线的认识,这工作是没法完成的。再如川北日报社,过去电台的工作人员说:这是气候不好,没有办法。整风后,经有技术的新干部实验研究和改进,工作得到提高。民政厅招待所,以前有些干部在那里住了两三个月,不分配工作,干部非常不满,整风以后都及时处理。①

华南区经过整风,教育了干部,干部的官僚主义和命令主义作风得到克服,政策水平有了提高,改善了与群众的关系,克服了许多工作上的困难。根据各地反映,1950 年的夏征工作,群众相当积极,收粮工作亦较顺利。干部在评产量开会时都较谨慎,尊重群众意见。东莞、顺德等县反映全未抓过人打过人,群众送公粮都拣干、净、饱的谷子交,市桥的公粮谷就比一般市场的谷子价钱还高些。番禺 1949 年用 200 个干部征粮还感不足,1950 年夏征时 50 个干部已可胜任。② 北江区群众反映干部"去年秋征一来就不接近我们,不讲道理,要出多少就由他们自己评,今年的都照政策办事"。③

通过整风,全军部队增进了对国际国内形势和中央决策精神的了解,加深了对帝国主义本质的认识,检讨了各种腐化享乐思想和行为,揭露了官僚主义、命令主义和军阀主义残余,在很大程度上增强了战争观念尤其是对美军事斗争的观念,发扬了艰苦奋斗精神,改进了领导作风和领导方法,从而有力保证了彻底解放和巩固全国大陆任务的完成,保证了抗美援朝作战任务的开展,保证了团结改造起义部队任务的推进。④

## (四) 加强了党的团结

通过检查领导分工和上下级的关系,进一步理顺了关系,明辨是非,统一了思想认识,特别是开展深入而广泛的批评和自我批评,减少了过去干部之间

---

① 《川北总学委举行评功奖模大会》,《川北日报》1950 年 10 月 26 日第 1 版。
② 《方方同志关于一年来广东农村群众运动初步总结报告》(1950 年 10 月),《华南通讯》1950 年第 11 期。
③ 《分局对目前整风情况的指示》(1950 年 9 月 10 日),《华南通讯》第 8 期。
④ 仲华:《1950 年人民解放军整风运动述论》,《南京政治学院学报》2018 年第 2 期。

存在的误会和隔阂,从而促进了党内团结。

比如,遵义地委加强了所有干部间的团结,打消了过去的怀疑和隔膜。①宁夏省某些单位过去新老干部互不尊重,不很团结,或因小事发生误会,此次整风中大都坦诚交流,因而彼此关系开始转变,走向融洽。② 贵州省经过检查工作,使党内在大的问题上求得一致,得到真正团结,有干部(从冀鲁豫来的)说:"这是几年来党内空前的一次。"③万县地委通过整风学习,上下通气,密切了上下关系,消除干部之间和领导与被领导间的隔阂。大家都能集中精力在"为了把工作做好"的前提下,消除了干部与干部之间的私人成见。同时也因正确评价自己的工作作风、执行政策程度,弄清了是非,认识到过去"上下埋怨"是不对的。④

部分地区在整风中改进领导制度,加强了领导的团结。华东许多地方注意改进党委制与民主集中制,解决了长期存在的若干重要问题。如文教委员会曾检讨前一时期领导关系的不正常状态,并以改进党委制的领导作为该省整风重点之一,整风后情形已有改变。华东交通局正副局长之间长期关系恶化,致使党组会不能正常举行,绝大多数干部不能安心工作,在这次整风中也同样得到了正确解决。华东局各部委以及其他各地党委大都检讨了民主集中制的领导制度,在不同程度上纠正了个人领导、领导事务化与上下不通气的不良情况。⑤

有的地区通过整风,加强了新老干部之间的团结。比如,川北区党委交通科从原地下党调3个干部,这3个干部起初认为是领导不相信他们,调来为的是要监视他们,工作不安心,想搜集南下党员工作上的缺点,准备在支部大会上揭发。在学习中,南下党员首先进行检讨,那3个干部都被感动,把自己的怀疑讲出来后,大家都很团结,工作也有改进。过去区党委有很多老干部,都认为自己文化低,不会说话,又不会写,对自己的前途悲观失望。经过整风学

---

① 《贵州遵义地委、专署直属机关整风学习总结》,《西南工作》1950年第16期。
② 《宁夏省委关于整风运动的报告》(1950年9月20日),《党内通讯》1950年第57期。
③ 《贵州省第一届党代表会议报告》(1950年9月20日),《西南工作》1950年第20期。
④ 《万县地委干部整风学习的收获》,《西南工作》1950年第20期。
⑤ 《华东局关于整风情况向中央的报告》(1951年1月),《斗争》1950年第67期。

习,在区党委秘书处的领导下,办了一所文化补习学校。教员中有些新知识分子有文化,但政治水平较低,讲课时免不了发生毛病,老干部、老战士听到说:"你文化高,政治可不行。"领导发现这种情况后,又对双方进行解释说服工作,提出互助学习的办法,号召老干部向新知识分子学习文化,新知识分子向老干部学习政治。由此,解决了新知识分子与老干部间的团结问题,学习情绪高涨。①

广东解放以来,由于过去长期处于游击战争和地下工作环境,党内民主生活锻炼较少。解放后干部来自各方,因工作经验和生活作风不同,形成某些误会和隔阂,影响到干部团结和工作情绪。团结问题主要存在于外来干部与本地干部和上下级之间,比较普遍的表现为不安心工作。有些地委存在严重的官僚主义作风,对下面工作任务的完成缺乏耐心和具体的帮助,而是一级骂一级,对下面同志经常发脾气,使下级对上级"敬而远之",不敢接近,甚至有的下级同志经过两道机关的门口也不敢进去。经过整风有了初步改善,消除了过去干部间存在的误会和隔阂,使党内团结推进了一步,并打下了广东党今后建立经常党内民主制度的基础。②

部分地区在整风中,通过合并编组的方式,吸收党外干部参加整风,加强了党内干部同党外干部间的团结。比如,绥远省抓住统一战线问题,用各种方式虚心征求非党干部意见,批判了关门主义与迁就主义的倾向,使非党干部更进一步靠近党,敢于向党提意见。和林县党员则更注意自己言行,时时记住自己是党员,主动与起义干部接近,征询意见。县政府领导由过去的简单通过变为互相协商,密切了党与非党的关系。③ 河北省针对非党老干部多的特点,合组整风,使党员与非党员干部更加密切联系,打破许多隔阂,消除了对党的怀疑,提高了对党的认识。如农业厅非党干部张举贤、张洪彬感到党员以身作则、自我批评的精神,使他们感到心平气和。有的说:"整风以来,我们非常愉

① 《川北总学委举行评功奖模大会》,《川北日报》1950年10月26日第1版。
② 《华南分局关于最近整风情况综合报告》(1950年10月),《中南通讯》1950年第22期。
③ 《绥远省委关于吸收非党干部进行整风的情况和办法的综合报告》(1950年9月),《斗争》1950年第55期。

快,共产党不把我们当外人看,真是大公无私,一视同仁。"①

不少党外干部、民主人士在整风中,被中共整风的做法深为感动。甘肃省第一届党代会参加会议的 24 个党外人士,都觉得能参加共产党的代表会议,是最大的光荣。马丕烈(非中共党员,回族,农林厅副厅长)自始至终一直没有缺席,会后说:"从这次会议中,我看到共产党真正是为人民服务的,会中所有发言和讨论,都是要如何为人民办好事。""批评的时候厉害得很,批评后两个人又坐在一起,谁也不犯谁!""不管临夏地区今年减租不减租,我一定要减。""不管整风要不要,我一定要把土地拿出来。"兰州大学教授徐褐夫说:"我参加党代会,认识了毛主席领导下的中国共产党,比以前实在大有分别。会议中看不出有宗派主义和教条主义的影子。这是使我内心万分高兴的,同时也使我羞愧万分。"省政府沈副秘书长认为"这次会议对于巩固与扩大本省各族各界人民民主统一战线,起了重大的决定作用"。② 西南区万县地委整风学习中,吸收个别上层民主人士参加会议,对他们触动很大,认为党"开诚布公,内外一致",因此更靠近党。他们把会议上党认真、诚恳批评自己的缺点,"高度为人民负责的精神",向他们的朋友作宣传。有的说:"共产党真伟大,照这样干,为什么不胜利。"他们在整风会议上,再三表明:"决心跟共产党走,为人民服务。"③

## 三、作风建设的经验

新中国成立初期党的作风建设,是全国执政条件下党的自我革命、集中教育和执政党作风建设的开篇,具有自身的鲜明特点,取得了明显的成效。总体来讲,作风建设达到了预定目标,尽管在开始阶段出现一些问题和偏向,但基本上得到了及时的解决和纠正,这为长期执政条件下中国共产党开展集中教

---

① 《中共中央转发华北局关于河北省政府直属机关党与非党干部合组整风经验的报告》(1950 年 9 月 12 日),中央档案馆、中共中央文献研究室编:《中共中央文件选集(1949 年 10 月—1966 年 5 月)》第 4 册,人民出版社 2013 年版,第 78 页。
② 《中共甘肃省第一次代表会议总结报告》(1950 年 9 月),《党内通讯》1950 年第 58 期。
③ 《万县地委干部整风学习的收获》,《西南工作》1950 年第 20 期。

育、推进党的自我革命积累了宝贵的经验。实际上,各地区、单位十分重视总结经验,各级党委通过批转文件并在党刊党报上推广先进经验。不过,从目前学界研究情况看,由于对新中国成立初期党的作风建设关注得不够,相应地对其历史经验的系统总结也较少,即使部分研究总结了个别地区的经验,但仍不够全面。从其进展情况出发,立足于史料的梳理,可以大致归纳出以下经验。

### （一）加强思想教育,形成保持优良作风的行动自觉

作风问题本质上是党性问题①。思想是行动的先导②。党内作风问题的出现,根本是由于部分党员干部党性不纯,思想上没有完全入党,没有牢固树立马克思主义的世界观人生观价值观和正确的政绩观、权力观、事业观,以致出现不符合党性要求的作风问题。新中国成立之初,相当一部分党员干部刚刚加入党组织和革命队伍,其中很多是农民、知识分子出身,即使是老党员老干部,对全国执政后的新形势也不能完全适应,对党和政府各方面的具体政策掌握不够,加之客观上各方面任务很重,政策规定、纪律规范等都很不明确,沿用革命战争年代的工作方式,这是各项工作中作风问题发生的重要原因。对此,各级党组织首先"在思想上整顿"③,"先从思想上解决问题"④,加强党员干部的思想动员,把思想教育贯穿于全过程,认真学习党的理论和路线方针政策,增强党性观念、群众观点和宗旨意识,提高党员干部的思想认识和政策水平,实现思想的政治化、科学化⑤,从而为克服不良作风、保持优良作风奠定思想基础。

其一,必须有重点地学习相关文件,着重掌握做好实际工作的路线方针政策。对于各级干部的文件学习,党中央十分重视。1950 年 5 月 29 日,毛泽东指示中央办公厅主任杨尚昆,要求三四日内做好文件编印工作,共印 150 本,发给中共七届三中全会到会各人。6 月 16 日,中共中央作出《关于各级负责

---

① 《习近平著作选读》第 2 卷,人民出版社 2023 年版,第 110 页。
② 《江泽民文选》第 1 卷,人民出版社 2006 年版,第 512 页。
③ 《毛泽东选集》第 3 卷,人民出版社 1991 年版,第 875 页。
④ 《邓小平文选》第 1 卷,人民出版社 1994 年版,第 184 页。
⑤ 参见《毛泽东文集》第 1 卷,人民出版社 1993 年版,第 84 页。

干部必须认真阅读中央文件、文告的指示》,要求把毛泽东在七届三中全会上的报告及各重要报告作为党内干部学习文件,土改地区应学习刘少奇在中共七届三中全会上关于土地改革问题的报告、《中华人民共和国土地改革法》等。部分地区、单位还要求学习毛泽东论自我批评、《整顿党的作风》,刘少奇在北京庆祝五一劳动节干部大会上的演说、修改党章报告中关于党的群众路线问题,习仲勋关于反对官僚主义命令主义的报告等,学习工矿、企业、城市与农村中正反方面的典型材料。

根据不同干部的工作实际需要,重点选择学习与业务工作相关的文件。5月27日,毛泽东为中共中央起草给西北局的复电中指出,学习文件"只应摘出其中有关当前急需的一部分而不应读全文"。① 华东局明确,高级领导干部可学习1943年中共中央关于领导方法的决定,县以下干部主要学习群众路线;②华北局、内蒙古分局还要求学习中共中央关于增强党性的决定,关于调查研究的决定等。重庆市委干部整风队阅读文件少而集中,精读关于走群众路线、反对官僚主义、批评和自我批评的几种文件,着重精读钻研,学了就用,目的性非常明确,文件也就起了一定的思想武器作用。③ 全国总工会要求,工会干部应学习列宁的《新经济政策下职工会的作用与任务》,《中华人民共和国工会法》及邓子恢在中南总工会筹委扩大会议上的报告,并参考《工人日报》1950年8月6日社论《整顿工会组织与工会干部作风》。④ 西北军政委员会民政处着重学习土改政策和有关建政的文件,社会处学习减租和救济失业人员等政策、文件。⑤ 东北地区解放较早,经济恢复较快,有的单位选择学习有关工业经济核算、技术管理等文件。

其二,多种方式开展学习,提高思想教育的有效性。学习文件,目的是为

---

① 中共中央党史和文献研究院编:《毛泽东年谱》第4卷,中央文献出版社2023年版,第147页。

② 《中共中央转发华东局关于整党工作的指示》(1950年5月27日),中央档案馆、中共中央文献研究室编:《中共中央文件选集(1949年10月—1966年5月)》第3册,人民出版社2013年版,第72—73页。

③ 《重庆市委干部整风队第一期整风初步总结》,《西南工作》1950年第13期。

④ 《整顿工会组织和干部作风》,《人民日报》1950年8月13日第1版。

⑤ 《西北大行政区一级整风第二阶段结束》,《人民日报》1950年10月14日第3版。

了掌握文件精神,用文件精神检查和总结工作。这就要求学习文件必须联系实际,包括工作实际和个人的思想实际,有重点、有针对性地学,特别是要学习与检查工作相关的文件、材料。凡是掌握这一点的,集中教育就进展比较顺利;反之,则陷入孤立学文件、钻名词,在学习文件上浪费大量时间,而无法改进作风。

各地区、单位一般根据自身实际和党员、干部队伍情况,采取个人自学、座谈会、讨论会、报告会等方式进行。通过学习文件掌握党的方针政策,是克服命令主义、官僚主义等不良作风的基础,是检查和总结工作的依据,必须联系实际工作,与总结工作、个人反省结合起来,防止孤立地、空洞地、教条式地学习文件,纠正为学文件而学文件、机械划分阶段、钻名词等偏向。西北局要求,在文件学习中每个人都要反省与批判自己的思想和工作,分析情况、总结工作,把改造思想和工作作为文件学习的直接目的。① 北京市政府提出,须加强政策、业务的教育和学习,行政干部学校有计划地分批轮训干部;定期举行科长以上干部会议,传达和讨论方针政策及重要决定。② 河北省财政厅定期组织专人报告政策问题。③ 辽东七县加强对区村干部的政策教育与工作方法的指导帮助,讲清政策和工作办法。④ 张家口国营工厂在整风中,前十天学习毛泽东在中共七届三中全会上的报告和《整顿党的作风》,进行酝酿准备;1950年8月6日至20日,根据本单位实际情况学习《人民日报》社论《克服工业生产中的严重浪费》,检查经营管理工作;8月21日至9月7日,学习《工会法》,检查民主管理政策的执行及党政、工会的基层组织建设;9月8日至20日,主要学习东北局《关于进一步团结公营企业中技术人员与职员的指示》及市政府领导关于工厂团结问题的报告,检查与解决工厂团结问题。⑤

学习文件的方法,针对不同的对象也应有所区别。一般地,县以上干部文

① 《西北局关于整顿干部作风的指示》,《党内通讯》1950年第50期。
② 《北京市张友渔副市长报告市府检查工作的初步总结》,《人民日报》1950年10月8日第1版。
③ 《河北省直属机关巩固整风成果》,《人民日报》1950年10月19日第3版。
④ 《辽东七县整风情况检查》,《党的工作》1950年第58期。
⑤ 《张家口国营工厂整风结束　集中精力解决工厂主要问题》,《人民日报》1950年10月16日第2版。

化政策水平较高,通过自学基本能看懂,再结合启发报告,则能较深入掌握。而县区乡的基层干部,文化素质较低,有的甚至不识字,无法读懂文件。对此,基层干部学习文件的数量不能太多,最好采取讲解、作报告等方式进行。如山西汾阳地委整风班在学习每个文件前,领导均依据大家的思想实际及工作中存在的问题,确定要解决的中心问题,采取联系实际阅读文件,再加分析批判,反对无边际、无中心的学习,同时也注意纠正空诵条文、钻名词和脱离文件盲目联系实际或只摆情况不加分析,就事论事等偏向,并根据不同情况采取个人钻研、上大课、小组讨论相结合的方法。有阅读能力的同志以自学为主,其余以上大课为主,然后以组为单位进行讨论,互相取长补短,共同提高。① 浙江建德县整风一共只学了3个文件,效果较好。河北省农村根据支部情况一般就学几个主要文件,采取讲解的方式,结合实际工作。

相反,学习的文件过多,孤立地学习,效果则不好。如绥远省部分单位对文化水平和政治水平高低不同的干部,一律要求精读文件,领会精神与实质,而没有分别要求,没有具体帮助。② 鞍山市在整风初期,有些地方孤立学习文件,则陷于死钻名词或纠缠一些次要问题上。③ 西北区级机关有的单位只从文件出发,而不联系实际,各单位比较普遍地把学习文件与检查工作机械地分成两个阶段,学习文件阶段就是学习文件,有些人虽然能够把文件背得很熟,但不能解决任何问题,或者为"官僚主义""命令主义"等名词争吵不休。④

把思想启发贯穿全过程。据东江地委的经验,在整风中必须掌握干部思想,逐步引导,由"命令主义要得""还有好处"到"完全要不得"。正当"旧的不要了,新的怎样呢?"觉得无路可走时,迅速转入总结成功经验,使大家警醒过来,五十多个干部学习之后觉得收获很大,回去工作有积极性。干部最初认为"命令主义虽然不好,但能完成任务,不得已时还用得着","不要完全反掉",经过启发讨论,指出命令主义危害之大,大家才彻底放弃。但又产生新

---

① 《学了政策文件后的收获》,《山西日报》1950年9月22日第3版。
② 《绥远整风中的一些偏向》,《人民日报》1950年8月23日第3版。
③ 《鞍山市委关于整党工作的指示》(1950年6月19日),《党的工作》1950年第48期。
④ 《执行中共中央关于整党指示 各地整风运动展开》,《人民日报》1950年7月29日第1版。

的顾虑,觉得命令主义不要了,但是拿什么来代替呢?夏征任务怎么完成?领导上掌握了这样情形,便转入总结1949年秋征的成功经验,当时大家曾为"一团糟""乌天黑地"的观念所影响,认为没经验可提,经过再三启发,学习又转入新的高潮,结果总结出许多成功经验,特别总结了河源河西区、增城新塘区、龙川黎等地成功经验,因此新的方法占据了阵地,命令主义被驱走了。①

其三,加强宣传教育,树立正确认识。通讯社和报纸的宣传必须"增强党性","完全符合于党的政策"。②各级党刊党报、专门创办的简报大力宣传中央和各级党组织改进作风的文件、部署,宣传党的路线方针政策,宣传各地、单位加强作风建设的经验和做法,推动全党树立正确的思想认识。一是发表社论文章。如《人民日报》1950年7月1日发表《整顿党的工作作风　改善党的组织状况》,阐述了整顿作风的必要性、任务、方法;8月23日发表《在整风运动中加强与健全人民监察工作》,提出要加强人民监察,使广大人民随时随地能监督公务人员;9月14日《坚决反对命令主义》,批评部分干部关于命令主义的错误认识;10月14日发表《坚决肃清恶霸作风》,分析恶霸作风的种种表现、成因,指出肃清的具体办法。一些地方党报也结合实际发表社论文章,如西北局党报《群众日报》8月18日发表《把整风学习推向前进》。二是宣传各级党组织加强作风建设的具体部署。以华东局党刊《斗争》为例,据不完全统计,1950年第41期到第67期刊载了有关报道共40篇。《人民日报》、地方党报广泛报道各地有关动态。三是宣传作风建设的有益经验和先进典型。如1950年9月5日,西南局的川北区党委党报《川北日报》发表《川北公安厅怎样检查工作》,介绍了川北公安厅检查工作的具体做法;1950年10月13日,《解放日报》发表题为《学习沙溪区和横塘乡干部的好作风》的文章,宣传太仓沙溪区干部走群众路线完成修塘任务,和嘉定横塘乡干部在领导群众度过春荒、进一步搞好春夏两季生产工作中的优良作风。这些文章的公开发表,更加广泛地传播了中央精神和有益经验,有些文章还被基层党组织作为重要学习材料。

① 《东江地委关于五、六、七月份工作向分局的综合报告》(1950年8月),《华南通讯》1950年第8期。
② 中共中央党史和文献研究院编:《毛泽东年谱》第2卷,中央文献出版社2023年版,第412页。

通过对文件的学习和广泛的宣传教育,纠正了过去把政策和任务对立起来的单纯任务观点等错误认识,普遍提高了党员、干部的群众观点和政策观点,认识到执行政策和完成任务、对上级负责和对人民负责的一致性,不按政策办事就不能完成任务,懂得应如何掌握政策、走群众路线。辽东七县县级干部了解到学习与掌握政策的重要性,认识到政策是完成任务最基本的保证,离开政策行不通。① 西康区干部认识到违反政策不但不能完成任务,而且使党脱离群众,使党的威信受到损失。② 喀什区机关干部认识到少数民族干部的重要性,一致认为要虚心帮助地方干部,还提高了干部对宗教问题的认识。③ 浙江省寿昌县经过学习,认识到为什么要保存富农经济,明确了对待富农的新政策,初步了解土改政策、征粮、统一战线政策等精神和意义。中原大学财经学院财经干部通过对税收政策的学习,增强了对税收工作重要性的认识,认为"税收不仅是保证国家财政收入的关键,而且在经济工作中,还有它的积极作用"④。

## (二) 紧密联系实际,把作风建设和中心工作结合起来

党的建设从来都是和党的中心工作紧密结合的,为实现党的政治路线服务,必须围绕党的中心任务展开。习近平总书记指出:"党和人民事业发展到什么阶段,党的建设就要推进到什么阶段。这是加强党的建设必须把握的基本规律。"⑤作为党的建设的重要组成部分,党的作风建设必须围绕特定历史阶段党面临的中心任务,着力发现和克服党领导人民完成中心任务中的作风问题。新中国成立初期,各地区、单位面临的具体情况差异很大,党员干部的情况也十分不同,在这种情况下加强作风建设,不可能用千篇一律的方法,必须根据具体情况、问题的不同而有所区别。比如,区乡干部农民多,政策、文化水平低,就不能照搬县以上干部的方法,除正面进行政策与群众路线教育外,还须运用好坏典型对比的方法,必要时结合一些实地参观考察,力求具体,避

① 《辽东七县整风情况检查》,《党的工作》1950 年第 58 期。
② 《西康区党委主要干部整风情况报告》,《西南工作》1950 年第 20 期。
③ 《端正政策、改进作风、做好民族工作》,《党内通讯》1950 年第 62 期。
④ 《中原大学财经学院财经干部整风轮训队结业》,《长江日报》1950 年 9 月 5 日第 3 版。
⑤ 《习近平谈治国理政》第 2 卷,外文出版社 2017 年版,第 43 页。

免抽象,才能使区乡干部领会深刻。① 而且,党的作风建设是一项长期性工作。由于时间有限,不可能在两三个月内解决所有问题,必须集中力量,抓住重点,解决一两个主要问题。相反,部分地区和单位不从自身实际出发,不抓住重点问题,往往一般化、流于形式,不能解决实际问题。具体来讲,执政党作风建设必须结合实际、突出重点,主要体现在以下三个方面。

第一,制定切合实际的教育方案。党内集中教育要切合实际,与具体工作密切结合,首先就必须制定一个切合实际的方案。实践表明,凡是方案具体、明确,重点突出,从本地区、单位实际出发,党内集中教育就能顺利推进,效果明显。反之,则容易走弯路,出现偏差。

确定重点、制订具体计划,是党内集中教育能否正确进展的关键因素。计划必须从本地区或部门的实际情况出发,确定不同的内容和重点。整风初期一些地区未能从自己地区的实际情况出发,制定一个切实的整风计划,甚至照抄上级指示和决议,长篇大论,洋洋万言。对此,华北局责成各省委坚决克服形式主义,严格审查所属各级党委的整风计划。经审查不切合实际者,均须重新改订。纠正这一偏向后,各地整风运动进展即较为顺利。②

要制定切合实际的集中教育计划,就必须先进行调查研究,了解本地区、单位的基本情况,如过去一段时间的主要工作、存在的具体问题和党员干部基本情况,包括党员干部的文化素质、结构和思想、作风方面存在的问题等。在掌握这些情况后,然后按照上级指示,有针对性地制订本地区、单位的整风计划。如浙江寿昌县第一期整风训练班在整风前,就明确方针、目的,根据干部的思想作风,确定解决几个主要的问题,根据时间、干部质量情况,要求不能过高,同时根据不同干部和工作性质,解决对群众危害最大的主要问题。而未掌握这个精神,就容易走弯路。

当然,一开始就制定完全符合实际的集中教育计划,也有现实的困难。因为部分地区和单位领导确实很忙,没有时间做认真、细致、全面的调查研究。

① 《中共中央转发平原省委关于干部整风情况的报告摘要》(1951 年 2 月 8 日),中央档案馆、中共中央文献研究室编:《中共中央文件选集(1949 年 10 月—1966 年 5 月)》第 5 册,人民出版社 2013 年版,第 131 页。

② 《华北局各地整风稳步前进》,《人民日报》1950 年 10 月 10 日第 1 版。

这就需要在开始后,在动员酝酿阶段、学习文件的过程中,通过组织学习讨论、漫谈等方式,掌握党员干部的思想动态,初步把握本地区、单位存在的主要问题和党员干部关心的问题,然后再对计划进行修正和完善,以更加切合实际。比如河南省就在6月份内结合生产摸底、查情况,自下而上总结,自上而下重点检查,以切实掌握工作与干部情况,省委领导则进行城市工作调查。① 河北省委组织部在农村支部整风示范总结中指出,开始时对支部主要情况与存在的主要问题作大体了解,以确定整什么,如何整,制定整风计划。但不可能也不应该一次把什么都了解清楚才开始,事实上有许多问题也只有在整风深入后才能更全面了解。有些时候在整风中所了解的与过去工作中所了解的会有不同,重要的是不要先入为主,不犯主观主义。如河间市某党支部,原以为支部自高自大,结果证明只是少数几个人,不是多数党员。

第二,做好充分准备。效果较好的地区和单位,一般在召开会议前,都做好了充分的准备工作,包括进行调查研究、征求意见等,掌握目的、方针、重点和方法,准备好会议材料、整风报告,如此才能使会议收到良好效果。否则,收效就不大,使检查和总结工作缺少重点、漫无目的,容易走弯路,甚至发生极端民主化的偏向。

不少地区在经验总结中都提到这一点。比如,华南分局指出,这次整风之所以获得一定的成绩,其中一个重要原因是在进行整风之前,先由领导深入基层,搜集了丰富的材料,然后在整风会议中提出,进行有重点的深入检查。如西江地委在整风前下乡具体检查工作,了解情况,掌握了相当充分的实际材料。特别是对罗定县的材料掌握得较多、较充分,因此在地委召开的整风会议上,就以罗定县为重点进行深入的检查,以推动其他各县的整风。② 华南分局县以上干部整风取得收获,是因为事前准备了3个完整报告,又经过人代会的思想政治准备,否则这么短的时间,不可能获得这么大成绩。③ 吉林市召开工业整风会议,把80%的精力放在会前准备工作上,这样会议进行就比较顺

① 《河南省委整风计划》(1950年6月),《中南通讯》1950年第12期。
② 《华南整风运动初步结束》,《人民日报》1950年10月29日第3版。
③ 《华南分局县级干部整风总结》(1950年11月),《中南通讯》1950年第24期。

利。① 反之，如果会前准备不足，则容易出现偏差。如陕西省有些地方事先心中无数，等会议上暴露问题，收集材料，或者企图要解决一切问题，过多阅读文件及组织报告，结果失去中心，流于空泛，收效不大。② 华南区有些地委因为时间短，准备不足，在会议上作的总结报告不完整，未能解决工作中的主要问题。③

第三，坚持工作的在职学习教育效果较好。坚持工作的在职学习效果比较好，稍好的是结合实际召开的工作会议，而把干部集中到一起，用半个月甚至一个多月的时间进行集中教育，往往不便于联系实际，不利于检查和总结工作，而且影响实际工作。

据华东局直属机关的经验，在职干部的整风会议，是各种整风形式中一种较好的形式。它便于总结经验，便于联系工作，便于由上而下展开批评和自我批评，结合日常具体工作。④ 北京市的整风，采取在坚持工作中同时进行整风的办法。如商业局在整风开始前总结八月份的工作，向所属各单位具体布置九月份的工作，这样就不致因领导机关整风而使下面工作停顿。有的单位对此注意不够，如税务局整风时，把各税务分局局长集中在一起开了八九天会，有些分局的工作就受到影响。⑤ 山西省的集中整风，干部脱离工作岗位，互不了解，更不能结合自下而上的群众批评，很难系统检查工作，同时干部长期脱离工作岗位，日常工作必然受到影响。⑥

为方便联系实际，更好检查和总结工作，非党务机关（如行政机关）整风，可以采取党内整风与行政检查工作结合，由行政首长（党员）领导进行，能收到更好的成效，但应建立党内的领导核心（如党政或党委会），并防止单由行

---

① 《吉林市委工业整风会议总结》（1950 年 9 月 21 日），《党的工作》1950 年第 58 期。

② 《陕西省委关于整风运动的报告》（1950 年 9 月 5 日），《党内通讯》1950 年第 57 期。

③ 《华南分局关于整风运动中情况的报告》（1950 年 8 月），《中南通讯》1950 年第 15 期。

④ 《中共中央转发华东局直属机关整风经验的报告》（1950 年 9 月 1 日），中央档案馆、中共中央文献研究室编：《中共中央文件选集（1949 年 10 月—1966 年 5 月）》第 4 册，人民出版社2013 年版，第 4 页。

⑤ 《京市整风运动全面展开》，《人民日报》1950 年 10 月 17 日第 3 版。

⑥ 《华北局各地整风稳步前进》，《人民日报》1950 年 10 月 10 日第 1 版。

政领导整风,而削弱与降低党的作用,或党组织干涉行政工作的偏向。①

反之,如果把整风和实际工作对立起来,则无法取得好效果。如山西阳泉矿务局某些同志不断借口"工作忙,离不开"而不参加,或不按时参加整风学习,领导同志对所学的文件未作充分准备,只是到时间一起学,结果同志们从文件中发现的问题不能及时解决,影响学习进展。②

### (三) 用好锐利武器,正确开展批评和自我批评

马克思主义经典作家认为,无产阶级革命靠批评自己发展壮大,郑重的党的标志在于"公开承认错误,揭露犯错误的原因,分析产生错误的环境,仔细讨论改正错误的方法"③,也就是要开展批评和自我批评,这是党抵抗各种政治灰尘和政治微生物侵蚀"唯一有效的方法"④。只有深入、正确地开展批评和自我批评,用好这个"党强身治病、保持肌体健康的锐利武器"⑤,开展积极健康的思想斗争,增强党内政治生活的政治性、原则性、战斗性,才能更好地发现和解决问题,克服思想顾虑和错误思想,进而"去掉不良作风,保持优良作风"⑥。新中国成立之初的作风建设,发扬了批评和自我批评这个优良传统,并贯穿于整个过程,积累了宝贵经验。

充分并正确地开展批评和自我批评,是党内集中教育深入、切实解决问题的关键。凡是集中教育开展顺利,解决问题较好,取得明显成效的地区和单位,一般都充分并正确地开展了批评和自我批评;反之,批评和自我批评开展不起来,无法充分暴露问题,无法检查工作和作风上的主要问题,也就无法解决问题。批评和自我批评必须坚持原则,严肃认真,实事求是,由上而下进行,围绕工作中的主要问题,在此基础上分析和解决问题。可以说,批评和自我批评贯穿始终,直接影响着集中教育成效。这次整风充分发扬了批评和自我批

---

① 《东北局给中央的整风报告》(1950 年 9 月 26 日),《党的工作》1950 年第 58 期。
② 《领导干部不能积极带头》,《山西日报》1950 年 9 月 22 日第 3 版。
③ 《列宁选集》第 4 卷,人民出版社 2012 年版,第 167 页。
④ 《毛泽东选集》第 3 卷,人民出版社 1991 年版,第 1096 页。
⑤ 《习近平著作选读》第 1 卷,人民出版社 2023 年版,第 525 页。
⑥ 《毛泽东选集》第 4 卷,人民出版社 1991 年版,第 1439 页。

评,也为长期执政条件下开展批评和自我批评积累了丰富经验。具体有以下几个方面。

第一,自上而下,先进行自我批评。马克思主义经典作家更看重的是领导干部的自我批评,强调"要从错误中学习","通过自我批评来学会办事"。①毛泽东也指出:"作为领导者,对自己的批评是主要的"②,"有无认真的自我批评"是党区别于其他政党的显著标志之一③,自我批评"是反对错误思想建立正确作风的最好方法"④。批评和自我批评只有自上而下进行,才能够真正开展起来。自我批评应先于批评,而不是先批评别人,再作自我批评,甚至只批别人,而不作自我批评。领导带头自我批评,实事求是,分清责任,是正确开展批评的关键。经验表明,只有各级领导干部自上而下带头先作自我批评,而不是先批评别人、再作自我批评,甚至只批别人而不作自我批评,如此才能使批评和自我批评深入开展起来。否则会出现个人的零碎检讨,而不能解决工作中的主要问题。

领导干部对自己工作中的缺点和错误进行严肃的自我批评,对于打消一般干部的思想顾虑,启发一般干部进行自我反省和检讨具有示范带动作用。反之,如果领导干部自己不作自我批评,甚至对批评采取压制和报复态度,要求别人的意见"百分之百正确",就会影响到批评的积极性,甚至产生对立情绪。实践证明,只要负责干部能够采取各种有效办法将本部门的领导工作进行一次彻底检查,先作自我批评,一般党员干部就不再畏惧批评,而能对领导工作进行严格的批评,并同样严格批评自己。这样整个党组织中的批评和自我批评就能迅速展开,甚至影响到非党群众也投入这种批评中,工作也就马上有所改进。如果采取与此相反的方法,则批评与自我批评就不能展开,整风也将毫无效果。⑤

①　《列宁全集》第 35 卷,人民出版社 2017 年版,第 168 页。
②　《毛泽东文集》第 2 卷,人民出版社 1993 年版,第 418 页。
③　《毛泽东选集》第 3 卷,人民出版社 1991 年版,第 1096 页。
④　中共中央党史和文献研究院编:《毛泽东年谱》第 2 卷,中央文献出版社 2023 年版,第 435 页。
⑤　《党组织如何保证与监督党员进行批评与自我批评》,《人民日报》1950 年 12 月 16 日第 3 版。

领导干部的自我批评有什么作用呢？一是使检查工作有范围、有重点,不是泛泛检查,不是停留在一般问题上,而是检查几个主要工作。同时使大家了解,检查总结工作是为了往前看,对下一步作打算,不是为检查而检查。二是对县里检查领导、检查工作有启发作用。可以引起情况的回应和了解全面情况,分析问题时减少片面性。三是领导先作自我批评,有些缺点错误应该由领导负责地主动担起来。反之,如果领导不先作自我批评,则效果不佳。部分领导干部不虚心检讨自己、自我批评,却等着下级提意见。有的则认为自己功劳大,缺点、错误和责任都在别人,就算自己有问题也是客观原因造成的,归罪于"任务重,要求急"①,以致批评展不开。

第二,端正态度,正确对待批评。使批评和自我批评开展起来,有一个态度的问题。党员干部正确对待批评,以一种"有则改之、无则加勉"的态度,虚心倾听各种批评和意见,则容易开展批评和自我批评。对于批评者提出的意见和建议,不论正确、全面与否,都应虚心倾听。即使有不全面、准确的地方,也不应马上反驳,而应仔细研究,调查核实,接受其合理的建议,不合理的再认真解释。要认识到,开展批评和自我批评,是为了发现问题,改正错误,而不是为了一己之私。

实践表明,在批评开始时,部分党员干部不能正确认识批评,态度不够端正,存在思想顾虑和害怕心理。有的干部把别人的意见和批评当作一种打击和报复,甚或是中伤自己。对于报纸上的公开批评,部分干部同样存在顾虑。被批评的单位和个人也存在消极对待报纸批评的情况。还有的党员、干部虽然口头上作了检讨,也接受批评,但是在实际行动上却一切照常,坚决不改,采取"诚恳接受错误,坚决不加改正""虚心检讨,坚决不改"的态度。更有甚者,不仅不主动接受批评,甚至无视党内民主制度和党员权利,压制批评,报复批评者。报纸上的公开批评也存在受压制、报复的情况。对于这些问题,必须在思想上进行反复动员,端正态度,正确认识批评并及时纠正。

第三,批评开始时要消除顾虑,开展起来后要注意引导。从各地情况看,批评和自我批评的发展有一定规律。一般来讲,开始时党员干部往往会有顾

---

① 《中共宁波地委第一期整风训练班经验》,《宁波时报》1950年9月12日第3版。

虑,这时领导干部要进行启发,讲清楚批评和自我批评的目的、方法,并带头自我批评,以消除顾虑。批评开展起来后,容易发生偏差。这时,领导就需要把大家批评的中心引导到工作上,不要纠缠于个人历史、生活细节问题,对明显错误的批评要进行纠正,从而把批评和自我批评引导到正确方向上来。

比如,珠江地委在整风会议中,部分党员干部由于长期处于地下工作与游击战争环境,对党内民主生活不大习惯,对自下而上地批评工作、批评领导,在思想上有所顾虑,如怕伤害情面、怕自己说得不对、怕上级报复。鉴于此,领导反复说明整风意义,号召"知无不言,言无不尽",保证"言者无罪,闻者足戒",表示"有则改之,无则加勉",特别是在负责干部的工作总结中体现了充分的自我批评精神。在检查工作中,领导对大家所提出的批评虚心倾听,并用各种办法鼓励大家发言。领导干部认真进行自我批评与虚心倾听批评的态度,实际上成为开展批评和自我批评最有力的实际动员。领导的反复启发,打破了干部们对批评和自我批评的思想顾虑。所以,会议上的检讨批评大都能做到严肃诚恳而富有积极性和建设性。当思想顾虑消除、批评已经展开之后,领导上开始注意防止产生过火行为,开展干部与群众间的批评与自我批评,发动群众监督干部,保证政策的正确执行。由于珠江地委正确掌握了批评和自我批评的发展规律,打消了少数干部的顾虑,防止了极端民主化的发生,使整风会议取得了明显成效。①

第四,实事求是,围绕重点。批评必须从实际出发,符合客观事实,既不夸大缺点和错误,也不掩盖,而是要从实际出发,认真分析情况,客观反映事实。只有符合实际的批评,才能让人心服口服,才能起到改正错误的作用。相反,夸大缺点和错误,为批评而批评,无视成绩和优点,盲目批评,对过去工作和干部个人全盘否定,不分青红皂白,不仅会打击干部的积极性,而且对改进工作毫无益处。

这种实事求是的态度,不仅仅是要使批评的内容符合事实,客观真实,对好的一面要有正确的估计。更重要的在于,要分析产生错误和缺点的原因,而不是为批评而批评,要在批评的基础上深入分析内在根源,从正面说明问题,

---

① 《整风运动中如何开展批评与自我批评》,《人民日报》1950 年 9 月 18 日第 3 版。

并能指出改进的方向和对策,这样的批评才是建设性的、有益的。而且在态度上,应热情诚恳,不是抱着敌视的态度,如此方能"惩前毖后、治病救人"。①

在批评对方缺点错误时,先肯定成绩优点,然后在此基础上,着重批评缺点错误,效果会更好。比如,重庆市委干部整风队中,有的干部日夜辛勤工作,但工作中发生了严重的官僚主义、命令主义,工作方法机械生硬,对人态度不好,各方面对他都有意见,他还认为自己没有缺点。这次整风,起初小组单纯批评他的错误,使得他的态度强硬,不承认错误,但后来适当表扬了他的优点,说明他的动机、出发点是好的,但给工作造成很大损失,又着重严厉批评他的缺点错误,这样他才心悦诚服,逐渐承认错误,进行自我检讨,表示下决心改正。②

批评和自我批评要注意政治,围绕主要工作、主要问题。凡是这样做的地区和单位,一般都取得了较好的效果。对工作问题、生活问题,都应该抓住原则性的典型问题进行批评。切忌把批评庸俗化,纠缠于一些历史旧账、生活琐事的无原则纷争中。非原则问题谈得很多,或者是以敷衍塞责的态度对待原则问题,不会取得什么好结果。③

## (四) 围绕中心任务,在检查和总结工作改进作风

新中国成立初期党的作风建设能够取得明显成效,很大程度上是由于在集中教育中采取从检查和总结工作入手,并且将其作为中心环节,实现了党建工作和中心工作的有机结合。正因如此,集中教育基本没有脱离实际,在肯定成绩的基础上,暴露了工作上的主要问题,并联系检查领导和个人思想作风方面的因素,达到改进作风和推动工作的目的。

检查和总结工作是长期执政条件下改进作风的有效办法。究其原因,在于全国执政后,党的工作重心发生了转移。思想、作风并不是抽象的,而是具

---

① 《中共山东分局组织部整风中进行个人检查的方法与经验》,《解放日报》1950年11月1日第3版。

② 《重庆市委干部整风队第一期整风初步总结》,《西南工作》1950年第13期。

③ 《党组织如何保证与监督党员进行批评与自我批评》,《人民日报》1950年12月16日第3版。

体表现在执政党的治国理政的实际工作中。故而以检查和总结工作为切入点，可以深入发现作风问题在实践中的具体表现，进而在各项工作中改进作风。所以，1951 年 2 月 18 日，中共中央政治局扩大会议通过了毛泽东起草的《中共中央政治局扩大会议决议要点》，充分肯定了总结工作的方法，明确整风"一年一次，冬季进行，时间要短，任务是检查工作，总结工作经验，发扬成绩，纠正缺点错误，借以教育干部"①。这从各地整风的总结中也可以看出。

那么，如何检查和总结工作才能取得好成效呢？1950 年整风积累了丰富经验。比如，检查总结工作应在精读一定文件，联系工作、思想、作风进行酝酿，并与中心工作不相违背的条件下及时进行，若这些条件不具备，宁可推迟进行。开始检查后，应集中领导，集中思想，集中时间，尽可能一气呵成。② 检查工作要坚持自上而下与自下而上相结合，领导与群众相结合，抓好找出问题、分析情况、研究原因、定出改进办法等四个环节。③ 坚持检查工作与检查个人相结合，以检查工作为主，先检查工作后检查个人。④ 具体主要如下：

第一，作好动员报告。开始时由各地区、单位主要负责人作一个好的报告，作为主要材料（学习讨论、总结基本围绕此报告进行完善），这是检查和总结工作取得成效的关键。这个报告，应当是理论和实际相结合，有内容、有分析和典型事例，着重对过去工作的总结，既肯定成绩，又指出不足，明确重点，结合领导的自我批评，批评下级的举例应力求准确，分析原因，并大致确定下一步改进办法等。这样的报告，可以使一般干部懂得理论如何与实际相结合，如何与具体工作相结合，也有助于明确总结工作的重点、方法。

经验证明，凡是在整风开始时作了这样报告的地方，整风就能顺利地展

① 中共中央党史和文献研究院编：《毛泽东年谱》第 4 卷，中央文献出版社 2023 年版，第 304 页。
② 《河北省整风运动中检查总结工作的初步经验》，《人民日报》1950 年 10 月 9 日第 3 版。
③ 找出问题，即唤起每个同志的自觉，大家用思想，动脑筋，开展批评与自我批评。分析情况，就是从政治认识问题，估计影响，判明是非，定性定量，做出适当的结论。研究原因，就是从了解情况、掌握政策、业务能力、制度机构、领导思想及个人的立场、观点、方法、工作制度、作风等方面进行细致的分析，使思想检查与工作检查结合，最后根据检查研究定出克服、改进工作的具体办法（资料来源：《华北局秘书处整风经验》（华北局 1950 年 8 月 29 日通报），《建设》1950 年第 84 期）。
④ 《桂林地委整风报告摘要》（1950 年 8 月），《中南通讯》1950 年第 15 期。

开,反之,没有这样做或是报告作得不及时,整风就走了弯路。① 比如,华东局在总结中指出,关键之一是领导干部作整风报告。这个报告应该尽早作,并且要有充分的自我批评精神,不要光责备下级;要能提出工作与作风上的主要问题,而不是零零碎碎列举现象。这个报告既是检查工作的提纲,也是自我批评的典型示范。这个报告作得好的,整风进程一般就比较顺利,在较短时间内能取得较好的收获。如原来上下级之间有隔阂,检查与批评都不能顺利开展的,经过这一报告,也就消除了隔阂,开始认真检查、批评与自我批评。②

第二,注重对发现问题的解决。总结工作不仅是为了发现问题,更重要的是为了解决问题。实践证明,只有及时解决能够解决的问题,并对普遍性问题专门研究制定相应的改进办法,才能够调动党员干部们的积极性,才有助于作风建设取得实效。

在总结工作中,及时并随时解决容易解决的、当时能改正的问题,做到边整边改,有助于作风建设的深入。比如,华东区有的机关检讨发现收文发文层次太多,迁延时间太长,经过大家研究,将十多层手续改为六七层,时间从十来天减到三四天至一星期,所以大家对整风的兴趣与信心便越来越高。③ 西北区水利部在过去每来一件公文,一般需经过 24 道手续,因此办理一件公文竟需半月到 20 天的时间。经研究后,公文手续已经减为 11 道,重要的也不超过 13 道。至 9 月最快的公文,当日即可出案,普通的也超过不了 3 天。这样,使一般干部看到自己所提的意见发生了作用,得到鼓舞,增强整风信心。④ 宁夏省银行在检查工作中配合解决问题,调动了大家积极性,有关业务领导问题就提出了 30 件。⑤

相反,如果对一些能及时解决的问题不加以解决,只是一味地检讨和批判,一味地推诿、解释,没有指出正确的工作方法,则会影响积极性和整风信心,容易使部分干部觉得无所适从,检查总结工作也无法深入。比如,察哈尔、

---

① 《江西湖北湖南等省大批训练土改干部》,《人民日报》1950 年 8 月 12 日第 2 版。
② 《华东整风进入结束阶段》,《人民日报》1950 年 10 月 22 日第 2 版。
③ 《华东整风进入结束阶段》,《人民日报》1950 年 10 月 22 日第 2 版。
④ 《西北区有些部门在整风中没有抓住主要问题》,《人民日报》1950 年 8 月 13 日第 1 版。
⑤ 《宁夏省委关于整风运动的报告》(1950 年 8 月),《党内通讯》1950 年第 57 期。

陕西等一些地区在检查工作中,单纯地检讨和批评了过去的错误,而未分析情况,找出原因,也不定出克服办法,以致部分区乡干部产生了"宁叫任务完不成也不犯命令主义的错误""不求有功,但求无过"等错误思想。因此,回到实际工作岗位后,即对工作采取放任自流的态度,或者重复过去的错误。有的虽然定出了改进工作的办法,但却并不切合实际,只是笼统地规定"加强对政策的研究,加强对情况的了解,加强对工作的检查"和"发扬优点,克服缺点,明确分工,严格制度"等原则,以致无法取得实际效果。①

第三,吸收党外干部、群众参加。在思想动员、学习文件、征求意见时,吸收党外干部、群众参加,有助于发现问题,吸收各方面意见,共同制定改进办法,推动问题的解决,这也有助于提高非党干部积极性、密切党群联系、扩大党的群众基础和增强党的团结。

考虑到新中国成立初期党的组织基础较为薄弱,部分地区非党干部占相当比例,而党员干部则相对较少。所以,绥远、河北、湖北等地在整风中,与非党干部混合编组,既有助于党内整风发现问题,也带动了党外干部改进作风,改善了党群关系,取得了较好效果。事实上,完全关门是不切实际的。这是因为,作为执政党,中国共产党需要与党外干部一起工作,特别是在新中国成立初期,根据《共同纲领》组织的政权机构,党外干部、民主人士占了很大比例。因而,吸收党外干部、群众参加,有助于党自身的整风。相反,把非党干部排除在外,不仅不利于党内的整风,反而会引起党外干部的不满。那么,具体怎样吸收党外干部、群众参加整风呢? 如何防止发生 1948 年开门整党中的偏差?1950 年的整风积累了重要经验。

党外干部、群众的要求应有所不同。集中教育的对象是党员干部,不能把目标指向党外干部、群众,造成整下不整上。在顺序上,应当是先党内、后党外,切不可党内外一起整,甚至整人不整己。一般地,要求党员干部应严于党外干部,严防对非党干部要求过高的现象。党外干部参加整风,可以全程参加学习文件、整风动员,并围绕主要工作提意见和建议,不能强求党外干部作个人反省、思想检查、个人鉴定等。党员干部应带头,以实际行动影响党外干部。

---

① 《必须实事求是地总结工作》,《人民日报》1950 年 10 月 14 日第 3 版。

对较高级非党干部,领导上采取个别谈话,交换意见,或召开小范围的谈心会,帮助他们从思想上解决问题。① 在检查领导作风时,则只能约束在一定范围之内,采取逐级开展与波浪推进的方式,使意见容易集中,检讨容易深刻,领导容易掌握,偏差容易纠正。②

第四,分清是非,突出重点。从实际出发,实事求是,客观总结过去工作,既肯定成绩,又指出缺点,分清是非,不夸大或缩小,特别是运用好坏典型比较的方法,是检查总结工作得以深入、集中教育成果得以巩固的有效途径。分析工作的是非和责任必须严肃。应分清某一问题是一般的、经常的,还是个别的、一时的;是不懂政策还是明知故犯;是好心好意为群众,还是精打细算为个人;是领导的责任,还是工作人员的责任;等等。③ 相反,如果全盘否定过去工作,把过去工作说得"漆黑一团""一无是处",往往难以让人信服,也会影响干部的工作积极性,以致整风后垂头丧气、束手束脚,无法克服缺点。

部分地区在检查和总结工作中,运用好坏典型报告的方式,取得了较好效果。比如,苏南许多地方于整风报告后,组织好坏典型事例报告,进行分析研究,以后再联系检讨自己的工作,找出正确的与错误的地方,这样对提高乡村干部认识作用很大。④ 平原省安阳地委党代会第一次组织的大会典型发言中,全是偏重于揭发与暴露,启发大家严肃检查工作,但不帮助干部找出工作门路,使干部感觉到"辛苦一场,结果一团糟"。到第二次组织大会典型发言时,便注意进行好坏两种典型对比,尤其注意在同一典型发言中,提出好坏两种工作方式,从其效果上对比检查。领导干部还注意引导大家在每一典型发言后,展开讨论,然后提高到政策原则上加以批判或发扬提高。这样使干部们

① 《中共中央转发华北局关于河北省政府直属机关党与非党干部合组整风经验的报告》(1950年9月12日),中央档案馆、中共中央文献研究室编:《中共中央文件选集(1949年10月—1966年5月)》第4册,人民出版社2013年版,第80页。

② 《中共中央转发华东局直属机关整风经验的报告》(1950年9月1日),中央档案馆、中共中央文献研究室编:《中共中央文件选集(1949年10月—1966年5月)》第4册,人民出版社2013年版,第5页。

③ 《抓住关键问题 全面分析总结》,《山西日报》1950年9月22日第3版。

④ 《中共中央转发华东局关于整训乡级干部的报告》(1950年10月14日),中央档案馆、中共中央文献研究室编:《中共中央文件选集(1949年10月—1966年5月)》第4册,人民出版社2013年版,第173页。

不仅懂得强迫命令不对,而且知道如何走群众路线。①

突出重点,抓住主要问题,集中精力解决,如此才能取得良好效果。相反,重点不突出,面面俱到,纠缠生活细节、个人问题、历史问题,罗列问题一大堆,企图解决所有问题,就偏离重心,不可能深入,结果可能陷入生活琐事,也无法解决好问题。这种偏差在各地均有发生。这是因为,集中教育的时间是有限的,而工作任务则很繁重。要在短时间内把所有工作不分主次、轻重都检查一遍,不仅不可能,也没有必要。只有抓住主要工作进行深入检查,从工作问题延伸到思想、作风层面,具体分析研究提出纠正办法,提高到思想原则和政策高度去反省认识,才能彻底解决问题。而部分单位对要整什么不明确,缺少准备,偏离了主要工作,漫无中心,企图通过一次整风解决所有问题,甚至把一些日常的生活问题、具体问题等都当作检查和总结的范围,则效果不佳。

第五,与学习文件相结合。学习文件、总结工作、批评和自我批评是基本方法,三者是有机联系的,不能机械地划分阶段,而要融会贯通,根据需要灵活运用。学习文件必须摆在首位,同时需要联系实际,结合对实际工作的初步检查,开展自我批评;总结工作中,需要结合学习文件,掌握好文件精神,开展批评和自我批评,用文件检查工作中的缺点和不足。反之,部分地区和单位把学习文件、总结工作、批评和自我批评、改进工作等机械划分阶段,在学习文件时孤立地学文件,检查工作时就把文件抛开,这就容易发生偏差,不易取得效果。

在检查和总结工作时,根据需要阅读相关文件,往往能取得较好效果,使得检查工作更加深入,也能更准确把握文件精神。比如,福建泉州地委在学习文件时,强调联系实际;检查工作时,又强调联系文件,这样就把具体问题加以有力地分析和提高。② 吉林省榆树县在农业会议中发现有些干部对于向上级负责与对群众负责的一致性认识模糊,同时也检查出县委对农业生产的领导,未能很好运用群众路线的工作方法,便决定学习刘少奇《论党》中关于党的群众路线问题及《中共中央关于领导方法的决定》两个文件。然后,根据文件精

---

① 《平原安阳地委领导区干整风经验》,《人民日报》1950年11月13日第3版。
② 《福建泉州地委召开县委整风会议》,《人民日报》1950年10月14日第3版。

神,进一步检查县委的领导。这样,就使检查能更加深入。①

## (五) 坚持党要管党,加强党对作风建设的领导

党的领导是否坚强有力,对集中教育的成效起着决定性作用。大凡集中教育成效明显的地区和单位,领导必然十分重视,成立专门机构,始终掌握着进行情况,能及时纠正出现的问题和偏向,使其能够围绕着正确的目标进行。相反,领导不重视,自己又不参加,对本地区、单位情况不了解,应付了事,则会影响到普通党员干部的积极性,不能及时纠正突出问题,使集中教育流于形式,甚至发生大的偏差。

第一,建立有力的领导机构。把党的领导贯穿始终,首先必须建立有力的领导机构,这是组织保证。如无较强的领导,往往整得不深甚至可能搞乱,须待领导有力时再整。②

据华南分局的经验,必须有专门负责的机构,由主要负责人亲自动手,进行深入的具体指导。此次整风,分局组织部负责人及其他学委委员均分别固定参加一个小组,进行具体指导,了解情况,抓紧中心,及时纠正偏向和缺点,解决生活和学习上的困难,效果甚好。③ 南京市在市委总整风委员会成立时,即从市委组织部、宣传部、纪律检查处、政策研究室抽出若干主要干部组织办公厅,集中办公,进行日常工作,各分会也建立专门的办公机构。事实证明,设立这样一个机构是很必要的。有这一个机构,在领导整风工作中,发展的情况容易掌握,问题反映迅速,指导比较及时,某些偏向在发现后能及时纠正。④反之,如果领导不重视,放松领导,则容易发生偏差。

第二,在思想上反复动员和启发。初期部分党员干部往往存在思想顾虑,态度上不够端正,如认为"无风可整"、存在害怕心理和无所谓的心态等。而明确意义、目的和要求,树立正确态度,不断解决思想上的障碍,是开展集中教育的前提,尤其是要使各系统中主要干部及骨干思想明确,才能使整风领导有

---

① 《中共榆树县委召开农业会议》,《人民日报》1950 年 9 月 11 日第 3 版。
② 《东北局给中央的整风报告》(1950 年 9 月 26 日),《党的工作》1950 年第 58 期。
③ 《华南分局县级干部整风总结》(1950 年 11 月),《中南通讯》1950 年第 24 期。
④ 《南京市一级整风会议基本结束》,《人民日报》1950 年 10 月 15 日第 3 版。

充分保证。实践证明,在思想上进行反复动员,是集中教育得以深入的关键。反之,在开始时有些单位由于重视不够,在树立正确态度前即盲目进入检查工作,以致造成批评不能展开,检查抓不住重点等偏向。

从各地经验看,动员方式可以多样,包括大会动员(范围可以广些)、小组讨论、个别谈话、党刊党报宣传动员等。比如,宁夏省委书记潘自力作第二次总动员外,还采取个别谈话及党内开会,邀请党外人士、非党干部参加,组织党员带头,作启发性的报告等方式反复动员,明确指出整风目的。经过动员,从而打消了顾虑,端正了态度,使党内外干部积极参加。① 西南局直属机关及重庆市的经验表明,解决思想问题不能用粗暴压力的方法,必须耐心启发、帮助深刻地分析问题,找出思想障碍的关键,通过其思想上自觉反省(但不是自流),才是解决思想问题的好方法。如市委整风队有干部开始对抗整风,不愿检讨,后来经过市委耐心帮助分析,找出思想障碍的症结,肯定其工作中的成绩后,才开始检讨自己的错误。但有个别单位以施用压力的办法,对群众意见未慎重分析考虑,对本人不准充分申诉意见,以致无法深入。②

动员的重点在开始阶段,但并不是说,开展起来后就不需要动员了。实践表明,在检查工作、批评和自我批评、整风总结等各阶段,都可能会有部分党员存在顾虑,这就要求领导在思想上进行反复动员。比如,浙江省委党校就反复进行动员,克服思想障碍。开始时由于干部思想准备不足,当时的思想障碍是缺乏正确认识与正确态度。为此,通过大会、小组反复进行思想动员,说明此次整风目的、方针、方法;同时通过时事学习,打下思想基础,即以目前形势、特点、困难及发展前途,与党的七届三中全会基本路线、方针、策略等问题的学习中,明确树立几个新的基本观点,启发干部。当进入检查思想作风时,干部思想上的另一障碍是对开展批评与自我批评缺乏正确认识,思想斗争展不开,存在各种顾虑。为克服上述思想偏向,省委党校采取了三种办法,即:反复进行动员教育,正确运用批评与自我批评的武器,批判各种错误思想,打破各种顾

① 《宁夏省委关于整风运动的报告》(1950年9月20日),《党内通讯》1950年第57期。
② 《西南局直属机关及重庆市整风的几点经验介绍》(1950年7月24日),《西南工作》1950年第11期。

虑;打通领导干部的思想,号召领导干部首先表明态度,并诚恳、虚心、彻底带头作自我检讨;采取自上而下的自我检讨与自下而上的批评相结合。当整风转入研究改进作风的方法时,干部中的思想障碍是对克服方法缺乏信心。一方面是由于领导上的缺点,只批评了旧的思想作风,没有树立新的思想作风。另一方面是某些干部本身思想上不虚心,不学习好的经验。根据上述原因,省委在省党代会上,对过去工作的成绩作了正确的估计,对如何加强领导问题,提出了具体方法,对上述不虚心不老实学习好经验的思想也作了严格批判,以弥补过去的缺点。[①]

第三,及时纠正偏差。从一开始,各级党委就注意及时纠正问题和偏差,吸取了中国共产党历史上集中教育的经验教训,在方式设计上就作出规定,如要求不能在整风中对坏分子、投机分子进行组织处理,而应交由经常机构去做。比如,黑龙江省委一开始即强调发扬批评和自我批评的武器,防止与批判领导上压制自我批评的倾向;同时,又强调领导骨干事先交谈,及时启发引导,防止与克服了"完全放任自流与极端民主化"的偏向。[②]

对于偏差和问题,各级领导一般都能高度关注,及时纠正,从而把集中教育引导到正确的轨道。针对偏差和问题,各级党委一般通过发布文件、党刊党报宣传、会议动员部署等方式,及时予以纠正,并通过请示报告制度,总结和交流整风经验。各级党委也十分重视各地经验,将这些经验转发各地。比如,1950 年 8 月 18 日,中共中央转发西南局的整风经验,强调领导必须亲自动手,自始至终,要掌握干部思想情况的发展,充分而有领导地发扬民主,以启发思想自觉,开展批评与自我批评。领导上的亲自掌握,及时耐心而有力地诱导非常重要。只有这样,才能达到既严格检查了缺点错误、又坚决保护了干部积极性和干劲的目的。否则,放任自流是不会有好结果的。对整风开展以后的问题控制,领导上应抓住重点。除了主要克服工作中的官僚主义、命令主义倾向,改善党与人民的关系,提高思想政策水平,不应放松以外,还应根据不同地

---

① 《中共浙江省委党校克服层层思想障碍》,《解放日报》1950 年 8 月 28 日第 1 版。
② 《中共黑龙江省委关于省级领导机关整风情况的报告》(1950 年 8 月 14 日),《党的工作》1950 年第 53 期。

区不同部门中的特殊问题(如干部团结问题等)结合指导,加以帮助。①

及时总结和交流经验,是纠正偏差的有效办法。由于这次整风是第一次在全国执政条件下进行的,执政党面临的形势和任务十分复杂而艰巨,而且采取的方法与过去有很大不同。对于具体如何运用新的方法进行整风,并无现成经验可以借鉴。故而在初期出现一些问题和偏差。但是,由于各级党委十分重视总结这些经验教训,进一步明确整风的具体做法,交流经验,使得后期和基层单位整风中偏差和问题都要少得很多,整风基本上在正常轨道上进行。

对这些经验,各级党委不仅通过文件的形式批转,而且在党刊党报上进行宣传推广。在宣传中,不仅宣传好的经验,还介绍反面的教训,对各地整风提供了很好的借鉴。比如,9月22日,《解放日报》介绍了芜湖市整风的两种方式。一种是有重点的对全面工作进行检查和总结,贯彻首长负责、支部领导的精神,由领导发言,开展批评和自我批评,使领导与群众骨干、与一般干部相结合,使运动逐渐提高,从一年来的工作中,提出几个主要的偏向进行检查,初步总结后,在中心组领导下,各小组根据报告广泛开展讨论,因此工作中发现许多重要问题,领导综合这些材料认真分析研究,弄清是非,明确责任,进一步联系自己作了检讨。另一种类型是市工会与税局不从全面工作有重点地检查出发,而从枝节问题及个人检查出发,在发扬民主上失去领导,结果钻入生活细节的检讨中,下面对领导干部钻空子,讽刺挖苦,把一切责任推到领导身上,领导干部则因不能虚心检讨,也不敢积极领导,分清是非。②

第四,发挥领导干部的示范带头作用。党的领导不仅体现在对集中教育的组织和过程控制上,而且要求各级领导同时要作为参加者,以身作则,自上而下,带头参加,以发挥示范作用,带动全体党员干部参加。比如,华南分局领导叶剑英、区梦觉、李明等始终高度重视,出席会议,亲自作动员,有力推进了作风的整顿。1950年10月28日,叶剑英在华南分局、广州市军管会招待人民解放军干部的宴会上指出:"长期艰苦的建设事业还未开始,因此,绝不能

---

① 《中共中央转发西南局关于整风经验的报告》(1950年8月18日),中央档案馆、中共中央文献研究室编:《中共中央文件选集(1949年10月—1966年5月)》第3册,人民出版社2013年版,第301页。

② 《芜湖市整风两种方式效果不同》,《解放日报》1950年9月22日第1版。

有丝毫松懈和骄傲,要继续努力,为解放全中国,建设新中国,向前迈进,将革命进行到底。"①10 月 30 日,兼任广州市委书记、市长的叶剑英在市政府工作人员大会上讲话指出,中国共产党领导人民革命的成功,是依靠了群众路线和民主作风,共产党对于政策的确定、执行和修改都是集合了多数人的意见。从群众中来,到群众中去,根据群众意见和利益,诚心诚意为人民服务,反对关起门来一切由自己空想的主观主义作风。要深入调查研究,倾听各种意见,才能把工作做好。号召市政府工作人员改造自己,重新学习,建立起为人民服务的作风,将自己变成一个新社会的干部。②

反之,如果领导不参加,不带头,让一般干部先整,则会增加普通干部的观望情绪,拖延时间,甚至使集中教育偏离中心,发生偏差。如云南省部分地区首长不参加学习,不亲自领导,对下面所提问题不予解决,下动上不动,形成自流。③ 甘肃省部分负责干部对检查领导作风的认识不够,对整风不在乎,不理会,采取静听、回避或空洞号召的态度,不能以自己主动的检查来带领大家研究,因此一般干部也只能停留在零碎现象上,不能发现工作中的重要问题。④ 河北束鹿县有些部门负责干部放弃对整风的领导,甚至自己不参加学习,公安局有些干部因此怀疑这是整下不整上。⑤ 甘肃省第一次党代表会议检查省委领导问题,只是号召大家检查,省委未作准备,也未研究要检讨哪些问题,着重些什么,以及从哪里检讨起,因此很难领导大家在主要问题上检查省委领导。开始在报告中,对省委领导的检讨只是泛泛的,并没有计划从临夏问题上来检查省委领导,直到代表们提出省委对临夏工作指导上也有缺点和错误时,才着手检讨,结果陷于被动。多数代表由于情况分辨不清,只模糊感觉临夏工作一塌糊涂,地委有责任,省委也有责任,而不能定性定量、具体分析。直到省委把

---

① 中国人民解放军军事科学院编:《叶剑英年谱(1897—1986)》(下),中央文献出版社 2007 年版,第 567—568 页。

② 中国人民解放军军事科学院编:《叶剑英年谱(1897—1986)》(下),中央文献出版社 2007 年版,第 568 页。

③ 《中共云南省委关于加强干部整风的补充指示》,《云南日报》1950 年 9 月 10 日第 1 版。

④ 《甘肃省委关于整风学习的报告》(1950 年 9 月 5 日),《党内通讯》1950 年第 57 期。

⑤ 邵振先、刘根茂:《束鹿部分机关负责干部 亲自领导检查工作》,《人民日报》1950 年 8 月 23 日第 3 版。

所有有关临夏问题的重要电报、文件、记录都印出来,并将省委领导上的毛病
作了具体的自我检讨后,情况才改变过来,但时间已经拖长,影响到有些应该
解决与可能解决的问题,也未能很好解决。①

# 小　结

1950 年 12 月 28 日,中共中央发出《关于各地迅速向中央作整党总结报
告的指示》,标志着新中国成立初期集中性的作风整顿进入总结和结束阶段,
这一工作一直持续到 1951 年 2 月。

新中国成立初期党的作风建设取得明显成效,主要是:思想认识得到提
高,命令主义和官僚主义作风等减少,各方面工作得到初步改进,加强了党的
团结。

新中国成立初期以党内集中教育方式整顿作风的经验主要有:一是加强
思想教育,形成保持优良作风的行动自觉。必须有重点地学习相关文件,以多
种方式开展学习,加强宣传教育,树立正确认识。二是紧密结合实际工作。必
须制定切合实际的教育方案;开始前做好充分准备;坚持在职工作,并与中心
工作紧密结合。三是充分并正确地开展批评和自我批评。必须自上而下,先
进行自我批评;端正态度,正确对待批评;在批评开始时消除顾虑,开展起来后
注意引导;实事求是,围绕重点,防止庸俗化。四是围绕中心任务,在检查和总
结工作中改进作风。必须作好动员报告,注重对发现问题的解决,吸收党外干
部、群众参加,分清是非、突出重点,与学习文件相结合。五是坚持党要管党,
加强党对作风建设的领导。必须建立有力的领导机构,在思想上进行反复动
员和启发,及时纠正问题和偏差,发挥领导干部的示范带头作用。

---

① 《中共甘肃省第一次代表会议总结报告》(1950 年 9 月),《党内通讯》1950 年第 58 期。

# 余　论

新中国成立初期党的作风建设是执政党作风建设的开篇,上承革命战争年代的整风、整党,下启此后的整党、"三反"、"新三反"、整风等,开创了全国执政条件下以集中教育解决党内作风问题、进行自我革命的历史先河。通过梳理其基本史实,包括缘起、发动、开展、深入、总结和结束,可以从中探究全国执政条件下党内集中教育的行动逻辑,包括其生成、运作、功能等。

## 一、全国执政条件下党内集中教育的生成

新中国成立不到 8 个月,中国共产党便开展了一场全党性的集中教育。之后,中国共产党又进行党内的集中教育,以解决党内存在的作风、思想、组织不纯等问题。通过对新中国成立初期党的作风建设的梳理,可以窥见其成因。

其一,这是党的建设历史经验的惯性使然。新的历史时期的开启,并不能割断历史的延续性。在革命战争年代,中国共产党曾经用整风、整党的方法,迅速、有效解决了党内存在的思想、作风、组织问题。特别是,延安整风给中国共产党留下深刻印象和宝贵历史经验,并形成固化的惯性思维和优良传统,其做法为此后所继承和发展,并深刻影响全国执政后中国共产党自身建设的路径选择。在面临党内作风方面存在突出问题而执政党肩负的任务又十分繁重之时,通过开展整风为主要形式的党内集中教育,成为中国共产党运用已有经验的必然选择。

其二,这是应对党内外严峻形势的客观要求。从新中国成立之初的现实

条件看,全国执政后,党面临的客观形势虽不像革命战争年代那样严峻,但面临着更为强烈的绩效压力和执政考验,要完成艰巨繁重的任务,而党在管理城市、领导经济建设能力上存在不足。党自身在组织、党员、干部等方面都存在缺点,特别是命令主义、官僚主义等问题较突出。这引起了人民群众的不满。在此形势下,要求中国共产党通过集中教育的方式,迅速解决党内存在的突出问题,为完成各项繁重任务提供有力的组织保证。

其三,管党治党的制度资源不足。在管党治党方面,一直存在常规机制与动员机制,两者相辅相成、互相转化。动员机制相对于常规机制而言,建立在一整套组织制度上,因常规机制功能不足而启动。中国共产党通过革命夺取全国政权,与过去国民党政权采取的是"决裂"的方式,而新的制度又不够完善,难以有效发挥作用。部分党组织生活不健全,党的纪检制度刚刚建立,对党内存在的作风、腐败等问题不能及时治理。部分地区和单位的党组织忙于各种具体政务①,没有经常地加强党员、干部的教育和管理;组织部门、宣传部门机构亦不完善,普遍面临工作人员不足、业务不熟的情况。在党外的政权层面,法制没有建立起来,不能及时制止各级党员干部的强迫命令。针对命令主义作风,"中共中央历年都有指示着重纠正,但是,即令在多次纠正之后,又可以发生"。② 因此,在中国共产党自身面临许多突出问题时,党内的制度资源却严重供给不足,常规机制不能有效发挥作用,无法及时实现党的自我净化。于是,中国共产党只能选择党内集中教育的动员机制。

## 二、全国执政条件下党内集中教育的运作

在领导上,各级党组织成立专门领导机构,并从相关部门抽调人员组成办事机构,负责具体的组织协调工作。如在中央层面成立三人委员会,各中央局、省委、市委等党组织也成立相应领导机构,并设立日常的办事机构。各地的领导机构,一般由党委主要负责人担任,办事机构往往从党务部门抽调。通

① 西组部:《关中新区建党总结》(1950 年 3 月 10 日),《党内通讯》1950 年第 46 期。
② 刘少奇:《在庆祝五一劳动节大会上的演说》(1950 年 4 月 29 日),《刘少奇选集》下卷,人民出版社 1985 年版,第 24 页。

过自上而下建立领导机构,专门负责领导和组织,包括制定计划、动员、部署、推进、交流、总结等。可以说,建立领导和办事机构,是组织保障。就具体领导方式而言,包括审查教育计划、动员报告,批转各地经验,纠正偏差,建立专门的汇报、会议制度,党刊党报的大规模宣传等。

在过程上,大致可分为学习动员、具体实施、巩固总结等三个阶段。

在学习动员阶段,主要是学习党的理论和有关文件,掌握路线、方针、政策,并进行号召动员,明确目的、方针和具体方法,认识到集中教育的重要性,克服各种思想顾虑、纠正不正确态度,以积极态度参加。毕竟,作为一种动员机制,集中教育需要打破常规状态,以一种充满激情而又紧张的状态投入,往往初期需要克服各种顾虑,包括观望心理、无所谓态度等。故而开始时的动员尤为重要,并贯穿全过程,在每个规定动作前都要进行动员。在这一阶段,涉及成立领导机构、建立工作制度、明确具体目标和方针等,动员方式一般包括会议动员、个别谈话、领导报告、宣传动员等。

在具体实施阶段,主要是开展批评和自我批评,在肯定成绩的基础上,回顾过去工作,检讨缺点,查找不足,分析原因,进行思想上的反省。一般地,主要领导需全面分析本地区、单位过去一个阶段工作情况,充分准备一个报告,包括工作、思想、作风等各方面情况,进行实事求是的分析,并主动进行自我批评,提出大致的改进办法。然后,由下而上,普通党员、干部围绕这个报告,提出意见,联系个人思想、作风进行检查,不断完善报告。

在巩固总结阶段,主要是根据前一阶段情况,纠正偏差和缺点,改正初期的不当做法,把教育引向深入,具体贯彻到基层,并对有关问题进行初步改进,在此基础上进行全面总结。开展的过程也是一个不断完善方式方法的过程。由于初期对有关情况判断不一定完全准确,具体方式和做法不够明确,往往会出现一些偏差。各级党委一般通过请示报告制度,定期召开会议,交流经验,总结前期经验和教训,并对下一步方针作出规定和布置,以防止偏差的扩大。同时,根据群众提出的意见建议,及时对有关问题进行整改,这对于提高党员干部的积极性具有重要作用。总结一般包括开展情况、取得的成果及不足、改进办法等。

党内集中教育过程中,需要不断纠正偏差。既要动员普通的党员、干部对领导和各项工作的缺点进行批评,又要把这种批评控制在一定范围内。因而,如何防止发生偏差是领导的重要工作。在初期吸取历史经验,明确规定具体的方针和做法,并进行具体解释,在开展过程中一再进行强调。针对发生的偏差,及时通过发布文件、党刊党报通报、召开会议等方式进行纠正。对其中的好经验、坏典型,都及时宣传报道,以引起各方面注意。

偏差往往由多种因素导致。客观方面,由于在常规机制下,普通的党员干部通常处于沉默状态。一旦动员起来,有的则想趁机表达个人诉求,实现个人目的。主观方面,有的领导干部自身没有起到好的示范带头作用,不了解具体方法,以致出现整下不整上、整人不整己、上下一起整等问题,甚至把新党员、新干部或党外干部当作目标。在这种不良情绪的影响下,导致发生偏差。

党的建设中的动员机制,是在党内的制度框架下发动、开展的。党内集中教育的发动、开展、纠偏、总结等,都始终在各级党组织的直接领导下进行,特别是在各级党委的组织、宣传、纪委等部门的具体指导下进行,都掌握在中国共产党既有制度框架下,并没有超出各级党组织的控制范围。因此,党的建设中的常规机制和动员机制并不完全矛盾,在一定条件下是可以共同助力实现党的建设目标。

## 三、全国执政条件下党内集中教育的功能

关于新中国成立后的党内集中教育,学界一般仅从有限的方面肯定其正功能,而认为其负功能较大。从新中国成立初期党的作风建设来看,尽管这是革命战争年代治党方式的延续,但也有其正面的积极功能,是特定历史条件下的产物,具有历史必然性。主要作用如下:

一是迅速高效。相比常规机制的制度治党而言,集中教育能够在短时间内最大限度调动资源,包括常规的管理机构和各级党组织、党员、干部、群众,把精力集中到解决党自身存在的突出问题上,引起各方面重视,专门去查找自身作风、思想、工作等方面的问题,能够在短时间内发现问题,分析原因,并制定改进办法,初步解决突出问题。1950年整风,5月1日中共中央作出整风指示,6月底7月初各地广泛动员,各单位一般经过20天至2个月的时间,通过

阅读文件、总结工作、开展批评和自我批评等,肯定成绩,查找工作上存在的问题,联系检查领导和个人思想、作风上的问题,明确是非,分析原因,并制定改进办法。整风过程中,对于某些容易解决的问题,及时进行改进。整风后,各地基层干部的强迫命令之风大大减少,乱打乱捕现象基本停止,各方面工作也得到了初步改进,赢得了人民群众的好评。试想,在当时情况下,若仅仅通过加强制度建设,健全各级纪检机构,则很难在短期内取得如此成效。毕竟,党的制度建设是一个长期的过程,制度从制定到真正落实,内化为各级党员、干部的自觉行动和行为习惯,需要长期的努力。

二是弥补制度资源不足。从形成机制上看,集中教育作为常规机制不足的替代机制,在一定程度上弥补了常规机制的缺陷。革命战争年代,中国共产党忙于组织群众、发动群众进行斗争,党内的制度建设滞后,在严峻的形势下形成了整风整党这一解决党内问题的做法。新中国成立之初,党开始注重党内制度建设,但执政党的各项制度建设处于初创阶段,管党治党的制度资源十分匮乏,而政权层面的制度建设又与过去"决裂"。在此情况下,尽管中国共产党自身有着严格的纪律,党员干部的觉悟很高,以科学理论为行动指南,但制度化不足,又受到执政特别是掌握公共权力的考验。因而,新中国成立后的很长一段时期,中国共产党执政、管党治党一直面临着制度资源不足的困扰。而作为马克思主义政党,作风、腐败问题与党的性质和宗旨是不相容的。为克服这些问题,开展集中教育,采取整风的方法,则弥补了这一缺陷,发挥了替代作用,有助于实现党的自我净化、自我完善、自我革新、自我提高,是执政党以自我革命引领社会革命的重要路径。

三是扩大党内民主。民主集中制,是中国共产党的根本领导制度和组织原则。革命战争年代,党长期处于非法地位,党员、党组织往往处于秘密状态,不能完全公开、合法地活动。客观上,战争的严峻形势下也没有条件和可能进行广泛的民主活动。因而,就民主集中制的实际运行情况看,更多的是自上而下的集中,而民主则相对不足。同时,就党员结构情况看,党员绝大多数是农民,文化素质较低,特别是新加入的党员对党内政治生活不熟悉,不知如何进行政治参与,党员的主体意识不强。而在实践层面,新中国成立初期,党内缺少具体的制度规范,特别缺乏可操作性的规范,党内民主的制度保障并没有充分建立起来。因此,党内自下而上的监督在日常工作中明显不足。

在集中教育过程中,各级党委的有关部门、领导,以及普通的党员、干部打破了平常的沉默状态,开始被动员起来,参与到党的各项活动中。具体而言,比如批评和自我批评,在平常工作中,普通党员、干部较少有机会对部门工作、领导存在的问题提出批评。但在集中教育中,普通的党员干部被赋予了这一权利,可以发表意见,而且是在党组织、领导的动员和鼓励下进行。为了调动大家的积极性,领导还会主动进行自我批评,并进行深入动员,使普通的党员干部甚至群众大胆地提出批评和建议,进而参与到有关管理工作。因而,集中教育客观上扩大了党内民主,提供了政治参与的渠道,使得平常较少获得机会的党员个人也能够充分提出批评、意见和建议,加强对领导和权力的监督,在一定程度上化解了党内矛盾,促进了党内民主和党的团结,有利于形成更加科学、合理的政策,推动各方面问题的解决。

四是提高党员干部的素质。集中教育,也是一个学习新知识、新能力、新方法的过程。对于中国共产党而言,就是为了适应形势和任务的需要,由党组织对党员、干部进行教育、培训,以掌握党的理论和路线、方针、政策,提高领导水平和执政本领。集中教育一般都有学习文件的规定动作,具体包括学习党的理论等一般文件和具体某项工作的文件。1950 年各级党组织都规定了必须阅读的具体文件,包括毛泽东在中共七届三中全会上的报告,有关批评和自我批评、群众路线、统一战线的文件等,新解放区准备进行土改的干部还要专门学习土改文件。这些文件的学习,使得各级党员干部懂得如何进行批评和自我批评、走群众路线以及掌握某项具体工作的政策。在进行过程中,大多数地区和单位专门组织对这些文件的学习,并联系工作实际和个人思想实际。因而,新中国成立初期党的作风建设的一个重要成果,就是普遍提高了各级党员干部的群众观点和政策水平,从而使各地违反政策的命令主义作风大为减少。

正因如此,整风、整党长期存在于中共管党治党的历史实践,发挥着不可替代的重要作用。这一点,必须充分肯定,需要站在历史条件下,客观地分析。这一方法也为中国共产党所珍视,长期被认为是党的自身建设的重要历史经验。这些正功能,可以说是当时中国共产党人的共识,以至于在长时期内,一旦遇到党内的突出问题,就选择集中教育作为解决党内问题不可或缺的方式。

另外,也必须看到,由于方法不当,不能及时纠正偏差,过程中也会出现一些不足,如影响日常工作、斗争扩大化等,这需要在领导过程中予以重视和解决。

中共十八大以来,在全面深化改革、推进国家治理体系和治理能力现代化的大背景下,以习近平同志为核心的党中央提出了制度治党、依规治党。新中国成立初期党的作风建设,可以为新时代的制度治党提供重要启示。

其一,完善党内制度体系。实现制度治党,前提是要完善制度。一方面,要对不合时宜的制度进行修改,废除过时的制度,并根据形势发展需要制定新的制度,使党的领导制度、组织制度等相互配套,形成功能完善的制度体系。制定制度,关键要使制度具有操作性和可行性。要吸收各地实践经验,鼓励制度创新。另一方面,要强化制度执行。当前,有的制度没有充分执行,使制度成了"摆设",形成破窗效应。要加大制度执行力度,对违反制度的行为予以严肃处理,让违反制度的行为付出代价,使制度成为硬约束和习惯。

其二,加强治党的经常性工作。如果各级党组织都能够在日常工作中,严格按照党章党规要求,履行自身职责,正常开展党的组织生活和党内政治生活,做好党员教育管理工作,开展批评和自我批评,及时发现问题,纠正错误,做到党要管党、全面从严治党,党内的思想、作风、腐败等问题就不会积压,就能够化解在最初状态,得到及时解决。

其三,落实治党责任。从具体工作职责看,各级党委是党的建设主体,特别是各级纪委应落实监督执纪责任,解决好党内的作风问题。如果纪委不能及时、有效发现并查处各类不正之风,作风问题就会愈演愈烈,最后只能诉诸于集中性的整风或各类活动。

新中国成立后,党内集中教育不断,作风、腐败问题一直不能完全解决,很大程度上与纪委作用没有充分发挥有关。新中国成立初期,各级纪委仅仅是同级党委的一个部门,纪委负责人很多都是兼职,专门机构不健全,工作人员不到位,只能被动应付去查处一些长期积压的案件,而不能主动监督,对同级党委的监督较无力。这就使得纪委的监督职能不能完全发挥。1951 年 2 月 12 日,华东局纪委在 1950 年工作报告中指出:"目前纪律检查委员会的机构虽然已经由上而下的建立起来了,问题在于今后如何逐步地由下而上的建立起各级纪律检查委员会的经常工作",以"使每个党员、干部在党的日常生活中,经常开展批评与自我批评,以便预防和及时纠正各种不良倾向"①。这表明,华东局纪委已经认识到强化纪委监督检查的重要性。可以说,纪委充分履行监督职能,是制度治党的关键一环。

---

① 《中共中央华东局纪律检查委员会关于一九五〇年工作情况向华东局及中央纪律检查委员会的综合报告》(1951 年 2 月 12 日),《斗争》1950 年第 80 期。

# 附录　新中国成立初期党的作风建设大事记(1949年10月1日至1951年2月18日)

　　1949年10月1日,中华人民共和国中央人民政府成立。此前,中国人民政治协商会议第一届全体会议于9月21日至30日举行。会议通过起临时宪法作用的《中国人民政治协商会议共同纲领》。

　　1949年11月9日,中共中央发出《关于成立中央及各级党的纪律检查委员会的决定》,决定成立由朱德等11人组成的中共中央纪律检查委员会,由朱德担任书记,王从吾、安子文担任副书记,规定各中央局、分局、省委、区委、地委、县委均设立纪律检查委员会,并设置一级工作机关,开展经常性工作。同时,还明确了中央和各级党的纪律检查委员会的任务与职权。

　　1949年12月1日,中共中央作出《对华中局关于纠正乡村工作干部不良作风决定的批示》,明确除在华中各省实行外,华东、西北、西南及其他有类似情形的地方均须注重纠正同类错误,尤其是乱打、乱杀、乱捉必须防止及禁止,决不能放任。

　　1949年12月16日,毛泽东抵达莫斯科,对苏联进行国事访问。

　　1950年1月14日,中共中央发出《关于在工人中推销公债必须坚持自愿原则的指示》,要求迅速纠正各种变相的强迫摊派行为,强调推销公债重心在工商业者和殷实富户当中,在工人职员中推销必须坚持自愿原则。

　　1950年1月29日,中共中央发出《关于对地主征粮有关政策的指示》,要求纠正对地主征粮过重的现象。

　　1950年2月至3月,毛泽东在从苏联访问回国途中,经过东北地区,多次谈到作风问题,对地方干部的官僚主义、铺张浪费现象提出批评。3 月 1 日,毛泽东同中共中央东北局、辽宁省、沈阳市负责人谈话,重点讲七届二中全会精神,并对东北地区存在的浪费现象和吃喝问题提出批评。

1950 年 2 月 3 日,中共中央发出《关于下发中央纪律检查委员会工作细则的通知》,对中央纪委的工作机构、工作方式、工作制度等作出具体规定。

1950 年 2 月 6 日,中共中央转发《中南局关于下级政府与群众团体浪费情况的电报》,通报了河南南阳地委溧河区的铺张浪费,要各地严加防止。

1950 年 2 月 6 日,中共中央发出《关于各级党的纪律检查委员会隶属各级党委领导的指示》,明确各级党的纪律检查委员会是各级党委的一个工作部门,直接在各级党委的领导下进行工作。上级党的纪律检查委员会在工作上、业务上对下级党的纪律检查委员会有指导关系,但其指示或决定同下级党的委员会意见不同时,则应提请同级党委会作决定。

1950 年 2 月 15 日,中共中央作出《关于同意浙江省政府公布六大禁令给华东局的批复》,要求省委及群众团体同时应将此项禁令通知全党及各团体严格执行。

1950 年 3 月,中央纪律检查委员会发出《关于加强对村干民兵纪律检查的通报》,要求各老解放区各级党的纪律检查委员会应根据平原这一经验,立即认真协同当地政府普遍组织一次对村干民兵的纪律检查工作。

1950 年 3 月 9 日,朱德致函毛泽东,报告各级党的纪律检查委员会的组织状况及中央纪律检查委员会工作情况,分析了纪委工作存在的问题。这份报告引起了毛泽东的重视。3 月 10 日,毛泽东批示:"此件要点应通报各地。"

1950 年 3 月 12 日,中共中央作出《同意华东军政委员会关于纠正征粮工作中错误偏向指示草案给华东局的批复》。3 月 21 日,华东军政委员会发布了这一指示,具体规定了有关纠正办法。

1950 年 3 月 25 日,中共中央发出《关于学习斯大林、毛泽东论共产党员要善于和非党群众团结合作的指示》,要求全体党员学习斯大林 1933 年 2 月 19 日在全苏联集体农庄突击队员代表大会上的演说和毛泽东 1941 年 11 月 20 日在陕甘宁边区参议会的演说这两段文章。

1950 年 3 月 27 日,毛泽东主持召开中央政治局会议,在会上明确提出要整顿干部作风,强调要"一年一大整,半年一小整,因为情况发生了变化,不改造就要犯错误"。

1950年4月2日,毛泽东在主持中央政治局会议时指出:"整干(整掉命令主义)在各地进行,中央可发一电报。"4月9日,毛泽东在接见参加中央军委总参谋部情报部二局、五局全体会议代表时的讲话中,谈到应即整训队伍打第二仗。4月18日,毛泽东复信毛森品:"所述干部工作中之缺点,所在多有,现正加力整顿"。

1950年4月10日,中共中央转发《华东局关于学习斯大林、毛泽东论党群关系的指示》,要求各级党委认真组织学习《斯大林、毛泽东论共产党员要善于和非党群众团结合作》文件、新华社发表的斯大林《论自我批评》与《反对把自我批评口号庸俗化》两篇文章。

1950年4月19日,中共中央作出《关于在报纸刊物上展开批评和自我批评的决定》。

1950年4月28日,毛泽东致电饶漱石、邓子恢、邓小平、彭德怀:整训干部已成了极端迫切的任务,各阶层普遍不满意许多干部的强迫命令作风,尤其表现于征粮收税和催缴公粮等工作中,如不及时整顿,将脱离群众。你们对整训工作是否在筹划,有无计划(步骤)及指示。

1950年4月29日,刘少奇在庆祝五一劳动节大会上演说,谈到党内整风问题,强调整训工作,主要的是总结工作,纠正命令主义的作风,其次是纠正其他的错误和缺点。

1950年5月1日,中共中央发出《关于在全党全军开展整风运动的指示》,要求在中央的总领导下,通过阅读某些指定的文件、总结工作、分析情况、展开批评与自我批评的方式,进行一次大规模的整风运动。

1950年5月1日,中共中央转发《西南局关于川南区党委注意纠正征粮中各种问题的报告》,要求望各地继续注意与警惕,对于地主之组织暴动者,采取坚决镇压扑灭的政策,处决其首恶分子,以儆效尤。

1950年5月5日,中共中央转发《川西区党委对地主抗不交粮的处置意见》。

1950年5月6日,朱德在中央党、政、军、群各级党的纪律检查委员联席会议上讲话,要求各级党委必须根据最近关于整党指示的精神去整训干部,以加强党的纪律检查工作。

1950年5月11日,毛泽东起草了《中央关于转发北京市委摘报的一封来信的批语》,要求彻底检查违反政策及命令主义的工作作风。

1950年5月12日,中共中央转发《中南局关于禁止乱捕乱押的通报》,要求注意是否有同样现象发生,如有,应即迅速禁止。

1950年5月13日,毛泽东起草《转发邓小平关于整风等情况报告的批语》,肯定了西南局的整风步骤。

1950年5月14日,中共中央转发《云南省委关于禁止村政权经费浪费的指示》,要求各地检查此事,按照情况执行。

1950年5月24日,毛泽东就指导全党整风运动问题给胡乔木写信,强调全党整风运动"已成当前一切工作向前推进的中心环节"。信中说:"中央已指定了一个三人委员会,你为主任,负责审查各地整风文电并起草复电;尔后则负责注意这个运动的发展,替中央起草指导文电,并注意报纸刊物的报道和指导"。

1950年5月27日,中共中央转发《华东局关于整党工作的指示》《西南局关于干部整风的指示》《华南分局关于接受中央整党指示的决定》。

1950年5月29日,毛泽东给杨尚昆写信,要求于三四日内做好《整党文件(1950年6月1日中央编印)》的编印工作,共印150本,发给中共七届三中全会到会各人。

1950年6月2日,中共中央作出《关于各地应作地方整风报告的指示》,希望各中央局、各省市委负责人在运动开始时都能作习仲勋《反对官僚主义、命令主义》这样一篇讲演或论文,分析该区领导机关与下级人员工作作风中的主要缺点,举出足为典型的实例,公开发表,作为该区整党的主要学习材料,以便用来作学习一般性文件和反省自己工作的桥梁。

1950年6月2日,中共中央转发《华北局对各省委整党整干计划的意见》《中南局关于干部整风的指示》《中南局三、四两月工作报告》。

1950年6月6—9日,中共七届三中全会在北京召开。毛泽东在会上讲话,动员全党整风。胡乔木专门对整风运动作了具体部署。

1950 年 6 月 15 日,毛泽东审阅修改聂荣臻准备向全国政协一届二次会议作的军事报告稿,加写了军队整风的要求,明确"全军应在今年复员工作做好之后,从今年冬季开始,来一次从上至下的整风运动,克服一切不良现象"。

1950 年 6 月 16 日,毛泽东阅中南军区陶铸等 6 月 10 日给中央军委总政治部的报告和中南军区党委关于部队整党工作指示,为总政治部起草转发这个指示的批语和复陶铸等的信。批语如下:"发给各军区党委参考。中南军区既能够一面办理复员工作,一面进行整党,则其他军区亦可照此进行,不必等到秋后。"复信说:同意六月十日关于部队整党工作指示。

1950 年 6 月 16 日,中共中央作出《关于各级负责干部必须认真阅读中央文件、文告的指示》,要求"毛主席在三中全会报告及全国委员会各重要报告,应作为党内干部学习文件,毛主席报告应作为整党首要文件,在土改地区,应将少奇同志报告及《土地改革法》(均即将公布)作为整党学习文件,以便在整党结束后正确地进行土改"。

1950 年 6 月 14 日至 23 日,全国政协一届二次会议在北京召开。会议全体一致在原则上通过中华人民共和国土地改革法草案,建议中央人民政府委员会把它审核通过后颁布施行。6 月 28 日,中央人民政府委员会第八次会议通过《中华人民共和国土地改革法》。

1950 年 6 月 27 日,毛泽东复信张峻明(毛泽东的同学张超的侄子):"湖南现正开始干部整风,几个月后,某些缺点或可改正,但究竟如何,还要看整风教育是否得力。乡间情形如有所见,尚祈随时示知为盼。"

1950 年 7 月 21 日,为转发彭真 7 月 18 日关于北京市整风工作计划的报告,毛泽东起草中共中央给中央局、分局并转各大市委、省委、区党委的批语,指出:"其中许多经验我们认为是各省委、区党委特别是各大中城市的党委值得采取,或部分采取的。"

1950 年 8 月 17 日,中共中央作出《关于与本身工作无关的文件一律不要转发的指示》。

1950 年 8 月 18 日,中共中央转发《西南局关于整风经验的报告》。报告总结了整风的初步经验:密切联系当前实际任务,从检查工作入手,是整风必须掌握的首要环节;领导上必须亲自动手,自始至终,都要掌握干部思想情况的发展,充分而有领导地发扬民主,以启发思想自觉,开展批评与自我批评;整风展开以后问题控制,领导上应抓住重点;等等。

1950年8月24日,中共中央转发《华北局关于察哈尔省整风经验的报告》。其中的经验包括:检查领导,总结工作,必须强调首长负责,亲自领导;领导上,不只是善于启发大家大胆发言,而且要从正面积极地把整风导入正确方向,端正整风态度;不同部门、地区,要按照不同情况确定不同重点,抓住工作中的主要的政策和思想问题,不要一般化地进行;对整风与工作的统一性应有明确认识,整风期间较重大的工作,自不能放弃或放松,但日常工作则须分别轻重缓急缓办和暂时停办。

1950年8月24日,中共中央转发《华北局关于河北、山西两省整风情况的报告》,介绍了河北、山西两省的整风经验,明确要先整好党内,再整党外为好。

1950年8月26日,中共中央转发《西北局关于整风经验的报告》,明确整风须集中注意解决各单位中最主要的问题,具体分析情况,研究改进办法,建立工作制度,克服不合理现象,使干部从具体工作的改进中,得到思想上的提高。须注意加紧培养百分之九十的新干部,使他们会做工作。要从检查工作入手,抓住中心问题,改进工作中去提高每个同志的思想。在检查工作中,主要是整顿领导。

1950年8月29日,中共中央发出《关于检查工会工作的指示》,要求各级党委应当根据郑州搬运工人的骚动事件之教训,各地搬运工会党组与当前的整风运动结合起来检查一下各地搬运工会的工作,使郑州所发生的事件,成为其他各地搬运工会工作中脱离群众的官僚主义作风的一次警钟,使今后不再发生类似郑州的事件。

1950年9月1日,毛泽东就中央系统整风工作领导问题批示安子文:中央系统整风工作现在不知已开始进行否?是什么机关领导的?我认为应由中央组织部领导,由安子文同志负主要责任,由中央、军委、政务院、工青妇系统各指定几个人组成委员会,领导整风工作。毛泽东还提出把华北局关于华北局秘书处支部整党整干经验印发各机关作参考材料。其经验包括:(一)必须坚持从检查工作入手,反对离开工作孤立检查思想的做法。(二)以行政领导为主,结合支部的领导方法,领导带头发扬民主,带动大家,证明是很好的整风方法。(三)检查工作,必须抓住重点,抓住工作中主要的问题,着重深入检查,防止平铺直叙、面面俱到和开中药铺的做法。(四)小会与大会相互结合,也是使整风逐渐深入的有效方法。(五)学习文件与检查工作,不应也不能机械分成阶段,开始学习文件时间不能过多,检查工作时也必须经常地学习文件。

1950年9月1日,中共中央转发《华北局关于察哈尔、绥远两省整党情况的报告》,介绍了两省省、市、地、盟直属机关干部都在原工作岗位整风,县区干部采取集训办法整风的情况,要求注意孤立检查领导、用压力解决问题、绥远集宁和龙胜发现严重虫灾还集中干部整风以致虫灾蔓延、以为检查工作就是找岔子而缺乏既表扬成绩优点等问题。

1950年9月,中共中央转发《绥远省委关于吸收非党干部进行整风的情况和办法的综合报告》,介绍了绥远省吸收非党干部进行整风的经验。

1950年9月1日,中共中央转发《华东局直属机关整风经验的报告》,指出,根据最近华东局直属机关整风一些不完全的经验,在职干部的整风会议,是各种整风形式中一种较好的形式。它便于总结经验,便于联系工作,便于展开由上而下的自我批评与批评。依目前实际情况,其他以整风为目的的党校、轮训队、干部会议等,也应尽量采取整风会议的经验。

1950年9月6日,中共中央转发《西南局摘报的川东区党委整风情况报告》,介绍了川东区县以上干部的整风经验。

1950年9月6日,中共中央转发《西南局摘报的川西区党委整风情况报告》,介绍了川西区干部整风会议的经验。

1950年9月9日,中共中央转发《西南局转报的川南区党委关于整风情况报告》,要求各地省地县三级整风务须吸取川南的经验,着重检查工作,端正政策。

1950年9月12日,中共中央转发《华北局关于河北省政府直属机关党与非党干部合组整风经验的报告》,介绍了党与非党干部合组整风要注意的问题。

1950年9月12日,中共中央作出《关于同意发表工业工作会议总结给东北局的批复》，同意东北局关于工业工作会议的总结，认为可以发表，并交工业工作干部讨论。

1950年9月14日，中共中央转发《上海市委关于整风情况的报告》，要求各地参考上海市委的整风经验，注意纠正整风中单纯学习文件、缺乏联系工作的倾向，并克服某些同志企图在整风中克服一切干部缺点，解决一切问题的过高要求，密切联系工作，一切以准备开好整风会议为中心。

1950年9月16日，毛泽东为中央军委总政治部起草给各大军区党委并告各中共中央局的电报："地方党的整风工作，业已普遍进行，并向中央发来了许多报告，提出了许多好的经验；但军队党的整风工作是否已在进行及如何进行的，除少数有反映外，大多数尚无反映。我们希望各军区党委务于九月底或十月初向我们发来一次报告，概述全区部队第一期整风情况，如何，盼复。"

1950年9月18日，中共中央转发《军委民航局党委关于整党中应注意检查统一战线工作的指示》，要求各地党委注意，凡在统一战线环境中工作的党的组织均应检查党的统一战线工作并将结果报中央。

1950年9月24日，中共中央转发《华北局关于农业生产成绩和整风情况的报告》，提出总结检查工作是整风运动的主要环节。这一环节抓得如何，决定整风的成败。

1950年10月14日，中共中央转发《华东局关于整训乡级干部的报告》，要求县、区、乡干部的整风除福建等地召开三级干部会议外，则由县委举办轮训队，对乡级干部（包括部分村的积极分子）进行轮训，每期半月至20天，均举办2至4期。

1950年10月25日，解放军总政治部印发《关于整风工作指示》，要求部队再于冬季展开普遍深入的整风。全军部队立即行动起来，整风教育时间为半个月、20天、1个月乃至更多不等，至当年年底大都完成整风。军队整风以团以上干部和机关为重点对象，冬季整风主要内容根据抗美援朝形势任务确定，以总结干部的战斗意志为主要内容之一。

1950年10月26日，中共中央作出《关于在全国进行时事宣传运动的指示》，要求各地展开关于时事的宣传运动，以使全体人民正确认识当前形势，确立胜利信心，克服恐美心理。

1950 年 12 月 21 日,中共中央转发《华北局关于县以上干部整党结束情况的报告》,要求于半月内将结束情况写出同样报告给中央。

1950 年 12 月 28 日,中共中央发出《关于各地迅速向中央作整党总结报告的指示》,要求各地即于半个月至一个月内作一报告,在此报告中应将哪些组织已结束整党,有何收获,发现了的重要具体问题,做了何种处置,哪些组织尚在整党,预计何时可以整完的情形,作一总结性的说明。

1950 年 12 月 30 日,中共中央批转《中南局关于整风运动的指示》,要求各级党委注意对整风的总结,必须在年前作出整风总结。

1951 年 2 月 8 日,中共中央转发《平原省委关于干部整风情况的报告摘要》,再次要求各省迅速作出同样的整风总结。

1951 年 2 月 18 日,中共中央政治局扩大会议通过了毛泽东起草的《中共中央政治局扩大会议决议要点》,充分肯定了检查和总结工作的方法,明确整风"一年一次,冬季进行,时间要短,任务是检查工作,总结工作经验,发扬成绩,纠正缺点错误,借以教育干部"。

# 参考文献

## 一、文献文件类

《马克思恩格斯文集》第 1—10 卷,人民出版社 2009 年版。

《列宁专题文集 论无产阶级政党》,人民出版社 2009 年版。

《毛泽东文集》第 5 卷,人民出版社 1996 年版。

《毛泽东文集》第 6 卷,人民出版社 1999 年版。

《毛泽东选集》第 1—4 卷,人民出版社 1991 年版。

《毛泽东年谱》第 4 卷,中央文献出版社 2023 年版。

《建国以来毛泽东文稿》第 1—3 册,中央文献出版社 2023 年版。

《建国以来刘少奇文稿》第 1—2 册,中央文献出版社 2005 年版。

《刘少奇选集》上卷,人民出版社 1981 年版。

《周恩来选集》上卷,人民出版社 1980 年版。

《周恩来统一战线文选》,人民出版社 1984 年版。

《朱德选集》,人民出版社 1983 年版。

《邓小平文集(1949—1974)》上卷,人民出版社 2014 年版。

《邓小平文选》第 1—2 卷,人民出版社 1994 年版。

《邓小平文选》第 3 卷,人民出版社 1993 年版。

《邓小平年谱 1947—1956》第 2 卷,中央文献出版社 2019 年版。

《邓小平西南工作文集》,中央文献出版社、重庆出版社 2006 年版。

《习近平著作选读》第 1—2 卷,人民出版社 2023 年版。

《习近平关于全面从严治党论述摘编》,中央文献出版社 2021 年版。

《胡乔木文集》第 2 卷,人民出版社 2012 年版。

《建国以来重要文献选编》第 1 册,中央文献出版社 1992 年版。

《中共中央文件选集(1949 年 10 月—1966 年 5 月)》第 1—5 卷,人民出版社 2013 年版。

中共中央组织部等编:《中国共产党组织史资料(过渡时期和社会主义建设时期)》,中共党史出版社 2000 年版。

中共中央中南局办公厅编:《中共中央中南局文件辑存》,1950 年。

中央档案馆、广东省档案馆编:《中共中央华南分局文件集》第 1 册,1989 年。

中国人民解放军国防大学党史党建政工教研室编:《中共党史教学参考资料》第 19 册,国防大学出版社 1986 年版。

韩劲草主编:《安子文组织工作文选》,中共中央党校出版社 1988 年版。

## 二、党刊党报类

中共中央西北局党内通讯社编:《党内通讯》,1949—1951 年。

中共中央东北局党的工作编委会编:《党的工作》,1949—1951 年。

中共中央西南局编:《西南工作》,1949—1951 年。

中共中央华东局编:《斗争》,1949—1951 年。

中共中央中南局办公厅编:《中南通讯》,1949—1951 年。

中共中央华南分局华南通讯编委会编:《华南通讯》,1949—1951 年。

中共中央华北局编:《建设》,1949—1951 年。

中共中央华北局政策研究室编:《研究资料》,1949—1951 年。

中共察哈尔省委编:《政策研究》,1949—1951 年。

《学习》,1950 年。

《新华月报》,1950 年。

《人民日报》,1949—1951 年。

《南方日报》,1950 年。

《长江日报》,1950 年。

《大众日报》,1950 年。

《解放日报》,1950 年。

《川北日报》,1950 年。

《川南日报》,1950 年。

《大众日报》,1950 年。

《恩施日报》,1950 年。

《奋斗日报》,1950 年。

《工人日报》,1950 年。

《桂北日报》,1950 年。

《湖北日报》,1950 年。

《吉林日报》,1950 年。

《九江日报》,1950 年。

《劳动日报》,1950 年。

《内蒙古日报》,1950 年。

《宁波时报》,1950 年。

《前进日报》,1950 年。

《群众日报》,1950 年。

《山西日报》,1950 年。

《陕西日报》,1950 年。

《天津日报》,1950 年。

《团结报（甘肃）》,1950 年。

《团结报（汕头）》,1950 年。

《万县日报》,1950 年。

《文汇报》,1950 年。

《西康日报》,1950 年。

《湘西日报》,1950 年。

《新抚顺报》,1950 年。

《新黑河报》,1950 年。

《新湖南报》,1950 年。

《新疆日报》,1950 年。

《新黔日报》,1950 年。

《延安报》,1950 年。

《云南日报》,1950 年。

《浙江日报》,1950 年。

《中南工人报》,1950 年。

《阿克苏群众报》,1950 年。

## 三、著作类

王沪宁主编,林尚立、孙关宏副主编:《政治的逻辑:马克思主义政治学原理》,上海人民出版社 2016 年版。

中共中央党史和文献研究院:《中国共产党的一百年:全四册》,中共党史出版社 2022 年版。

中共中央宣传部:《中国共产党宣传工作简史》上卷,人民出版社 2022 年版。

中共中央组织部编:《中国共产党组织建设一百年》,党建读物出版社 2021 年版。

中共中央文献研究室编:《毛泽东传》第 3 卷,中央文献出版社 2013 年版。

王伟光:《党的建设研究》,社会科学文献出版社 2012 年版。

李慎明:《忧患百姓忧患党:毛泽东关于党不变质思想探寻》,社会科学文献出版社 2012 年版。

甄占民等:《自我革命:跳出历史周期率的第二个答案》,人民出版社 2022 年版。

罗文东、周耀宏、李少奇:《马克思主义执政党的历史、理论与实践》,中国人民大学出版社 2018 年版。

辛向阳:《马克思主义方法论研究》,中国社会科学出版社 2021 年版。

金民卿:《大道之行与中国共产党》,中国方正出版社 2022 年版。

龚云:《毛泽东与人民》,中国社会科学出版社 2015 年版。

陈志刚:《新时代党的建设探微》,人民日报出版社 2018 年版。

李正华、张金才主编:《中华人民共和国政治史》,当代中国出版社 2021

年版。

宋月红、王爱云：《中华人民共和国史研究的理论与方法》，当代中国出版社2021年版。

孙来斌：《列宁的马克思主义理论教育思想研究》，中国社会科学出版社2003年版。

王传利：《毛泽东与反腐倡廉》，中国社会科学出版社2015年版。

贺新元：《中国道路：不一样的现代化道路》，福建人民出版社2014年版。

戴立兴：《政党与群众：中国共产党执政考量》，中央编译出版社2009年版。

任洁：《唯物史观视野中的文化与制度变迁关系研究》，中国社会科学出版社2010年版。

谢春涛主编：《中国共产党如何治党》，新世界出版社2020年版。

曲青山：《中国共产党百年历史经验》，人民出版社2021年版。

李君如主编：《中国共产党建设史》上册，福建人民出版社2011年版。

李捷：《毛泽东对新中国的历史贡献》，社会科学文献出版社2013年版。

陈晋：《读毛泽东札记二集》，生活·读书·新知三联书店2020年版。

朱佳木：《历史经验总结与中国当代史》，当代中国出版社2019年版。

林尚立：《当代中国政治形态研究》，天津人民出版社2017年版。

王均伟：《党建方略》，江西人民出版社2001年版。

田培炎、李长峰：《政党作风片论——一个理论与实践的历史观点》，人民出版社2004年版。

张静如：《唯物史观与中共党史学》，人民出版社2023年版。

柳建辉主编：《中国共产党历史与经验》，中共中央党校出版社2016年版。

朱汉国、谢春涛、樊天顺主编：《中国共产党建设史》，四川人民出版社1991年版。

唐洲雁：《毛泽东的成功之道》，社会科学文献出版社2014年版。

罗平汉：《土地改革运动史》，福建人民出版社2005年版。

武力主编：《中华人民共和国经济史》上卷，中国时代经济出版社2010

年版。

张太原:《中国共产党百年成功的方法论》,人民出版社2021年版。

张星星、陈磊主编:《中国巨变:1949—2009》,当代中国出版社2009年版。

杨明伟:《读懂毛泽东的关键词》,生活·读书·新知三联书店2022年版。

李颖:《文献中的百年党史》,学林出版社2020年版。

沈传亮:《决策中国——改革开放以来中共决策体制的历史演进》,人民出版社2014年版。

祝灵君:《中国共产党人的党性与党性修养》,人民出版社2023年版。

卢毅、罗平汉:《历史的细节与主流》,陕西人民出版社2020年版。

齐鹏飞主编:《中华人民共和国史》,中国人民大学出版社2009年版。

杨凤城主编:《中共党史重大问题研究》,中国人民大学出版社2017年版。

陈金龙:《中国共产党纪念活动史》,社会科学文献出版社2017年版。

王建华:《中国革命的乡村道路》,中央文献出版社2019年版。

刘靖北:《管党治党论》,东方出版中心2014年版。

刘红凛主编:《从严治党与作风建设》,上海人民出版社2015年版。

宋学勤:《中共党史学概论》,中国人民大学出版社2012年版。

王炳林等:《中共党史学科基本理论问题研究》,北京人民出版社2021年版。

赵朝峰:《中国共产党救治灾荒史研究》,北京师范大学出版社2012年版。

张树华:《苏联共产党意识形态工作的教训》,社会科学文献出版社2018年版。

王韶兴主编:《政党政治论》,山东人民出版社2011年版。

李庆刚主编:《中国共产党的光荣传统》,人民日报出版社2021年版。

郑谦等:《当代中国政治体制发展概要》,中共党史资料出版社1988年版。

周良书等:《大党风范:中国共产党的作风建设》,中央文献出版社、中共党史出版社 2021 年版。

景跃进、陈明明、肖滨主编:《当代中国政府与政治》,中国人民大学出版社 2016 年版。

周淑真:《政党政治学》,人民出版社 2011 年版。

李里峰:《中国政治的历史向度》,南京大学出版社 2018 年版。

夏春涛:《中国共产党怎样解决作风建设问题》,江西人民出版社 2014 年版。

金春明、许全兴、陈登才、郭德宏主编:《毛泽东思想基本问题》,人民出版社 2001 年版。

郭德宏、王海光、韩钢主编:《中华人民共和国专题史稿(卷 1)》,四川人民出版社 2004 年版。

卢先福、赵云献主编:《马克思主义党的学说史纲》,中共中央党校出版社 1999 年版。

赵生晖:《中国共产党组织史纲要》,安徽人民出版社 1987 年版。

陈野苹、韩劲草主编:《安子文传略》,山西人民出版社 1985 年版。

戴焰军:《执政党建设问题研究》,中共中央党校出版社 2013 年版。

周叶中、邓联繁:《党的作风建设的新视野:基于宪法学思维方式的一种研究》,人民出版社 2002 年版。

张荣臣:《马克思恩格斯政党理论研究》,中央编译出版社 2001 年版。

倪德刚:《今天再读毛泽东》,中共中央党校出版社 2014 年版。

刘晶芳主编:《中国共产党优良作风建设史》,广东人民出版社 1999 年版。

吴美华主编:《马克思主义党的学说和党的建设》,中国人民大学出版社 2007 年版。

刘同舫:《马克思的哲学主题》,人民出版社 2017 年版。

周丹:《马克思主义现代性思想研究》,中国社会科学出版社 2015 年版。

商志晓、王增福:《中国共产党内政治文化研究》,人民出版社 2024 年版。

赵中源:《群众路线新论》,人民出版社 2019 年版。

张世飞:《马克思主义党建理论中国化研究》,经济科学出版社 2013 年版。

朱家梅:《胡乔木论中共党史》,中共党史出版社 2012 年版。

韩强:《党的建设若干问题研究》,中国社会出版社 2012 年版。

田改伟主编:《作风建设与中国之治》,中国社会科学出版社 2021 年版。

李东朗:《史实与影响:中共党史中的人与事》,人民出版社 2018 年版。

周全华:《中国政治现代转型的轨迹》,人民出版社 2010 年版。

韩晓青:《组织的力量:新中国成立以来中国共产党组织工作研究》,人民出版社 2017 年版。

聂文婷:《中国共产党的优良传统与作风》,中共党史出版社 2023 年版。

赵亮:《1951—1954 年整党运动研究》,首都师范大学出版社 2019 年版。

聂继红:《1951—1954 年湖北省整党运动研究》,中国社会科学出版社 2019 年版。

南开大学马列主义教研室中共党史教研组编:《中国共产党的整党与整风》,山东人民出版社 1984 年版。

方涛:《新中国成立初期广东省党的建设研究》,当代中国出版社 2020 年版。

## 四、论文类

高翔:《马克思主义与 20 世纪中国学术道路》,《马克思主义研究》2005 年第 2 期。

姜辉:《国际共运史视野中的中国共产党》,《党建》2020 年第 7 期。

程恩富、胡乐明:《中国马克思主义理论研究 60 年》,《马克思主义研究》2010 年第 1 期。

侯惠勤:《中国共产党百年意识形态建设之道》,《马克思主义理论学科研究》2021 年第 5 期。

罗文东:《中国共产党对马克思主义政党学说的坚持和发展》,《中国社会科学院研究生院学报》2017 年第 3 期。

辛向阳:《党推进伟大自我革命的宝贵经验》,《红旗文稿》2019 年第

14 期。

金民卿:《中华文明的突出创新性与中国共产党的自我革命品格》,《近代史研究》2023 年第 4 期。

李正华:《中国共产党政治建设的主要经验》,《马克思主义研究》2021 年第 3 期。

樊建新:《社会思潮与文化安全》,《红旗文稿》2017 年第 7 期。

宋月红:《党的第三个历史决议的正确党史观和理论品质》,《当代中国史研究》2022 年第 1 期。

龚云:《勇于自我革命是我们党最鲜明的品格》,《世界社会主义研究》2018 年第 2 期。

林建华:《国际共产主义运动历史进程视域下马克思主义政党建设的三个重大问题》,《当代世界与社会主义》2024 年第 2 期。

吕薇洲:《百年中国共产党永葆先进性的历史经验——基于国际共产主义运动的视角》,《当代世界与社会主义》2021 年第 3 期。

陈志刚:《建设学习型政党的基本要求》,《重庆社会科学》2010 年第 10 期。

于海青:《当今国外共产党的发展变化及其特点》,《世界社会主义研究》2019 年第 11 期。

余斌:《中国共产党跳出历史周期率的实践探索及其启示》,《中共杭州市委党校学报》2023 年第 6 期。

秦宣:《论中国共产党的特质和优势》,《马克思主义研究》2021 年第 2 期。

王传利:《论毛泽东党的建设学说的历史性贡献》,《世界社会主义研究》2023 年第 8 期。

潘金娥:《越南共产党关于党的建设的理论与实践》,《世界社会主义研究》2017 年第 8 期。

杨静、周钊宇:《马克思恩格斯民生思想及其在当代中国的运用发展》,《马克思主义研究》2019 年第 2 期。

李建国:《中国式现代化对人类文明进步的意义》,《人民论坛》2023 年第

11 期。

卜宪群:《新中国七十年的史学发展道路》,《中国史研究》2019 年第3 期。

李忠杰:《中国共产党先进性建设的历史进程和主要经验》,《中国党政干部论坛》2005 年第 7 期。

季正聚:《从苏共垮台看始终保持解决大党独有难题的清醒与坚定》,《党建》2023 年第 3 期。

韩庆祥:《中国共产党自我革命的哲学内涵》,《中国纪检监察研究》2024 年第 1 期。

杨凤城:《新的民族国家整合——新中国头三年历史的宏观审视》,《教学与研究》2000 年第 6 期。

张太原:《从长时空看中国共产党延安整风的发动》,《社会科学研究》2022 年第 4 期。

陈金龙:《从第三个历史决议看正确党史观的意蕴》,《马克思主义理论教学与研究》第 2 期。

曹普:《毛泽东与中国社会主义的历史进程》,《中共中央党校学报》2013 年第 6 期。

祝灵君:《党的自我革命:是什么、为什么、怎么办》,《马克思主义研究》2022 年第 10 期。

沈传亮:《中国共产党推进自我革命的历史经验》,《马克思主义研究》2021 年第 4 期。

卢毅:《中国共产党的百年学习史》,《理论学习与探索》2021 年第 2 期。

蒋建农:《毛泽东:社会主义中国的奠基人》,《中共党史研究》2009 年第12 期。

程美东:《马克思主义学习型政党建设的历史定位和理论架构——信仰、知识、方法的有机统一》,《马克思主义研究》2010 年第 9 期。

刘靖北:《制度化:党的作风建设的治本之路》,《社会科学》2002 年第2 期。

王建华:《中国共产党是如何自我革命的? ——基于党的两个历史问题

决议的文本分析》,《东南学术》2021 年第 3 期。

刘红凛、刘蓉:《党的自我革命的历史逻辑与时代创举》,《理论与改革》2023 年第 2 期。

宋学勤:《论马克思主义史学方法论的科学运用》,《马克思主义研究》2015 年第 11 期。

赵朝峰:《如何始终具备强大的执政能力和领导水平》,《中国党政干部论坛》2023 年第 2 期。

杨俊:《中国共产党推进自我革命的伟大实践及意义》,《理论视野》2022 年第 1 期。

桑学成:《整党整风的历史经验》,《党建》1999 年第 12 期。

陈家刚:《坚持自我革命锻造长期执政的马克思主义政党》,《教学与研究》2021 年第 12 期。

王海军:《新时代中国共产党自我革命话语体系建构多维探究》,《中国人民大学学报》2022 年第 6 期。

杨德山:《百年来党的作风建设回顾》,《高校马克思主义理论研究》2021 年第 2 期。

段治文、苏悦:《中国共产党坚守人民立场的百年进程、内在逻辑与价值蕴涵》,《思想理论教育导刊》2021 年第 5 期。

张振:《中国共产党历史自信的生成、价值与提升路径》,《马克思主义研究》2022 年第 12 期。

张志强:《经史传统与哲学社会科学》,《开放时代》2022 年第 1 期。

王炳权:《中国共产党政治领导力的核心意蕴》,《甘肃社会科学》2021 年第 4 期。

刘志明:《列宁的无产阶级政党思想及其当代意义》,《马克思主义研究》2010 年第 11 期。

郭文亮:《一党长期执政条件下怎样保持党与人民群众的密切联系》,《理论探讨》2014 年第 1 期。

陈曙光:《论新时代中国学术的研究立场》,《中共中央党校(国家行政学院)学报》2022 年第 6 期。

肖贵清:《毛泽东党建思想是中国化马克思主义党建理论的开篇之作》,《毛泽东研究》2021年第3期。

刘先春、王晓敏:《新中国成立以来党内集中教育的基本经验》,《思想理论教育导刊》2010年第1期。

田鹏颖、英明:《可能与现实:中国共产党自我革命》,《云南行政学院学报》2022年第4期。

邓纯东:《坚持百年来党的自我革命基本路径》,《理论视野》2024年第6期。

刘吕红、薛小平:《近百年党建布局演进的历史进程与动力机制》,《马克思主义研究》2020年第7期。

侯衍社:《中国共产党百年历史经验的系统阐释》,《北京大学学报(哲学社会科学版)》2022年第1期。

张士海、宋晓燕:《新中国成立以来党的政治建设的基本经验及其启示》,《党的文献》2019年第5期。

刘宝东:《不断深化对习近平总书记关于党的自我革命的重要思想的规律性认识》,《中共党史研究》2024年第4期。

蔡志强:《解决大党独有难题:党的自我革命的主攻方向》,《人民论坛·学术前沿》2024年第7期。

韩振峰、纪淑云:《党的作风建设的历史经验及其当代价值》,《毛泽东邓小平理论研究》2007年第5期。

李佑新:《建构理想与现实的合理关系——毛泽东思想的一个重要特征及其当代发展》,《马克思主义与现实》2013年第6期。

林进平:《中国式现代化是推进中华民族伟大复兴的必由之路》,《中山大学学报(社会科学版)》2022年第3期。

王树荫:《论延安整风运动的基本经验》,《思想政治教育研究》2007年第6期。

周利生、王耀鸿:《健全全面从严治党体系的三重逻辑研究》,《思想理论教育导刊》2023年第8期。

陶文昭:《党的领导与国家治理现代化》,《中国党政干部论坛》2019年第

10 期。

李海青：《民主集中制：中国共产党成功的组织之道》，《马克思主义研究》2024 年第 6 期。

郭台辉：《西方社会科学方法论的历史之维》，《中国社会科学》2019 年第 8 期。

欧阳淞：《百炼成钢的中国共产党——关于百年党的建设史的几个问题》，《中共党史研究》2021 年第 3 期。

陈雪薇：《毛泽东对党的先进性建设理论和实践的贡献》，《理论视野》2006 年第 5 期。

丁俊萍、聂继红：《一九五〇年的湖北整风运动》，《党史研究与教学》2015 年第 1 期。

徐俊忠、吕晓琳：《毛泽东"人民"概念的历史考察》，《马克思主义与现实》2023 年第 6 期。

陈述：《党的作风建设的历史考察及其启示》，《重庆社会科学》2010 年第 11 期。

齐卫平：《党的作风建设：百年回望及经验启示》，《新疆师范大学学报（哲学社会科学版）》2021 年第 1 期。

刘建武：《跳出历史周期率"两个答案"的深刻蕴涵与内在逻辑》，《马克思主义研究》2023 年第 5 期。

纪亚光：《中国共产党推进群众监督制度化的历史经验及其启示》，《思想理论教育导刊》2022 年第 11 期。

孙代尧：《新中国建国方案与马克思主义国家理论的中国化创新》，《马克思主义研究》2023 年第 10 期。

钟君：《共产党人的"心学"：哲学阐释与当代价值》，《马克思主义研究》2022 年第 12 期。

陈始发：《党创造百年奋斗重大成就的深厚历史逻辑探析》，《马克思主义研究》2023 年第 1 期。

王刚：《全面从严治党的新要求新核心新部署》，《南京师大学报（社会科学版）》2017 年第 2 期。

秦龙:《以自我革命始终做到初心如磐使命在肩》,《红旗文稿》2020 年第 13 期。

黄海:《毛泽东对党的马克思主义教育活动的历史贡献及其启示》,《河海大学学报(哲学社会科学版)》2016 年第 5 期。

龙方成、王涛:《推进党内政治生活制度化规范化程序化》,《军队政工理论研究》2017 年第 1 期。

段妍:《中国共产党党性教育百年探索历程与经验启示》,《马克思主义研究》2021 年第 2 期。

林志友:《坚定历史自信的底气》,《红旗文稿》2022 年第 15 期。

毛胜:《从"三块钢铁"理解把握主题教育的根本任务》,《马克思主义与现实》2023 年第 4 期。

蔡文成:《完善党的自我革命制度规范体系的逻辑关系论析》,《理论视野》2024 年第 3 期。

吴怀友:《准确把握中国共产党百年历史发展的主题》,《求索》2021 年第 6 期。

余双好、张琪如:《中国共产党思想政治教育方法的百年演进》,《思想理论教育导刊》2021 年第 5 期。

马朝琦、黄翠:《中国共产党自我革命进程中的"守正"与"创新"》,《陕西师范大学学报(哲学社会科学版)》2023 年第 1 期。

王毅:《从百年党史看中国共产党的自我革命》,《重庆大学学报(社会科学版)》2022 年第 1 期。

何虎生:《自我革命是党跳出治乱兴衰历史周期率的第二个答案》,《人民论坛》2022 年第 20 期。

李辉:《理解历史主动精神的三个向度》,《中山大学学报(社会科学版)》2022 年第 3 期。

沈成飞:《从"两个务必"到"三个务必"的生成逻辑与价值指向》,《学术研究》2023 年第 1 期。

耿化敏、刘高元:《吴玉章与中国马克思主义史学知识体系的建构》,《中国人民大学学报》2024 年第 2 期。

宋俭、丁俊萍:《关于中共党史学学科建设问题的思考》,《中共党史研究》2008 年第 3 期。

唐皇凤、毕鸿昌:《中国共产党百年党内教育的历史进程与基本经验》,《学习与实践》2021 年第 6 期。

熊辉:《以党的建设科学化推进党的领导能力现代化探赜》,《贵州师范大学学报(社会科学版)》2023 年第 6 期。

熊秋良:《新中国成立初期城市发展工人党员探析》,《中共党史研究》2023 年第 4 期。

聂平平、彭红梅:《标识性概念与当代中国政党研究话语体系的构建》,《新视野》2024 年第 5 期。

陈朋:《党内集中教育的历史演进、逻辑理路与实践路径》,《中共中央党校(国家行政学院)学报》2024 年第 3 期。

陈松友:《以党的自我革命引领社会革命的内在逻辑与原创性贡献》,《中州学刊》2024 年第 11 期。

蒋来用:《百年来党的纪律建设的成就与经验》,《党建研究》2021 年第 9 期。

林立公:《马克思主义经典作家关于政党学说的基本思想》,《政治学研究》2011 年第 6 期。

丁晓强:《新中国成立 70 年来党的作风建设的发展与创新》,《中共中央党校(国家行政学院)学报》2019 年第 5 期。

张远新:《延安时期中国共产党推进学习运动的历史考察及基本经验》,《中共党史研究》2010 年第 12 期。

罗永宽、刘拥锋:《马克思恩格斯关于马克思主义政党自我革命的思想及其时代价值》,《思想理论教育导刊》2022 年第 7 期。

岳奎:《中国共产党政治建设百年回望及当代启示》,《马克思主义研究》2021 年第 12 期。

陈培永、张宇晶:《以党的自我革命推动伟大社会革命》,《红旗文稿》2019 年第 16 期。

张浩:《政党治理现代化视域中的大党独有难题》,《人民论坛》2023 年第

2 期。

赵淑梅:《发展、巩固与改造:毛泽东党建思想之嬗变》,《湘潭大学学报(哲学社会科学版)》2014 年第 6 期。

胡雪莲、杜贺:《中共中央党媒从刊到报的转变及意义(1921—1949)》,《安徽大学学报(哲学社会科学版)》2023 年第 1 期。

杨增崇:《论唯物史观视域下"社会形态说"统一性问题及其现实意义》,《江西师范大学学报(哲学社会科学版)》2022 年第 4 期。

苑秀丽:《列宁新型无产阶级政党理论的丰富内涵及其当代价值》,《马克思主义研究》2023 年第 12 期。

李楠:《中国共产党自我革命的理论逻辑、实践发展与时代使命》,《科学社会主义》2022 年第 2 期。

肖瑛:《理论如何进入经验和历史》,《新视野》2021 年第 2 期。

朱继东:《党的思想理论建设与意识形态安全》,《马克思主义研究》2016 年第 2 期。

祝彦、杨鑫洁:《中国共产党执政初期反腐倡廉的思想与实践》,《中共中央党校学报》2010 年第 3 期。

林绪武:《中共党史党建学科建设的思与行》,《北京师范大学学报(社会科学版)》2022 年第 4 期。

赵绪生:《新中国 70 年党的群众工作经验与启示》,《理论视野》2019 年第 10 期。

黄道炫:《洗脸——1946 年至 1948 年农村土改中的干部整改》,《历史研究》2007 年第 4 期。

焦佩锋、刘思敏:《唯物史观视域中的自我革命与社会革命》,《中共中央党校(国家行政学院)学报》2023 年第 1 期。

李华:《中国共产党自我革命制度规范体系的运行机制及完善路径》,《中州学刊》2024 年第 6 期。

杨洪源:《马克思创立唯物史观的发生学探究》,《中国社会科学》2023 年第 10 期。

吴文珑:《1950 年江苏地区的整风运动》,《中共中央党校学报》2016 年第

3 期。

　　方涛、王永浩:《建党百年来党的作风建设的基本经验》,《岭南学刊》2021
年第 4 期。

# 后　　记

本书是在我的博士论文基础上修改而成的。

2013 年 9 月，我开始到中共中央党校中共党史教研部脱产攻读博士学位。当时，全党正在开展党的群众路线教育实践活动。这一党内集中教育，引起了我的关注。在专业学习的过程中，我发现，在党的历史上曾多次开展过整风、整党、主题教育、专题教育、学习教育等集中性学习。于是，我便开始思索，为什么在党的建设历史上要不断进行集中教育？党内集中教育是如何生成的？党内集中教育是如何开展的？党内集中教育有哪些成效？等等。

在 2014 年参编博导的著作过程中，我注意到，在新中国成立后的第二年即 1950 年，党中央便开展了一次全党性的整风，这次整风取得了明显成效。而此前，我几乎不了解这一事件。在很多人的印象中，一提起整风，往往首先想到的是延安整风，而对 1950 年的整风则并不十分清楚。通过文献梳理发现，学界对这一事件的研究很少，只有零散的几篇论文，主要涉及个别地区的整风。于是，我决定把 1950 年整风作为博士学位论文选题，这得到了博导、导师组的认可。

从 2014 年下半年起，我开始围绕论文选题搜集、整理史料并撰写初稿。为了充分占有材料，我曾到中央党校图书馆、国家图书馆及部分地方档案馆查找资料。这个过程既很辛苦，又让我感到兴奋。辛苦的是要从新中国成立初期的党报党刊、各类文件、档案中摘录史料，且看的都是油印的繁体字，有的还是手写油印的。记得一次在国家图书馆查找资料时，连续的摘录让我沉浸到历史的情境中而忘记了用餐，直到晚上闭馆工作人员提醒时，让我从故纸堆中回到现实，我才感受到强烈的饥饿感。令我兴奋的是，我看到了大量一手的党史资料,切身感受到了新中国成立之初中国共产党人的坚定自信和自我革命的强大勇气,这正是党永葆先进性、不断前进的动力。

经过一年多的努力,到 2016 年年初,我写出了 40 多万字的博士论文初稿,顺利通过了论文预答辩。经过修改,在教育部学位论文匿名评审中,三位专家全都给了优秀。论文答辩时,五位答辩委员也都给了优秀。最后,我的论文还被评为 2016 年度中央党校优秀博士学位论文。学术前辈、专家的认可,是对我付出的肯定,也坚定了我进一步研究的信心。

博士毕业后,尽管面临各方面的压力和困难,但我仍在持续研究。2016 年年底,我开始到中山大学马克思主义学院从事博士后研究。由于我的博士论文只研究了 1950 年的整风,对之后的整党没有涉及。于是,我以广东省为个案,研究了 1949—1954 年广东省党的建设,梳理了新中国成立初期广东省的整风、整党、建党,这获得了中国博士后科学基金面上资助。2019 年年初入职中国社会科学院马克思主义研究院后,我对博士后研究报告不断修改,获中国社会科学院创新工程学术出版资助,于 2020 年 12 月由当代中国出版社出版,题为《新中国成立初期广东省党的建设研究》。

研究党的建设史难出成果,有前辈曾提醒过我。作为新中国成立后全党开展的第一次集中教育,也是全国执政条件下党的自我革命的开篇,1950 年整风具有典型意义。这值得我静下心来,走进新中国成立之初历史的深处,哪怕是坐几年冷板凳。党的十八大以来,以习近平同志为核心的党中央高度重视党史、新中国史,在全党开展党史学习教育,把中共党史党建学作为一级学科。2021 年 11 月,党的十九届六中全会通过的第三个历史决议和习近平总书记在全会上的讲话都充分肯定 1950 年的整风。这进一步坚定了我继续研究的决心和信心。

历史研究是基础,发现规律才是目的。在深入研究中,我以新中国成立之初党的作风建设为基点,向中国化马克思主义党建理论特别是党的领导理论进一步拓展。这是因为,通过对大量一手资料的爬梳,我看到了中国共产党如何领导特别是如何作出决策和落实决策的全过程,看到了党如何通过思想教育、批评和自我批评、检查和总结工作改进作风,看到了党如何通过自身建设提高党的执政能力和领导水平,看到了党如何通过加强自身建设、进而以党的自我革命引领伟大社会革命,等等。这些历史的丰富图景,建构了我对党的建设理论特别是党的领导理论的轮廓,夯实了我深化相关理论研究的基石。从内容和功能上看,党的自身建设特别是党的作风建设,实际上是党的领导主体能力建设,提高了党领导人民能动地认识世界和改造世界的能力,为推进伟大事业提供根本保证。为此,我广泛阅读党的领导人和中央有关文献,联系党的领导历史实践,发表了《党的政治领导的实现机制探析》《论党的领导制度体系的生成逻辑》《毛泽东关于"党领导一切"的思想及其当代价值》《习近平对毛泽东"党领导一切"思想的继承和发展》等一系列相关论文,出版专著《坚持党的领导》《忠诚与担当》等。

2022年以来,我再次集中精力对博士论文进行修改完善,结合新时代党对作风建设的规律性认识和学界研究的新进展,尤其是从自我革命被作为党跳出历史周期率第二个答案的角度进行完善,以期在完整呈现新中国成立初期党的作风建设史的同时,总结好历史经验,探究党的建设基本规律。在修改过程中,湖南省委党校邓联荣教授多次同我讨论并提供支持。

本书算是我从事党的建设历史研究的初步成果。10多年来,我为此尽了自己的最大努力。史料的搜集和整理,耗费了我大量的时间。虽然艰辛,但我看到了真理之光,这让我重新焕发活力,继续沿着这条道路深化拓展。

在此书出版之际,我由衷地向在我求学和博士论文选题、写作、评审、答辩、修改过程中,指导和帮助过我的各位前辈、老师表示诚挚感谢,感谢我的博导罗平汉教授、博士后合作导师郭文亮教授,感谢中共中央党校(国家行政学院)的谢春涛教授、李君如研究员、韩庆祥教授、柳建辉教授、曹普教授、张太原教授、沈传亮教授、祝灵君教授、卢毅教授、刘宝东教授、李庆刚教授、戴焰军教授、倪德刚教授、祝彦教授、何建华教授、余昌森老师、田小琳老师、高志中老师等,感谢中央党史和文献研究院的郑谦研究员、李颖研究员等,感谢中国人民大学的王顺生教授、齐鹏飞教授、杨凤城教授、秦宣教授、陶文昭教授、侯衍社教授、吉昌华老师、张丽曼老师等。还特别感谢匿名评审的各位老师,感谢家人的理解和支持,感谢湖北博昊济学基金会余仲廉先生的大爱和鼓励。

在中国社会科学院马克思主义研究院,我得到了各级领导、同事的关心、指导和帮助,让我能沉下心来持续做好基础研究。特别要感谢中国社科院党组、马研院党委对青年科研人员的高度重视,感谢中国社科院和马研院职能部门的支持、帮助。正是在这个国家哲学社会科学的最高殿堂,在这个温馨的环境中,让我在学术研究上不断进步。限于篇幅有限,在此不一一致谢。

出版过程中,人民出版社给予了大力支持。特别感谢人民出版社副总编辑陈鹏鸣编审,感谢责任编辑吴继平编审做的大量工作,感谢出版社其他老师的帮助。特别感谢中宣部出版局、国家新闻出版署、版本馆等有关部门、工作人员,感谢各位评审专家的宝贵意见。

10 多年来的学术历程,本书的出版让我感到很是欣慰。一路走来,十分不容易。2013 年上半年,我考上中央党校党史专业的全日制博士研究生,我作出辞去事业单位工作、脱产读博的决定,没有给自己留退路,这促使我必须把学术这条路走通。10 多年来,我没有停下脚步。10 多年来,我排除干扰、集中精力,珍惜读书、科研时光,视科研为生命。科研的道路不平坦,我吃了不少苦头,但也算是一分耕耘一分收获。所以,回望走过的路,我发自内心感谢成长道路上遇到的各位领导、前辈、老师和朋友,正是你们的公道正派、学术良心、支持帮助,让出生农村、一无所有的我得以有今日学术上的一点进步。

由于党的建设历史的复杂性,不少问题需要进一步深化研究。加上本人能力和水平有限,本书难免有不足之处,敬请各位专家、同行、读者的批评和指教。

方　涛

2025 年 1 月于北京

责任编辑：吴继平

封面设计：王春峥

**图书在版编目（CIP）数据**

新中国成立初期党的作风建设研究（1949—1950）/
方涛著．-- 北京 ：人民出版社，2025. 2.（2025.4 重印）
ISBN 978－7－01－026906－1

Ⅰ．D261.3

中国国家版本馆 CIP 数据核字第 20243N3G43 号

新中国成立初期党的作风建设研究(1949—1950)

XINZHONGGUO CHENGLI CHUQI DANG DE ZUOFENG JIANSHE YANJIU（1949—1950）

方 涛 著

人民出版社 出版发行

（100706 北京市东城区隆福寺街 99 号）

中煤(北京)印务有限公司印刷 新华书店经销

2025 年 2 月第 1 版 2025 年 4 月北京第 2 次印刷
开本:710 毫米×1000 毫米 1/16 印张:20.5
字数:316 千字

ISBN 978－7－01－026906－1 定价:78.00 元

邮购地址 100706 北京市东城区隆福寺街 99 号
人民东方图书销售中心 电话 (010)65250042 65289539